2010

CHINA YEARBOOK OF RURAL HOUSEHOLD SURVEY

中国农村住户调查年鉴

国家统计局农村社会经济调查司 编

中国统计出版社
China Statistics Press

（京）新登字 041 号

图书在版编目（CIP）数据

中国农村住户调查年鉴. 2010 / 国家统计局农村社会经济调查司编. -- 北京 : 中国统计出版社，2010.10

ISBN 978-7-5037-6107-2

Ⅰ. ①中… Ⅱ. ①国… Ⅲ. ①农村家庭收支调查－中国－2010－年鉴 Ⅳ. ①D422.7-54

中国版本图书馆 CIP 数据核字（2010）第 193290 号

中国农村住户调查年鉴—2010

作　　者 / 国家统计局农村社会经济调查司
责任编辑 / 许立舫
E-mail / cbsebs@stats.gov.cn
出版发行 / 中国统计出版社
通信地址 / 北京市西城区月坛南街 57 号
邮政编码 / 100826
办公地址 / 北京市丰台区西三环南路甲 6 号
网　　址 / www.stats.gov.cn/tjshujia
电　　话 / 邮购（010）63376907　书店（010）68783172
印　　刷 / 河北天普润印刷厂
经　　销 / 新华书店
开　　本 / 880×1230 毫米　1/16
字　　数 / 798 千字
印　　张 / 25.75
版　　别 / 2010 年 10 月第 1 版
版　　次 / 2010 年 10 月第 1 次印刷
书　　号 / ISBN 978-7-5037-6107-2/D・263
定　　价 / 145.00 元

《中国农村住户调查年鉴—2010》编辑委员会

编者说明

一、《中国农村住户调查年鉴—2010》是一本全面反映中国农村居民生产、收入、消费和积累等方面资料书籍，收录了1978年改革开放以来的历史数据和2009年中国农村住户调查的主要数据。[illegible]

二、全书内容分为六个部分：[illegible]

三、[illegible]

四、[illegible]

五、[illegible]

六、[illegible]

[illegible]

目录

第一部分　综述

第二部分　综合资料

第三部分 主要年份分组资料

第四部分 各地区主要年份农村居民收支情况

第五部分　2009年各地区农村住户主要情况

第六部分　中国农村住户调查简介

1

综述

农民收入

据对全国31个省(区、市)6.8万个农村住户的抽样调查,2009年农村居民人均纯收入5153元,比上年增加393元,增长8.2%,同比下降6.8个百分点,增速为近6年来最低;扣除价格因素影响,实际增长8.5%,增速同比上升0.5个百分点。

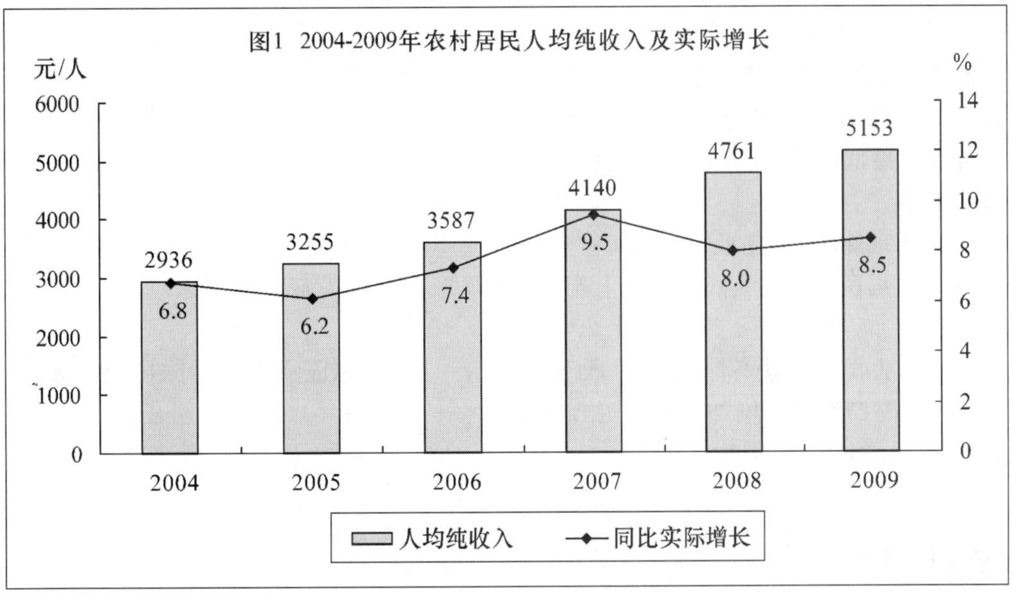

一 农村居民人均纯收入增长8.5%

(一)工资性收入保持稳定增长

2009年农村居民工资性收入人均2061元,比上年增加208元,增长11.2%,增速同比下降4.9个百分点。工资性收入对全年农村居民增收的贡献率为52.9%,比上年提高11.4个百分点。工资性收入占农村居民人均纯收入的比重达40%,同比提高1.1个百分点。

在工资性收入中,在本乡地域内劳动得到的收入人均999元,增加100元,增长11.1%;外出务工收入人均850元,增加88元,增长11.6%,其中,省内务工收入人均477元,增加67元,增长16.2%;省外务工收入人均373元,增加22元,增长6.1%,省内务工收入增速明显高于省外。

(二)家庭经营纯收入增速大幅回落

2009年农村居民家庭生产经营纯收入人均2527元,增加91元,增长3.7%,增速同比下降7.3个百分点。家庭经营纯收入对全年农村居民增收的贡献率为23.2%,比上年下降15.8个百分点。家庭经营纯收入占农村居民人均纯收入的比重为49%,同比下降2.2个百分点。家庭经营纯收入增速大幅回落主要是牧业收入出现下降。

农村居民家庭经营第一产业纯收入人均1988元,增加42元,增长2.2%。其中,农业纯收入人均1498元,增加71元,增长5%;牧业纯收入人均360元,减少37元,下降9.3%,牧业收入大幅下降,主要是生猪价格大幅下跌所致。

农村居民非农产业经营保持稳定增长。其中,工业纯收入人均87元,增加5元,增长6.6%;建筑业纯收入人均78元,增加10元,增长15%;第三产业经营纯收入人均374元,增加33元,增长9.8%。

(三)财产性收入保持较快增长

2009年农村居民财产性收入人均167元,增加19元,增长12.9%,增速同比下降2.6个百分点。财产性收入占农村居民人均纯收入的比重为3.3%,同比提高0.2个百分点。在财产性收入中,转让承包土地经营权收入人均19元,增加3元,增长16.1%。

(四)转移性收入继续较快增长,但增速回落

2009年农村居民得到的转移性收入人均398元,增加75元,增长23.1%,增速同比下降22.3个百分点。转移性收入占农村居民人均纯收入的比重为7.7%,同比提高0.9个百分点。在转移性收入中,四项农业生产补贴收入(包括粮食直补、农资综合补贴、良种补贴、农机具购置补贴)人均110元,增加15元,增长16.2%,继续保持较快增长,但增速明显低于上年;离退休金、养老金人均85

元，增加21元，增长32.2%；领取最低生活保障收入人均9.4元，增加4.6元，增长96.4%。

二 农村居民收入名义增速减缓

（一）名义增长速度为近6年最低

2009年农村居民人均纯收入名义增长速度为8.2%，比前5年至少低2个百分点以上，比增速最高的2007年低7.2个百分点，是近6年来名义增长速度最低的一年。从收入来源来看，工资性收入增速为近5年最低，家庭经营纯收入和财产性收入增速均为近6年最低，转移性收入虽增长较快，但增速仍低于上年。

（二）收入增加额为近3年最少

2009年农村居民人均纯收入虽然比上年增加393元，但仍比2008年少增长227元，比2007年少增长160元。从收入来源来看，工资性收入、家庭经营纯收入和财产性收入增加额均为近3年最低，转移性收入虽增长较多，但增加额仍低于上年。

农民生活消费

据对全国31个省（区、市）6.8万个农村住户的抽样调查，2009年农村居民生活消费支出人均3993元，比上年增加332元，增长9.1%，扣除价格因素影响，实际增长9.4%，增速提高2.8个百分点。其中，商品性支出人均2837元，增加219元，增长8.4%；服务性支出人均1156元，增加113元，增长10.9%。

图2 2009年农村居民生活消费结构

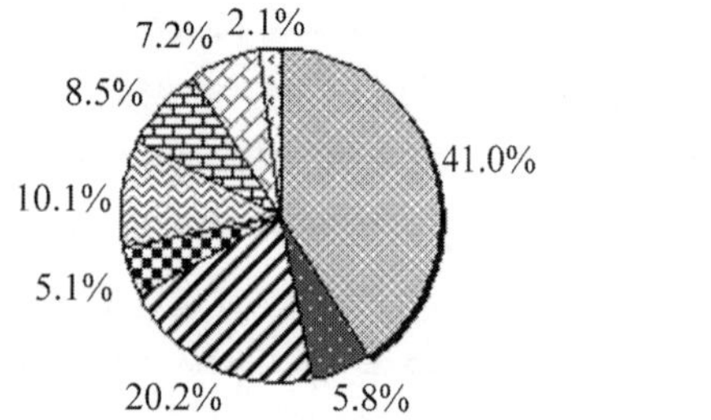

一 食品支出增速大幅回落

2009年农村居民食品消费支出人均1636元，增加37元，增长2.3%，增速下降12.8个百分点。居民食品消费支出占生活消费支出的41%，比上年下降了2.7个百分点。在食品消费支出中，粮食支出人均342元，增加5元，增长1.5%；蔬菜及制品支出人均152元，增加13元，增长9.2%；肉禽蛋奶及制品支出人均412元，减少13元，下降3%；在外饮食支出人均224元，增加15元，增长7.1%。食品支出增速的大幅回落是因为受到猪肉、食用油等食品价格大幅下降的影响。2009年，人均购买猪肉8.8公斤，增长14.6%，而支出下降4.7%；人均购买食用油5.3公斤，增长0.5%，而支出下降21.6%。

二 衣着支出保持平稳增长

2009年农村居民衣着消费支出人均232元，增加21元，增长9.8%，增速提高0.3个百分点。其中，购买服装支出人均156元，增加14元，增长9.7%；购买鞋类支出人均58元，增加6元，增长10.9%。

三 居住支出继续保持较快增长

2009年农村居民居住支出人均805元，增加126元，增长18.5%，增速提高0.2个百分点。农村住房改造力度的加大，直接带动了建筑、购买生活用房及其雇工等居住消费支出的大幅增长。其中，建筑生活用房材料支出人均276元，增加53元，增长24%；购买生活用房支出人均85元，增加24元，增长40.1%；建筑、维修生活用房雇工支出人均98元，增加23元，增长30%；购买生活用水电支出人均94元，增加13元，增长15.4%。

四 家庭设备用品及服务支出较快增长

2009年农村居民家庭设备用品及服务支出人均205元，增加31元，增长17.7%，增速提高1个百分点。家庭设备支出的较快增长主要得益于家电下乡等惠民政策的实施。其中，购买机电设备支出人均70元，增加14元，增长25.1%；购买家具支出人均36元，增加6元，增长20%。

五 交通通讯支出平稳增长

2009年农村居民交通通讯支出人均403元，增加43元，增长11.9%，增速提高2.2个百分点。其中，购买交通工具支出人均121元，增加30元，增长33.7%；购买交通工具用燃料支出人均46元，增加5元，增长12.1%；购买通讯工具支出人均28元，减少3元，下降9.1%；通讯费支出人均123元，增加8元，增长6.6%。

六 文教娱乐支出增速加快

2009年农村居民文教娱乐支出人均341元，增加26元，增长8.3%，增速提高5.4个百分点。其中，购买文教娱乐用机电消费品支出人均43元，增加6元，增长15.9%；文体娱乐服务消费支出人均34元，增加8元，增长28.6%；学杂费支出人均151元，与上年同期基本持平。

七 医疗保健支出继续较快增长

2009年农村居民医疗保健支出人均287元，增加41元，增长16.9%，增速下降0.1个百分点。其中，购买药品支出人均103元，增加12元，增长12.6%；医疗费支出人均175元，增加28元，增长19.4%。

八 其他商品和服务支出保持平稳增长

2009年农村居民其他商品和服务支出人均84元，增加7元，增长9.7%。

农民工

为全面、及时、准确地反映农民工数量、流向、结构、就业、收支、居住、社会保障等情况，国家统计局于2008年底建立了农民工统计监测调查制度。据对全国31个省（区、市）6.8万个农村住户和7100多个行政村的农民工监测调查结果推算，2009年度全国农民工总量为22978万人，其中外出农民工14533万人，与上年相比，农民工总量[①]增加436万人，增长1.9%。调查还表明，2009年末农村外出务工劳动力14889万人，由于季节因素，比第三季度末减少309万人，但仍比第一季度末增加170万人。本文将重点报告农民工年度情况，详细结果如下：

一 农民工总体规模

（一）外出农民工增加，本地农民工减少

据调查结果推算，2009年全国外出农民工总量14533万人，比上年增加492万人，增长3.5%。在外出农民工中，住户中外出农民工11567万人，比上年增加385万人，增长3.4%；举家外出农民工2966万人，增加107万人，增长3.7%。在本乡镇以内从业6个月以上的本地农民工8445万人，减少56万，下降0.7%。

表1　农民工数量

单位：万人、%

	2009年	2008年	增减	增长
农民工总量	22978	22542	436	1.9
1.外出农民工	14533	14041	492	3.5
（1）住户中外出农民工	11567	11182	385	3.4
（2）举家外出农民工	2966	2859	107	3.7
2.本地农民工	8445	8501	−56	−0.7

（二）东部地区[②]农民工数量及增幅高于中西部地区

从输出地看，2009年东部地区农民工10017万人，同比增长3.1%，东部地区农民工占全国农民工总量的比重为43.6%；中部地区农民工7146万人，同比增长0.9%，中部地区农民工占全国农民工总量的31.1%；西部地区农民工5815万人，同比增长1.2%，西部地区农民工占全国农民工总量的25.3%。

二 外出农民工流向及就业地域分布[③]

（一）外出务工仍以东部地区为主，但在中西部地区务工的比重提高

从输入地[④]看，2009年在东部地区务工的外出农民工为9076万人，比上年减少888万人，下降8.9%，占全国外出农民工人数的62.5%，比上年降低8.5个百分点；在中部地区务工的外出农民工为2477万人，比上年增加618万人，增长33.2%，占全国外出农民工人数的17%，比上年提高3.8个百分点；在西部地区务工的外出农民工为2940万人，比上年增加775万人，增长35.8%，占全国

① 年度农民工数量包括年内外出从业6个月以上的外出农民工和本地非农从业6个月以上的本地农民工两部分。年度农民工与年末（季末）外出务工劳动力口径不同，年末（季末）数据是指调查时点在外从业的农村劳动力人数，包括了外出不满6个月的人。

② 东部地区：北京、天津、河北、辽宁、上海、江苏、浙江、福建、山东、广东、海南；中部地区：山西、吉林、黑龙江、安徽、江西、河南、湖北、湖南；西部地区：内蒙古、广西、重庆、四川、贵州、云南、西藏、陕西、甘肃、青海、宁夏、新疆。

③ 本报告第二至第五部分中有关外出农民工的详细的分类数据是根据对住户中外出农民工的调查结果推算。

④ 外出农民工的输入地分布，除东部、中部和西部地区外，另有0.3%的外出农民工在港澳台地区及国外从业。

外出农民工人数的20.2%，比上年提高4.8个百分点。调查表明，在东部地区务工的农民工减少，外出农民工向中西部地区转移。

表2 2009年各地区农民工占全国比重及增幅

单位：%

	东部	中部	西部
各地区农民工所占比重			
农民工	43.6	31.1	25.3
1. 外出农民工	31.9	36.5	31.6
2. 本地农民工	63.7	21.9	14.4
2009年比2008年农民工增幅			
农民工	3.1	0.9	1.2
1. 外出农民工	7.1	2.0	1.2
2. 本地农民工	−0.5	−2.3	1.2

图3 外出农民工就业地域分布比例（单位：%）

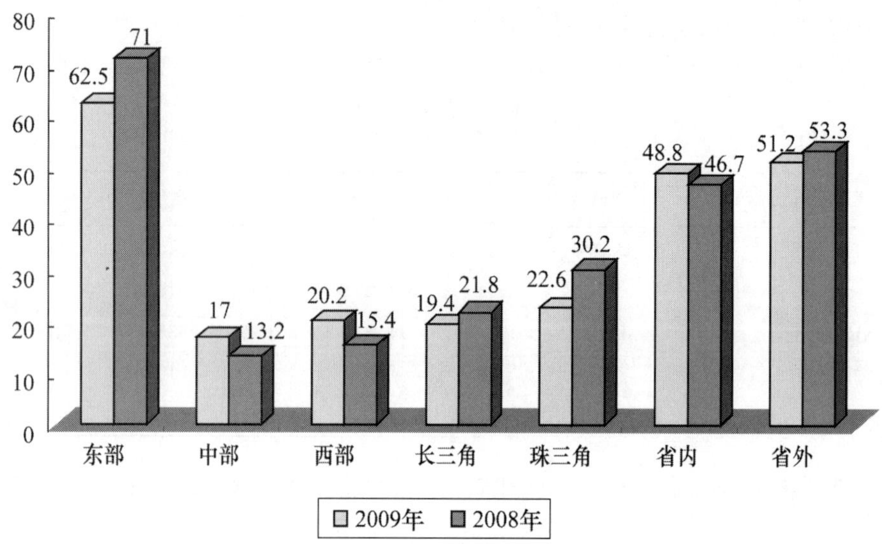

（二）在长三角地区和珠三角地区务工农民工减少

2009年在长三角地区务工的农民工为2816万人，比上年减少238万人，减少7.8%，在珠三角地区务工的农民工为3282万人，比上年减少954万人，减少22.5%。在长三角和珠三角地区务工的外出农民工分别占全国外出农民工的19.4%和22.6%，分别比上年下降2.4和7.6个百分点。在长三角和珠三角地区务工的农民工减少，特别是在珠三角地区务工的农民工大幅减少，是2009年下半年东部沿海地区出现"用工荒"的一个重要原因。

（三）在省内务工的外出农民工数量增加较多，跨省外出的农民工比重下降

在外出农民工中，在省外务工的农民工为7441万人，比上年减少43万人，减少0.6%，占全国的51.2%；在省内务工的农民工为7092万人，比上年增加535万人，增长8.2%，占全国的48.8%。在省内务工的比重比2008年上升2.1个百分点。调查结果显示，2009年外出农民工增加，主要是在省内就近转移的农民工数量大幅增加。分地区看，东部地区农民工仍以在省内务工为主，中、西部地区农民工大多数在省外务工，但中西部地区农民工在省内就近务工的比例明显增加。

表 3 不同地区外出农民工在省内、省外务工的分布

单位:%

地 区	2009 年		2008 年	
	省内	省外	省内	省外
东部地区	79.6	20.4	79.7	20.3
中部地区	30.6	69.4	29.0	71.0
西部地区	40.9	59.1	37.0	63.0

(四)外出农民工主要流向地级以上大中城市

从外出农民工就业的地点看,在直辖市务工的农民工占 9.1%,在省会城市务工的农民工占 19.8%,在地级市务工的农民工占 34.4%,在县级市务工的农民工占 18.5%,在建制镇务工的农民工占 13.8%,在其他地区务工的占 4.4%。在地级以上大中城市务工的农民工占 63.3%,比上年略降 0.3 个百分点。

三 外出农民工基本特征

(一)外出农民工以青年男性为主,已婚者占多数

分性别看,男性外出农民工占 65.1%,女性占 34.9%。从年龄看,外出农民工以青壮年为主。其中,16—25 岁占 41.6%,26—30 岁占 20%,31—40 岁占 22.3%,40—50 岁占 11.9%,50 岁以上的农民工占 4.2%。从婚姻状况看,已婚的外出农民工占 56%,未婚的占 41.5%,其他占 2.5%。

(二)外出农民工中初中文化程度的占多数,但高中及以上文化程度的比例提高

在外出农民工中,文盲占 1.1%,小学文化程度占 10.6%,初中文化程度占 64.8%,高中文化程度占 13.1%,中专及以上文化程度占 10.4%。高中及以上文化程度比重比上年提高 1.7 个百分点,占 23.5%。分年龄组看,低年龄组中高学历比例要明显高于高年龄组,30 岁以下各年龄组中,接受过高中及以上教育的比例均在 26%以上,其中,21—25 岁年龄组中接受过高中及以上教育的比例达到 31.1%。

(三)外出农民工多数没有参加过任何技能培训,低教育程度的农民工接受培训的比例也较低

从外出农民工接受技能培训的情况看,51.1%的外出农民工没有接受过任何形式的技能培训。文化程度越低接受过技能培训的比例也越低,在文盲半文盲农民工中接受过技能培训的占 26.3%,小学文化程度的农民工接受过技能培训的占 35.5%,初中文化程度的农民工接受过培训的占 48%,高中和中专以上文化程度的农民工接受过技能培训的比例分别为 54.8%和 62.5%。

(四)外出农民工仍以从事制造业、建筑业和服务业为主,但从事制造业的比重下降

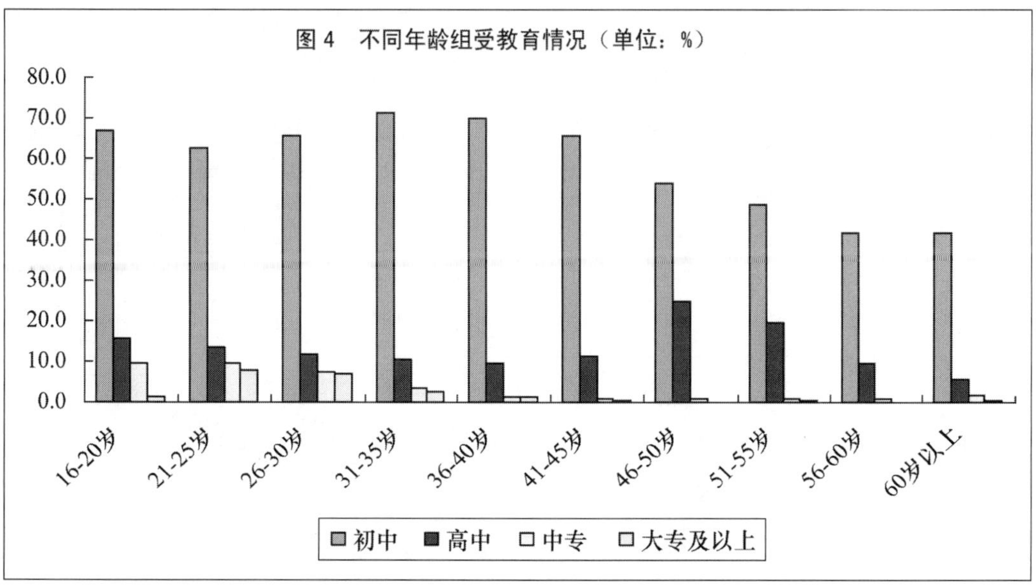

在外出农民工中，从事制造业的农民工所占比重最大，占39.1%，其次是建筑业占17.3%，服务业占11.8%，住宿餐饮业和批发零售业各占7.8%，交通运输仓储邮政业占5.9%。从事制造业的农民工比上年下降2.6个百分点，建筑业、批零业、服务业、住宿餐饮业等均有所增长。

（五）外出农民工绝大多数以受雇形式从业

在外出农民工中，以受雇形式从业的农民工占93.6%，自营者占6.4%，自营者比例比上年下降0.5个百分点。从务工地点看，在东部、中部和西部地区务工的外出农民工自营比例分别为5.6%、7.9%和8.6%。

四 农民工外出务工收入及居住情况

（一）外出农民工收入增加，受雇者的收入和自营者的收入差异明显

2009年，外出农民工月平均收入为1417元，比上年增加77元，增长5.7%。外出农民工月均收入在600元以下的占2.1%；600－800元的占5.2%；800－1200元的占31.5%；1200－1600元的占33.9%；1600－2400元的占19.7%，2400元以上的农民工占7.6%。受雇人员的收入和自营人员的收入差异明显，受雇人员月均收入1389元，自营人员的月均收入为1837元。

（二）在大中城市务工的农民工收入水平相对较高，西部地区收入增长较快

分地区看，在东部地区务工的农民工月均收入1422元，在中部地区务工的农民工月均收入1350元，在西部地区务工的农民工月均收入1378元。从务工地点看，在直辖市务工的农民工平均月收入为1569元，在省会城市务工的农民工平均月收入1425元，在地级市、县级市和建制镇务工的农民工平均月收入分别为1402元、1359元和1348元。从不同地区务工收入的增幅来看，西部地区的增长要快于东部和中部地区。

表4　农民工在不同地区的月均收入水平及增幅

单位：元、%

	2009年	2008年	增减	增幅
全　　国	1417	1340	77	5.7
东部地区	1422	1352	70	5.2
中部地区	1350	1275	75	5.9
西部地区	1378	1273	105	8.3

（三）不同行业收入水平差别较大，制造业、服务业和住宿餐饮业收入水平偏低，批发零售业和采矿业收入增长相对较慢

从农民工从事的几个主要行业看，收入水平较高的是交通运输业、采矿业和建筑业的农民工，月均收入分别为1671元、1640元和1625元；收入较

图5　不同行业月均收入水平及增幅（单位：元、%）

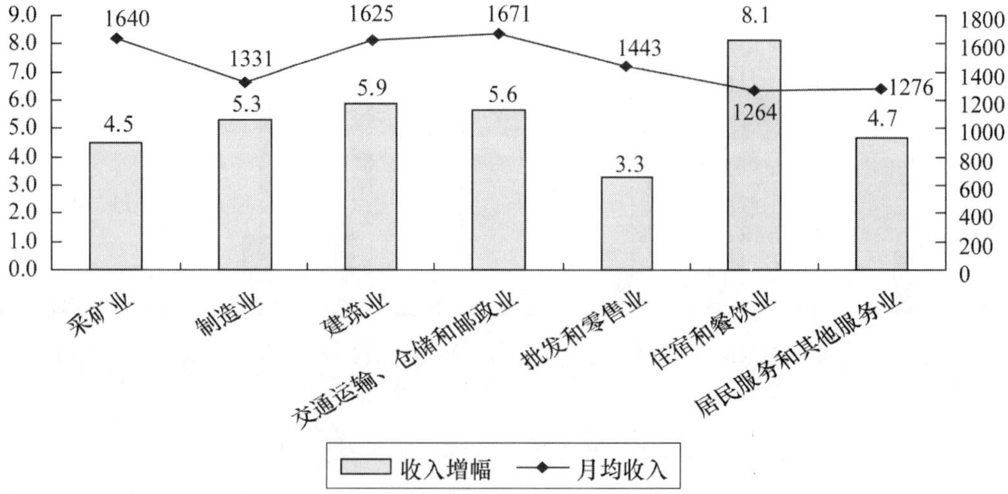

低的分别是住宿餐饮业、服务业和制造业的农民工，月均收入分别为 1264 元、1276 元和 1331 元。从收入增幅看，增幅高于各行业平均水平的是住宿餐饮业和建筑业，增幅分别为 8.1%和 5.9%；收入增幅较低的是批发零售业和采矿业，分别增长 3.3%和 4.5%。

（四）外出农民工的住宿是以雇主或单位提供住房为主，四成外出农民工的雇主或单位不提供住宿也没有住房补贴

从外出农民工住所类型看，由雇主或单位提供宿舍的占 33.9%，在工地或工棚居住的占 10.3%，在生产经营场所居住的占 7.6%，与人合租住房的占 17.5%，独立租赁住房的占 17.1%，有 9.3%的外出农民工在乡镇以外从业但每天回家居住，仅有 0.8%的外出农民工在务工地自购房。

从外出农民工的居住成本看，50.5%的农民工由雇主或单位提供免费住宿；7.4%的农民工雇主或单位不提供住宿，但有住房补贴；42.1%的农民工雇主或单位不提供住宿也没有住房补贴。雇主或单位不提供免费住宿的农民工每人月均居住支出 245 元。

五 外出农民工权益保障情况

（一）拖欠工资状况有所改善，拖欠工资情况仍主要集中在建筑业和制造业

近几年来，各级政府高度重视农民工工资拖欠问题，制定了一系列政策措施，已取得明显成效。调查结果显示，2009 年以受雇形式从业的外出农民工中，被雇主或单位拖欠工资的仅占 1.8%，比 2008 年的 4.1%下降了 2.3 个百分点。被拖欠工资的外出农民工主要还是集中在建筑业和制造业。

（二）外出农民工劳动时间偏长，行业差异明显

调查结果显示，以受雇形式从业的外出农民工平均每个月工作 26 天，每周工作 58.4 小时。其中，每周工作时间多于《劳动法》规定的 44 小时的占 89.8%。从农民工集中的几个主要行业看，制造业农民工平均每周工作时间 58.2 小时，建筑业 59.4 小时，服务业 58.5 小时，住宿餐饮业 61.3 小时，批发零售业 59.6 小时。平均劳动时间最长的是住宿餐饮业的农民工，他们每周的工作时间超过 60 小时。

（三）农民工签订劳动合同的比例较低，近六成农民工没有签订劳动合同

2009 年以受雇形式从业的外出农民工中，与雇主或单位签订劳动合同的占 42.8%。从农民工从事的几个主要行业看，从事建筑业的农民工没有签订劳动合同的比例最高，占 74%，制造业没有签订劳动合同的比例为 49.3%，服务业没有签订劳动合同的比例为 63.9%，住宿餐饮业和批发零售业没有签订劳动合同的比例分别为 65.2%和 66%。

（四）外出农民工参加社会保险的水平总体较低，中西部地区农民工参保比例明显低于东部地区

雇主或单位为农民工缴纳养老保险、工伤保险、医疗保险、失业保险和生育保险的比例分别为 7.6%、21.8%、12.2%、3.9%和 2.3%。从输入地看，不同地区的农民工社会保障状况差异较大。中西部地区的农民工参保比例比较接近，但明显落后于在东部地区务工的农民工。

图 6 农民工在不同地区参加社会保障的比例（%）

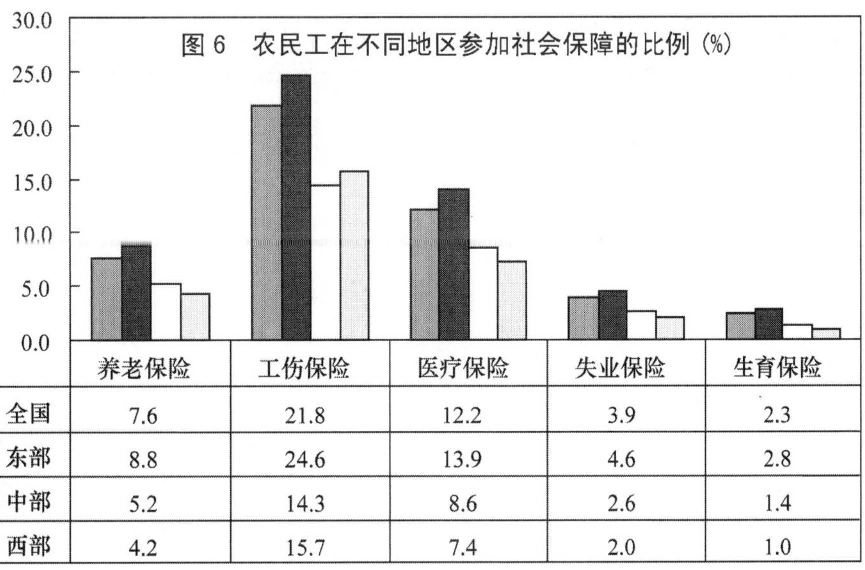

	养老保险	工伤保险	医疗保险	失业保险	生育保险
全国	7.6	21.8	12.2	3.9	2.3
东部	8.8	24.6	13.9	4.6	2.8
中部	5.2	14.3	8.6	2.6	1.4
西部	4.2	15.7	7.4	2.0	1.0

（五）不同行业农民工的社会保障水平差异较大，建筑业农民工的社会保障状况需要重点关注

从农民工从事的几个主要行业看，不同行业农民工的社会保障水平差异较大，其中制造业的情况相对较好。值得关注的是工伤风险较高的建筑行业农民工，雇主或单位为其缴纳工伤保险的比例仅为15.6%，离《工伤保险条例》要求相差甚远，同时养老保险、医疗保险和失业保险的比例也显著低于其他行业，参保比例分别为1.8%、4.4%和1%。

表5　不同行业农民工参加社会保障的比例

单位：%

行　业	养老保险	工伤保险	医疗保险	失业保险	生育保险
制造业	8.8	27.5	14.7	4.2	2.4
建筑业	1.8	15.6	4.4	1.0	0.6
交通运输仓储和邮政业	10.7	27.2	15.4	6.1	3.5
批发和零售业	6.1	11.6	8.3	3.1	1.8
住宿和餐饮业	3.6	11.7	7.1	1.7	0.8
居民服务和其他服务业	4.8	14.2	9.4	2.7	1.6

六 小结

综上所述，对2009年农民工总体规模、基本特征、流向分布、就业情况、外出收入和居住情况、权益及社会保障等方面的调查分析结果小结如下：

（一）随着国家一系列扩大内需政策措施及针对农民工的各种增加就业措施的实施，农民工就业机会增加，就业形势好转，农民工数量进一步增加，农民工总量达22978万人。其中，外出农民工比上年增加492万人，增长3.5%。

（二）农民工的外出流动格局发生了变化，一是中西部地区受基础设施建设等投资拉动政策措施的影响，对农民工就业的吸纳能力增强，在中西部地区务工的农民工增加，而在长三角和珠三角等东部沿海地区务工的农民工减少，农民工开始从东部地区向中西部地区转移。二是跨省外出的农民工比重下降，而在省内务工的外出农民工数量增加较多，中西部地区农民工就近转移加快。

（三）外出农民工的文化程度不断提高，高中及以上文化程度比重增加，低年龄组高学历比例要明显高于高年龄组。但是没有参加过任何技能培训的农民工仍然占多数，低教育程度的农民工接受培训的机会也较少。

（四）外出农民工收入水平提高，西部地区收入增速快于东部和中部地区。在大中城市务工的农民工收入水平相对较高，不同行业收入水平差别较大，制造业、服务业、住宿餐饮业收入水平相对偏低。受雇人员的收入和自营人员的收入差异明显。

（五）拖欠工资状况有所改善，但农民工劳动时间偏长，每周工作时间超过劳动法规定的44小时的外出农民工占89.8%。签订劳动合同的比例仍然较低，近六成农民工没有签订劳动合同。

（六）外出农民工参加社会保险的水平总体较低，中西部地区农民工参保比例明显低于东部地区，不同行业农民工的社会保障水平差异较大，建筑业农民工的社会保障状况需要重点关注。

2

综合资料

2-1 农村居民家庭人口状况

年 份	调查户数 (户)	常住人口 (人/户)	劳动力 (人/户)	整劳动力 (人/户)	劳动力负担人口 (人/劳动力)
1978	6095	5.7	2.3		2.5
1979	10282	5.7	2.4		2.4
1980	15914	5.5	2.5		2.3
1981	18529	5.5	2.5		2.2
1982	22775	5.5	2.6		2.1
1983	30427	5.4	2.8	2.2	1.9
1984	31375	5.4	2.9	2.3	1.9
1985	66642	5.1	3.0	2.4	1.7
1986	66836	5.1	3.0	2.4	1.7
1987	66912	5.0	3.0	2.4	1.7
1988	67186	4.9	3.0	2.4	1.7
1989	66906	4.9	2.9	2.4	1.7
1990	66960	4.8	2.9	2.5	1.6
1991	67410	4.7	2.8	2.4	1.7
1992	67490	4.7	2.8	2.4	1.6
1993	67570	4.6	2.9	2.4	1.6
1994	67420	4.5	2.9	2.5	1.6
1995	67340	4.5	2.9	2.4	1.6
1996	67610	4.4	2.8	2.4	1.6
1997	67680	4.4	2.8	2.2	1.6
1998	68300	4.3	2.8	2.2	1.5
1999	67430	4.2	2.8	2.1	1.5
2000	68116	4.2	2.8	2.1	1.5
2001	68190	4.2	2.7	2.0	1.5
2002	68190	4.1	2.8	2.0	1.5
2003	68190	4.1	2.8	2.0	1.5
2004	68190	4.1	2.8	2.0	1.4
2005	68190	4.1	2.8	2.0	1.4
2006	68190	4.1	2.8	2.0	1.4
2007	68190	4.0	2.8	2.0	1.4
2008	68190	4.0	2.8	1.9	1.4
2009	68190	4.0	2.9	1.9	1.4

2-2 农村居民家庭劳动力文化状况

单位：%

年 份	不识字或识字很少	小学程度	初中程度	高中程度	中专程度	大专及大专以上
1985	27.9	37.1	27.7	7.0	0.3	0.1
1986	26.1	38.0	28.6	6.9	0.3	0.1
1987	25.0	38.4	29.4	6.8	0.4	0.1
1988	24.8	37.5	30.4	6.8	0.4	0.1
1989	22.6	38.7	31.4	6.8	0.5	0.1
1990	20.7	38.9	32.8	7.0	0.5	0.1
1991	16.9	39.5	35.2	7.6	0.6	0.1
1992	16.2	39.1	36.2	7.8	0.6	0.1
1993	15.3	38.2	37.4	8.2	0.7	0.2
1994	14.7	37.2	38.6	8.5	0.8	0.2
1995	13.5	36.6	40.1	8.6	1.0	0.2
1996	11.2	35.5	42.8	8.9	1.2	0.3
1997	10.1	35.1	44.3	8.9	1.2	0.3
1998	9.6	34.5	45.0	9.2	1.5	0.4
1999	9.0	33.7	46.1	9.4	1.6	0.4
2000	8.1	32.2	48.1	9.3	1.8	0.5
2001	7.9	31.1	48.9	9.7	1.9	0.5
2002	7.6	30.6	49.3	9.8	2.1	0.6
2003	7.4	29.9	50.2	9.7	2.1	0.6
2004	7.5	29.2	50.4	10.1	2.1	0.8
2005	6.9	27.2	52.2	10.3	2.4	1.1
2006	6.6	26.4	52.8	10.5	2.4	1.3
2007	6.3	25.8	52.9	11.0	2.5	1.4
2008	6.1	25.3	52.8	11.4	2.7	1.7
2009	5.9	24.7	52.7	11.7	2.9	2.1

2-3 农村居民家庭住房情况

年份	新建(购)住房面积(平方米/人)	砖木结构	钢筋混凝土结构	新建(购)住房价值(元/平方米)	年末住房面积(平方米/人)	砖木结构	钢筋混凝土结构	年末住房价值(元/平方米)
1978					8.1			
1979					8.4			
1980					9.4			17.0
1981	0.8	0.5		22.1	10.2	4.9	0.1	17.9
1982	0.9	0.5		25.4	10.7	5.2	0.1	19.2
1983	1.0	0.6	0.1	29.7	11.6	6.2	0.3	21.6
1984	0.8	0.5	0.1	35.3	13.6	6.8	0.2	23.8
1985	1.1	0.7	0.1	40.2	14.7	7.5	0.3	26.8
1986	1.1	0.7	0.1	47.1	15.3	8.2	0.4	29.2
1987	1.1	0.7	0.2	58.4	16.0	8.6	0.6	30.5
1988	1.0	0.6	0.2	71.0	16.6	9.0	0.7	33.4
1989	0.9	0.6	0.2	84.3	17.2	9.3	0.9	37.3
1990	0.8	0.5	0.2	92.3	17.8	9.8	1.2	44.6
1991	0.9	0.5	0.3	101.0	18.5	10.4	1.6	56.6
1992	0.7	0.4	0.2	111.2	18.9	10.7	1.8	60.1
1993	0.7	0.3	0.2	124.6	20.7	11.8	2.3	73.4
1994	0.7	0.4	0.2	152.4	20.2	11.5	2.7	83.2
1995	0.8	0.4	0.3	200.3	21.0	11.9	3.1	101.6
1996	1.0	0.4	0.5	219.5	21.7	11.7	4.4	133.9
1997	0.9	0.4	0.5	222.0	22.5	11.9	5.1	149.7
1998	0.8	0.3	0.5	227.4	23.3	12.2	5.7	153.0
1999	0.8	0.3	0.5	239.5	24.2	12.3	6.4	157.6
2000	0.9	0.4	0.5	260.2	24.8	13.6	6.2	187.4
2001	0.8	0.3	0.5	263.5	25.7	13.8	6.9	196.1
2002	0.9	0.3	0.5	293.6	26.5	13.9	7.7	202.8
2003	0.8	0.3	0.5	303.8	27.2	14.1	8.5	217.1
2004	0.6	0.2	0.4	339.3	27.9	14.1	9.2	226.1
2005	0.8	0.3	0.5	373.3	29.7	14.1	11.2	267.8
2006	0.8	0.3	0.5	392.9	30.7	14.6	11.8	287.8
2007	1.0	0.3	0.6	485.1	31.6	14.8	12.5	313.6
2008	1.0	0.3	0.7	533.7	32.4	14.9	13.4	332.8
2009	1.2	0.3	0.8	620.4	33.6	15.1	14.5	359.3

2-4 农村居民家庭经营土地情况

单位：亩/人

年 份	耕地面积	有效灌溉面积	园地面积	牧草地面积	山地面积	养殖水面面积
1978						
1980	0.19				0.04	
1985	2.07				0.52	0.02
1986	2.07				0.53	0.01
1987	2.07				0.54	0.03
1988	2.06				0.49	0.04
1989	2.11				0.45	0.02
1990	2.10				0.42	0.02
1991	2.18				0.33	0.02
1992	2.06				0.33	0.02
1993	2.17				0.40	0.02
1994	2.18				0.43	0.02
1995	2.17				0.44	0.02
1996	2.30				0.46	0.02
1997	2.07				0.43	0.02
1998	2.06				0.43	0.02
1999	2.07				0.47	0.02
2000	1.98		0.06	3.28	0.28	0.03
2001	1.99		0.06	3.83	0.28	0.03
2002	2.00		0.07	4.51	0.28	0.03
2003	1.96		0.07	4.40	0.19	0.02
2004	2.00	0.95	0.07	4.69	0.21	0.02
2005	2.08	0.99	0.08	3.74	0.32	0.03
2006	2.11	1.03	0.10	3.95	0.31	0.03
2007	2.16	1.07	0.10	3.85	0.32	0.04
2008	2.18	1.08	0.10	4.33	0.33	0.04
2009	2.26	1.13	0.10	4.22	0.34	0.04

2-5 农村居民家庭年末拥有主要生产性固定资产数量

单位：平均每百户

年 份	汽车（辆）	大中型拖拉机（台）	小型和手扶拖拉机（台）	机动脱粒机（台）	收割机（台）
1983		0.2	1.4	0.9	
1984	0.1	0.3	2.0	1.1	
1985	0.3	0.4	2.7	1.9	
1986	0.2	0.4	3.1	1.8	
1987	0.3	0.4	3.8	2.2	
1988	0.4	0.5	4.3	2.2	
1989	0.3	0.5	4.8	2.6	
1990	0.3	0.5	5.3	3.6	
1991	0.2	0.5	6.6	3.9	
1992	0.3	0.6	7.3	4.2	
1993	0.3	0.6	8.4	5.3	
1994	0.4	0.8	8.8	5.2	
1995	0.5	0.8	9.9	6.3	
1996	0.8	1.0	12.5	6.9	
1997	0.8	1.4	14.3	7.4	
1998	1.0	1.2	14.3	8.6	
1999	1.1	1.4	16.3	8.4	
2000	1.3	1.4	16.7	9.6	1.2
2001	1.2	1.5	17.4	9.3	1.2
2002	1.3	1.5	18.5	9.6	1.2
2003	1.4	1.8	18.9	10.1	1.2
2004	1.4	2.2	18.8	10.1	1.3
2005	1.8	2.1	20.2	8.7	1.0
2006	1.8	2.4	21.1	9.4	1.0
2007	1.9	2.9	19.1	9.8	1.1
2008	2.0	3.1	19.0	10.3	1.1
2009	2.3	3.4	19.4	10.5	1.4

2-5 续表 单位：平均每百户

年 份	农用动力机械（台）	胶轮大车（辆）	水泵（台）	役畜（头）	产品畜（头）
1983		4.0	0.9		
1984		5.8	1.5		
1985		5.5	1.7	57.2	32.1
1986		6.5	2.1	59.2	34.8
1987		7.1	2.5	59.1	31.2
1988		7.6	3.9	59.8	33.2
1989		7.7	3.8	58.7	34.6
1990		7.9	3.9	57.3	30.9
1991		8.2	4.7	53.9	28.7
1992		8.7	5.5	53.0	30.1
1993		9.6	8.5	60.0	53.2
1994		9.3	7.9	58.8	56.7
1995		9.3	9.1	56.0	50.7
1996		8.8	11.0	55.0	56.3
1997		8.8	12.1	55.6	52.7
1998		8.5	13.7	48.4	52.2
1999		7.9	14.0	45.0	54.1
2000	11.6	13.3	17.7	41.8	41.6
2001	13.1	14.5	19.9	39.7	54.7
2002	13.7	14.3	21.5	39.4	56.4
2003	14.1	13.7	21.1	35.5	58.6
2004	14.5	12.9	22.1	34.8	51.8
2005	14.7	9.9	21.0	29.3	60.3
2006	15.3	9.5	22.1	28.8	61.8
2007	14.0	8.9	23.4	27.5	63.6
2008	15.1	8.7	24.1	26.0	67.8
2009	15.5	8.6	25.1	25.4	63.3

2-6 农村居民家庭主要农产品出售量

单位：公斤/人

年 份	粮食	棉花	油料	麻类	糖料	烟叶	蔬菜	水果
1980								
1981	20.6	0.5	3.9	0.5	5.6	0.6	19.4	1.8
1982	31.2	0.8	5.2	0.4	12.3	1.3	25.1	2.7
1983	122.9	5.0	8.5	0.9	31.6	1.5	42.6	6.0
1984	141.3	5.5	10.6	1.7	38.5	2.2	53.6	6.5
1985	123.5	4.1	14.4	2.8	57.9	2.3	53.8	6.8
1986	146.8	3.6	14.2	1.6	62.7	1.7	63.7	8.1
1987	148.7	4.2	12.9	1.6	61.8	2.1	58.6	10.9
1988	150.4	3.9	10.8	1.5	64.8	2.7	58.6	10.6
1989	154.3	3.5	10.7	1.3	58.9	2.8	64.1	11.9
1990	180.2	4.3	12.9	1.6	70.6	2.7	65.1	13.2
1991	179.4	5.5	13.2	1.3	74.5	3.2	68.7	15.7
1992	165.9	4.2	11.3	1.2	86.8	3.6	75.6	16.9
1993	159.4	3.3	10.5	0.9	82.9	3.2	77.7	19.6
1994	188.5	4.0	10.7	0.5	62.2	2.0	72.7	22.6
1995	179.2	4.3	12.0	0.7	56.7	2.2	80.0	24.3
1996	203.5	3.9	11.6	0.8	68.7	3.1	97.0	29.8
1997	228.0	5.1	11.1	0.6	75.8	4.5	106.2	36.2
1998	227.5	5:1	12.4	0.4	81.7	2.3	108.7	38.5
1999	243.3	4.4	15.6	0.3	86.3	2.4	111.7	43.2
2000	264.7	5.6	18.4	0.5	76.4	2.7	132.1	46.4
2001	268.0	7.1	18.3	0.4	62.4	2.4	132.9	48.2
2002	281.2	6.9	18.5	0.6	93.6	2.6	143.8	49.1
2003	294.4	16.8	19.2	0.7	101.1	2.6	147.6	48.8
2004	287.3	19.2	18.9	0.5	91.6	2.5	151.6	57.5
2005	375.8	22.1	20.1	0.7	84.7	3.7	167.9	61.6
2006	394.6	23.8	17.8	0.4	87.3	3.8	173.0	59.5
2007	394.1	24.9	17.2	0.4	117.6	3.4	170.0	66.8
2008	444.4	20.7	15.7	0.3	123.7	3.8	170.8	64.9
2009	482.9	22.6	22.6	0.2	110.0	4.4	170.8	72.8

2-6　续表　　　　单位：公斤/人

年　份	猪肉	牛肉	羊肉	牛羊奶	家禽	禽蛋	水产品
1980	8.9	0.2	0.2		0.6	1.1	
1981	8.6				0.7	1.2	
1982	9.5				1.1	1.3	
1983	13.6			0.4	1.2	1.7	0.7
1984	15.1			0.5	1.2	1.9	0.8
1985	16.3	0.5	0.6	1.0	1.0	2.2	1.7
1986	16.9			1.5	1.6	2.3	2.0
1987	17.3			1.8	1.6	2.0	2.2
1988	16.5			1.8	2.1	2.1	2.6
1989	16.8			1.4	1.6	2.0	2.2
1990	17.8	0.6	0.7	1.7	1.5	1.9	2.1
1991	20.1	0.8	0.9	1.9	2.2	2.7	2.9
1992	21.2	0.7	0.9	1.9	2.2	2.9	3.2
1993	23.8	0.9	1.0	1.8	2.4	2.9	3.1
1994	23.3	0.9	1.1	1.8	2.3	3.4	3.0
1995	24.2	1.0	1.2	1.9	2.4	3.5	2.9
1996	25.7	2.0	1.7	2.6	2.5	2.6	3.3
1997	26.1	2.3	1.8	2.8	3.0	3.8	4.5
1998	23.0	1.0	1.7	2.6	2.4	3.6	4.3
1999	28.4	1.9	1.9	3.0	3.4	4.1	6.2
2000	30.2	2.4	2.1	2.7	4.6	6.3	5.8
2001	30.9	2.8	2.3	3.7	5.0	6.0	6.5
2002	32.3	2.7	2.5	4.9	6.0	6.5	8.0
2003	29.5	2.7	2.9	7.3	6.7	7.1	7.5
2004	26.6	2.5	2.9	7.7	6.9	6.4	7.3
2005	32.2	2.9	3.3	11.3	9.6	10.5	8.5
2006	34.4	3.1	3.1	13.3	8.9	11.0	8.9
2007	27.6	3.0	3.0	14.6	10.2	10.7	9.9
2008	25.4	2.8	2.6	15.1	10.8	12.8	10.3
2009	31.7	2.7	2.8	12.7	11.3	12.9	10.7

2-7 农村居民家庭主要食品消费量

单位：公斤/人

年 份	粮食	1. 细粮	2. 粗粮	蔬菜	食用油	1. 植物油	2. 动物油	食糖
1978	247.8	122.5	125.3	141.5	2.0	1.3	0.7	0.7
1979	256.7	139.4	117.3	131.2	2.4	1.5	0.9	0.8
1980	257.2	162.9	94.2	127.2	2.5	1.4	1.1	1.1
1981	256.1	172.4	83.7	124.0	3.1	1.9	1.2	1.1
1982	260.0	191.8	68.1	132.0	3.4	2.1	1.4	1.2
1983	259.9	196.3	63.6	131.0	3.5	2.2	1.3	1.3
1984	266.5	209.1	57.5	140.0	4.0	2.5	1.5	1.3
1985	257.5	208.8	48.6	131.1	4.0	2.6	1.4	1.5
1986	259.3	212.2	47.1	133.7	4.2	2.6	1.6	1.6
1987	259.4	211.4	48.0	130.4	4.7	3.1	1.6	1.7
1988	259.5	210.7	48.8	130.1	4.8	3.3	1.5	1.4
1989	262.3	213.5	48.8	133.4	4.8	3.3	1.5	1.5
1990	262.1	215.0	47.1	134.0	5.2	3.5	1.6	1.5
1991	255.6	213.8	41.8	127.0	5.7	3.9	1.8	1.4
1992	250.5	210.6	39.9	129.1	5.9	4.1	1.8	1.5
1993	251.8	221.0	30.8	107.4	5.7	4.1	1.6	1.4
1994	257.6	212.0	45.6	107.9	5.7	4.1	1.6	1.3
1995	256.1	210.7	45.3	104.6	5.8	4.3	1.6	1.3
1996	256.2	206.5	49.7	106.3	6.1	4.5	1.6	1.4
1997	250.7	208.9	41.8	107.2	6.2	4.7	1.4	1.4
1998	248.9	209.0	39.9	109.0	6.1	4.6	1.5	1.4
1999	247.5	206.2	41.3	108.9	6.2	4.6	1.6	1.5
2000	250.2	207.1	43.1	106.7	7.1	5.5	1.6	1.3
2001	238.6	199.7	38.9	109.3	7.0	5.5	1.5	1.4
2002	236.5	199.4	37.1	110.6	7.5	5.8	1.8	1.6
2003	222.4	192.5	29.9	107.4	6.3	5.3	1.0	1.2
2004	218.3	189.8	28.5	106.6	5.3	4.3	1.0	1.1
2005	208.9	181.8	27.1	102.3	6.0	4.9	1.1	1.1
2006	205.6	178.0	27.6	100.5	5.8	4.7	1.1	1.1
2007	199.5	173.8	25.7	99.0	6.0	5.1	0.9	1.1
2008	199.1	173.7	25.4	99.7	6.2	5.4	0.9	1.1
2009	189.3	165.2	24.0	98.4	6.3	5.4	0.8	1.1

2-7 续表 单位：公斤/人

年 份	猪牛羊肉	1. 猪肉	2. 牛羊肉	家禽	禽蛋及制品	水产品	奶及制品	酒
1978	5.8	5.2	0.6	0.3	0.8	0.8		1.2
1979	6.5	6.1	0.4	0.3	0.9	0.7		1.4
1980	7.7	7.3	0.5	0.7	1.2	1.1		1.9
1981	8.7	8.2	0.5	0.7	1.3	1.3		2.3
1982	9.1	8.4	0.7	0.8	1.4	1.3	0.7	2.7
1983	10.0	9.3	0.7	0.8	1.6	1.6	0.8	3.2
1984	10.6	9.9	0.7	0.9	1.8	1.7	0.8	3.5
1985	11.0	10.3	0.7	1.0	2.1	1.6	0.8	4.4
1986	11.8	11.1	0.7	1.1	2.1	1.9	1.4	5.0
1987	11.7	11.0	0.7	1.2	2.3	2.0	1.1	5.5
1988	10.7	10.1	0.7	1.3	2.3	1.9	1.1	5.9
1989	11.0	10.3	0.7	1.3	2.4	2.1	1.0	6.0
1990	11.3	10.5	0.8	1.3	2.4	2.1	1.1	6.1
1991	12.2	11.2	1.0	1.3	2.7	2.2	1.3	6.4
1992	11.8	10.9	1.0	1.5	2.9	2.3	1.5	6.6
1993	11.7	10.9	0.8	1.6	2.9	2.8	0.9	6.5
1994	11.0	10.2	0.8	1.6	3.0	3.0	0.7	6.0
1995	11.3	10.6	0.7	1.8	3.2	3.4	0.6	6.5
1996	12.9	11.9	1.1	1.9	3.4	3.7	0.8	7.1
1997	12.7	11.5	1.3	2.4	4.1	3.8	1.0	7.1
1998	13.2	11.9	1.3	2.3	4.1	3.7	0.9	7.0
1999	13.9	12.7	1.2	2.5	4.3	3.8	1.0	7.0
2000	14.4	13.3	1.1	2.8	4.8	3.9	1.1	7.0
2001	14.5	13.4	1.2	2.9	4.7	4.1	1.2	7.1
2002	14.9	13.7	1.2	2.9	4.7	4.4	1.2	7.5
2003	15.0	13.8	1.3	3.2	4.8	4.7	1.7	7.7
2004	14.8	13.5	1.3	3.1	4.6	4.5	2.0	7.8
2005	17.1	15.6	1.5	3.7	4.7	4.9	2.9	9.6
2006	17.0	15.5	1.6	3.5	5.0	5.0	3.1	10.0
2007	14.9	13.4	1.5	3.9	4.7	5.4	3.5	10.2
2008	13.9	12.6	1.3	4.4	5.4	5.2	3.4	9.7
2009	15.3	14.0	1.4	4.2	5.3	5.3	3.6	10.1

2-8 农村居民家庭主要建筑材料购买量

年份	水泥(公斤/户)	木材(立方米/户)	钢材(公斤/户)	水泥预制件(件/户)	玻璃(平方米/户)	砖(块/户)	瓦(块/户)
1983	72.4	0.2	4.8	0.4	0.2		
1984	90.9	0.1	5.2	1.4	0.2		
1985	88.2	0.1	5.1	1.3	0.3	672.1	
1986	68.2	0.2	3.9	1.0	0.4	1173.5	
1987	143.5	0.2	9.2	1.3	1.8	1331.9	
1988	164.4	0.2	11.9	1.5	0.4	1278.5	
1989	163.7	0.1	10.2	1.3	0.4	1037.7	
1990	171.8	0.1	11.2	1.1	0.3	901.2	
1991	177.2	0.1	10.8	1.0	0.4	844.1	
1992	154.4	0.1	9.9	1.0	0.3	746.4	
1993	111.9	0.1	7.3	0.8	0.3	589.9	
1994	154.6	0.2	11.5	1.0	0.3	758.2	
1995	187.8	0.2	13.9	1.4	0.3	818.2	
1996	236.7	0.4	16.7	1.7	0.4	937.2	
1997	254.8	0.1	18.9	1.9	0.5	926.7	
1998	265.0	0.1	19.3	1.5	0.3	817.6	
1999	285.1	0.1	24.9	1.8	0.5	865.4	
2000	302.7	0.2	24.0	1.9	0.4	896.5	
2001	310.7	0.4	24.4	1.7	0.3	878.3	
2002	336.0	0.2	26.5	1.7	0.3	929.9	
2003	296.2	0.1	24.9	0.8	0.2	696.3	54.6
2004	245.6	0.1	20.1	1.1	0.2	681.4	48.6
2005	309.7	0.1	23.8	1.1	0.2	710.7	55.5
2006	383.7	0.1	30.0	1.1	0.2	879.1	50.0
2007	416.4	0.1	36.7	1.3	0.1	938.1	49.2
2008	422.8	0.3	39.4	4.1	0.3	831.9	41.1
2009	532.5	0.3	52.2	2.9	0.3	946.8	37.6

注：2002年以前砖数据为砖瓦合计数。

2-9 农村居民家庭主要生产资料购买量

单位：公斤/户

年 份	化肥	饼肥	农用薄膜	生产用电(度/户)
1983	395.6	20.5	1.0	
1984	392.4	50.4	0.9	
1985	375.6	17.1	0.9	
1986	431.9	15.0	0.9	
1987	464.1	13.1	1.2	
1988	454.6	10.2	1.1	
1989	472.0	7.4	1.2	
1990	494.1	7.6	1.4	
1991	521.7	8.6	1.8	
1992	497.0	6.8	1.9	
1993	490.6	4.1	2.0	
1994	531.9	3.5	2.0	
1995	569.5	4.2	2.5	
1996	590.0	5.3	3.1	
1997	566.4	4.0	3.1	
1998	551.8	3.9	3.3	
1999	547.7	5.2	3.0	
2000	545.8	7.5	4.0	
2001	554.3	9.0	4.1	
2002	552.4	8.8	3.6	
2003	558.1	6.5	4.3	58.4
2004	618.1	5.8	4.4	60.5
2005	646.2	5.6	4.9	71.5
2006	676.9	6.5	5.0	84.9
2007	689.2	6.2	5.0	88.4
2008	649.1	6.4	5.2	91.4
2009	664.3	5.8	5.0	109.6

2-10 农村居民家庭主要耐用消费品拥有量

单位：平均每百户

年 份	自行车 (辆)	摩托车 (辆)	洗衣机 (台)	电冰箱 (台)	空调机 (台)	抽油烟机 (台)	热水器 (台)
1978	30.8						
1979	36.2						
1980	36.9						
1981	44.4						
1982	51.5						
1983	63.4		0.4				
1984	74.5		1.0				
1985	80.6		1.9	0.1			
1986	90.3	0.6	3.2	0.2			
1987	98.5	0.6	4.8	0.3			
1988	107.5	0.9	6.8	0.6			
1989	113.4	1.0	8.2	0.9			
1990	118.3	0.9	9.1	1.2			
1991	121.6	1.1	11.0	1.6			
1992	125.7	1.4	12.2	2.2			
1993	133.4	2.1	13.8	3.1	0.1	0.3	
1994	136.5	3.2	15.3	4.0	0.1	0.4	
1995	147.0	4.9	16.9	5.2	0.2	0.6	
1996	139.1	8.4	20.5	7.3	0.3	0.9	
1997	142.0	10.9	21.9	8.5	0.4	2.3	
1998	137.2	13.5	22.8	9.3	0.6	1.7	
1999	136.9	16.5	24.3	10.6	0.7	2.3	
2000	120.5	21.9	28.6	12.3	1.3	2.8	5.1
2001	120.8	24.7	29.9	13.6	1.7	3.2	5.8
2002	121.3	28.1	31.8	14.8	2.3	3.6	6.7
2003	118.5	31.8	34.3	15.9	3.5	4.1	8.0
2004	118.2	36.2	37.3	17.8	4.7	4.8	9.4
2005	98.4	40.7	40.2	20.1	6.4	6.0	12.4
2006	98.7	44.6	43.0	22.5	7.3	7.0	14.7
2007	97.7	48.5	45.9	26.1	8.5	8.1	17.9
2008	97.6	52.5	49.1	30.2	9.8	8.5	19.8
2009	96.5	56.6	53.1	37.1	12.2	9.7	23.7

2-10 续表 单位：平均每百户

年　份	黑白电视机（台）	彩色电视机（台）	照相机（台）	家用计算机（台）	固定电话机（部）	移动电话（部）
1978						
1979						
1980	0.4					
1981	0.9					
1982	1.7					
1983	4.0					
1984	7.2					
1985	10.9	0.8	0.2			
1986	15.8	1.5	0.3			
1987	22.0	2.3	0.5			
1988	28.6	2.8	0.6			
1989	33.9	3.6	0.8			
1990	39.7	4.7	0.7			
1991	47.5	6.4	0.9			
1992	52.4	8.1	1.0			
1993	58.3	10.9	1.0			
1994	61.8	13.5	1.2			
1995	63.8	16.9	1.4			
1996	65.1	22.9	1.9			
1997	65.1	27.3	2.1			
1998	63.6	32.6	2.2			
1999	62.4	38.2	2.7			
2000	53.0	48.7	3.1	0.5	26.4	4.3
2001	50.7	54.4	3.2	0.7	34.1	8.1
2002	48.1	60.5	3.3	1.1	40.8	13.7
2003	42.8	67.8	3.4	1.4	49.1	23.7
2004	37.9	75.1	3.7	1.9	54.5	34.7
2005	21.8	84.1	4.1	2.1	58.4	50.2
2006	17.5	89.4	4.2	2.7	64.1	62.1
2007	12.1	94.4	4.3	3.7	68.4	77.8
2008	9.9	99.2	4.4	5.4	67.0	96.1
2009	7.6	108.9	4.8	7.5	62.7	115.2

2-11 农村居民总收入

单位：元/人

年 份	总收入	一、工资性收入	二、家庭经营收入	三、财产性收入	四、转移性收入
1978	151.8	88.4	54.0		9.4
1979	179.8	101.0	63.7		15.2
1980	216.9	106.4	87.4		23.1
1981	254.0	116.2	115.1		22.7
1982	306.3	142.9	139.0		24.5
1983	412.1	57.5	330.0		24.6
1984	475.7	66.5	382.0		27.2
1985	547.3	72.2	445.3		29.9
1986	593.0	81.6	476.7		34.7
1987	653.6	95.5	530.9		27.2
1988	785.3	117.8	637.5		30.1
1989	875.0	136.5	704.7		33.8
1990	990.4	138.8	815.8		35.8
1991	1046.1	151.9	854.7		39.5
1992	1155.4	184.4	925.7		45.3
1993	1333.8	194.5	1083.6	7.0	48.7
1994	1789.4	263.0	1442.7	28.6	55.2
1995	2337.9	353.7	1877.4	41.0	65.8
1996	2806.7	450.8	2233.7	42.6	79.6
1997	2977.2	514.6	2346.7	23.6	92.4
1998	2995.5	573.6	2286.8	30.4	104.7
1999	2987.4	630.3	2211.6	31.5	114.1
2000	3146.2	702.3	2251.3	45.0	147.6
2001	3306.9	771.9	2325.2	47.0	162.8
2002	3431.7	840.2	2380.5	52.5	158.4
2003	3582.4	918.4	2455.0	65.8	143.3
2004	4039.6	998.5	2804.5	76.6	160.0
2005	4631.2	1174.5	3164.4	88.5	203.8
2006	5025.1	1374.8	3310.0	100.5	239.8
2007	5791.1	1596.2	3776.7	128.2	290.0
2008	6700.7	1853.7	4302.1	148.1	396.8
2009	7115.6	2061.3	4404.0	167.2	483.1

注:1992年以前转移性收入为财产性收入与转移性收入合计,下表同。

2-12 农村居民总收入构成

单位：%

年 份	总收入	一、工资性收入	二、家庭经营收入	三、财产性收入	四、转移性收入
1978	100.0	58.2	35.6		6.2
1979	100.0	56.1	35.4		8.5
1980	100.0	49.0	40.3		10.7
1981	100.0	45.8	45.3		8.9
1982	100.0	46.6	45.4		8.0
1983	100.0	14.0	80.1		6.0
1984	100.0	14.0	80.3		5.7
1985	100.0	13.2	81.4		5.5
1986	100.0	13.8	80.4		5.9
1987	100.0	14.6	81.2		4.2
1988	100.0	15.0	81.2		3.8
1989	100.0	15.6	80.5		3.9
1990	100.0	14.0	82.4		3.6
1991	100.0	14.5	81.7		3.8
1992	100.0	16.0	80.1		3.9
1993	100.0	14.6	81.2	0.5	3.7
1994	100.0	14.7	80.6	1.6	3.1
1995	100.0	15.1	80.3	1.8	2.8
1996	100.0	16.1	79.6	1.5	2.8
1997	100.0	17.3	78.8	0.8	3.1
1998	100.0	19.1	76.3	1.0	3.5
1999	100.0	21.1	74.0	1.1	3.8
2000	100.0	22.3	71.6	1.4	4.7
2001	100.0	23.3	70.3	1.4	4.9
2002	100.0	24.5	69.4	1.5	4.6
2003	100.0	25.6	68.5	1.8	4.0
2004	100.0	24.7	69.4	1.9	4.0
2005	100.0	25.4	68.3	1.9	4.4
2006	100.0	27.4	65.9	2.0	4.8
2007	100.0	27.6	65.2	2.2	5.0
2008	100.0	27.7	64.2	2.2	5.9
2009	100.0	29.0	61.9	2.3	6.8

2-13 农村居民家庭经营总收入

单位：元/人

年 份	家庭经营总收入	一、第一产业收入	1.农业收入	2.林业收入	3.牧业收入	4.渔业收入	二、第二产业收入	1.工业收入
1978	54.0	50.8	20.4		30.4			
1979	63.7	58.5	20.6		37.8			
1980	87.4	78.9	30.5		48.4			
1981	115.1	99.7	41.1		58.6			
1982	139.0	114.5	46.5		67.5	0.5		
1983	330.0	311.7	234.4	4.1	71.6	1.6	4.2	
1984	382.0	357.6	269.7	5.5	80.2	2.2	4.8	
1985	445.3	400.6	283.4	7.4	104.0	5.7	12.3	4.3
1986	476.7	427.8	305.6	6.7	108.6	6.9	14.8	5.7
1987	530.9	472.7	334.6	7.4	122.6	8.1	19.4	8.9
1988	637.5	562.1	371.8	8.6	170.3	11.4	25.7	13.1
1989	704.7	622.1	418.8	9.0	183.6	10.8	27.8	13.9
1990	815.8	735.6	531.1	8.5	185.7	10.2	25.9	13.2
1991	854.7	771.2	545.4	9.8	204.5	11.5	25.7	13.3
1992	925.7	828.3	577.3	11.3	226.2	13.5	30.3	14.9
1993	1083.6	933.8	651.0	15.1	251.3	16.3	37.2	16.5
1994	1442.7	1264.7	891.6	15.8	336.4	21.0	47.8	20.2
1995	1877.4	1652.3	1188.1	16.5	420.8	26.9	65.4	26.9
1996	2233.7	1945.6	1419.6	19.1	475.2	31.7	87.3	36.8
1997	2346.7	2019.8	1407.9	21.9	555.4	34.5	101.3	41.4
1998	2286.8	1934.1	1362.3	21.1	512.0	38.7	102.9	44.9
1999	2211.6	1832.1	1305.2	24.6	460.0	42.4	110.3	44.2
2000	2251.3	1810.7	1231.7	27.9	502.8	48.3	133.7	79.6
2001	2325.2	1889.7	1269.1	27.4	541.4	51.9	134.2	81.6
2002	2380.5	1924.8	1279.8	31.4	553.4	60.1	144.6	90.6
2003	2455.0	1993.4	1328.3	36.2	571.7	57.2	150.5	94.8
2004	2804.5	2333.6	1570.0	39.9	662.7	61.0	153.2	97.1
2005	3164.4	2621.3	1704.1	53.2	786.0	78.0	167.1	111.2
2006	3310.0	2711.0	1827.1	65.0	738.1	80.7	186.2	120.8
2007	3776.7	3122.0	2053.8	69.6	903.6	95.0	210.4	133.8
2008	4302.1	3592.8	2305.8	76.6	1104.8	105.6	225.1	141.3
2009	4404.0	3622.9	2372.3	80.5	1059.5	110.7	248.9	148.8

2-13　续表　　　　单位：元/人

年　份	2.建筑业收　入	三、第三产业收入	1.交通运输业、邮电业收入	2.批发和零售贸易、餐饮业收入	3.社会服务业收入	4.文教卫生业收　入	5.其他收入
1978		3.2					3.2
1979		5.2					5.2
1980		8.6					8.6
1981		15.4	2.3	0.8			12.3
1982		24.5	2.7	2.5			19.3
1983	4.2	14.1	5.4	2.8	1.4		4.5
1984	4.8	19.7	8.1	3.9	2.1		5.6
1985	8.0	32.4	12.6	8.7	4.0		7.2
1986	9.1	34.2	14.1	9.1	4.6		6.5
1987	10.5	38.8	15.7	11.1	5.2		6.9
1988	12.6	49.7	19.7	14.8	6.3		9.0
1989	13.8	54.8	21.7	15.7	7.3		10.0
1990	12.7	54.3	21.2	14.8	7.7		10.6
1991	12.4	57.9	21.5	15.9	8.1		12.4
1992	15.5	67.1	26.0	18.9	9.5		12.7
1993	20.7	112.7	31.1	25.5	13.0		43.1
1994	27.6	130.1	36.8	35.2	17.1		41.1
1995	38.5	159.7	47.6	43.7	20.3		48.0
1996	50.6	200.8	61.5	56.1	26.1		57.1
1997	59.9	225.7	70.1	70.8	29.1		55.8
1998	58.0	249.8	72.1	82.3	33.9		61.5
1999	66.2	269.1	80.5	87.9	37.5		63.2
2000	54.1	306.9	96.6	96.2	32.9	8.3	72.9
2001	52.7	301.3	95.8	95.9	35.2	8.9	65.5
2002	54.0	311.2	102.5	103.0	36.4	9.7	59.6
2003	55.6	311.1	105.6	109.5	37.2	10.6	48.1
2004	56.2	317.7	112.2	116.7	37.7	10.2	41.0
2005	55.8	376.1	139.0	145.1	40.0	13.2	38.8
2006	65.4	412.8	149.3	162.2	43.2	16.1	42.0
2007	76.5	444.3	162.3	173.6	48.3	18.5	41.6
2008	83.9	484.2	173.8	193.0	52.8	21.7	42.9
2009	100.1	532.2	185.9	217.7	60.8	24.6	43.2

注：1982年以前的第三产业收入为第二产业收入和第三产业收入合计,以下各表同。

2-14 农村居民家庭经营总收入构成

单位：%

年 份	家庭经营总收入	一、第一产业收入	1.农业收入	2.林业收入	3.牧业收入	4.渔业收入	二、第二产业收入	1.工业收入
1978	100.0	94.1	37.8		56.2			
1979	100.0	91.8	32.4		59.4			
1980	100.0	90.2	34.8		55.4			
1981	100.0	86.6	35.7		50.9			
1982	100.0	82.4	33.4		48.6	0.4		
1983	100.0	94.5	71.0	1.2	21.7	0.5	1.3	
1984	100.0	93.6	70.6	1.4	21.0	0.6	1.3	
1985	100.0	90.0	63.7	1.7	23.4	1.3	2.8	1.0
1986	100.0	89.7	64.1	1.4	22.8	1.4	3.1	1.2
1987	100.0	89.0	63.0	1.4	23.1	1.5	3.6	1.7
1988	100.0	88.2	58.3	1.4	26.7	1.8	4.0	2.0
1989	100.0	88.3	59.4	1.3	26.1	1.5	3.9	2.0
1990	100.0	90.2	65.1	1.0	22.8	1.3	3.2	1.6
1991	100.0	90.2	63.8	1.1	23.9	1.3	3.0	1.6
1992	100.0	89.5	62.4	1.2	24.4	1.5	3.3	1.6
1993	100.0	86.2	60.1	1.4	23.2	1.5	3.4	1.5
1994	100.0	87.7	61.8	1.1	23.3	1.5	3.3	1.4
1995	100.0	88.0	63.3	0.9	22.4	1.4	3.5	1.4
1996	100.0	87.1	63.6	0.9	21.3	1.4	3.9	1.6
1997	100.0	86.1	60.0	0.9	23.7	1.5	4.3	1.8
1998	100.0	84.6	59.6	0.9	22.4	1.7	4.5	2.0
1999	100.0	82.8	59.0	1.1	20.8	1.9	5.0	2.0
2000	100.0	80.4	54.7	1.2	22.3	2.1	5.9	3.5
2001	100.0	81.3	54.6	1.2	23.3	2.2	5.8	3.5
2002	100.0	80.9	53.8	1.3	23.2	2.5	6.1	3.8
2003	100.0	81.2	54.1	1.5	23.3	2.3	6.1	3.9
2004	100.0	83.2	56.0	1.4	23.6	2.2	5.5	3.5
2005	100.0	82.8	53.9	1.7	24.8	2.5	5.3	3.5
2006	100.0	81.9	55.2	2.0	22.3	2.4	5.6	3.6
2007	100.0	82.7	54.4	1.8	23.9	2.5	5.6	3.5
2008	100.0	83.5	53.6	1.8	25.7	2.5	5.2	3.3
2009	100.0	82.3	53.9	1.8	24.1	2.5	5.7	3.4

2-14 续表 单位：%

年 份	2.建筑业收入	三、第三产业收入	1.交通运输业、邮电业收入	2.批发和零售贸易、餐饮业收入	3.社会服务业收入	4.文教卫生业收入	5.其他收入
1978		5.9					5.9
1979		8.2					8.2
1980		9.8					9.8
1981		13.4	2.0	0.7			10.7
1982		17.6	1.9	1.8			13.9
1983	1.3	4.3	1.6	0.9	0.4		1.4
1984	1.3	5.1	2.1	1.0	0.5		1.5
1985	1.8	7.3	2.8	2.0	0.9		1.6
1986	1.9	7.2	3.0	1.9	1.0		1.4
1987	2.0	7.3	3.0	2.1	1.0		1.3
1988	2.0	7.8	3.1	2.3	1.0		1.4
1989	2.0	7.8	3.1	2.2	1.0		1.4
1990	1.6	6.7	2.6	1.8	0.9		1.3
1991	1.4	6.8	2.5	1.9	1.0		1.4
1992	1.7	7.2	2.8	2.0	1.0		1.4
1993	1.9	10.4	2.9	2.3	1.2		4.0
1994	1.9	9.0	2.6	2.4	1.2		2.8
1995	2.1	8.5	2.5	2.3	1.1		2.6
1996	2.3	9.0	2.8	2.5	1.2		2.6
1997	2.6	9.6	3.0	3.0	1.2		2.4
1998	2.5	10.9	3.2	3.6	1.5		2.7
1999	3.0	12.2	3.6	4.0	1.7		2.9
2000	2.4	13.6	4.3	4.3	1.5	0.4	3.2
2001	2.3	13.0	4.1	4.1	1.5	0.4	2.8
2002	2.3	13.1	4.3	4.3	1.5	0.4	2.5
2003	2.3	12.7	4.3	4.5	1.5	0.4	2.0
2004	2.0	11.3	4.0	4.2	1.3	0.4	1.5
2005	1.8	11.9	4.4	4.6	1.3	0.4	1.2
2006	2.0	12.5	4.5	4.9	1.3	0.5	1.3
2007	2.0	11.8	4.3	4.6	1.3	0.5	1.1
2008	2.0	11.3	4.0	4.5	1.2	0.5	1.0
2009	2.3	12.1	4.2	4.9	1.4	0.6	1.0

2-15 农村居民现金收入

单位：元/人

年 份	现金收入	一、工资性收入	二、家庭经营收入	三、财产性收入	四、转移性收入
1978	63.9	25.4	29.7		8.8
1979	84.5	31.3	37.9		15.4
1980	113.1	40.2	57.4		15.5
1981	153.2	52.9	81.5		18.8
1982	184.5	56.2	104.9		23.4
1983	250.4	53.8	172.3		24.2
1984	296.0	59.9	204.1		32.0
1985	357.4	68.9	251.7		36.8
1986	401.8	79.3	282.0		40.5
1987	460.3	93.2	322.3		44.8
1988	586.6	115.4	417.1		54.1
1989	657.7	134.0	464.8		58.9
1990	676.7	136.4	481.2		59.1
1991	736.8	148.9	523.3		64.7
1992	808.2	179.4	552.8		76.0
1993	910.2	192.8	629.6		87.8
1994	1233.5	261.6	869.0	28.9	74.1
1995	1595.6	352.9	1116.7	38.2	87.8
1996	1927.1	447.4	1322.6	44.7	112.3
1997	2131.2	512.4	1446.9	45.2	126.8
1998	2163.6	573.7	1393.3	54.9	141.7
1999	2206.7	628.4	1380.2	43.5	154.6
2000	2381.6	700.4	1498.8	38.9	143.5
2001	2534.7	769.8	1565.5	41.1	158.4
2002	2713.0	839.2	1653.7	47.7	172.5
2003	2929.5	916.7	1822.1	54.0	136.8
2004	3234.2	997.6	2019.8	62.6	154.2
2005	3915.5	1173.1	2472.3	71.8	198.3
2006	4301.9	1373.8	2609.4	83.8	235.0
2007	4958.4	1595.3	2978.3	101.0	283.9
2008	5737.0	1850.6	3370.5	127.0	389.0
2009	6270.2	2057.8	3590.8	148.4	473.2

注：1993年以前转移性收入为财产性收入和转移性收入合计。

2-16 农村居民现金收入构成

单位：%

年 份	现金收入	一、工资性收入	二、家庭经营收入	三、财产性收入	四、转移性收入
1978	100.0	39.7	46.5		13.8
1979	100.0	37.0	44.8		18.2
1980	100.0	35.6	50.7		13.7
1981	100.0	34.5	53.2		12.2
1982	100.0	30.5	56.8		12.7
1983	100.0	21.5	68.8		9.7
1984	100.0	20.2	68.9		10.8
1985	100.0	19.3	70.4		10.3
1986	100.0	19.7	70.2		10.1
1987	100.0	20.2	70.0		9.7
1988	100.0	19.7	71.1		9.2
1989	100.0	20.4	70.7		9.0
1990	100.0	20.2	71.1		8.7
1991	100.0	20.2	71.0		8.8
1992	100.0	22.2	68.4		9.4
1993	100.0	21.2	69.2		9.6
1994	100.0	21.2	70.4	2.3	6.0
1995	100.0	22.1	70.0	2.4	5.5
1996	100.0	23.2	68.6	2.3	5.8
1997	100.0	24.0	67.9	2.1	5.9
1998	100.0	26.5	64.4	2.5	6.5
1999	100.0	28.5	62.5	2.0	7.0
2000	100.0	29.4	62.9	1.6	6.0
2001	100.0	30.4	61.8	1.6	6.2
2002	100.0	30.9	61.0	1.8	6.4
2003	100.0	31.3	62.2	1.8	4.7
2004	100.0	30.8	62.5	1.9	4.8
2005	100.0	30.0	63.1	1.8	5.1
2006	100.0	31.9	60.7	1.9	5.5
2007	100.0	32.2	60.1	2.0	5.7
2008	100.0	32.3	58.7	2.2	6.8
2009	100.0	32.8	57.3	2.4	7.5

2-17 农村居民家庭经营现金收入

单位：元/人

年 份	家庭经营现金收入	一、第一产业收入	1.农业收入	2.林业收入	3.牧业收入	4.渔业收入	二、第二产业收入	1.工业收入
1978	29.7							
1980	57.4							
1985	251.7	208.3	122.8	5.8	75.2	4.5	11.6	3.9
1990	481.2	401.3	248.6	6.6	137.3	8.7	25.4	12.9
1991	523.3	440.3	269.0	7.8	153.6	9.9	25.2	12.9
1992	552.8	455.7	265.7	8.8	169.5	11.7	29.7	14.6
1993	629.6	476.1	265.6	9.5	187.8	13.2	41.1	20.5
1994	869.0	679.0	394.6	9.8	257.4	17.3	47.4	19.7
1995	1116.7	878.8	522.8	11.1	322.5	22.4	64.3	25.7
1996	1322.7	1013.4	617.1	12.9	356.4	27.0	86.0	35.5
1997	1446.9	1092.3	635.6	14.0	414.6	28.2	100.3	40.5
1998	1393.3	1011.1	602.6	13.8	363.0	31.8	102.6	44.5
1999	1380.2	970.2	583.8	15.5	335.6	35.2	110.3	44.2
2000	1498.8	1044.5	600.6	20.8	383.5	39.6	133.7	79.6
2001	1565.5	1113.4	636.5	20.3	414.8	41.8	134.2	81.6
2002	1653.7	1179.6	667.7	24.3	437.3	50.3	144.6	90.6
2003	1822.1	1361.2	788.7	32.7	485.6	54.3	150.3	94.7
2004	2019.8	1549.1	878.9	36.8	575.0	58.4	153.1	97.0
2005	2472.3	1929.5	1104.9	49.3	700.3	74.9	166.9	111.2
2006	2609.4	2010.6	1212.5	60.8	658.7	78.6	186.1	120.8
2007	2978.3	2323.8	1361.8	64.6	806.1	91.2	210.3	133.8
2008	3370.5	2661.4	1503.7	71.8	984.3	101.6	225.1	141.2
2009	3590.8	2810.1	1678.1	75.5	950.7	105.8	248.9	148.8

2-17 续表

单位：元/人

年 份	2.建筑业收入	三、第三产业收入	1.交通运输业、邮电业收入	2.批发和零售贸易、餐饮业收入	3.社会服务业收入	4.文教卫生业收入	5.其他收入
1978							
1980							
1985	7.7	31.8	12.1	8.5	3.9		7.3
1990	12.5	54.6	20.9	14.7	7.6		11.4
1991	12.3	57.8	21.1	15.6	8.0		13.1
1992	15.2	67.3	25.4	18.5	9.3		14.2
1993	20.6	112.4	31.2	25.4	12.9		42.8
1994	27.6	142.6	36.8	34.6	17.1		54.1
1995	38.6	173.6	47.6	43.7	20.3		62.1
1996	50.5	223.3	61.5	56.1	26.1		79.6
1997	59.8	254.3	70.0	70.8	29.1		84.4
1998	58.0	279.7	72.1	82.3	33.9		91.4
1999	66.2	299.7	80.5	87.9	37.5		93.8
2000	54.1	320.6	96.6	96.2	32.9	8.3	86.5
2001	52.7	317.9	95.8	95.9	35.2	8.9	82.1
2002	54.0	329.5	102.5	103.0	36.4	9.7	77.9
2003	55.6	310.7	105.6	109.5	37.2	10.6	47.7
2004	56.2	317.6	112.2	116.7	37.7	10.2	40.9
2005	55.8	375.9	139.0	145.1	40.0	13.2	38.7
2006	65.4	412.7	149.3	162.2	43.2	16.1	41.8
2007	76.5	444.2	162.3	173.6	48.3	18.5	41.4
2008	83.9	484.0	173.8	193.0	52.8	21.7	42.7
2009	100.1	531.8	185.9	217.7	60.8	24.6	42.8

2-18 农村居民家庭经营现金收入构成

单位：%

年 份	家庭经营现金收入	一、第一产业收入	1.农业收入	2.林业收入	3.牧业收入	4.渔业收入	二、第二产业收入	1.工业收入
1978	100.0							
1980	100.0							
1985	100.0	82.8	48.8	2.3	29.9	1.8	4.6	1.5
1990	100.0	83.4	51.7	1.4	28.5	1.8	5.3	2.7
1991	100.0	84.1	51.4	1.5	29.3	1.9	4.8	2.5
1992	100.0	82.4	48.1	1.6	30.7	2.1	5.4	2.6
1993	100.0	75.6	42.2	1.5	29.8	2.1	6.5	3.2
1994	100.0	78.1	45.4	1.1	29.6	2.0	5.5	2.3
1995	100.0	78.7	46.8	1.0	28.9	2.0	5.8	2.3
1996	100.0	76.6	46.7	1.0	26.9	2.0	6.5	2.7
1997	100.0	75.5	43.9	1.0	28.7	1.9	6.9	2.8
1998	100.0	72.6	43.2	1.0	26.0	2.3	7.4	3.2
1999	100.0	70.3	42.3	1.1	24.3	2.6	8.0	3.2
2000	100.0	69.7	40.1	1.4	25.6	2.6	8.9	5.3
2001	100.0	71.1	40.7	1.3	26.5	2.7	8.6	5.2
2002	100.0	71.3	40.4	1.5	26.4	3.0	8.7	5.5
2003	100.0	74.7	43.3	1.8	26.6	3.0	8.2	5.2
2004	100.0	76.7	43.5	1.8	28.5	2.9	7.6	4.8
2005	100.0	78.0	44.7	2.0	28.3	3.0	6.8	4.5
2006	100.0	77.1	46.5	2.3	25.2	3.0	7.1	4.6
2007	100.0	78.0	45.7	2.2	27.1	3.1	7.1	4.5
2008	100.0	79.0	44.6	2.1	29.2	3.0	6.7	4.2
2009	100.0	78.3	46.7	2.1	26.5	2.9	6.9	4.1

2-18 续表

单位：%

年 份	2.建筑业收入	三、第三产业收入	1.交通运输业、邮电业收入	2.批发和零售贸易、餐饮业收入	3.社会服务业收入	4.文教卫生业收入	5.其他收入
1978							
1980							
1985	3.0	12.7	4.8	3.4	1.5		2.9
1990	2.6	11.3	4.3	3.0	1.6		2.4
1991	2.3	11.0	4.0	3.0	1.5		2.5
1992	2.7	12.2	4.6	3.4	1.7		2.6
1993	3.3	17.9	5.0	4.0	2.1		6.8
1994	3.2	16.4	4.2	4.0	2.0		6.2
1995	3.5	15.5	4.3	3.9	1.8		5.6
1996	3.8	16.9	4.6	4.2	2.0		6.0
1997	4.1	17.6	4.8	4.9	2.0		5.8
1998	4.2	20.1	5.2	5.9	2.4		6.6
1999	4.8	21.7	5.8	6.4	2.7		6.8
2000	3.6	21.4	6.4	6.4	2.2	0.6	5.8
2001	3.4	20.3	6.1	6.1	2.3	0.6	5.2
2002	3.3	19.9	6.2	6.2	2.2	0.6	4.7
2003	3.1	17.1	5.8	6.0	2.0	0.6	2.6
2004	2.8	15.7	5.6	5.8	1.9	0.5	2.0
2005	2.3	15.2	5.6	5.9	1.6	0.5	1.6
2006	2.5	15.8	5.7	6.2	1.7	0.6	1.6
2007	2.6	14.9	5.4	5.8	1.6	0.6	1.4
2008	2.5	14.4	5.2	5.7	1.6	0.6	1.3
2009	2.8	14.8	5.2	6.1	1.7	0.7	1.2

2-19 农村居民纯收入

（按收入来源分）

单位：元/人

年　份	纯收入	一、工资性收入	二、家庭经营纯收入	三、财产性收入	四、转移性收入
1978	133.6	88.3	35.8		9.5
1979	160.2	100.7	44.0		15.5
1980	191.3	106.4	62.6		22.4
1981	223.4	113.8	84.5		25.1
1982	270.1	142.9	102.8		24.5
1983	309.8	57.5	227.7		24.6
1984	355.3	66.5	261.7		27.2
1985	397.6	72.2	296.0		29.5
1986	423.8	81.6	313.3		28.9
1987	462.6	95.5	345.5		21.6
1988	544.9	117.8	403.2		24.0
1989	601.5	136.5	434.6		30.5
1990	686.3	138.8	518.6		29.0
1991	708.6	151.9	523.6		33.0
1992	784.0	184.4	561.6		38.0
1993	921.6	194.5	678.5	7.0	41.6
1994	1221.0	263.0	881.9	28.6	47.6
1995	1577.7	353.7	1125.8	41.0	57.3
1996	1926.1	450.8	1362.5	42.6	70.2
1997	2090.1	514.6	1472.7	23.6	79.3
1998	2162.0	573.6	1466.0	30.4	92.0
1999	2210.3	630.3	1448.4	31.6	100.2
2000	2253.4	702.3	1427.3	45.0	78.8
2001	2366.4	771.9	1459.6	47.0	87.9
2002	2475.6	840.2	1486.5	50.7	98.2
2003	2622.2	918.4	1541.3	65.8	96.8
2004	2936.4	998.5	1745.8	76.6	115.5
2005	3254.9	1174.5	1844.5	88.5	147.4
2006	3587.0	1374.8	1931.0	100.5	180.8
2007	4140.4	1596.2	2193.7	128.2	222.3
2008	4760.6	1853.7	2435.6	148.1	323.2
2009	5153.2	2061.3	2526.8	167.2	397.9

注：1992年以前转移性收入为财产性收入和转移性收入合计。

2-20 农村居民纯收入构成

（按收入来源分）

单位：%

年 份	纯收入	一、工资性收入	二、家庭经营纯收入	三、财产性收入	四、转移性收入
1978	100.0	66.1	26.8		7.1
1979	100.0	62.9	27.5		9.7
1980	100.0	55.6	32.7		11.7
1981	100.0	50.9	37.8		11.2
1982	100.0	52.9	38.1		9.1
1983	100.0	18.6	73.5		7.9
1984	100.0	18.7	73.6		7.6
1985	100.0	18.1	74.4		7.4
1986	100.0	19.3	73.9		6.8
1987	100.0	20.6	74.7		4.7
1988	100.0	21.6	74.0		4.4
1989	100.0	22.7	72.2		5.1
1990	100.0	20.2	75.6		4.2
1991	100.0	21.4	73.9		4.7
1992	100.0	23.5	71.6		4.9
1993	100.0	21.1	73.6	0.8	4.5
1994	100.0	21.5	72.2	2.3	3.9
1995	100.0	22.4	71.4	2.6	3.6
1996	100.0	23.4	70.7	2.2	3.6
1997	100.0	24.6	70.5	1.1	3.8
1998	100.0	26.5	67.8	1.4	4.3
1999	100.0	28.5	65.5	1.4	4.5
2000	100.0	31.2	63.3	2.0	3.5
2001	100.0	32.6	61.7	2.0	3.7
2002	100.0	33.9	60.0	2.0	4.0
2003	100.0	35.0	58.8	2.5	3.7
2004	100.0	34.0	59.5	2.6	3.9
2005	100.0	36.1	56.7	2.7	4.5
2006	100.0	38.3	53.8	2.8	5.0
2007	100.0	38.6	53.0	3.1	5.4
2008	100.0	38.9	51.2	3.1	6.8
2009	100.0	40.0	49.0	3.2	7.7

2-21 农村居民纯收入

（按收入形态分） 单位： 元/人

年 份	纯收入	现金纯收入	实物纯收入
1978	133.6	56.0	77.6
1979	160.2	72.0	88.2
1980	191.3	94.4	97.0
1981	223.4	123.4	100.1
1982	270.1	153.6	116.6
1983	309.8	174.6	135.1
1984	355.3	202.4	153.0
1985	397.6	250.9	146.7
1986	423.8	269.9	153.9
1987	462.6	308.0	154.5
1988	544.9	386.4	158.5
1989	601.5	426.0	175.5
1990	686.3	439.7	246.6
1991	708.6	467.6	241.0
1992	784.0	508.5	275.5
1993	921.6	571.2	350.4
1994	1221.0	791.8	429.2
1995	1577.7	987.0	590.7
1996	1926.1	1218.7	707.4
1997	2090.1	1403.7	686.5
1998	2162.0	1455.7	706.3
1999	2210.3	1538.2	672.1
2000	2253.4	1648.7	604.8
2001	2366.4	1748.0	618.4
2002	2475.6	1899.8	575.9
2003	2622.2	2134.9	487.4
2004	2936.4	2317.4	619.0
2005	3254.9	2738.3	516.6
2006	3587.0	3067.8	519.2
2007	4140.4	3525.6	614.7
2008	4760.6	4029.7	730.9
2009	5153.2	4542.7	610.5

2-22 农村居民纯收入构成

(按收入形态分)

单位：%

年 份	纯收入	现金纯收入	实物纯收入
1978	100.0	41.9	58.1
1979	100.0	45.0	55.0
1980	100.0	49.3	50.7
1981	100.0	55.2	44.8
1982	100.0	56.9	43.1
1983	100.0	56.4	43.6
1984	100.0	56.9	43.1
1985	100.0	63.1	36.9
1986	100.0	63.7	36.3
1987	100.0	66.6	33.4
1988	100.0	70.9	29.1
1989	100.0	70.8	29.2
1990	100.0	64.1	35.9
1991	100.0	66.0	34.0
1992	100.0	64.9	35.1
1993	100.0	62.0	38.0
1994	100.0	64.8	35.2
1995	100.0	62.6	37.4
1996	100.0	63.3	36.7
1997	100.0	67.2	32.8
1998	100.0	67.3	32.7
1999	100.0	69.6	30.4
2000	100.0	73.2	26.8
2001	100.0	73.9	26.1
2002	100.0	76.7	23.3
2003	100.0	81.4	18.6
2004	100.0	78.9	21.1
2005	100.0	84.1	15.9
2006	100.0	85.5	14.5
2007	100.0	85.2	14.8
2008	100.0	84.6	15.4
2009	100.0	88.2	11.8

2-23 农村居民纯收入

(按四大经济区域分) 单位：元/人

年　份	全国	东部地区	中部地区	西部地区	东北地区
1980	191.3	217.9	172.1	172.7	233.7
1981	223.4	271.4	220.8	201.4	266.0
1982	270.1	317.2	260.3	237.0	296.5
1983	309.8	372.6	292.9	252.5	431.4
1984	355.3	438.1	337.6	283.8	467.8
1985	397.6	470.7	374.2	316.2	423.6
1986	423.8	516.6	415.3	328.2	488.2
1987	462.6	592.2	425.3	360.2	526.2
1988	544.9	718.1	469.7	430.0	618.8
1989	601.5	805.9	525.9	464.8	622.6
1990	686.3	876.2	607.1	552.7	796.1
1991	708.6	939.1	592.0	578.1	789.1
1992	784.0	1038.1	658.6	625.4	923.8
1993	921.6	1270.4	772.4	704.9	1031.9
1994	1221.0	1697.5	1051.3	895.7	1368.6
1995	1577.7	2243.9	1368.0	1116.8	1718.0
1996	1926.1	2689.7	1709.7	1367.6	2155.1
1997	2090.1	2927.7	1917.1	1505.7	2269.9
1998	2162.0	3054.8	1977.8	1605.4	2366.5
1999	2210.3	3153.3	2023.3	1634.0	2304.8
2000	2253.4	3271.3	2077.6	1661.0	2177.0
2001	2366.4	3450.5	2169.5	1721.2	2339.0
2002	2475.6	3629.2	2278.5	1820.9	2483.5
2003	2622.2	3864.2	2368.7	1939.9	2648.2
2004	2936.4	4253.8	2692.3	2157.9	3097.9
2005	3254.9	4720.3	2956.6	2378.9	3379.0
2006	3587.0	5188.2	3283.2	2588.6	3744.9
2007	4140.4	5855.0	3844.4	3028.4	4348.3
2008	4760.6	6598.2	4453.4	3517.7	5101.2
2009	5153.2	7155.5	4792.8	3816.5	5456.6

2-24 农村居民家庭经营纯收入

单位：元/人

年 份	家庭经营纯收入	一、第一产业收入	1.农业收入	2.林业收入	3.牧业收入	4.渔业收入	二、第二产业收入	1.工业收入
1978	35.8	33.8	17.9		15.9			
1979	44.0	40.0	18.0		21.9			
1980	62.6	56.3	26.3		30.1			
1981	84.5	71.8	34.1		37.7			
1982	102.8	80.1	38.5		41.1	0.4	10.0	
1983	227.7	212.7	173.9	3.7	33.9	1.2	4.2	
1984	261.7	241.9	198.4	4.6	37.4	1.5	4.8	
1985	296.0	263.8	202.1	6.2	52.0	3.6	9.6	2.2
1986	313.3	277.6	216.2	5.9	50.8	4.7	12.0	3.1
1987	345.5	300.8	220.2	6.6	68.5	5.6	15.7	5.4
1988	403.2	345.6	236.0	7.8	94.1	7.8	20.3	8.0
1989	434.6	371.7	253.9	8.1	102.2	7.4	22.2	8.7
1990	518.6	456.0	344.6	7.5	96.8	7.1	21.3	9.2
1991	523.6	460.6	338.7	8.5	105.2	8.2	20.5	8.6
1992	561.6	486.9	354.5	9.6	113.9	8.9	24.2	9.3
1993	678.5	567.0	448.4	12.6	96.8	9.2	26.3	8.1
1994	881.9	746.7	610.5	12.9	112.3	11.0	36.0	10.8
1995	1125.8	956.5	799.4	13.5	127.8	15.7	48.2	13.6
1996	1362.5	1147.3	955.1	16.1	158.6	17.5	64.6	19.8
1997	1472.7	1220.0	976.2	19.4	203.5	21.0	78.0	24.5
1998	1466.0	1192.4	962.8	18.7	188.5	22.4	80.1	27.3
1999	1448.4	1139.0	918.3	21.6	174.3	24.8	91.1	30.0
2000	1427.3	1090.7	833.9	22.4	207.4	27.0	99.4	52.7
2001	1459.6	1126.6	863.6	22.1	212.0	28.9	100.0	54.6
2002	1486.5	1135.0	866.7	25.5	210.6	32.2	108.6	63.3
2003	1541.3	1195.6	885.7	29.3	245.7	34.9	108.6	60.5
2004	1745.8	1398.0	1056.5	34.1	271.1	36.3	108.2	58.7
2005	1844.5	1469.6	1097.7	45.8	283.6	42.5	108.3	61.1
2006	1931.0	1521.3	1159.6	55.0	265.6	41.2	121.7	68.5
2007	2193.7	1745.1	1303.8	59.2	335.1	47.1	137.6	76.9
2008	2435.6	1945.9	1427.0	66.2	397.5	55.2	149.0	81.6
2009	2526.8	1988.2	1497.9	69.6	360.4	60.3	164.5	87.0

2-24 续表 单位：元/人

年 份	2.建筑业收入	三、第三产业收入	1.交通运输业、邮电业收入	2. 批发和零售贸易、餐饮业收入	3. 社会服务业收入	4. 文教卫生业收入	5.其他收入
1978		2.0					2.0
1979		4.1					4.1
1980		6.2					6.2
1981		12.8		0.8			12.0
1982	10.0	12.8		2.5			10.3
1983	4.2	10.8	5.4	2.8	1.4		1.3
1984	4.8	15.0	8.1	3.9	2.1		0.9
1985	7.4	22.6	8.5	6.1	3.3		4.7
1986	8.8	23.8	8.4	6.9	3.8		4.6
1987	10.3	29.1	10.4	9.0	4.4		5.4
1988	12.3	37.2	12.9	12.0	5.3		7.1
1989	13.5	40.7	14.0	12.9	6.2		7.6
1990	12.2	41.2	13.5	12.7	6.6		8.5
1991	11.9	42.6	13.6	12.6	6.7		9.7
1992	14.8	50.6	16.7	15.6	7.9		10.4
1993	18.3	85.2	16.1	19.3	11.1		38.7
1994	25.2	99.2	20.9	27.5	14.3		36.5
1995	34.5	121.2	27.8	34.3	17.2		42.0
1996	44.7	150.6	36.0	44.1	22.0		48.5
1997	53.5	174.8	46.2	55.3	25.3		48.0
1998	52.8	193.5	50.2	62.3	30.0		50.9
1999	61.2	218.3	56.7	74.8	34.0		52.7
2000	46.7	237.2	63.6	78.5	28.1	6.9	60.1
2001	45.4	233.1	63.2	78.8	30.1	7.6	53.4
2002	45.3	243.0	69.4	85.6	31.4	8.0	48.7
2003	48.1	237.1	68.9	89.1	31.0	8.8	39.4
2004	49.6	239.5	72.9	94.1	31.3	8.4	32.9
2005	47.1	266.7	84.2	108.6	32.6	10.1	31.2
2006	53.2	288.0	88.2	118.2	35.1	12.5	34.0
2007	60.7	311.0	94.5	128.8	38.8	14.3	34.5
2008	67.4	340.7	103.8	142.1	41.9	16.9	36.0
2009	77.5	374.1	111.6	161.6	45.9	19.0	36.2

注：1982年以前的第三产业收入为第二产业收入和第三产业收入合计。

2-25 农村居民家庭经营纯收入构成

单位：%

年　份	家庭经营纯收入	一、第一产业收入	1.农业收入	2.林业收入	3.牧业收入	4.渔业收入	二、第二产业收入	1.工业收入
1978	100.0	94.4	49.9		44.4			
1979	100.0	90.8	41.0		49.8			
1980	100.0	90.0	42.0		48.1			
1981	100.0	84.9	40.4		44.5			
1982	100.0	77.9	37.5		40.0	0.4	9.7	
1983	100.0	93.4	76.4	1.6	14.9	0.5	1.8	
1984	100.0	92.4	75.8	1.8	14.3	0.6	1.8	
1985	100.0	89.1	68.3	2.1	17.6	1.2	3.2	0.7
1986	100.0	88.6	69.0	1.9	16.2	1.5	3.8	1.0
1987	100.0	87.1	63.7	1.9	19.8	1.6	4.5	1.6
1988	100.0	85.7	58.5	1.9	23.3	1.9	5.0	2.0
1989	100.0	85.5	58.4	1.9	23.5	1.7	5.1	2.0
1990	100.0	87.9	66.5	1.5	18.7	1.4	4.1	1.8
1991	100.0	88.0	64.7	1.6	20.1	1.6	3.9	1.6
1992	100.0	86.7	63.1	1.7	20.3	1.6	4.3	1.7
1993	100.0	83.6	66.1	1.9	14.3	1.4	3.9	1.2
1994	100.0	84.7	69.2	1.5	12.7	1.2	4.1	1.2
1995	100.0	85.0	71.0	1.2	11.4	1.4	4.3	1.2
1996	100.0	84.2	70.1	1.2	11.6	1.3	4.7	1.5
1997	100.0	82.8	66.3	1.3	13.8	1.4	5.3	1.7
1998	100.0	81.3	65.7	1.3	12.9	1.5	5.5	1.9
1999	100.0	78.6	63.4	1.5	12.0	1.7	6.3	2.1
2000	100.0	76.4	58.4	1.6	14.5	1.9	7.0	3.7
2001	100.0	77.2	59.2	1.5	14.5	2.0	6.9	3.7
2002	100.0	76.4	58.3	1.7	14.2	2.2	7.3	4.3
2003	100.0	77.6	57.5	1.9	15.9	2.3	7.0	3.9
2004	100.0	80.1	60.5	2.0	15.5	2.1	6.2	3.4
2005	100.0	79.7	59.5	2.5	15.4	2.3	5.9	3.3
2006	100.0	78.8	60.1	2.8	13.8	2.1	6.3	3.5
2007	100.0	79.6	59.4	2.7	15.3	2.1	6.3	3.5
2008	100.0	79.9	58.6	2.7	16.3	2.3	6.1	3.3
2009	100.0	78.7	59.3	2.8	14.3	2.4	6.5	3.4

2-25 续表　　　　单位：%

年 份	2.建筑业收入	三、第三产业收入	1.交通运输业、邮电业收入	2. 批发和零售贸易、餐饮业收入	3. 社会服务业收入	4. 文教卫生业收入	5.其他收入
1978		5.6					5.6
1979		9.2					9.2
1980		10.0					10.0
1981		15.1		0.9			14.2
1982	9.7	12.4		2.5			10.0
1983	1.8	4.8	2.4	1.2	0.6		0.5
1984	1.8	5.7	3.1	1.5	0.8		0.4
1985	2.5	7.6	2.9	2.1	1.1		1.6
1986	2.8	7.6	2.7	2.2	1.2		1.5
1987	3.0	8.4	3.0	2.6	1.3		1.6
1988	3.1	9.2	3.2	3.0	1.3		1.8
1989	3.1	9.4	3.2	3.0	1.4		1.8
1990	2.3	7.9	2.6	2.4	1.3		1.6
1991	2.3	8.1	2.6	2.4	1.3		1.8
1992	2.6	9.0	3.0	2.8	1.4		1.8
1993	2.7	12.6	2.4	2.8	1.6		5.7
1994	2.9	11.2	2.4	3.1	1.6		4.1
1995	3.1	10.8	2.5	3.0	1.5		3.7
1996	3.3	11.1	2.6	3.2	1.6		3.6
1997	3.6	11.9	3.1	3.8	1.7		3.3
1998	3.6	13.2	3.4	4.3	2.0		3.5
1999	4.2	15.1	3.9	5.2	2.3		3.6
2000	3.3	16.6	4.5	5.5	2.0	0.5	4.2
2001	3.1	16.0	4.3	5.4	2.1	0.5	3.7
2002	3.0	16.3	4.7	5.8	2.1	0.5	3.3
2003	3.1	15.4	4.5	5.8	2.0	0.6	2.6
2004	2.8	13.7	4.2	5.4	1.8	0.5	1.9
2005	2.6	14.5	4.6	5.9	1.8	0.5	1.7
2006	2.8	14.9	4.6	6.1	1.8	0.6	1.8
2007	2.8	14.2	4.3	5.9	1.8	0.7	1.6
2008	2.8	14.0	4.3	5.8	1.7	0.7	1.5
2009	3.1	14.8	4.4	6.4	1.8	0.8	1.4

2-26 农村居民纯收入及增长情况

年 份	纯收入(元/人)	比上年名义增长(%)	扣除价格因素影响实际比上年增长(%)	指 数 1978年=100	年均增长率(1978为基年)(%)	基尼系数
1978	133.6			100.0		0.2124
1979	160.2	19.9	19.2	119.2	19.2	
1980	191.3	19.5	16.6	139.0	17.9	0.2407
1981	223.4	16.8	15.4	160.4	17.1	0.2406
1982	270.1	20.9	19.9	192.3	17.8	0.2317
1983	309.8	14.7	14.2	219.6	17.0	0.2461
1984	355.3	14.7	13.6	249.5	16.5	0.2439
1985	397.6	11.9	7.8	268.9	15.2	0.2267
1986	423.8	6.6	3.2	277.6	13.6	0.3042
1987	462.6	9.2	5.2	292.0	12.6	0.2889
1988	544.9	17.8	6.4	310.7	12.0	0.3053
1989	601.5	10.4	-1.6	305.7	10.7	0.3185
1990	686.3	14.1	1.8	311.2	9.9	0.3099
1991	708.6	3.2	2.0	317.4	9.3	0.3072
1992	784.0	10.6	5.9	336.2	9.0	0.3134
1993	921.6	17.6	3.2	346.9	8.6	0.3292
1994	1221.0	32.5	5.0	364.3	8.4	0.3210
1995	1577.7	29.2	5.3	383.6	8.2	0.3415
1996	1926.1	22.1	9.0	418.1	8.3	0.3229
1997	2090.1	8.5	4.6	437.3	8.1	0.3285
1998	2162.0	3.4	4.3	456.1	7.9	0.3369
1999	2210.3	2.2	3.8	473.5	7.7	0.3361
2000	2253.4	1.9	2.1	483.4	7.4	0.3536
2001	2366.4	5.0	4.2	503.7	7.3	0.3603
2002	2475.6	4.6	4.8	527.9	7.2	0.3646
2003	2622.2	5.9	4.3	550.6	7.1	0.3680
2004	2936.4	12.0	6.8	588.0	7.1	0.3692
2005	3254.9	10.8	6.2	624.5	7.0	0.3751
2006	3587.0	10.2	7.4	670.7	7.0	0.3737
2007	4140.4	15.4	9.5	734.4	7.1	0.3742
2008	4760.6	15.0	8.0	793.2	7.1	0.3776
2009	5153.2	8.2	8.5	860.6	7.2	0.3850

2-27 农村居民生活消费支出及生活质量状况

年 份	生活消费支出（元/人）	比上年名义增长（%）	扣除价格因素影响实际比上年增长%	恩格尔系数	摄取热量（千卡/人日）	摄取脂肪（克/人日）	摄取蛋白（克/人日）
1978	116.1			0.6771			
1979	134.5	15.9	13.6	0.6396			
1980	162.2	20.6	15.5	0.6177	2324.6	32.7	57.8
1981	190.8	17.6	15.2	0.5986	2332.9	34.9	57.3
1982	220.2	15.4	13.6	0.6067	2358.7	34.9	57.9
1983	248.3	12.7	11.4	0.5941	2430.9	37.1	59.5
1984	273.8	10.3	7.1	0.5917	2513.5	39.2	61.5
1985	317.4	15.9	7.7	0.5779	2454.6	39.8	59.6
1986	357.0	12.5	6.0	0.5636	2491.2	41.1	60.7
1987	398.3	11.6	5.1	0.5575	2518.6	42.6	61.0
1988	476.7	19.7	1.9	0.5399	2514.0	41.5	60.9
1989	535.4	12.3	-5.9	0.5481	2543.4	42.1	61.7
1990	584.6	9.2	4.5	0.5880	2541.7	43.2	61.5
1991	619.8	6.0	3.6	0.5761	2506.4	45.1	60.4
1992	659.2	6.4	1.6	0.5755	2406.5	36.8	64.5
1993	769.7	16.8	2.7	0.5806	2556.0	41.2	69.4
1994	1016.8	32.1	7.1	0.5886	2455.7	38.8	66.4
1995	1310.4	28.9	9.7	0.5862	2482.2	39.6	66.9
1996	1572.1	20.0	11.2	0.5634	2510.4	42.8	67.3
1997	1617.2	2.9	0.4	0.5505	2509.5	43.4	70.0
1998	1590.3	-1.7	-0.7	0.5343	2528.3	44.2	69.2
1999	1577.4	-0.8	0.7	0.5256	2506.6	46.3	68.8
2000	1670.1	5.9	6.0	0.4913	2605.1	49.6	71.3
2001	1741.1	4.2	3.4	0.4771	2542.8	49.5	70.1
2002	1834.3	5.4	5.8	0.4625	2591.4	52.0	71.1
2003	1943.3	5.9	4.3	0.4559	2440.8	48.2	68.4
2004	2184.7	12.4	7.3	0.4723	2365.5	44.7	66.3
2005	2555.4	17.0	11.5	0.4548	2382.5	52.9	67.1
2006	2829.0	10.7	9.1	0.4302	2403.7	53.6	68.1
2007	3223.9	14.0	8.1	0.4308	2332.3	51.5	65.8
2008	3660.7	13.6	6.6	0.4367	2312.6	51.5	64.9
2009	3993.5	9.1	9.4	0.4097	2266.0	53.3	64.0

2-28 农村居民总支出

单位：元/人

年 份	总支出	一、家庭经营费用支出	二、购置生产性固定资产支出	三、税费支出	四、生活消费支出	五、财产性支出	六、转移性支出
1978	135.8	16.8		0.2	116.1		2.7
1979	159.4	19.4		0.3	134.5		5.2
1980	196.2	25.3		0.3	162.2		8.4
1981	240.2	30.1	6.3	0.5	190.8		12.6
1982	282.1	35.6	11.7	0.6	220.2		14.0
1983	380.5	80.3	18.4	16.3	248.3		17.1
1984	421.7	95.7	16.9	17.5	273.8		17.9
1985	485.5	121.4	18.7	18.4	317.4		9.6
1986	535.8	132.7	16.7	19.9	357.0		9.7
1987	604.0	150.6	20.5	22.7	398.3		11.9
1988	737.3	194.6	25.1	25.9	476.7		15.0
1989	830.7	221.9	23.1	32.6	535.4		17.7
1990	903.5	241.1	20.3	38.7	584.6		18.8
1991	979.6	267.3	26.6	42.7	619.8		23.3
1992	1055.9	292.3	28.8	48.4	659.0		27.5
1993	1211.2	330.0	40.3	46.8	769.7		24.5
1994	1635.5	458.6	46.1	67.8	1016.8		46.2
1995	2138.3	621.7	62.3	88.7	1310.4		55.3
1996	2527.5	709.4	63.8	107.4	1572.1		74.8
1997	2536.8	706.3	60.0	108.0	1617.2		45.4
1998	2457.2	652.5	54.3	106.7	1590.3		53.4
1999	2390.4	599.7	57.6	100.0	1577.4		55.6
2000	2652.4	654.3	63.9	95.5	1670.1	19.7	148.9
2001	2780.0	696.0	78.1	91.2	1741.1	10.8	162.7
2002	2923.6	731.0	85.5	78.7	1834.3	10.5	183.6
2003	3025.0	755.4	101.7	67.3	1943.3	11.6	145.7
2004	3430.1	923.9	107.7	37.5	2184.7	13.9	162.4
2005	4126.9	1189.7	131.1	13.1	2555.4	22.0	215.6
2006	4485.4	1242.3	139.6	10.9	2829.0	20.7	242.9
2007	5137.7	1432.7	147.2	11.9	3223.9	26.8	295.3
2008	5915.7	1704.5	161.6	11.6	3660.7	32.0	345.3
2009	6333.9	1700.1	201.0	10.1	3993.5	38.9	390.3

注:1999年以前转移性支出为财产性支出和转移性支出合计。

2-29 农村居民总支出构成

单位：%

年份	总支出	一、家庭经营费用支出	二、购置生产性固定资产支出	三、税费支出	四、生活消费支出	五、财产性支出	六、转移性支出
1978	100.0	12.4		0.2	85.5		2.0
1979	100.0	12.2		0.2	84.4		3.3
1980	100.0	12.9		0.1	82.7		4.3
1981	100.0	12.5	2.6	0.2	79.4		5.2
1982	100.0	12.6	4.1	0.2	78.1		5.0
1983	100.0	21.1	4.8	4.3	65.3		4.5
1984	100.0	22.7	4.0	4.1	64.9		4.2
1985	100.0	25.0	3.9	3.8	65.4		2.0
1986	100.0	24.8	3.1	3.7	66.6		1.8
1987	100.0	24.9	3.4	3.8	65.9		2.0
1988	100.0	26.4	3.4	3.5	64.7		2.0
1989	100.0	26.7	2.8	3.9	64.4		2.1
1990	100.0	26.7	2.2	4.3	64.7		2.1
1991	100.0	27.3	2.7	4.4	63.3		2.4
1992	100.0	27.7	2.7	4.6	62.4		2.6
1993	100.0	27.2	3.3	3.9	63.5		2.0
1994	100.0	28.0	2.8	4.1	62.2		2.8
1995	100.0	29.1	2.9	4.1	61.3		2.6
1996	100.0	28.1	2.5	4.2	62.2		3.0
1997	100.0	27.8	2.4	4.3	63.7		1.8
1998	100.0	26.6	2.2	4.3	64.7		2.2
1999	100.0	25.1	2.4	4.2	66.0		2.3
2000	100.0	24.7	2.4	3.6	63.0	0.7	5.6
2001	100.0	25.0	2.8	3.3	62.6	0.4	5.9
2002	100.0	25.0	2.9	2.7	62.7	0.4	6.3
2003	100.0	25.0	3.4	2.2	64.2	0.4	4.8
2004	100.0	26.9	3.1	1.1	63.7	0.4	4.7
2005	100.0	28.8	3.2	0.3	61.9	0.5	5.2
2006	100.0	27.7	3.1	0.2	63.1	0.5	5.4
2007	100.0	27.9	2.9	0.2	62.7	0.5	5.7
2008	100.0	28.8	2.7	0.2	61.9	0.5	5.8
2009	100.0	26.8	3.2	0.2	63.0	0.6	6.2

2-30 农村居民家庭经营费用支出

单位：元/人

年 份	家庭经营费用支出	一、第一产业支出	1.农业支出	2.林业支出	3.牧业支出	4.渔业支出	二、第二产业支出	1. 工业支出
1978	16.8	14.6	1.6		13.1			
1979	19.4	18.0	3.0		15.0			
1980	25.3	23.6	5.9		17.6			
1981	30.1	27.8	8.2		19.6			
1982	35.6	33.3	7.8		25.4	0.1		
1983	80.3	77.7	47.5	0.3	29.6	0.4		
1984	95.7	92.0	56.7	0.7	34.1	0.5		
1985	121.4	110.7	59.5	1.0	48.4	1.9	2.0	1.7
1986	132.7	121.3	67.8	0.8	50.6	2.2	2.4	2.1
1987	150.6	137.1	79.7	0.8	54.1	2.5	3.7	3.5
1988	194.6	176.8	96.1	0.9	76.2	3.7	5.4	5.0
1989	221.9	202.6	117.0	0.8	81.4	3.4	5.6	5.2
1990	241.1	223.4	130.4	1.0	88.9	3.1	4.6	4.1
1991	267.3	246.8	142.9	1.3	99.4	3.3	5.2	4.7
1992	292.3	269.6	151.0	1.7	112.4	4.6	6.2	5.5
1993	330.0	299.3	165.3	2.0	126.1	5.8	9.0	7.0
1994	458.6	423.6	229.9	2.3	183.2	8.2	9.7	7.6
1995	621.7	575.6	321.5	2.5	242.4	9.2	14.3	11.0
1996	709.4	650.0	378.2	2.4	257.8	11.6	18.5	13.8
1997	706.3	646.3	348.9	2.1	284.4	11.0	18.8	13.7
1998	652.5	589.6	317.6	1.9	257.1	12.9	18.1	14.0
1999	599.7	544.7	304.1	2.4	224.5	13.8	15.1	11.2
2000	654.3	571.7	315.8	4.3	234.6	16.9	27.2	21.4
2001	696.0	612.7	325.5	4.2	264.5	18.5	27.9	22.0
2002	731.0	643.5	336.6	4.8	279.3	22.8	30.3	23.0
2003	755.4	667.6	347.6	6.2	293.3	20.5	34.5	27.9
2004	923.9	829.2	435.0	5.4	365.7	23.1	36.8	31.2
2005	1189.7	1058.3	540.9	7.2	476.9	33.3	47.8	40.2
2006	1242.3	1093.5	598.9	9.8	447.6	37.2	52.6	41.8
2007	1432.7	1270.5	674.6	10.1	540.3	45.5	59.6	45.4
2008	1704.5	1531.5	798.3	10.0	675.4	47.9	62.6	47.8
2009	1700.1	1511.9	788.6	10.5	664.7	48.1	68.5	48.6

2-30 续表 单位：元/人

年 份	2.建筑业支出	三、第三产业支出	1.交通运输、邮电业支出	2.批发和零售贸易、餐饮业支出	3.社会服务业支出	4.文教卫生业支出	5.其他支出
1978		2.2					2.2
1979		1.4					1.4
1980		1.8					1.8
1981		2.3					2.3
1982		2.3					2.3
1983		2.6					2.6
1984		3.7					3.7
1985	0.3	8.7	3.6	2.3	0.6		2.2
1986	0.3	9.0	4.7	1.9	0.7		1.8
1987	0.2	9.7	5.3	2.1	0.6		1.7
1988	0.3	12.5	6.8	2.7	0.9		2.1
1989	0.4	13.7	7.7	2.8	0.9		2.3
1990	0.5	13.2	7.8	2.1	0.9		2.3
1991	0.5	15.3	7.9	3.3	1.1		3.0
1992	0.6	16.5	9.3	3.3	1.3		2.6
1993	2.0	21.8	11.9	4.9	1.6		3.4
1994	2.0	25.3	13.1	6.3	2.3		3.7
1995	3.3	31.8	16.4	7.8	2.6		5.0
1996	4.7	40.9	20.8	9.8	3.4		7.0
1997	5.2	41.1	19.3	12.5	3.0		6.3
1998	4.2	44.7	17.4	15.8	3.1		8.4
1999	3.9	40.0	18.7	10.3	2.7		8.2
2000	5.9	55.3	26.2	14.0	3.9	1.1	10.1
2001	5.9	55.4	26.5	13.9	4.2	1.1	9.9
2002	7.3	57.3	27.8	14.6	4.2	1.5	9.2
2003	6.6	53.2	25.2	16.1	5.0	1.5	5.4
2004	5.6	57.9	27.2	18.6	5.1	1.4	5.6
2005	7.6	83.6	39.0	30.6	5.5	2.3	6.2
2006	10.8	96.2	44.4	36.8	5.5	2.9	6.5
2007	14.1	102.6	49.1	37.7	6.7	3.3	5.8
2008	14.8	110.4	50.4	43.0	7.7	3.9	5.3
2009	19.9	119.8	53.2	46.7	9.9	4.7	5.4

2-31 农村居民家庭经营费用支出构成

单位：%

年 份	家庭经营费用支出	一、第一产业支出	1.农业支出	2.林业支出	3.牧业支出	4.渔业支出	二、第二产业支出	1. 工业支出
1978	100.0	87.1	9.4		77.7			
1979	100.0	92.6	15.4		77.2			
1980	100.0	93.0	23.4		69.7			
1981	100.0	92.5	27.2		65.3			
1982	100.0	93.6	22.0		71.4	0.2		
1983	100.0	96.8	59.1	0.4	36.8	0.4		
1984	100.0	96.1	59.3	0.7	35.6	0.5		
1985	100.0	91.2	49.0	0.8	39.8	1.6	1.6	1.4
1986	100.0	91.4	51.1	0.6	38.1	1.6	1.8	1.6
1987	100.0	91.1	52.9	0.5	36.0	1.7	2.5	2.3
1988	100.0	90.9	49.4	0.4	39.2	1.9	2.7	2.6
1989	100.0	91.3	52.7	0.4	36.7	1.5	2.5	2.4
1990	100.0	92.7	54.1	0.4	36.9	1.3	1.9	1.7
1991	100.0	92.3	53.5	0.5	37.2	1.2	1.9	1.8
1992	100.0	92.2	51.6	0.6	38.4	1.6	2.1	1.9
1993	100.0	90.7	50.1	0.6	38.2	1.8	2.7	2.1
1994	100.0	92.4	50.1	0.5	39.9	1.8	2.1	1.7
1995	100.0	92.6	51.7	0.4	39.0	1.5	2.3	1.8
1996	100.0	91.6	53.3	0.3	36.3	1.6	2.6	1.9
1997	100.0	91.5	49.4	0.3	40.3	1.6	2.7	1.9
1998	100.0	90.4	48.7	0.3	39.4	2.0	2.8	2.1
1999	100.0	90.8	50.7	0.4	37.4	2.3	2.5	1.9
2000	100.0	87.4	48.3	0.7	35.9	2.6	4.2	3.3
2001	100.0	88.0	46.8	0.6	38.0	2.7	4.0	3.2
2002	100.0	88.0	46.0	0.7	38.2	3.1	4.1	3.1
2003	100.0	88.4	46.0	0.8	38.8	2.7	4.6	3.7
2004	100.0	89.7	47.1	0.6	39.6	2.5	4.0	3.4
2005	100.0	89.0	45.5	0.6	40.1	2.8	4.0	3.4
2006	100.0	88.0	48.2	0.8	36.0	3.0	4.2	3.4
2007	100.0	88.7	47.1	0.7	37.7	3.2	4.2	3.2
2008	100.0	89.9	46.8	0.6	39.6	2.8	3.7	2.8
2009	100.0	88.9	46.4	0.6	39.1	2.8	4.0	2.9

2-31 续表

单位：%

年 份	2.建筑业支出	三、第三产业支出	1.交通运输、邮电业支出	2.批发和零售贸易、餐饮业支出	3.社会服务业支出	4.文教卫生业支出	5.其他支出
1978		12.9					12.9
1979		7.4					7.4
1980		7.0					7.0
1981		7.5					7.5
1982		6.4					6.4
1983		3.2					3.2
1984		3.9					3.9
1985	0.2	7.1	3.0	1.9	0.5		1.8
1986	0.2	6.8	3.5	1.4	0.5		1.3
1987	0.1	6.5	3.5	1.4	0.4		1.1
1988	0.2	6.4	3.5	1.4	0.4		1.1
1989	0.2	6.2	3.5	1.3	0.4		1.0
1990	0.2	5.5	3.2	0.9	0.4		1.0
1991	0.2	5.7	2.9	1.2	0.4		1.1
1992	0.2	5.6	3.2	1.1	0.4		0.9
1993	0.6	6.6	3.6	1.5	0.5		1.0
1994	0.4	5.5	2.9	1.4	0.5		0.8
1995	0.5	5.1	2.6	1.3	0.4		0.8
1996	0.7	5.8	2.9	1.4	0.5		1.0
1997	0.7	5.8	2.7	1.8	0.4		0.9
1998	0.6	6.9	2.7	2.4	0.5		1.3
1999	0.7	6.7	3.1	1.7	0.5		1.4
2000	0.9	8.5	4.0	2.1	0.6	0.2	1.5
2001	0.8	8.0	3.8	2.0	0.6	0.2	1.4
2002	1.0	7.8	3.8	2.0	0.6	0.2	1.3
2003	0.9	7.0	3.3	2.1	0.7	0.2	0.7
2004	0.6	6.3	2.9	2.0	0.6	0.2	0.6
2005	0.6	7.0	3.3	2.6	0.5	0.2	0.5
2006	0.9	7.7	3.6	3.0	0.4	0.2	0.5
2007	1.0	7.2	3.4	2.6	0.5	0.2	0.4
2008	0.9	6.5	3.0	2.5	0.5	0.2	0.3
2009	1.2	7.0	3.1	2.7	0.6	0.3	0.3

2-32 农村居民生活消费支出

单位：元/人

年份	生活消费支出	一、食品支出	二、衣着支出	三、居住支出	四、家庭设备用品及服务支出	五、交通通讯支出	六、文教娱乐用品及服务支出	七、医疗保健支出	八、其他支出
1978	116.1	78.6	14.7	12.0					
1979	134.5	86.0	17.6	16.0					
1980	162.2	100.2	20.0	22.5	4.1	0.6	8.3	3.4	3.2
1981	190.8	114.1	23.8	31.6	4.2	0.6	10.1	4.2	2.2
1982	220.2	133.5	25.0	35.6	9.4	0.6	7.5	4.7	4.0
1983	248.3	147.6	28.0	42.0	14.0	3.6	5.7	4.4	3.0
1984	273.8	162.3	28.9	48.4	14.8	3.4	8.2	5.0	2.7
1985	317.4	183.4	30.8	57.9	16.2	5.6	12.4	7.7	3.6
1986	357.0	201.5	33.0	70.3	19.6	6.2	14.4	8.7	3.3
1987	398.3	222.1	34.2	79.8	21.5	8.2	18.5	10.7	3.4
1988	476.7	257.4	41.1	96.3	30.0	8.9	25.7	13.4	3.9
1989	535.4	293.4	44.5	105.2	32.4	8.5	30.6	16.4	4.3
1990	584.6	343.8	45.4	101.4	30.9	8.4	31.4	19.0	4.3
1991	619.8	357.1	51.1	102.3	35.3	10.3	36.4	22.3	5.0
1992	659.0	379.3	52.5	104.9	36.7	12.2	43.8	24.2	5.5
1993	769.7	446.8	55.3	106.8	44.7	17.4	58.4	27.2	13.1
1994	1016.8	598.5	70.3	142.3	55.5	24.0	75.1	32.1	19.0
1995	1310.4	768.2	89.8	182.2	68.5	33.8	102.4	42.5	23.1
1996	1572.1	885.5	113.8	219.1	84.2	47.1	132.5	58.3	31.7
1997	1617.2	890.3	109.4	233.2	85.4	53.9	148.2	62.5	34.3
1998	1590.3	849.6	98.1	239.6	81.9	60.7	159.4	68.1	32.9
1999	1577.4	829.0	92.0	232.7	82.3	68.7	168.3	70.0	34.3
2000	1670.1	820.5	96.0	258.3	75.5	93.1	186.7	87.6	52.5
2001	1741.1	830.7	98.7	279.1	77.0	110.0	192.6	96.6	56.4
2002	1834.3	848.4	105.0	300.2	80.4	128.5	210.3	103.9	57.7
2003	1943.3	886.0	110.3	308.4	81.7	162.5	235.7	115.8	43.0
2004	2184.7	1031.9	120.2	324.3	89.2	192.6	247.6	130.6	48.3
2005	2555.4	1162.2	148.6	370.2	111.4	245.0	295.5	168.1	54.5
2006	2829.0	1217.0	168.0	469.0	126.6	288.8	305.1	191.5	63.1
2007	3223.9	1389.0	193.4	573.8	149.1	328.4	305.7	210.2	74.2
2008	3660.7	1598.7	211.8	678.8	174.0	360.2	314.5	246.0	76.7
2009	3993.5	1636.0	232.5	805.0	204.8	402.9	340.6	287.5	84.1

注：1979年以前生活消费支出中的各细项均为其中项。

2-33 农村居民生活消费支出构成

单位：%

年 份	生活消费支出	一、食品支出	二、衣着支出	三、居住支出	四、家庭设备用品及服务支出	五、交通通讯支出	六、文教娱乐用品及服务支出	七、医疗保健支出	八、其他支出
1978	100.0	67.7	12.7	10.3					
1979	100.0	64.0	13.1	11.9					
1980	100.0	61.8	12.3	13.8	2.6	0.4	5.1	2.1	2.0
1981	100.0	59.8	12.5	16.6	2.2	0.3	5.3	2.2	1.2
1982	100.0	60.6	11.4	16.1	4.3	0.3	3.4	2.1	1.8
1983	100.0	59.4	11.3	16.9	5.7	1.4	2.3	1.8	1.2
1984	100.0	59.3	10.6	17.7	5.4	1.2	3.0	1.8	1.0
1985	100.0	57.8	9.7	18.2	5.1	1.8	3.9	2.4	1.1
1986	100.0	56.5	9.2	19.7	5.5	1.7	4.0	2.4	0.9
1987	100.0	55.8	8.6	20.0	5.4	2.1	4.6	2.7	0.9
1988	100.0	54.0	8.6	20.2	6.3	1.9	5.4	2.8	0.8
1989	100.0	54.8	8.3	19.7	6.0	1.6	5.7	3.1	0.8
1990	100.0	58.8	7.8	17.3	5.3	1.4	5.4	3.3	0.7
1991	100.0	57.6	8.2	16.5	5.7	1.7	5.9	3.6	0.8
1992	100.0	57.5	8.0	15.9	5.6	1.9	6.6	3.7	0.8
1993	100.0	58.1	7.2	13.9	5.8	2.3	7.6	3.5	1.7
1994	100.0	58.9	6.9	14.0	5.5	2.4	7.4	3.2	1.9
1995	100.0	58.6	6.9	13.9	5.2	2.6	7.8	3.2	1.8
1996	100.0	56.3	7.2	13.9	5.4	3.0	8.4	3.7	2.0
1997	100.0	55.1	6.8	14.4	5.3	3.3	9.2	3.9	2.1
1998	100.0	53.4	6.2	15.1	5.2	3.8	10.0	4.3	2.1
1999	100.0	52.6	5.8	14.8	5.2	4.4	10.7	4.4	2.2
2000	100.0	49.1	5.7	15.5	4.5	5.6	11.2	5.2	3.1
2001	100.0	47.7	5.7	16.0	4.4	6.3	11.1	5.5	3.2
2002	100.0	46.2	5.7	16.4	4.4	7.0	11.5	5.7	3.1
2003	100.0	45.6	5.7	15.9	4.2	8.4	12.1	6.0	2.2
2004	100.0	47.2	5.5	14.8	4.1	8.8	11.3	6.0	2.2
2005	100.0	45.5	5.8	14.5	4.4	9.6	11.6	6.6	2.1
2006	100.0	43.0	5.9	16.6	4.5	10.2	10.8	6.8	2.2
2007	100.0	43.1	6.0	17.8	4.6	10.2	9.5	6.5	2.3
2008	100.0	43.7	5.8	18.5	4.8	9.8	8.6	6.7	2.1
2009	100.0	41.0	5.8	20.2	5.1	10.1	8.5	7.2	2.1

2-34 农村居民现金支出

单位：元/人

年份	现金支出	一、家庭经营费用支出	二、购买生产性固定资产支出	三、税费支出	四、生活消费支出	五、财产性支出	六、转移性支出
1978	60.8	7.4		0.2	47.6		5.5
1979	80.0	9.1		0.3	61.8		8.8
1980	107.0	13.8		0.2	83.8		9.1
1981	149.9	22.4	6.1	0.4	108.9		12.1
1982	172.7	20.9	11.5	0.6	126.4		13.3
1983	244.6	50.6	18.2	10.9	148.3		16.5
1984	272.1	61.1	16.7	13.7	163.2		17.5
1985	331.2	80.0	18.9	16.4	194.7		21.3
1986	375.6	86.9	17.0	17.7	228.2		25.8
1987	436.4	101.0	20.7	20.4	263.8		30.5
1988	555.4	137.8	25.6	23.6	330.9		37.6
1989	637.3	160.4	23.6	29.7	378.5		45.1
1990	639.1	162.9	20.5	33.4	374.7		47.6
1991	713.4	188.4	26.7	36.2	404.7		57.4
1992	769.2	206.5	29.8	41.1	431.4		60.5
1993	869.5	241.2	34.5	42.1	490.1		61.6
1994	1156.0	327.8	46.1	59.2	648.2		74.8
1995	1545.8	454.7	62.3	77.0	859.4		92.4
1996	1887.5	524.0	63.8	94.5	1076.2		129.1
1997	1959.8	539.9	60.0	97.8	1126.3		135.8
1998	1931.0	511.7	54.3	98.0	1128.2		138.9
1999	1917.2	470.7	57.6	93.1	1144.6		151.2
2000	2140.4	544.5	63.9	89.8	1284.7	9.8	147.6
2001	2284.6	584.8	78.1	86.4	1364.1	10.8	160.5
2002	2437.7	617.4	85.5	75.6	1467.6	10.3	181.3
2003	2537.4	638.4	101.7	66.0	1576.6	11.6	143.1
2004	2862.5	788.6	107.7	36.9	1754.5	13.9	161.0
2005	3567.3	1052.5	131.1	12.9	2134.6	22.0	214.2
2006	3931.8	1104.1	139.6	10.9	2415.5	20.7	241.0
2007	4533.1	1287.2	147.2	11.7	2767.1	26.8	293.2
2008	5257.9	1551.0	161.6	11.6	3159.4	32.0	342.4
2009	5694.8	1554.6	201.0	10.1	3504.8	38.9	385.3

注：1999年以前转移性支出为财产性支出与转移性支出合计。

2-35 农村居民现金支出构成

单位：%

年 份	现金支出	一、家庭经营费用支出	二、购买生产性固定资产支出	三、税费支出	四、生活消费支出	五、财产性支出	六. 转移性支出
1978	100.0	12.2		0.4	78.3		9.1
1979	100.0	11.4		0.3	77.2		11.0
1980	100.0	12.9		0.2	78.3		8.5
1981	100.0	14.9	4.1	0.3	72.6		8.1
1982	100.0	12.1	6.7	0.3	73.2		7.7
1983	100.0	20.7	7.5	4.5	60.6		6.8
1984	100.0	22.5	6.1	5.0	60.0		6.4
1985	100.0	24.1	5.7	4.9	58.8		6.4
1986	100.0	23.1	4.5	4.7	60.8		6.9
1987	100.0	23.1	4.7	4.7	60.5		7.0
1988	100.0	24.8	4.6	4.3	59.6		6.8
1989	100.0	25.2	3.7	4.7	59.4		7.1
1990	100.0	25.5	3.2	5.2	58.6		7.4
1991	100.0	26.4	3.7	5.1	56.7		8.0
1992	100.0	26.8	3.9	5.3	56.1		7.9
1993	100.0	27.7	4.0	4.8	56.4		7.1
1994	100.0	28.4	4.0	5.1	56.1		6.5
1995	100.0	29.4	4.0	5.0	55.6		6.0
1996	100.0	27.8	3.4	5.0	57.0		6.8
1997	100.0	27.6	3.1	5.0	57.5		6.9
1998	100.0	26.5	2.8	5.1	58.4		7.2
1999	100.0	24.6	3.0	4.9	59.7		7.9
2000	100.0	25.4	3.0	4.2	60.0	0.5	6.9
2001	100.0	25.6	3.4	3.8	59.7	0.5	7.0
2002	100.0	25.3	3.5	3.1	60.2	0.4	7.4
2003	100.0	25.2	4.0	2.6	62.1	0.5	5.6
2004	100.0	27.5	3.8	1.3	61.3	0.5	5.6
2005	100.0	29.5	3.7	0.4	59.8	0.6	6.0
2006	100.0	28.1	3.6	0.3	61.4	0.5	6.1
2007	100.0	28.4	3.2	0.3	61.0	0.6	6.5
2008	100.0	29.5	3.1	0.2	60.1	0.6	6.5
2009	100.0	27.3	3.5	0.2	61.5	0.7	6.8

2-36 农村居民家庭经营费用现金支出

单位：元/人

年 份	家庭经营费用现金支出	一、第一产业支出	1.农业支出	2.林业支出	3.牧业支出	4.渔业支出	二、第二产业支出	1. 工业支出
1978	7.4							
1979	9.1							
1980	14.1							
1981	22.4							
1982	20.9							
1983	50.6	48.4	33.9	0.2	13.9	0.3		
1984	61.1	57.7	39.7	0.6	16.9	0.5		
1985	80.0	69.9	43.1	0.9	24.2	1.7	2.0	1.7
1986	86.9	76.1	49.4	0.7	24.0	2.0	2.3	2.0
1987	101.0	88.1	59.1	0.7	25.9	2.4	3.6	3.4
1988	137.8	121.2	72.8	0.7	44.2	3.5	4.8	4.5
1989	160.4	142.2	92.2	0.7	46.1	3.3	5.3	5.0
1990	162.9	146.4	99.5	0.8	43.2	3.0	4.2	3.8
1991	188.4	169.1	112.8	1.1	52.1	3.1	5.1	4.6
1992	206.5	185.0	118.8	1.0	61.0	4.2	5.9	5.3
1993	241.2	211.3	133.1	1.8	70.7	5.7	8.8	6.9
1994	327.8	294.4	182.8	2.0	101.8	7.9	9.5	7.5
1995	454.7	410.7	261.4	2.1	138.3	8.8	13.8	10.6
1996	524.0	468.4	313.7	2.1	141.6	11.1	17.8	13.3
1997	539.9	483.1	298.4	1.9	172.3	10.4	18.6	13.5
1998	511.7	451.6	277.4	1.8	159.8	12.5	17.5	13.4
1999	470.7	417.6	269.1	2.3	132.8	13.5	15.0	11.1
2000	544.5	462.9	286.5	4.2	155.7	16.5	27.0	21.3
2001	584.8	502.4	296.6	4.0	183.7	18.1	27.7	21.9
2002	617.4	530.7	309.7	4.6	194.2	22.2	30.2	22.9
2003	638.4	551.1	318.1	6.1	206.8	20.2	34.4	27.8
2004	788.6	694.3	402.2	5.2	264.0	22.9	36.6	31.0
2005	1052.5	921.5	510.5	6.5	371.8	32.6	47.6	40.1
2006	1104.1	955.6	569.5	9.0	340.2	36.8	52.6	41.8
2007	1287.2	1125.3	642.5	9.8	428.2	44.8	59.5	45.4
2008	1551.0	1378.2	765.6	9.6	555.9	47.1	62.6	47.8
2009	1554.6	1366.8	759.5	10.1	549.8	47.5	68.2	48.6

2-36 续表 单位：元/人

年 份	2.建筑业支出	三、第三产业支出	1.交通运输、邮电业支出	2.批发和零售贸易、餐饮业支出	3.社会服务业支出	4.文教卫生业支出	5.其他支出
1978							
1979							
1980							
1981							
1982							
1983		2.2					2.2
1984		3.5					3.5
1985	0.3	8.1	3.4	2.2	0.5		2.0
1986	0.2	8.6	4.5	1.8	0.7		1.6
1987	0.2	9.3	5.1	2.0	0.6		1.5
1988	0.3	11.7	6.4	2.7	0.9		1.8
1989	0.3	13.0	7.4	2.7	0.9		1.9
1990	0.4	12.3	7.5	2.0	0.9		1.9
1991	0.5	14.2	7.7	3.1	1.1		2.4
1992	0.6	15.6	8.9	3.1	1.1		2.5
1993	2.0	21.1	11.8	4.8	1.5		3.0
1994	1.9	24.0	12.9	6.1	2.1		2.9
1995	3.2	30.3	16.3	7.4	2.5		4.2
1996	4.5	37.7	20.4	9.6	3.3		4.5
1997	5.1	38.3	19.2	12.4	3.0		3.8
1998	4.1	42.6	17.4	15.8	3.1		6.4
1999	3.9	38.1	18.7	10.3	2.7		6.5
2000	5.8	54.6	26.2	13.9	3.8	1.1	9.5
2001	5.8	54.7	26.4	13.7	4.1	1.1	9.3
2002	7.3	56.5	27.8	14.5	4.2	1.5	8.6
2003	6.6	52.9	25.2	15.9	5.0	1.5	5.4
2004	5.6	57.6	27.2	18.3	5.1	1.4	5.6
2005	7.5	83.4	39.0	30.5	5.5	2.3	6.2
2006	10.8	95.9	44.4	36.7	5.5	2.9	6.3
2007	14.1	102.4	49.0	37.6	6.7	3.3	5.8
2008	14.8	110.2	50.4	42.9	7.7	3.9	5.3
2009	19.6	119.6	53.2	46.5	9.9	4.7	5.4

2-37 农村居民家庭经营费用现金支出构成

单位：%

年 份	家庭经营费用现金支出	一、第一产业支出	1.农业支出	2.林业支出	3.牧业支出	4.渔业支出	二、第二产业支出	1. 工业支出
1978	100.0							
1979	100.0							
1980	100.0							
1981	100.0							
1982	100.0							
1983	100.0	95.7	67.1	0.5	27.5	0.6		
1984	100.0	94.3	64.9	1.0	27.6	0.8		
1985	100.0	87.3	53.9	1.1	30.2	2.2	2.5	2.2
1986	100.0	87.5	56.9	0.8	27.6	2.3	2.6	2.3
1987	100.0	87.3	58.5	0.7	25.7	2.4	3.6	3.4
1988	100.0	88.0	52.8	0.5	32.1	2.5	3.5	3.3
1989	100.0	88.6	57.5	0.4	28.7	2.0	3.3	3.1
1990	100.0	89.9	61.1	0.5	26.5	1.9	2.6	2.3
1991	100.0	89.8	59.9	0.6	27.6	1.7	2.7	2.4
1992	100.0	89.6	57.5	0.5	29.6	2.0	2.9	2.6
1993	100.0	87.6	55.2	0.7	29.3	2.3	3.7	2.8
1994	100.0	89.8	55.7	0.6	31.1	2.4	2.9	2.3
1995	100.0	90.3	57.5	0.5	30.4	1.9	3.0	2.3
1996	100.0	89.4	59.9	0.4	27.0	2.1	3.4	2.5
1997	100.0	89.5	55.3	0.4	31.9	1.9	3.4	2.5
1998	100.0	88.3	54.2	0.4	31.2	2.4	3.4	2.6
1999	100.0	88.7	57.2	0.5	28.2	2.9	3.2	2.4
2000	100.0	85.0	52.6	0.8	28.6	3.0	5.0	3.9
2001	100.0	85.9	50.7	0.7	31.4	3.1	4.7	3.7
2002	100.0	86.0	50.2	0.7	31.5	3.6	4.9	3.7
2003	100.0	86.3	49.8	1.0	32.4	3.2	5.4	4.4
2004	100.0	88.0	51.0	0.7	33.5	2.9	4.6	3.9
2005	100.0	87.5	48.5	0.6	35.3	3.1	4.5	3.8
2006	100.0	86.5	51.6	0.8	30.8	3.3	4.8	3.8
2007	100.0	87.4	49.9	0.8	33.3	3.5	4.6	3.5
2008	100.0	88.9	49.4	0.6	35.8	3.0	4.0	3.1
2009	100.0	87.9	48.9	0.6	35.4	3.1	4.4	3.1

2-37 续表

单位：%

年 份	2.建筑业支出	三、第三产业支出	1.交通运输、邮电业支出	2.批发和零售贸易、餐饮业支出	3.社会服务业支出	4.文教卫生业支出	5.其他支出
1978							
1979							
1980							
1981							
1982							
1983		4.3					4.3
1984		5.7					5.7
1985	0.4	10.2	4.3	2.7	0.7		2.5
1986	0.3	9.9	5.2	2.1	0.7		1.8
1987	0.2	9.2	5.1	2.0	0.6		1.5
1988	0.2	8.5	4.7	1.9	0.6		1.3
1989	0.2	8.1	4.6	1.7	0.6		1.2
1990	0.3	7.5	4.6	1.2	0.6		1.2
1991	0.2	7.5	4.1	1.6	0.6		1.3
1992	0.3	7.5	4.3	1.5	0.6		1.2
1993	0.8	8.7	4.9	2.0	0.6		1.2
1994	0.6	7.3	3.9	1.9	0.6		0.9
1995	0.7	6.7	3.6	1.6	0.5		0.9
1996	0.9	7.2	3.9	1.8	0.6		0.8
1997	0.9	7.1	3.6	2.3	0.5		0.7
1998	0.8	8.3	3.4	3.1	0.6		1.3
1999	0.8	8.1	4.0	2.2	0.6		1.4
2000	1.1	10.0	4.8	2.6	0.7	0.2	1.7
2001	1.0	9.3	4.5	2.3	0.7	0.2	1.6
2002	1.2	9.2	4.5	2.4	0.7	0.2	1.4
2003	1.0	8.3	3.9	2.5	0.8	0.2	0.8
2004	0.7	7.3	3.4	2.3	0.7	0.2	0.7
2005	0.7	7.9	3.7	2.9	0.5	0.2	0.6
2006	1.0	8.7	4.0	3.3	0.5	0.3	0.6
2007	1.1	8.0	3.8	2.9	0.5	0.3	0.4
2008	1.0	7.1	3.2	2.8	0.5	0.3	0.3
2009	1.3	7.7	3.4	3.0	0.6	0.3	0.3

2-38 农村居民生活消费现金支出

单位：元/人

年份	生活消费现金支出	一、食品支出	二、衣着支出	三、居住支出	四、家庭设备用品及服务支出	五、交通通讯支出	六、文教娱乐用品及服务支出	七、医疗保健支出	八、其他支出
1978	47.6								
1979	61.8								
1980	83.8	31.4	19.8	14.5	3.2	0.6	8.0	3.3	3.1
1981	108.9	42.0	23.5	20.8	4.1	0.6	9.9	4.1	3.9
1982	126.4	53.9	24.6	25.1	4.9	0.6	7.4	5.0	5.0
1983	148.3	59.8	27.8	30.9	14.0	3.3	5.7	4.0	2.8
1984	163.2	64.7	28.0	36.1	14.6	4.1	7.1	5.7	3.0
1985	194.7	76.6	30.1	42.8	16.1	5.6	12.3	7.7	3.5
1986	228.2	88.9	32.4	54.9	19.4	6.2	14.4	8.7	3.3
1987	263.8	104.3	33.5	64.0	21.4	8.2	18.4	10.7	3.4
1988	330.9	129.6	40.3	79.5	29.8	8.9	25.6	13.4	3.9
1989	378.5	155.4	43.5	87.7	32.2	8.5	30.6	16.4	4.2
1990	374.7	155.9	44.0	81.2	30.7	8.4	31.3	19.0	4.3
1991	404.7	164.4	49.7	81.8	34.8	10.3	36.3	22.3	5.1
1992	431.4	175.7	51.2	82.8	36.2	12.2	43.7	24.1	5.5
1993	490.1	198.0	54.8	78.2	44.4	17.4	58.3	26.1	13.1
1994	648.2	264.0	69.7	109.2	55.1	24.0	75.1	32.1	19.0
1995	859.4	353.2	88.7	147.9	68.1	33.7	102.4	42.5	23.1
1996	1076.2	423.8	112.7	186.2	84.0	47.1	132.5	58.3	31.7
1997	1126.3	435.7	108.3	198.3	85.2	53.9	148.2	62.5	34.3
1998	1128.2	428.9	97.0	199.4	81.8	60.7	159.4	68.1	32.9
1999	1144.6	426.0	91.5	203.6	82.1	68.7	168.3	70.0	34.3
2000	1284.7	464.3	95.2	231.1	74.4	93.1	186.7	87.6	52.5
2001	1364.1	484.5	98.0	249.8	76.2	110.0	192.6	96.6	56.4
2002	1467.6	511.0	104.5	271.5	80.2	128.5	210.3	103.9	57.7
2003	1576.6	551.2	109.5	278.1	81.3	162.5	235.7	115.8	42.6
2004	1754.5	629.9	119.6	297.2	89.0	192.6	247.6	130.6	48.1
2005	2134.6	770.7	147.9	342.3	110.9	245.0	295.5	168.1	54.1
2006	2415.5	835.5	167.3	438.3	126.1	288.8	305.1	191.5	62.9
2007	2767.1	967.6	192.6	540.1	148.7	328.4	305.7	210.2	73.9
2008	3159.4	1135.2	211.1	642.3	173.6	360.2	314.5	246.0	76.7
2009	3504.8	1180.7	231.9	772.6	204.5	402.9	340.6	287.5	84.1

2-39 农村居民生活消费现金支出构成

单位：%

年份	生活消费现金支出	一、食品支出	二、衣着支出	三、居住支出	四、家庭设备用品及服务支出	五、交通通讯支出	六、文教娱乐用品及服务支出	七、医疗保健支出	八、其他支出
1978	100.0								
1979	100.0								
1980	100.0	37.4	23.7	17.3	3.8	0.7	9.6	3.9	3.7
1981	100.0	38.5	21.6	19.1	3.7	0.5	9.1	3.8	3.6
1982	100.0	42.6	19.5	19.9	3.8	0.5	5.8	3.9	4.0
1983	100.0	40.3	18.8	20.8	9.5	2.2	3.8	2.7	1.9
1984	100.0	39.6	17.1	22.1	8.9	2.5	4.4	3.5	1.8
1985	100.0	39.3	15.5	22.0	8.2	2.9	6.3	3.9	1.8
1986	100.0	39.0	14.2	24.1	8.5	2.7	6.3	3.8	1.4
1987	100.0	39.5	12.7	24.2	8.1	3.1	7.0	4.0	1.3
1988	100.0	39.2	12.2	24.0	9.0	2.7	7.7	4.0	1.2
1989	100.0	41.0	11.5	23.2	8.5	2.3	8.1	4.3	1.1
1990	100.0	41.6	11.7	21.7	8.2	2.2	8.4	5.1	1.1
1991	100.0	40.6	12.3	20.2	8.6	2.5	9.0	5.5	1.3
1992	100.0	40.7	11.9	19.2	8.4	2.8	10.1	5.6	1.3
1993	100.0	40.4	11.2	16.0	9.0	3.6	11.9	5.3	2.7
1994	100.0	40.7	10.7	16.9	8.5	3.7	11.6	4.9	2.9
1995	100.0	41.1	10.3	17.2	7.9	3.9	11.9	4.9	2.7
1996	100.0	39.4	10.5	17.3	7.8	4.4	12.3	5.4	2.9
1997	100.0	38.7	9.6	17.6	7.6	4.8	13.2	5.5	3.0
1998	100.0	38.0	8.6	17.7	7.2	5.4	14.1	6.0	2.9
1999	100.0	37.2	8.0	17.8	7.2	6.0	14.7	6.1	3.0
2000	100.0	36.1	7.4	18.0	5.8	7.2	14.5	6.8	4.1
2001	100.0	35.5	7.2	18.3	5.6	8.1	14.1	7.1	4.1
2002	100.0	34.8	7.1	18.5	5.5	8.8	14.3	7.1	3.9
2003	100.0	35.0	6.9	17.6	5.2	10.3	14.9	7.3	2.7
2004	100.0	35.9	6.8	16.9	5.1	11.0	14.1	7.4	2.7
2005	100.0	36.1	6.9	16.0	5.2	11.5	13.8	7.9	2.5
2006	100.0	34.6	6.9	18.1	5.2	12.0	12.6	7.9	2.6
2007	100.0	35.0	7.0	19.5	5.4	11.9	11.0	7.6	2.7
2008	100.0	35.9	6.7	20.3	5.5	11.4	10.0	7.8	2.4
2009	100.0	33.7	6.6	22.0	5.8	11.5	9.7	8.2	2.4

2-40 农村贫困状况

年 份	贫困线(元/人)	贫困发生率(%)	贫困规模(万人)
1978	100	30.7	25000
1980	130	26.8	22000
1981	142	18.5	15200
1982	164	17.5	14500
1983	179	16.2	13500
1984	200	15.1	12800
1985	206	14.8	12500
1986	213	15.5	13100
1987	227	14.3	12200
1988	236	11.1	9600
1989	259	11.6	10200
1990	300	9.4	8500
1991	304	10.4	9400
1992	317	8.8	8000
1994	440	7.7	7000
1995	530	7.1	6540
1997	640	5.4	4962
1998	635	4.6	4210
1999	625	3.7	3412
2000	625	3.5	3209
2001	630	3.2	2927
2002	627	3.0	2820
2003	637	3.1	2900
2004	668	2.8	2610
2005	683	2.5	2365
2006	693	2.3	2148
2007	785	1.6	1479
2008	1196	4.2	4007
2009	1196	3.8	3597

注：2007年及以前是按农村绝对贫困标准测算的绝对贫困状况，2008年农村贫困人口数据根据新修订的农村贫困标准统计，新贫困标准将原低收入人口纳入贫困人口统计，因此2008年以后数据与历史数据不可比。

3

主要年份分组资料

一、按人均纯收入20层次分组

3-1 1980年农村居民家庭基本情况

指　　标	单位	60元以下	60-80元	80-100元	100-150元	150-200元
一、农户所占比重	%	0.9	2.6	5.7	25.6	25.0
二、常住人口	人/户	5.6	6.3	6.2	6.0	5.7
三、劳动力人数	人/户	2.7	2.8	2.3	2.8	2.6
劳动力负担人口	人/劳动力	2.1	2.2	2.7	2.2	2.2
四、经营耕地面积	亩/人	0.3	0.3	0.2	0.2	0.2
#自留地面积	亩/人	0.1	0.2	0.2	0.1	0.1
五、年末使用房屋面积	平方米/人	8.8	8.4	9.3	10.2	11.3
六、收入						
1. 总收入	元/人	64.8	86.9	108.5	146.9	198.9
#家庭经营收入	元/人	30.7	40.7	50.3	66.3	85.9
2. 纯收入	元/人	52.7	72.7	91.8	126.4	174.0
3. 现金收入	元/人	34.2	38.6	47.6	68.4	98.3
七、支出						
1. 总支出	元/人	93.6	100.8	113.4	143.3	183.6
#生产费用支出	元/人	12.0	14.1	16.5	20.2	24.6
生活消费支出	元/人	79.1	84.0	94.0	118.1	151.5
2. 现金支出	元/人	41.7	44.5	50.1	68.8	94.3
#生产费用支出	元/人	6.9	7.5	8.6	10.7	13.5
生活消费支出	元/人	32.3	33.9	38.3	53.1	73.3
八、主要食品消费量						
粮食	公斤/人	185.9	203.1	218.8	248.6	273.3
蔬菜	公斤/人	65.2	78.7	91.7	110.5	128.1
食用油	公斤/人	1.0	1.3	1.6	2.1	2.8
猪牛羊肉	公斤/人	3.0	3.4	4.1	5.6	7.5
家禽	公斤/人	0.2	0.3	0.3	0.4	0.6
禽蛋	公斤/人	0.5	0.6	0.6	0.7	1.0
食糖	公斤/人	0.4	0.5	0.5	0.7	1.0
酒	公斤/人	0.5	0.6	1.0	1.4	1.9

3-1 续表

指　　标	单位	200-250元	250-300元	300-500元	500元以上
一、农户所占比重	%	17.3	10.0	11.3	1.6
二、常住人口	人/户	5.3	5.1	4.7	4.1
三、劳动力人数	人/户	2.6	2.7	2.7	2.6
劳动力负担人口	人/劳动力	2.0	1.9	1.7	1.6
四、经营耕地面积	亩/人	0.2	0.2	0.2	0.2
#自留地面积	亩/人	0.1	0.1	0.1	0.2
五、年末使用房屋面积	平方米/人	12.5	13.4	15.0	17.2
六、收入					
1. 总收入	元/人	254.4	305.0	402.5	641.3
#家庭经营收入	元/人	106.1	115.4	133.6	147.9
2. 纯收入	元/人	223.4	271.9	365.3	600.4
3. 现金收入	元/人	134.4	168.1	241.6	409.0
七、支出					
1. 总支出	元/人	226.5	265.6	331.8	475.4
#生产费用支出	元/人	30.7	32.7	36.9	40.6
生活消费支出	元/人	185.1	218.9	273.5	395.2
2. 现金支出	元/人	125.2	157.6	212.3	340.1
#生产费用支出	元/人	17.3	18.4	21.0	25.1
生活消费支出	元/人	97.2	124.3	169.8	275.7
八、主要食品消费量					
粮食	公斤/人	299.9	309.0	312.4	327.8
蔬菜	公斤/人	143.1	154.6	163.3	181.4
食用油	公斤/人	3.3	4.1	4.4	5.1
猪牛羊肉	公斤/人	8.9	10.6	12.7	16.2
家禽	公斤/人	0.8	1.0	1.2	1.4
禽蛋	公斤/人	1.3	2.0	2.2	2.8
食糖	公斤/人	1.3	1.5	2.1	3.3
酒	公斤/人	2.2	2.7	3.4	4.8

3-2 1985年农村居民家庭基本情况

指　　标	单位	100元以下	100-150元	150-200元	200-300元
一、农户所占比重	%	1.0	3.4	7.9	25.6
二、常住人口	人/户	5.2	5.5	5.6	5.4
三、劳动力人数	人/户	2.6	2.8	2.9	3.0
劳动力负担人口	人/劳动力	2.0	2.0	1.9	1.8
四、经营耕地面积	亩/人	3.1	2.4	2.1	2.0
#承包耕地面积	亩/人	2.7	2.1	1.8	1.7
五、年内新建房屋面积	平方米/人	0.8	0.4	0.5	0.7
六、年末住房面积	平方米/人	10.1	10.2	11.1	12.8
#砖木结构面积	平方米/人	3.1	3.2	3.7	5.2
七、年末使用房屋价值	元/平方米	20.1	19.1	19.7	21.6
八、年末生产性固定资产原值	元/户	921.2	639.9	609.7	638.3
九、收入					
1. 总收入	元/人	229.7	232.3	281.9	372.8
2. 纯收入	元/人	72.2	133.3	179.8	252.4
3. 现金收入	元/人	143.9	123.2	153.8	215.6
十、支出					
1. 总支出	元/人	351.0	270.2	294.8	360.1
#家庭经营费用支出	元/人	122.0	75.2	78.2	93.6
生活消费支出	元/人	179.2	169.9	191.1	236.2
2. 现金支出	元/人	222.2	148.9	166.9	216.1
#家庭经营费用支出	元/人	78.7	41.9	45.1	56.3
生活消费支出	元/人	91.7	80.1	92.8	123.4
十一、主要食品消费量					
粮食	公斤/人	213.1	209.1	222.9	243.9
蔬菜	公斤/人	88.0	87.3	95.3	116.7
食用油	公斤/人	2.6	2.4	2.7	3.3
猪牛羊肉	公斤/人	4.9	5.7	6.8	8.9
家禽	公斤/人	0.3	0.4	0.5	0.7
禽蛋	公斤/人	1.2	0.9	1.0	1.4
食糖	公斤/人	0.5	0.6	0.8	1.0
酒	公斤/人	1.7	1.6	2.2	2.8

3-2 续表 1

指　　标	单位	300-400元	400-500元	500-600元	600-800元
一、农户所占比重	%	24.1	15.9	9.1	8.0
二、常住人口	人/户	5.2	5.0	4.8	4.5
三、劳动力人数	人/户	3.0	3.0	2.9	2.9
劳动力负担人口	人/劳动力	1.8	1.7	1.6	1.6
四、经营耕地面积	亩/人	2.0	2.1	2.2	2.2
#承包耕地面积	亩/人	1.7	1.9	1.9	2.0
五、年内新建房屋面积	平方米/人	1.0	1.3	1.5	2.0
六、年末住房面积	平方米/人	14.6	16.1	17.3	19.1
#砖木结构面积	平方米/人	7.2	9.0	10.3	12.4
七、年末使用房屋价值	元/平方米	24.8	28.0	32.0	35.2
八、年末生产性固定资产原值	元/户	712.0	807.1	900.1	919.5
九、收入					
1. 总收入	元/人	492.9	614.5	735.6	907.2
2. 纯收入	元/人	347.7	444.2	542.4	680.6
3. 现金收入	元/人	308.3	412.3	518.9	681.4
十、支出					
1. 总支出	元/人	450.7	541.9	631.6	757.2
#家庭经营费用支出	元/人	113.3	133.0	150.6	180.0
生活消费支出	元/人	297.3	357.0	419.8	502.3
2. 现金支出	元/人	292.9	375.5	461.9	586.9
#家庭经营费用支出	元/人	72.6	88.3	104.1	129.8
生活消费支出	元/人	170.6	222.2	280.3	363.7
十一、主要食品消费量					
粮食	公斤/人	265.6	275.7	279.0	275.2
蔬菜	公斤/人	133.7	146.1	153.1	157.1
食用油	公斤/人	4.1	4.6	5.1	5.4
猪牛羊肉	公斤/人	10.8	12.3	13.9	14.9
家禽	公斤/人	1.0	1.2	1.4	1.7
禽蛋	公斤/人	1.9	2.5	2.9	3.4
食糖	公斤/人	1.4	1.7	1.9	2.3
酒	公斤/人	3.7	4.7	5.6	7.0

3-2 续表 2

指　　标	单位	800-1000元	100-1500元	1500-2000元	2000元以上
一、农户所占比重	%	2.9	1.8	0.3	0.2
二、常住人口	人/户	4.3	4.1	4.3	3.7
三、劳动力人数	人/户	2.8	2.8	2.9	2.6
劳动力负担人口	人/劳动力	1.5	1.5	1.5	1.4
四、经营耕地面积	亩/人	2.3	2.3	1.8	1.4
#承包耕地面积	亩/人	2.1	2.0	1.5	1.1
五、年内新建房屋面积	平方米/人	2.4	3.1	4.4	4.4
六、年末住房面积	平方米/人	20.8	22.8	22.8	27.8
#砖木结构面积	平方米/人	14.7	17.2	17.2	9.9
七、年末使用房屋价值	元/平方米	40.5	46.5	56.3	66.5
八、年末生产性固定资产原值	元/户	1108.1	1768.3	2245.9	2776.4
九、收入					
1. 总收入	元/人	1143.8	1536.9	2276.7	3077.8
2. 纯收入	元/人	878.9	1157.2	1686.6	2538.2
3. 现金收入	元/人	905.1	1281.1	2035.8	2863.5
十、支出					
1. 总支出	元/人	932.2	1242.2	1845.8	2448.6
#家庭经营费用支出	元/人	210.5	305.3	502.2	444.6
生活消费支出	元/人	614.8	756.3	1080.9	1461.7
2. 现金支出	元/人	757.8	1068.7	1681.7	2412.9
#家庭经营费用支出	元/人	159.9	247.6	449.5	399.0
生活消费支出	元/人	472.7	619.1	940.9	1345.2
十一、主要食品消费量					
粮食	公斤/人	278.3	276.9	263.6	242.4
蔬菜	公斤/人	157.7	158.2	160.8	171.3
食用油	公斤/人	5.6	6.0	6.1	6.0
猪牛羊肉	公斤/人	16.7	18.3	19.2	22.7
家禽	公斤/人	2.0	2.8	3.9	7.0
禽蛋	公斤/人	4.2	4.7	5.3	5.0
食糖	公斤/人	2.7	3.3	3.5	6.3
酒	公斤/人	9.3	10.9	13.5	24.3

3-3 1990年农村居民家庭基本情况

指　　标	单 位	100元以下	100-150元	150-200元	200-300元
一、农户所占比重	%	0.3	0.5	1.3	6.6
二、常住人口	人/户	3.5	5.0	5.1	5.4
三、劳动力人数	人/户	2.1	2.7	2.8	3.0
劳动力负担人口	人/劳动力	1.7	1.9	1.9	1.8
四、经营耕地面积	亩/人	3.3	2.4	2.0	1.9
#承包耕地面积	亩/人	3.0	2.1	1.7	1.6
五、年内新建房屋面积	平方米/人	0.8	0.2	0.2	0.4
六、年末住房面积	平方米/人	13.6	12.5	11.8	12.6
#砖木结构面积	平方米/人	4.9	4.7	4.0	5.1
七、年末使用房屋价值	元/平方米	36.8	30.1	28.5	28.7
八、年末生产性					
固定资产原值	元/户	1484.1	1416.4	950.8	1051.4
九、收入					
1. 总收入	元/人	447.4	378.0	368.2	444.8
2. 纯收入	元/人	66.1	133.1	181.2	257.7
3. 现金收入	元/人	263.7	221.1	198.7	241.7
十、支出					
1. 总支出	元/人	744.5	534.6	448.9	498.1
#家庭经营费用支出	元/人	298.6	179.8	140.3	143.8
生活消费支出	元/人	363.7	295.1	269.2	311.2
2. 现金支出	元/人	520.9	330.3	261.7	290.5
#家庭经营费用支出	元/人	210.6	109.8	82.6	82.5
生活消费支出	元/人	220.7	157.2	135.0	158.4
十一、主要食品消费量					
粮食	公斤/人	220.4	217.1	208.9	225.0
蔬菜	公斤/人	105.1	87.1	81.8	91.1
食用油	公斤/人	4.2	3.3	3.0	3.3
猪牛羊肉	公斤/人	1.8	1.0	1.1	1.6
家禽	公斤/人	0.5	0.4	0.4	0.5
禽蛋	公斤/人	1.7	1.3	1.3	1.2
食糖	公斤/人	0.8	0.7	0.7	0.8
酒	公斤/人	3.5	3.0	2.1	2.5

3-3 续表 1

指 标	单 位	300-400元	400-500元	500-600元	600-800元
一、农户所占比重	%	12.0	14.4	13.9	20.8
二、常住人口	人/户	5.3	5.0	4.9	4.8
三、劳动力人数	人/户	3.0	3.0	3.0	2.9
劳动力负担人口	人/劳动力	1.8	1.7	1.7	1.6
四、经营耕地面积	亩/人	1.7	1.8	1.8	1.8
#承包耕地面积	亩/人	1.5	1.6	1.5	1.6
五、年内新建房屋面积	平方米/人	0.4	0.5	0.6	0.8
六、年末住房面积	平方米/人	13.9	15.5	16.9	18.6
#砖木结构面积	平方米/人	6.2	7.6	8.8	10.5
七、年末使用房屋价值	元/平方米	30.3	33.0	44.7	36.8
八、年末生产性					
固定资产原值	元/户	1007.2	1053.4	1125.2	1233.3
九、收入					
1. 总收入	元/人	561.3	688.8	814.0	1000.6
2. 纯收入	元/人	351.9	450.1	548.2	691.9
3. 现金收入	元/人	313.8	405.2	507.5	662.2
十、支出					
1. 总支出	元/人	573.4	672.1	774.3	910.6
#家庭经营费用支出	元/人	163.2	186.5	209.0	244.8
生活消费支出	元/人	363.5	429.6	500.9	590.7
2. 现金支出	元/人	342.2	419.0	507.7	628.5
#家庭经营费用支出	元/人	97.3	113.2	133.4	161.9
生活消费支出	元/人	188.8	236.7	291.5	367.1
十一、主要食品消费量					
粮食	公斤/人	241.1	259.1	272.8	284.6
蔬菜	公斤/人	106.9	121.1	130.7	144.5
食用油	公斤/人	3.8	4.4	4.9	5.6
猪牛羊肉	公斤/人	1.8	1.6	1.5	1.9
家禽	公斤/人	0.6	0.8	1.0	1.3
禽蛋	公斤/人	1.4	1.8	2.0	2.5
食糖	公斤/人	0.9	1.1	1.3	1.6
酒	公斤/人	3.2	4.0	5.2	6.8

3-3 续表 2

指　　标	单 位	800-1000元	1000－1500元	1500-2000元	2000元以上
一、农户所占比重	%	12.5	12.3	3.5	2.0
二、常住人口	人/户	4.6	4.3	4.0	3.8
三、劳动力人数	人/户	2.9	2.8	2.8	2.7
劳动力负担人口	人/劳动力	1.6	1.5	1.4	1.4
四、经营耕地面积	亩/人	2.0	2.2	2.3	2.3
#承包耕地面积	亩/人	1.8	1.9	2.0	2.1
五、年内新建房屋面积	平方米/人	1.1	1.5	2.4	3.2
六、年末住房面积	平方米/人	20.3	22.9	27.4	32.8
#砖木结构面积	平方米/人	12.3	14.8	18.4	23.9
七、年末使用房屋价值	元/平方米	30.1	28.5	28.7	30.3
八、年末生产性					
固定资产原值	元/户	1349.8	1599.6	2019.1	2362.3
九、收入					
1. 总收入	元/人	1254.2	1637.1	2293.3	3397.7
2. 纯收入	元/人	889.4	1195.8	1714.4	2611.6
3. 现金收入	元/人	886.5	1236.2	1881.6	2952.7
十、支出					
1. 总支出	元/人	1112.3	1381.4	1887.2	2656.4
#家庭经营费用支出	元/人	291.5	354.0	471.7	648.5
生活消费支出	元/人	723.2	902.5	1240.1	1754.5
2. 现金支出	元/人	820.6	1084.7	1598.8	2362.2
#家庭经营费用支出	元/人	202.1	261.5	384.8	559.9
生活消费支出	元/人	485.6	654.2	979.0	1461.3
十一、主要食品消费量					
粮食	公斤/人	291.0	288.1	283.0	287.2
蔬菜	公斤/人	157.3	162.8	164.5	164.6
食用油	公斤/人	6.3	7.0	7.5	8.0
猪牛羊肉	公斤/人	2.1	2.5	1.6	3.0
家禽	公斤/人	1.6	2.1	3.2	4.6
禽蛋	公斤/人	3.0	4.0	4.9	6.4
食糖	公斤/人	2.0	2.2	2.8	3.4
酒	公斤/人	8.1	10.4	13.1	15.9

3-4 1995年农村居民家庭基本情况

指　　标	单　位	100元以下	100-200元	200-300元	300-400元	400-500元
一、农户所占比重	%	0.2	0.4	0.8	1.5	2.3
二、常住人口	人/户	4.8	5.2	5.2	5.3	5.1
三、劳动力人数	人/户	2.8	3.1	3.0	3.1	3.0
劳动力负担人口	人/劳动力	1.7	1.7	1.7	1.7	1.7
四、经营耕地面积	亩/人	5.2	3.9	3.3	2.8	2.4
#承包耕地面积	亩/人	4.4	3.2	2.4	2.3	2.1
五、年内新建房屋面积	平方米/人	0.8	0.3	0.4	0.4	0.2
六、年末住房面积	平方米/人	16.2	17.9	14.2	14.4	15.4
#砖木结构面积	平方米/人	6.7	4.9	5.5	5.1	6.0
七、年末使用房屋价值	元/平方米	122.9	53.8	64.7	60.4	60.6
八、年末生产性						
固定资产原值	元/户	6695.3	5119.3	3506.2	2885.5	2654.8
九、收入						
1. 总收入	元/人	1367.4	939.8	865.0	989.2	954.7
2. 纯收入	元/人	-77.2	153.0	258.7	353.4	451.6
3. 现金收入	元/人	1081.6	627.6	537.0	524.4	545.1
十、支出						
1. 总支出	元/人	2743.7	1546.2	1367.6	1226.6	1214.1
#家庭经营费用支出	元/人	1123.0	615.8	482.7	443.2	410.3
生活消费支出	元/人	1151.0	732.1	702.2	672.9	708.6
2. 现金支出	元/人	2059.0	1087.9	903.3	752.9	713.5
#家庭经营费用支出	元/人	959.0	475.3	339.3	300.8	265.9
生活消费支出	元/人	675.5	416.1	384.7	339.1	353.3
十一、主要食品消费量						
粮食	公斤/人	287.4	218.4	209.4	211.6	214.7
蔬菜	公斤/人	83.3	59.3	58.9	62.5	154.5
食用油	公斤/人	5.4	4.5	4.1	4.3	3.9
猪牛羊肉	公斤/人	7.3	5.6	6.4	7.4	7.9
家禽	公斤/人	0.8	0.5	0.7	0.6	0.6
禽蛋	公斤/人	2.6	1.7	1.5	1.3	1.3
食糖	公斤/人	1.1	1.0	0.9	0.9	1.0
酒	公斤/人	6.2	4.0	3.5	3.0	3.1

3-4 续表 1

指　　标	单 位	500-600元	600-800元	800-1000元	1000-1200元	1200-1300元
一、农户所占比重	%	3.4	9.5	11.6	11.8	5.4
二、常住人口	人/户	5.1	4.9	4.8	4.6	4.5
三、劳动力人数	人/户	3.0	3.0	3.0	2.9	2.9
劳动力负担人口	人/劳动力	1.7	1.6	1.6	1.6	1.6
四、经营耕地面积	亩/人	2.2	2.2	2.1	2.1	2.0
#承包耕地面积	亩/人	1.9	1.9	1.8	1.9	1.8
五、年内新建房屋面积	平方米/人	0.4	0.6	0.6	0.6	0.7
六、年末住房面积	平方米/人	16.1	17.2	18.1	19.4	19.8
#砖木结构面积	平方米/人	6.3	8.1	9.3	11.0	12.1
七、年末使用房屋价值	元/平方米	57.7	62.0	70.4	73.8	83.2
八、年末生产性						
固定资产原值	元/户	2411.4	2440.6	2398.3	2377.5	2434.9
九、收入						
1. 总收入	元/人	1064.8	1242.5	1491.3	1739.6	1917.8
2. 纯收入	元/人	551.0	704.7	902.2	1097.0	1248.3
3. 现金收入	元/人	604.1	710.6	862.9	1044.3	1165.5
十、支出						
1. 总支出	元/人	1286.6	1399.4	1528.7	1696.3	1809.5
#家庭经营费用支出	元/人	418.3	435.9	475.7	519.1	539.6
生活消费支出	元/人	745.4	832.3	909.9	1019.8	1106.6
2. 现金支出	元/人	766.9	826.2	954.1	1099.2	1204.2
#家庭经营费用支出	元/人	269.6	276.2	307.9	346.8	371.8
生活消费支出	元/人	382.7	424.3	498.5	586.4	651.2
十一、主要食品消费量						
粮食	公斤/人	223.5	228.3	239.8	252.2	262.9
蔬菜	公斤/人	74.5	82.9	92.1	99.4	105.4
食用油	公斤/人	4.2	4.4	5.0	5.4	5.6
猪牛羊肉	公斤/人	8.5	9.4	10.0	10.2	10.2
家禽	公斤/人	0.8	0.8	1.0	1.3	1.5
禽蛋	公斤/人	1.5	1.8	2.1	2.5	2.9
食糖	公斤/人	1.0	0.9	1.0	1.2	1.3
酒	公斤/人	3.6	3.8	4.3	5.0	5.6

3-4 续表 2

指　　标	单 位	1300-1500元	1500-1700元	1700-2000元	2000-2500元	2500-3000元
一、农户所占比重	%	9.7	7.9	9.4	10.3	5.9
二、常住人口	人/户	4.5	4.4	4.3	4.2	4.1
三、劳动力人数	人/户	2.9	2.8	2.8	2.8	2.8
劳动力负担人口	人/劳动力	1.6	1.5	1.6	1.5	1.5
四、经营耕地面积	亩/人	2.0	2.2	2.1	2.2	2.2
#承包耕地面积	亩/人	1.8	2.0	1.9	2.1	2.0
五、年内新建房屋面积	平方米/人	0.7	0.8	0.9	1.0	1.3
六、年末住房面积	平方米/人	20.3	22.1	22.2	24.0	26.4
#砖木结构面积	平方米/人	12.1	13.4	13.8	14.9	16.4
七、年末使用房屋价值	元/平方米	84.4	84.1	104.5	121.5	139.0
八、年末生产性						
固定资产原值	元/户	2530.3	2643.7	2799.7	2966.6	3138.0
九、收入						
1. 总收入	元/人	2112.5	2396.3	2691.3	3165.3	3733.0
2. 纯收入	元/人	1396.8	1596.0	1839.2	2228.6	2723.1
3. 现金收入	元/人	1334.9	1578.3	1820.2	2244.8	2779.6
十、支出						
1. 总支出	元/人	1948.0	2167.1	2443.6	2700.0	3067.9
#家庭经营费用支出	元/人	578.8	650.3	699.4	772.1	835.4
生活消费支出	元/人	1175.3	1301.9	1501.9	1662.2	1937.7
2. 现金支出	元/人	1327.6	1535.3	1747.0	2071.1	2472.0
#家庭经营费用支出	元/人	403.0	466.7	514.2	596.2	666.3
生活消费支出	元/人	713.7	831.2	964.3	1168.9	1439.0
十一、主要食品消费量						
粮食	公斤/人	264.2	269.0	272.9	274.9	274.6
蔬菜	公斤/人	110.2	117.3	120.8	125.7	128.5
食用油	公斤/人	6.0	6.1	6.5	7.0	7.4
猪牛羊肉	公斤/人	11.2	11.5	12.2	13.1	14.2
家禽	公斤/人	1.6	1.8	2.3	2.5	3.2
禽蛋	公斤/人	3.1	3.5	4.1	4.7	5.0
食糖	公斤/人	1.3	1.4	1.4	1.6	1.7
酒	公斤/人	5.9	6.5	7.5	8.6	10.5

3-4 续表 3

指　　标	单 位	3000-3500元	3500-4000元	4000-4500元	4500-5000元	5000元以上
一、农户所占比重	%	3.5	2.0	1.3	0.9	2.3
二、常住人口	人/户	4.0	3.8	3.7	3.6	3.5
三、劳动力人数	人/户	2.8	2.8	2.7	2.7	2.6
劳动力负担人口	人/劳动力	1.4	1.4	1.4	1.4	1.3
四、经营耕地面积	亩/人	2.1	2.0	3.0	2.5	2.3
#承包耕地面积	亩/人	1.9	1.8	2.9	2.4	2.1
五、年内新建房屋面积	平方米/人	1.3	1.6	1.2	2.1	2.4
六、年末住房面积	平方米/人	27.4	30.1	31.1	34.2	38.8
#砖木结构面积	平方米/人	16.6	18.1	19.1	20.2	23.7
七、年末使用房屋价值	元/平方米	165.1	185.3	183.3	211.7	220.0
八、年末生产性						
固定资产原值	元/户	3358.0	3571.5	3790.2	3480.3	5712.4
九、收入						
1. 总收入	元/人	4277.7	4807.9	5603.6	6269.2	8646.9
2. 纯收入	元/人	3223.4	3726.8	4233.6	4740.4	6833.3
3. 现金收入	元/人	3279.2	4145.7	4567.6	5331.2	7487.0
十、支出						
1. 总支出	元/人	3409.4	3730.8	4424.3	5010.7	6558.5
#家庭经营费用支出	元/人	875.8	903.0	1167.9	1314.0	1540.2
生活消费支出	元/人	2223.1	2487.9	2867.8	3310.4	4292.2
2. 现金支出	元/人	2846.4	3213.2	3888.4	4531.1	6169.2
#家庭经营费用支出	元/人	724.1	767.6	1019.8	1190.2	1444.1
生活消费支出	元/人	1727.6	1996.6	2355.2	2819.1	3794.1
十一、主要食品消费量						
粮食	公斤/人	272.0	280.8	282.5	274.7	274.5
蔬菜	公斤/人	128.0	124.0	126.7	122.9	123.4
食用油	公斤/人	7.6	7.6	8.1	7.7	8.2
猪牛羊肉	公斤/人	15.1	15.7	17.3	18.7	19.9
家禽	公斤/人	3.7	4.4	5.1	5.8	6.7
禽蛋	公斤/人	5.5	5.8	6.3	6.2	7.0
食糖	公斤/人	1.9	2.1	2.1	2.3	2.7
酒	公斤/人	12.2	13.1	15.2	16.4	19.6

3-5 2000年农村居民家庭基本情况

指　　标	单　位	100元以下	100-200元	200-300元	300-400元	400-500元
一、农户所占比重	%	0.3	0.2	0.4	0.7	1.0
二、常住人口	人/户	4.1	4.7	5.0	5.0	4.8
三、劳动力人数	人/户	2.7	2.8	3.0	3.0	2.9
劳动力负担人口	人/劳动力	1.5	1.7	1.7	1.7	1.7
四、经营耕地面积	亩/人	3.6	2.9	2.7	2.5	2.5
五、年内新建房屋面积	平方米/人	0.7	1.1	0.7	0.4	0.8
六、年末住房面积	平方米/人	22.5	15.8	15.0	15.7	16.4
#砖木结构面积	平方米/人	11.2	7.2	6.4	7.2	6.8
七、年末使用房屋价值	元/平方米	172.3	135.5	135.1	124.6	123.3
八、年末生产性						
固定资产原值	元/户	15997.3	3918.7	6204.0	4844.0	4453.3
九、收入						
1. 总收入	元/人	2392.0	916.3	938.4	993.5	1044.3
2. 纯收入	元/人	-561.6	155.3	253.3	352.9	454.4
3. 现金收入	元/人	2083.2	664.6	628.7	665.8	667.3
十、支出						
1. 总支出	元/人	4637.2	1794.8	1505.8	1486.8	1484.5
#家庭经营费用支出	元/人	2418.0	564.8	485.4	449.5	430.4
生活消费支出	元/人	1605.6	987.2	815.8	850.2	883.4
2. 现金支出	元/人	3964.6	1354.0	1084.3	1080.9	1072.6
#家庭经营费用支出	元/人	2133.3	411.9	368.7	347.7	327.6
生活消费支出	元/人	1293.6	724.8	542.6	569.5	585.3
十一、主要食品消费量						
粮食	公斤/人	239.2	207.4	210.7	215.1	216.2
蔬菜	公斤/人	90.5	63.8	50.7	58.2	71.1
食用油	公斤/人	6.7	3.9	4.6	4.7	4.9
猪牛羊肉	公斤/人	13.2	9.5	8.6	8.4	9.4
家禽	公斤/人	2.2	0.6	0.9	0.9	0.9
禽蛋	公斤/人	5.6	2.9	2.2	2.1	2.1
食糖	公斤/人	1.1	0.6	0.7	0.7	0.7
酒	公斤/人	10.1	5.9	4.3	4.3	3.6

3-5 续表 1

指　　标	单　位	500-600元	600-800元	800-1000元	1000-1200元	1200-1300元
一、农户所占比重	%	1.4	4.4	5.7	6.8	3.8
二、常住人口	人/户	4.9	4.8	4.7	4.6	4.5
三、劳动力人数	人/户	2.9	2.9	2.9	2.9	2.9
劳动力负担人口	人/劳动力	1.7	1.7	1.6	1.6	1.6
四、经营耕地面积	亩/人	2.0	2.0	2.0	2.0	1.9
五、年内新建房屋面积	平方米/人	0.3	0.4	0.5	0.5	0.5
六、年末住房面积	平方米/人	16.8	17.2	18.7	20.1	21.1
#砖木结构面积	平方米/人	7.0	7.8	8.9	10.2	11.5
七、年末使用房屋价值	元/平方米	120.1	121.0	126.0	130.7	136.3
八、年末生产性						
固定资产原值	元/户	4447.8	4100.5	3748.3	4003.7	3969.4
九、收入						
1. 总收入	元/人	1150.6	1260.4	1531.4	1743.6	1907.5
2. 纯收入	元/人	552.1	684.1	879.2	1076.2	1221.4
3. 现金收入	元/人	707.9	783.3	978.2	1125.5	1250.5
十、支出						
1. 总支出	元/人	1424.5	1476.4	1635.0	1755.7	1830.9
#家庭经营费用支出	元/人	431.2	398.0	455.8	461.2	475.1
生活消费支出	元/人	831.9	901.2	982.3	1091.9	1132.8
2. 现金支出	元/人	999.2	1025.8	1157.7	1234.3	1327.5
#家庭经营费用支出	元/人	319.8	287.8	340.0	347.1	363.0
生活消费支出	元/人	530.1	573.8	635.2	697.1	755.7
十一、主要食品消费量						
粮食	公斤/人	213.2	223.0	231.6	235.6	240.9
蔬菜	公斤/人	70.7	78.1	84.7	93.0	99.5
食用油	公斤/人	4.7	5.3	5.4	5.9	6.3
猪牛羊肉	公斤/人	10.0	10.9	11.7	12.6	12.8
家禽	公斤/人	1.0	1.1	1.3	1.5	1.7
禽蛋	公斤/人	2.2	2.4	3.1	3.2	3.5
食糖	公斤/人	0.8	0.8	1.0	1.1	1.1
酒	公斤/人	3.7	4.0	4.5	4.9	5.0

3-5 续表 2

指　　标	单 位	1300-1500元	1500-1700元	1700-2000元	2000-2500元	2500-3000元
一、农户所占比重	%	7.4	7.5	10.5	14.5	10.3
二、常住人口	人/户	4.5	4.4	4.2	4.1	4.0
三、劳动力人数	人/户	2.8	2.8	2.8	2.8	2.7
劳动力负担人口	人/劳动力	1.6	1.6	1.5	1.5	1.5
四、经营耕地面积	亩/人	1.9	2.0	1.9	2.0	2.0
五、年内新建房屋面积	平方米/人	0.7	0.8	0.7	0.9	1.0
六、年末住房面积	平方米/人	21.7	22.9	23.7	25.0	26.7
#砖木结构面积	平方米/人	11.7	12.8	13.7	14.7	15.7
七、年末使用房屋价值	元/平方米	138.6	147.6	154.2	167.3	178.8
八、年末生产性						
固定资产原值	元/户	3924.6	3928.7	3935.4	4163.6	4607.6
九、收入						
1. 总收入	元/人	2102.5	2349.4	2635.7	3116.2	3691.4
2. 纯收入	元/人	1373.4	1563.3	1810.5	2188.7	2679.7
3. 现金收入	元/人	1413.4	1619.5	1882.4	2299.6	2820.5
十、支出						
1. 总支出	元/人	1948.0	2118.5	2271.6	2578.8	2896.8
#家庭经营费用支出	元/人	503.0	546.4	570.4	641.1	700.5
生活消费支出	元/人	1209.5	1315.9	1425.5	1621.9	1843.1
2. 现金支出	元/人	1441.3	1597.0	1753.6	2057.1	2365.6
#家庭经营费用支出	元/人	387.2	429.1	460.8	532.7	594.8
生活消费支出	元/人	831.1	925.8	1032.0	1224.4	1437.0
十一、主要食品消费量						
粮食	公斤/人	243.0	247.6	254.6	256.9	264.6
蔬菜	公斤/人	105.8	112.6	115.3	120.6	125.2
食用油	公斤/人	6.4	6.9	7.2	5.3	5.4
猪牛羊肉	公斤/人	13.3	13.8	14.0	14.6	15.9
家禽	公斤/人	2.0	2.2	2.6	2.8	3.4
禽蛋	公斤/人	3.9	4.3	4.7	5.4	6.1
食糖	公斤/人	1.1	1.2	1.3	1.3	1.5
酒	公斤/人	5.4	5.7	6.5	7.0	7.9

3-5 续表 3

指 标	单 位	3000-3500元	3500-4000元	4000-4500元	4500-5000元	5000元以上
一、农户所占比重	%	7.1	4.8	3.4	2.4	7.5
二、常住人口	人/户	3.9	3.8	3.7	3.6	3.4
三、劳动力人数	人/户	2.7	2.7	2.7	2.6	2.5
劳动力负担人口	人/劳动力	1.4	1.4	1.4	1.4	1.3
四、经营耕地面积	亩/人	1.9	2.0	2.0	2.1	2.0
五、年内新建房屋面积	平方米/人	1.1	1.0	1.5	1.6	2.0
六、年末住房面积	平方米/人	28.9	30.7	32.8	35.5	41.3
#砖木结构面积	平方米/人	16.8	17.3	18.0	19.1	21.3
七、年末使用房屋价值	元/平方米	198.1	214.6	224.5	240.5	297.9
八、年末生产性						
固定资产原值	元/户	4326.4	5839.2	5425.9	5947.7	8642.0
九、收入						
1. 总收入	元/人	4254.3	4852.7	5379.9	6015.6	9395.0
2. 纯收入	元/人	3166.8	3656.0	4148.1	4616.1	7199.5
3. 现金收入	元/人	3346.9	3908.8	4396.7	4947.8	8236.9
十、支出						
1. 总支出	元/人	3286.9	3666.2	4036.3	4338.1	6510.9
#家庭经营费用支出	元/人	752.6	815.4	835.9	954.7	1527.5
生活消费支出	元/人	2142.2	2377.7	2690.4	2883.0	4098.6
2. 现金支出	元/人	2751.2	3145.0	3507.0	3805.2	5973.9
#家庭经营费用支出	元/人	644.2	717.0	745.6	860.7	1422.5
生活消费支出	元/人	1735.3	1972.8	2270.9	2465.0	3697.3
十一、主要食品消费量						
粮食	公斤/人	261.9	260.9	268.1	266.6	262.8
蔬菜	公斤/人	128.7	132.1	138.1	137.7	140.8
食用油	公斤/人	5.9	6.3	6.4	6.9	7.2
猪牛羊肉	公斤/人	16.7	18.0	18.9	19.6	22.3
家禽	公斤/人	4.1	4.5	5.2	5.0	7.0
禽蛋	公斤/人	6.7	6.6	7.1	7.6	9.1
食糖	公斤/人	1.5	1.5	1.7	1.6	1.9
酒	公斤/人	9.5	9.7	11.2	12.1	13.8

3-6　2005年农村居民家庭基本情况

指　　标	单　位	100元以下	100-200元	200-300元	300-400元	400-500元
一、农户所占比重	%	0.7	0.1	0.2	0.3	0.4
二、常住人口	人/户	4.0	4.1	4.3	4.3	4.7
三、劳动力人数	人/户	2.7	2.6	2.8	2.7	3.1
劳动力负担人口	人/劳动力	1.5	1.6	1.6	1.6	1.5
四、经营耕地面积	亩/人	3.6	4.5	2.5	2.3	2.1
五、年内新建(购)住房面积	平方米/人	0.7	0.8	0.3	0.4	0.8
六、年末住房面积	平方米/人	26.1	22.7	23.9	22.2	21.6
#砖木结构面积	平方米/人	12.9	16.4	10.8	10.7	11.0
七、年末住房价值	元/平方米	326.6	235.6	206.7	202.5	178.7
八、年末生产性						
固定资产原值	元/户	37512.5	11658.7	11526.3	8263.6	8153.4
九、收入						
1. 总收入	元/人	4682.8	2421.3	1791.7	1520.6	1616.3
2. 纯收入	元/人	-1122.5	150.7	255.4	351.4	451.1
3. 现金收入	元/人	4569.7	1985.4	1482.5	1165.4	1144.6
十、支出						
1. 总支出	元/人	8900.1	4793.8	3255.7	2783.7	2716.9
#家庭经营费用支出	元/人	5114.7	2060.5	1314.8	978.2	1006.8
生活消费支出	元/人	2810.9	2271.3	1650.5	1469.7	1395.0
2. 现金支出	元/人	8397.8	4399.4	2747.6	2301.4	2205.1
#家庭经营费用支出	元/人	4893.9	1928.4	1166.5	832.8	839.3
生活消费支出	元/人	2531.6	2013.1	1290.8	1133.8	1051.0
十一、主要食品消费量						
粮食	公斤/人	184.2	157.5	176.7	189.3	191.6
蔬菜及制品	公斤/人	73.7	84.7	82.1	71.2	74.2
食用油	公斤/人	6.9	5.5	4.3	5.4	4.1
水果	公斤/人	13.0	10.4	6.6	7.5	7.6
猪牛羊肉	公斤/人	15.5	12.4	16.6	12.7	13.6
奶及奶制品	公斤/人	8.5	2.4	1.5	2.8	1.7
家禽	公斤/人	2.5	2.4	2.2	1.8	2.5
禽蛋及制品	公斤/人	4.3	2.7	2.6	2.9	2.5
食糖	公斤/人	1.4	0.8	1.1	1.0	0.8
酒	公斤/人	12.7	8.1	7.8	6.8	6.6
水产品	公斤/人	5.0	3.7	3.6	2.2	1.8

3-6 续表 1

指 标	单 位	500-600元	600-800元	800-1000元	1000-1200元	1200-1300元
一、农户所占比重	%	0.6	1.9	2.8	3.5	2.0
二、常住人口	人/户	4.8	4.8	4.7	4.6	4.5
三、劳动力人数	人/户	2.9	3.0	3.0	2.9	2.9
劳动力负担人口	人/劳动力	1.6	1.6	1.6	1.6	1.5
四、经营耕地面积	亩/人	1.9	1.9	1.8	1.7	1.8
五、年内新建(购)住房面积	平方米/人	0.5	0.5	0.5	0.7	1.0
六、年末住房面积	平方米/人	19.9	20.8	21.2	21.5	22.5
#砖木结构面积	平方米/人	10.6	8.8	9.9	9.7	10.4
七、年末住房价值	元/平方米	180.4	172.8	184.2	184.3	197.9
八、年末生产性						
固定资产原值	元/户	6567.2	6026.6	6138.7	6077.3	5547.0
九、收入						
1. 总收入	元/人	1538.7	1541.4	1745.2	1919.6	2083.8
2. 纯收入	元/人	551.6	705.2	903.3	1102.5	1250.3
3. 现金收入	元/人	1122.3	1052.0	1237.7	1352.4	1507.8
十、支出						
1. 总支出	元/人	2360.8	2169.2	2309.1	2330.0	2483.1
#家庭经营费用支出	元/人	874.4	723.4	716.9	688.7	720.7
生活消费支出	元/人	1282.6	1271.1	1397.5	1477.0	1562.9
2. 现金支出	元/人	1892.9	1658.2	1792.0	1783.0	1943.4
#家庭经营费用支出	元/人	719.6	569.5	574.6	542.4	577.8
生活消费支出	元/人	970.2	915.3	1023.5	1076.8	1167.0
十一、主要食品消费量						
粮食	公斤/人	184.3	193.1	195.1	198.0	198.8
蔬菜及制品	公斤/人	69.8	71.7	77.8	82.0	81.8
食用油	公斤/人	4.6	4.4	4.6	4.6	4.8
水果	公斤/人	5.5	7.0	7.6	8.4	8.4
猪牛羊肉	公斤/人	10.8	12.3	13.7	15.3	14.7
奶及奶制品	公斤/人	1.6	1.9	1.7	2.4	2.1
家禽	公斤/人	1.3	1.7	1.8	1.9	2.1
禽蛋及制品	公斤/人	2.1	2.1	2.4	2.6	2.8
食糖	公斤/人	0.7	0.8	0.8	1.0	0.9
酒	公斤/人	5.1	5.1	5.5	6.1	6.1
水产品	公斤/人	1.3	1.5	1.7	1.9	2.2

3-6 续表 2

指　　标	单　位	1300-1500元	1500-1700元	1700-2000元	2000-2500元	2500-3000元
一、农户所占比重	%	4.4	4.9	7.7	12.5	11.4
二、常住人口	人/户	4.6	4.4	4.4	4.3	4.1
三、劳动力人数	人/户	3.0	2.9	2.9	2.9	2.9
劳动力负担人口	人/劳动力	1.5	1.5	1.5	1.5	1.5
四、经营耕地面积	亩/人	1.8	1.9	1.9	2.0	2.0
五、年内新建(购)住房面积	平方米/人	0.6	0.7	0.5	0.8	0.8
六、年末住房面积	平方米/人	22.9	24.1	24.7	26.7	28.4
#砖木结构面积	平方米/人	11.0	11.6	11.8	13.0	14.5
七、年末住房价值	元/平方米	194.4	206.9	203.8	214.9	226.2
八、年末生产性						
固定资产原值	元/户	5310.4	5798.6	5698.1	6002.1	6193.9
九、收入						
1. 总收入	元/人	2283.5	2499.9	2813.9	3307.4	3879.2
2. 纯收入	元/人	1401.8	1599.6	1850.3	2244.3	2742.2
3. 现金收入	元/人	1654.9	1839.1	2114.1	2581.1	3130.8
十、支出						
1. 总支出	元/人	2547.8	2715.0	2877.7	3212.7	3547.7
#家庭经营费用支出	元/人	770.4	765.4	830.9	915.2	974.9
生活消费支出	元/人	1594.9	1716.2	1814.1	2028.0	2261.9
2. 现金支出	元/人	1986.4	2151.7	2309.2	2640.7	2973.6
#家庭经营费用支出	元/人	616.3	617.2	688.4	774.7	838.6
生活消费支出	元/人	1188.8	1301.8	1388.8	1597.5	1825.2
十一、主要食品消费量						
粮食	公斤/人	201.4	204.7	202.8	208.3	210.8
蔬菜及制品	公斤/人	88.1	90.5	96.1	100.0	105.4
食用油	公斤/人	5.0	5.0	5.1	5.7	6.0
水果	公斤/人	8.4	9.4	9.6	10.6	11.3
猪牛羊肉	公斤/人	15.0	15.3	15.6	15.9	16.2
奶及奶制品	公斤/人	1.9	1.8	2.3	2.1	2.5
家禽	公斤/人	2.3	2.5	2.7	3.1	3.5
禽蛋及制品	公斤/人	3.0	3.2	3.6	4.1	4.6
食糖	公斤/人	1.0	1.0	1.1	1.1	1.1
酒	公斤/人	6.3	7.1	7.0	7.9	8.7
水产品	公斤/人	2.1	2.5	2.9	3.5	4.1

3-6 续表 3

指标	单位	3000-3500元	3500-4000元	4000-4500元	4500-5000元	5000元以上
一、农户所占比重	%	9.6	7.6	5.9	4.6	19.0
二、常住人口	人/户	4.0	3.9	3.8	3.8	3.5
三、劳动力人数	人/户	2.8	2.8	2.8	2.8	2.6
劳动力负担人口	人/劳动力	1.4	1.4	1.4	1.4	1.3
四、经营耕地面积	亩/人	2.2	2.2	2.3	2.4	2.3
五、年内新建(购)住房面积	平方米/人	0.8	0.8	1.1	1.1	1.1
六、年末住房面积	平方米/人	30.5	31.7	33.3	34.7	42.5
#砖木结构面积	平方米/人	15.0	15.8	16.3	17.2	18.4
七、年末住房价值	元/平方米	239.3	255.6	277.8	294.7	398.0
八、年末生产性						
固定资产原值	元/户	6184.0	6447.3	7125.0	7314.2	10097.1
九、收入						
1. 总收入	元/人	4517.1	5108.3	5790.0	6319.1	10418.5
2. 纯收入	元/人	3238.2	3738.1	4241.2	4737.3	7912.3
3. 现金收入	元/人	3739.4	4325.7	4971.3	5510.1	9620.7
十、支出						
1. 总支出	元/人	3993.8	4325.8	4815.5	5066.6	7647.0
#家庭经营费用支出	元/人	1106.0	1180.9	1333.5	1358.3	2185.3
生活消费支出	元/人	2527.5	2753.5	3013.0	3217.9	4669.0
2. 现金支出	元/人	3373.1	3736.4	4254.3	4504.0	7132.5
#家庭经营费用支出	元/人	968.7	1042.5	1203.7	1229.2	2069.4
生活消费支出	元/人	2045.5	2303.7	2582.8	2786.2	4274.8
十一、主要食品消费量						
粮食	公斤/人	214.9	216.3	216.2	216.4	215.9
蔬菜及制品	公斤/人	109.4	112.5	113.8	117.6	117.9
食用油	公斤/人	6.5	6.4	6.9	6.8	7.6
水果	公斤/人	12.6	13.6	14.0	15.0	18.0
猪牛羊肉	公斤/人	21.2	17.6	17.8	18.1	20.2
奶及奶制品	公斤/人	2.5	3.0	3.0	2.9	5.3
家禽	公斤/人	3.8	4.2	4.2	4.7	6.3
禽蛋及制品	公斤/人	5.1	5.4	5.5	6.1	7.6
食糖	公斤/人	1.1	1.2	1.2	1.2	1.4
酒	公斤/人	9.6	10.4	11.5	12.2	16.1
水产品	公斤/人	4.8	5.7	6.2	6.8	10.8

3-7　2009年农村居民家庭基本情况

指　　标	单　位	100元以下	100-200元	200-300元	300-400元	400-500元
一、农户所占比重	%	0.7	0.1	0.1	0.1	0.2
二、常住人口	人/户	3.7	3.9	4.3	4.1	4.2
三、劳动力人数	人/户	2.7	2.7	2.8	2.7	2.8
劳动力负担人口	人/劳动力	1.4	1.4	1.5	1.5	1.5
四、经营耕地面积	亩/人	4.4	3.0	3.4	2.7	3.2
五、年内新建(购)住房面积	平方米/人	2.0	1.2	1.1	1.6	0.5
六、年末住房面积	平方米/人	31.6	27.0	25.9	27.2	25.6
#砖木结构面积	平方米/人	15.3	16.1	9.0	12.9	12.4
七、年末住房价值	元/平方米	378.4	281.1	292.6	231.9	297.5
八、年末生产性						
固定资产原值	元/户	42352.1	15870.2	16457.5	10216.2	14982.8
九、收入						
1. 总收入	元/人	11379.2	2971.4	2715.9	3064.5	2654.3
2. 纯收入	元/人	-2506.4	150.7	250.0	350.9	450.9
3. 现金收入	元/人	11400.0	2834.6	2327.9	2884.2	2341.4
十、支出						
1. 总支出	元/人	19984.8	6920.1	6032.8	6696.7	4730.8
#家庭经营费用支出	元/人	12979.9	2516.9	2053.7	2459.2	1893.8
生活消费支出	元/人	4673.6	3593.3	3279.1	3756.1	2443.1
2. 现金支出	元/人	19240.8	6376.4	5476.3	6199.5	4188.2
#家庭经营费用支出	元/人	12663.9	2345.0	1876.2	2332.5	1716.5
生活消费支出	元/人	4246.4	3221.9	2901.4	3386.5	2079.5
十一、主要食品消费量						
粮食	公斤/人	188.3	166.8	164.1	164.9	164.1
蔬菜及制品	公斤/人	85.2	77.4	65.1	69.4	67.5
食用油	公斤/人	6.3	4.9	5.6	6.2	5.0
水果	公斤/人	13.4	11.9	9.5	11.3	9.9
猪牛羊肉	公斤/人	17.3	12.9	15.2	14.0	11.6
奶及奶制品	公斤/人	4.4	3.1	7.2	2.6	3.6
家禽	公斤/人	3.7	2.2	3.0	3.3	2.4
禽蛋及制品	公斤/人	5.6	4.8	3.4	4.4	4.0
食糖	公斤/人	1.1	1.1	1.0	0.9	0.8
酒	公斤/人	14.5	11.4	8.4	9.9	7.7
水产品	公斤/人	4.8	2.6	4.0	2.3	2.1

3-7 续表 1

指　　标	单　位	500-600元	600-800元	800-1000元	1000-1200元	1200-1300元
一、农户所占比重	%	0.2	0.7	1.1	1.5	0.8
二、常住人口	人/户	4.5	4.5	4.6	4.7	4.7
三、劳动力人数	人/户	2.9	3.0	3.0	3.1	3.1
劳动力负担人口	人/劳动力	1.5	1.5	1.5	1.5	1.5
四、经营耕地面积	亩/人	2.5	2.0	2.0	2.0	1.9
五、年内新建(购)住房面积	平方米/人	0.5	0.8	0.9	0.4	0.7
六、年末住房面积	平方米/人	24.5	23.8	24.1	23.0	23.3
#砖木结构面积	平方米/人	11.5	11.1	10.9	10.1	10.7
七、年末住房价值	元/平方米	258.5	263.9	255.8	224.9	234.5
八、年末生产性						
固定资产原值	元/户	12651.4	11487.0	8687.7	8656.8	8623.0
九、收入						
1. 总收入	元/人	2390.2	2318.9	2232.3	2284.6	2401.5
2. 纯收入	元/人	552.5	703.4	908.4	1109.6	1252.0
3. 现金收入	元/人	2032.9	1881.5	1738.5	1691.7	1786.8
十、支出						
1. 总支出	元/人	4595.0	3782.1	3408.7	3282.4	3287.2
#家庭经营费用支出	元/人	1608.1	1369.7	1150.8	1013.7	983.4
生活消费支出	元/人	2303.0	2100.0	1968.6	1922.4	2015.1
2. 现金支出	元/人	4006.3	3218.7	2814.9	2654.4	2674.8
#家庭经营费用支出	元/人	1434.4	1213.1	968.2	834.9	811.4
生活消费支出	元/人	1889.4	1694.2	1558.5	1476.4	1575.3
十一、主要食品消费量						
粮食	公斤/人	189.7	162.9	172.5	178.8	176.9
蔬菜及制品	公斤/人	73.2	69.7	67.5	70.1	71.1
食用油	公斤/人	5.0	4.6	4.8	4.4	4.7
水果	公斤/人	8.4	9.1	8.5	8.0	8.0
猪牛羊肉	公斤/人	11.4	11.9	12.0	11.7	12.0
奶及奶制品	公斤/人	2.8	3.6	2.2	1.6	2.6
家禽	公斤/人	2.6	1.9	2.1	1.9	2.3
禽蛋及制品	公斤/人	2.9	3.0	2.9	2.8	3.3
食糖	公斤/人	1.1	0.8	0.9	1.0	0.9
酒	公斤/人	6.3	6.2	6.5	6.5	5.7
水产品	公斤/人	2.1	2.0	1.9	1.7	1.8

3-7 续表 2

指 标	单 位	1300-1500元	1500-1700元	1700-2000元	2000-2500元	2500-3000元
一、农户所占比重	%	1.8	2.2	3.7	7.1	7.7
二、常住人口	人/户	4.6	4.6	4.5	4.4	4.3
三、劳动力人数	人/户	3.0	3.1	3.0	3.0	3.0
劳动力负担人口	人/劳动力	1.5	1.5	1.5	1.5	1.4
四、经营耕地面积	亩/人	1.9	1.9	1.9	1.8	2.0
五、年内新建(购)住房面积	平方米/人	0.8	0.7	0.9	1.0	1.0
六、年末住房面积	平方米/人	23.7	24.5	25.2	26.8	28.1
#砖木结构面积	平方米/人	11.2	11.5	11.6	12.5	13.2
七、年末住房价值	元/平方米	256.8	247.7	247.8	254.0	268.4
八、年末生产性						
固定资产原值	元/户	8450.3	8129.0	8113.5	7554.8	7956.0
九、收入						
1. 总收入	元/人	2505.4	2738.3	3052.6	3402.9	4020.8
2. 纯收入	元/人	1404.3	1600.8	1851.9	2250.8	2747.9
3. 现金收入	元/人	1874.6	2059.4	2333.9	2641.4	3211.4
十、支出						
1. 总支出	元/人	3316.3	3439.2	3692.2	3747.9	4158.9
#家庭经营费用支出	元/人	938.1	958.9	1033.7	982.7	1085.1
生活消费支出	元/人	2110.1	2148.6	2364.0	2454.0	2711.4
2. 现金支出	元/人	2716.1	2817.5	3035.7	3099.3	3502.3
#家庭经营费用支出	元/人	773.5	791.8	860.5	817.0	927.3
生活消费支出	元/人	1678.1	1695.1	1886.4	1973.0	2215.5
十一、主要食品消费量						
粮食	公斤/人	173.8	177.6	183.1	183.9	185.8
蔬菜及制品	公斤/人	70.7	75.4	79.1	82.4	86.7
食用油	公斤/人	4.8	4.9	5.0	5.2	5.4
水果	公斤/人	9.6	9.9	10.4	10.4	11.2
猪牛羊肉	公斤/人	12.1	12.8	13.2	13.4	13.9
奶及奶制品	公斤/人	2.2	2.2	2.3	2.4	2.6
家禽	公斤/人	2.3	2.3	2.7	2.9	3.2
禽蛋及制品	公斤/人	3.0	3.4	3.3	3.6	4.1
食糖	公斤/人	1.0	0.9	0.9	0.9	1.0
酒	公斤/人	5.9	6.2	7.1	6.7	7.5
水产品	公斤/人	1.9	2.0	2.2	2.5	3.0

3-7 续表 3

指 标	单 位	3000-3500元	3500-4000元	4000-4500元	4500-5000元	5000元以上
一、农户所占比重	%	7.8	7.4	6.9	6.0	43.8
二、常住人口	人/户	4.2	4.2	4.1	4.0	3.6
三、劳动力人数	人/户	3.0	2.9	2.9	2.9	2.7
劳动力负担人口	人/劳动力	1.4	1.4	1.4	1.4	1.3
四、经营耕地面积	亩/人	2.0	2.1	2.1	2.4	2.6
五、年内新建(购)住房面积	平方米/人	1.0	1.1	1.2	1.2	1.5
六、年末住房面积	平方米/人	29.3	30.5	31.7	32.9	41.5
#砖木结构面积	平方米/人	13.7	14.5	14.8	15.5	17.9
七、年末住房价值	元/平方米	280.5	296.9	301.7	306.0	444.7
八、年末生产性						
固定资产原值	元/户	8134.4	7908.9	8368.6	8385.0	11647.2
九、收入						
1. 总收入	元/人	4580.3	5141.2	5752.8	6373.8	11543.0
2. 纯收入	元/人	3248.1	3747.8	4248.4	4742.6	8842.2
3. 现金收入	元/人	3764.3	4280.5	4856.0	5481.5	10588.2
十、支出						
1. 总支出	元/人	4442.3	4834.5	5246.8	5565.8	9087.1
#家庭经营费用支出	元/人	1140.2	1188.4	1287.2	1401.9	2345.6
生活消费支出	元/人	2912.4	3187.2	3482.2	3631.9	5753.9
2. 现金支出	元/人	3798.1	4191.1	4595.5	4913.5	8454.3
#家庭经营费用支出	元/人	992.9	1044.3	1145.7	1264.6	2217.2
生活消费支出	元/人	2418.6	2690.4	2976.8	3121.2	5257.4
十一、主要食品消费量						
粮食	公斤/人	187.5	188.3	190.8	191.8	195.4
蔬菜及制品	公斤/人	88.3	92.2	95.7	98.7	117.3
食用油	公斤/人	5.6	6.0	6.2	6.5	7.3
水果	公斤/人	11.7	12.4	12.7	13.4	17.0
猪牛羊肉	公斤/人	14.0	14.8	14.5	14.8	17.6
奶及奶制品	公斤/人	2.8	4.8	3.1	3.1	4.6
家禽	公斤/人	3.5	3.8	4.0	4.3	5.7
禽蛋及制品	公斤/人	4.5	4.8	4.9	5.5	7.0
食糖	公斤/人	1.0	1.0	1.1	1.1	1.2
酒	公斤/人	7.9	8.6	8.7	9.8	13.5
水产品	公斤/人	3.6	4.1	4.1	4.9	8.4

二、按人均纯收入五等份分组

3-8 2009年农村居民家庭基本情况

指　　标	单　位	低收入户	中低收入户	中等收入户	中高收入户	高收入户
一、常住人口	人/户	4.5	4.3	4.0	3.7	3.4
二、劳动力	人/户	3.0	3.0	2.9	2.8	2.6
劳动力负担人口	人/劳动力	1.5	1.4	1.4	1.3	1.3
三、劳动力文化程度						
1.文盲或半文盲	%	9.1	6.8	5.5	4.5	3.4
2.小学程度	%	29.4	26.3	24.6	22.4	19.8
3.初中程度	%	50.3	53.8	54.1	54.5	50.7
4.高中程度	%	8.6	10.0	11.7	12.9	16.1
5.中专程度	%	1.7	2.0	2.7	3.4	5.0
6.大专及以上	%	0.9	1.1	1.5	2.3	5.1
四、年末生产性						
固定资产原值	元/户	9630.1	8014.2	8377.9	9490.9	14339.8
五、年内新建(购)住房面积	平方米/人	0.9	1.0	1.2	1.3	1.8
#砖木结构面积	平方米/人	0.3	0.3	0.3	0.3	0.3
六、年内新建住房价值	元/平方米	548.1	546.4	544.7	620.2	780.0
七、年末住房面积	平方米/人	25.3	29.0	32.3	37.3	47.9
#砖木结构面积	平方米/人	11.7	13.6	15.1	17.0	19.4
八、年末住房价值	元/平方米	255.6	278.7	306.7	351.2	544.8
九、经营耕地面积	亩/人	2.0	2.0	2.2	2.5	2.7
十、经营山地面积	亩/人	0.3	0.4	0.4	0.3	0.3
十一、主要农产品消费量						
粮食	公斤/人	179.8	186.7	191.3	195.1	196.1
蔬菜及制品	公斤/人	76.9	87.9	97.2	105.2	134.7
食用油	公斤/人	5.0	5.6	6.3	6.9	8.0
食糖	公斤/人	0.9	1.0	1.1	1.1	1.3
卷烟	盒/人	17.6	20.6	23.5	28.0	34.9
水果	公斤/人	9.9	11.5	13.1	15.2	19.6
猪肉	公斤/人	11.8	12.9	13.6	15.0	17.4
牛羊肉	公斤/人	1.2	1.1	1.2	1.4	2.1
奶及制品	公斤/人	2.4	3.4	3.0	3.9	5.7
家禽	公斤/人	2.6	3.4	4.2	5.1	6.7
禽蛋及制品	公斤/人	3.4	4.4	5.2	6.4	8.0
水产品	公斤/人	2.2	3.4	4.6	6.4	11.1

3-8 续表 1

单位：元/人

指　　　标	低收入户	中低收入户	中等收入户	中高收入户	高收入户
一、总收入	3151.6	4431.4	6057.3	8488.0	16006.5
1. 工资性收入	561.8	1201.1	1865.6	2805.4	4993.7
2. 家庭经营收入	2322.1	2867.5	3714.5	4997.2	9314.7
3. 财产性收入	25.8	49.6	86.3	144.1	629.7
4. 转移性收入	241.9	313.2	391.0	541.2	1068.4
二、纯收入	1549.3	3110.1	4502.1	6467.6	12319.1
1. 工资性收入	561.8	1201.1	1865.6	2805.4	4993.7
2. 家庭经营收入	767.3	1608.0	2238.3	3081.1	5778.6
(1)第一产业收入	723.2	1421.0	1907.0	2465.4	3966.5
农业收入	675.7	1154.7	1531.6	1902.6	2541.3
林业收入	29.9	52.4	64.8	83.6	134.9
牧业收入	18.9	200.2	283.1	426.3	1040.5
渔业收入	-1.3	13.6	27.5	52.9	249.8
(2)第二产业收入	6.1	43.0	78.3	149.2	652.3
工业收入	-0.6	19.0	30.6	63.1	385.6
建筑业收入	6.7	24.1	47.6	86.1	266.7
(3)第三产业收入	38.0	144.0	253.0	466.5	1159.8
交通、运输和邮电业收入	4.3	35.8	69.5	129.6	382.2
批发零售贸易餐饮业收入	20.0	63.1	110.8	203.3	490.9
社会服务业收入	-0.8	18.0	30.7	61.3	145.0
文教卫生业收入	2.6	8.8	10.9	26.8	54.8
其他家庭经营收入	11.9	18.4	31.1	45.6	86.9
3. 财产性收入	25.8	49.6	86.3	144.1	629.7
4. 转移性收入	194.3	251.5	312.0	436.9	917.1
三、现金收入	2508.7	3607.6	5165.7	7559.2	15012.0
1. 工资性收入	561.3	1199.5	1863.9	2801.2	4982.5
2. 家庭经营收入	1688.2	2063.6	2852.3	4106.3	8396.1
3. 财产性收入	22.4	37.0	67.0	120.3	588.8
4 . 转移性收入	236.9	307.5	382.6	531.4	1044.6

3-8 续表 2

单位：元/人

指 标	低收入户	中低收入户	中等收入户	中高收入户	高收入户
一、总支出	4136.5	4395.8	5391.9	7038.2	12091.2
1. 家庭经营费用支出	1404.5	1128.6	1330.3	1735.5	3230.5
2. 购置生产性固定资产支出	158.5	126.6	158.6	197.5	408.0
3. 税费支出	7.1	5.8	8.0	11.8	20.4
4. 生活消费支出	2354.9	2870.9	3546.0	4591.8	7485.7
(1)食品支出	1106.8	1317.2	1549.7	1861.7	2601.8
(2)衣着支出	135.4	164.3	209.5	268.7	436.5
(3)居住支出	430.5	534.4	655.4	894.6	1731.1
(4)家庭设备用品及服务支出	118.0	141.9	178.5	248.0	384.7
(5)交通通讯支出	190.3	240.4	327.7	469.4	910.7
(6)文教娱乐用品及服务支出	156.0	210.5	296.1	416.0	722.3
(7)医疗保健支出	176.5	209.9	256.3	333.7	521.1
(8)其他商品及服务支出	41.4	52.4	73.0	99.7	177.5
5. 财产性支出	20.7	22.0	30.1	44.9	88.7
6. 转移性支出	190.9	241.8	318.9	456.7	857.9
二、现金支出	3504.3	3746.8	4740.6	6388.1	11482.6
1. 家庭经营费用支出	1231.3	976.5	1190.8	1603.0	3108.8
2. 购置生产性固定资产支出	158.5	126.6	158.6	197.5	408.0
3. 税费支出	7.0	5.7	7.9	11.8	20.3
4. 生活消费支出	1898.5	2376.9	3038.1	4081.2	7008.9
(1)食品支出	673.7	850.9	1075.7	1389.6	2171.9
(2)衣着支出	134.7	163.7	208.9	268.2	435.9
(3)居住支出	408.2	507.5	622.4	856.8	1685.1
(4)家庭设备用品支出	117.7	141.6	178.1	247.7	384.3
(5)交通通讯支出	190.3	240.4	327.7	469.4	910.7
(6)文教娱乐用品及服务支出	156.0	210.5	296.1	416.0	722.3
(7)医疗保健支出	176.5	209.9	256.3	333.7	521.1
(8)其他商品及服务支出	41.4	52.4	73.0	99.7	177.5
5. 财产性支出	20.7	22.0	30.1	44.9	88.7
6. 转移性支出	188.3	239.1	315.0	449.8	848.0

三、按三个经济地带分组

3-9 1980年农村居民家庭基本情况

项　　目	单　位	全国	东部地区	中部地区	西部地区
一、调查户数	户	15914	5658	5687	4569
二、常住人口	人/户	5.5	5.5	5.6	5.5
三、劳动力人数	人/户	2.5	2.5	2.3	2.5
劳动力负担人口	人/劳动力	2.3	2.2	2.4	2.2
四、年末使用房屋面积	平方米/人	11.6	11.8	11.0	12.1
五、年末使用房屋价值	元/平方米	17.0	22.5	15.6	12.1
六、经营耕地面积	亩/人	0.2	0.1	0.2	0.2
#自留地面积	亩/人	0.2	0.1	0.2	0.2
七、收入					
1. 总收入	元/人	216.9	262.9	202.3	199.0
(1)工资性收入	元/人	106.4	120.0	98.1	88.7
(2)家庭经营收入	元/人	87.4	102.0	79.3	89.1
(3)财产性和转移性收入	元/人	23.1	40.9	24.8	21.2
2. 纯收入	元/人	191.3	217.6	181.0	171.6
(1)工资性收入	元/人	106.4	120.0	98.1	88.7
(2)家庭经营收入	元/人	62.6	71.8	59.2	62.2
(3)财产性和转移性收入	元/人	22.4	40.4	23.6	20.7
3. 现金收入	元/人	113.1	141.1	102.5	91.7
(1)工资性收入	元/人	40.2	54.8	34.0	27.0
(2)家庭经营收入	元/人	57.4	64.2	50.7	47.6
(3)财产性和转移性收入	元/人	15.5	22.1	17.8	17.2
八、支出					
1. 总支出	元/人	196.2	221.3	184.6	179.4
(1)家庭经营费用支出	元/人	25.3	28.5	20.9	27.0
(2)税费支出	元/人	0.3	0.2	0.3	0.4
(3)生活消费支出	元/人	162.2	182.0	156.3	145.2
(4)财产性和转移性支出	元/人	8.4	10.6	7.1	6.8
2. 现金支出	元/人	107.0	123.1	97.0	88.5
(1)家庭经营费用支出	元/人	13.8	14.3	12.1	14.8
(2)税费支出	元/人	0.2	0.2	0.2	0.4
(3)生活消费支出	元/人	83.8	97.5	76.9	66.8
(4)财产性和转移性支出	元/人	9.1	11.2	7.8	6.5

注：1980年、1985年和1990年农村居民家庭生产费用支出包括“开发性投资”，下表同。
东部地区：包括北京、天津、河北、辽宁、上海、江苏、浙江、福建、山东、广东、广西、海南12个省(区、市)。
中部地区：包括山西、内蒙古、吉林、黑龙江、安徽、江西、河南、湖北、湖南9个省(区、市)。
西部地区：包括重庆、四川、贵州、云南、西藏、陕西、甘肃、青海、宁夏、新疆10个省(区、市)。

3-10 1985年农村居民家庭基本情况

指　　标	单　位	全国	东部地区	中部地区	西部地区
一、调查户数	户	66642	25126	24660	16856
二、常住人口	人/户	5.1	5.0	5.1	5.4
三、整、半劳动力	人/户	3.0	2.9	2.9	3.0
劳动力负担人口	人/劳动力	1.7	1.7	1.8	1.8
四、劳动力文化程度					
1.不识字或识字很少	%	27.9	22.1	25.4	39.7
2.小学程度	%	37.1	38.9	37.2	34.5
3.初中程度	%	27.7	30.4	29.4	21.3
4.高中程度	%	7.0	8.2	7.7	4.2
5.中专程度	%	0.3	0.3	0.3	0.2
6.大专及以上	%	0.1	0.1	0.1	
五、年末生产性					
固定资产原值	元/户	792.5	634.7	897.6	874.1
六、年内新建房屋面积	平方米/人	1.1	1.2	1.1	0.8
#砖木结构面积	平方米/人	0.7	0.9	0.8	0.3
#生活用房面积	平方米/人	0.9	1.1	0.9	0.7
七、年内新建房屋价值	元/平方米	40.2	51.7	35.9	24.9
八、年末住房面积	平方米/人	14.7	15.8	14.5	13.4
#砖木结构面积	平方米/人	7.5	10.8	7.3	3.1
九、年末使用房屋价值	元/平方米	26.8	35.4	24.3	17.8
十、经营耕地面积	亩/人	2.1	1.5	2.7	2.0
#自留地面积	亩/人	0.2	0.1	0.2	0.2
十一、经营山地面积	亩/人	0.5	0.3	0.6	0.6
十二、主要农产品消费量					
粮食	公斤/人	257.5	250.4	278.6	237.5
蔬菜	公斤/人	131.1	129.1	142.1	118.6
棉花	公斤/人	0.4	0.5	0.5	0.3
食用油	公斤/人	4.0	3.9	4.5	3.5
食糖	公斤/人	1.5	2.0	1.2	1.1
卷烟	盒/人	23.7	26.0	25.8	17.6
水果	公斤/人	3.0	3.6	2.6	4.1
猪肉	公斤/人	10.3	9.9	9.9	11.5
牛羊肉	公斤/人	0.7	0.3	0.3	1.5
牛羊奶	公斤/人	0.8	0.1	0.2	2.4
家禽	公斤/人	1.0	1.4	1.0	0.6
禽蛋	公斤/人	2.1	2.6	2.1	1.2
水产品	公斤/人	1.6	3.1	1.2	0.2

注：1990年以前水产品消费量为鱼虾消费量。

3-10　续表　　　　单位：元/人

指　　标	全国	东部地区	中部地区	西部地区
一、收入				
1.总收入	547.3	617.3	530.7	437.2
(1)工资性收入	72.2	112.5	52.3	40.3
(2)家庭经营收入	445.3	476.2	456.4	373.8
(3)财产性和转移性收入	29.9	28.7	21.9	23.0
2.纯收入	397.6	452.2	377.8	313.4
(1)工资性收入	72.2	112.5	52.3	40.3
(2)家庭经营收入	296.0	310.8	303.6	250.1
(3)财产性和转移性收入	29.5	28.9	22.0	23.0
3.现金收入	357.4	445.3	340.8	258.2
(1)工资性收入	68.9	108.8	50.5	40.4
(2)家庭经营收入	251.7	296.4	254.2	184.7
(3)财产性和转移性收入	36.8	40.1	36.1	33.2
二、支出				
1.总支出	485.5	555.7	481.2	393.4
(1)家庭经营费用支出	121.4	138.7	118.2	101.4
(2)购置生产性固定资产支出	18.7	16.8	22.9	15.2
(3)税费支出	18.4	18.0	24.0	11.2
(4)生活消费支出	317.4	370.8	306.6	258.5
(5)财产性和转移性支出	9.6	11.4	9.5	7.1
2.现金支出	331.2	412.1	319.2	235.4
(1)家庭经营费用支出	80.0	100.3	75.0	58.5
(2)购置生产性固定资产支出	18.9	17.0	23.3	15.3
(3)税费支出	16.4	14.8	22.3	10.1
(4)生活消费支出	194.7	256.3	175.5	136.5
(5)财产性和转移性支出	21.3	23.8	23.2	15.1

3-11 1990年农村居民家庭基本情况

指标	单位	全国	东部地区	中部地区	西部地区
一、调查户数	户	66960	25520	24510	16930
二、常住人口	人/户	4.8	4.7	4.8	5.0
三、劳动力人数	人/户	2.9	2.9	2.9	3.0
劳动力负担人口	人/劳动力	1.6	1.6	1.7	1.7
四、劳动力文化程度					
1.不识字或识字很少	%	20.7	15.6	17.9	32.8
2.小学程度	%	38.9	39.3	38.7	39.6
3.初中程度	%	32.8	36.1	35.2	25.8
4.高中程度	%	7.0	8.1	8.9	4.8
5.中专程度	%	0.5	0.7	0.6	0.3
6.大专及以上	%	0.1	0.2	0.1	0.1
五、年末生产性					
固定资产原值	元/户	1258.1	1125.0	1323.7	1363.6
六、年内新建房屋面积	平方米/人	0.8	1.0	0.8	0.6
#砖木结构面积	平方米/人	0.5	0.6	0.5	0.2
#生活用房面积	平方米/人	0.7	0.9	0.7	0.5
七、年内新建房屋价值	元/平方米	92.3	121.4	78.0	54.1
八、年末住房面积	平方米/人	17.8	19.6	17.6	15.7
#砖木结构面积	平方米/人	9.8	13.4	10.3	4.3
九、年末使用房屋价值	元/平方米	44.6	62.1	39.5	25.0
十、经营耕地面积	亩/人	2.1	1.5	2.7	2.2
#自留地面积	亩/人	0.2	0.1	0.2	0.2
十一、经营山地面积	亩/人	0.4	0.3	0.5	0.5
十二、主要农产品消费情况					
粮食	公斤/人	262.1	250.2	287.2	244.3
蔬菜	公斤/人	134.0	131.2	147.8	119.1
食用油	公斤/人	5.2	5.1	5.7	4.5
食糖	公斤/人	1.5	1.9	1.3	1.1
卷烟	盒/人	28.0	30.0	30.0	22.5
水果	公斤/人	5.9	7.0	4.3	6.6
猪肉	公斤/人	10.5	9.9	9.9	12.4
牛羊肉	公斤/人	0.8	0.5	0.5	1.7
牛羊奶	公斤/人	1.1	0.1	0.3	3.6
家禽	公斤/人	1.3	1.9	1.0	0.7
禽蛋	公斤/人	2.4	3.0	2.5	1.4
水产品*	公斤/人	2.1	4.2	1.4	0.2

注：1990年以前水产品消费量为鱼虾消费量。

3-11 续表 单位：元/人

指 标	全国	东部地区	中部地区	西部地区
一、收入				
1.总收入	990.4	1176.2	951.8	783.3
(1)工资性收入	138.8	237.0	85.7	74.0
(2)家庭经营收入	815.8	892.8	838.1	677.6
(3)财产性和转移性收入	35.8	46.5	27.9	31.7
2.纯收入	686.3	847.6	632.9	533.8
(1)工资性收入	138.8	237.0	95.7	74.0
(2)家庭经营收入	518.6	572.1	525.7	434.0
(3)财产性和转移性收入	29.0	38.6	21.5	25.7
3.现金收入	676.7	867.4	625.5	479.9
(1)工资性收入	136.4	232.9	83.6	73.8
(2)家庭经营收入	481.2	566.2	487.2	354.1
(3)财产性和转移性收入	59.1	68.3	54.7	52.0
二、支出				
1. 总支出	903.5	1038.7	874.0	724.1
(1)家庭经营费用支出	241.1	261.7	242.7	202.5
(2)购置生产性固定资产支出	20.3	19.4	20.4	20.8
(3)税费支出	38.7	37.2	51.2	23.0
(4)生活消费支出	584.6	696.6	543.2	464.0
(5)财产性和转移性支出	18.8	23.8	16.5	13.8
2. 现金支出	639.1	810.7	601.1	450.9
(1)家庭经营费用支出	162.9	198.9	156.9	120.8
(2)购置生产性固定资产支出	20.5	20.2	20.4	20.9
(3)税费支出	33.4	31.0	45.1	20.7
(4)生活消费支出	374.7	503.8	328.0	258.1
(5)财产性和转移性支出	47.6	56.9	50.8	30.3

3-12 1995年农村居民家庭基本情况

指标	单位	全国	东部地区	中部地区	西部地区
一、调查户数	户	67340	25600	24350	17390
二、常住人口	人/户	4.5	4.4	4.4	4.8
三、劳动力人数	人/户	2.9	2.9	2.8	3.0
劳动力负担人口	人/劳动力	1.6	1.5	1.5	1.6
四、劳动力文化程度					
1.不识字或识字很少	%	13.5	9.2	11.1	22.7
2.小学程度	%	36.6	35.1	36.3	39.2
3.初中程度	%	40.1	44.0	42.5	31.6
4.高中程度	%	8.6	10.0	9.2	5.9
5.中专程度	%	1.0	1.4	0.8	0.6
6.大专及以上	%	0.2	0.4	0.2	0.1
五、年末生产性					
固定资产原值	元/户	2774.3	2693.4	2732.7	2951.5
六、年内新建房屋面积	平方米/人	0.8	0.9	0.8	0.7
#砖木结构面积	平方米/人	0.4	0.4	0.4	0.3
#生活用房面积	平方米/人	0.7	0.8	0.7	0.5
七、年内新建房屋价值	元/平方米	200.3	256.0	165.7	154.6
八、年末住房面积	平方米/人	21.0	23.5	20.3	18.6
#砖木结构面积	平方米/人	11.9	15.5	12.8	5.9
九、年末使用房屋价值	元/平方米	101.6	146.3	81.6	55.2
十、经营耕地面积	亩/人	2.2	1.4	2.9	2.3
#自留地面积	亩/人	0.2	0.1	0.2	0.2
十一、经营山地面积	亩/人	0.4	0.3	0.4	0.7
十二、主要农产品消费情况					
粮食	公斤/人	258.9	247.8	282.1	244.2
蔬菜	公斤/人	104.6	107.1	110.3	94.0
食用油	公斤/人	5.8	5.7	6.4	5.2
食糖	公斤/人	1.3	1.5	1.2	1.1
卷烟	盒/人	24.6	25.0	26.3	21.9
水果	公斤/人	13.0	15.8	12.5	9.9
猪肉	公斤/人	10.6	10.2	9.4	12.5
牛羊肉	公斤/人	0.7	0.5	0.4	1.5
牛羊奶	公斤/人	0.6	0.2	0.2	1.9
家禽	公斤/人	1.8	2.9	1.4	1.0
禽蛋	公斤/人	3.2	4.4	3.3	1.5
水产品	公斤/人	3.4	6.1	2.7	0.5

3-12 续表　　　　单位：元/人

指　　标	全国	东部地区	中部地区	西部地区
一、收入				
1. 总收入	2337.9	2944.3	2182.3	1719.0
(1)工资性收入	353.7	635.1	219.0	146.7
(2)家庭经营收入	1877.4	2165.1	1878.4	1487.9
(3)财产性收入	41.0	50.9	39.3	29.7
(4)转移性收入	65.8	93.2	45.6	54.6
2. 纯收入	1577.7	2127.2	1402.7	1060.7
(1)工资性收入	353.7	635.1	219.0	146.7
(2)家庭经营收入	1125.8	1358.8	1105.8	836.9
(3)财产性收入	41.0	50.9	39.3	29.7
(4)转移性收入	57.3	82.4	38.5	47.4
3. 现金收入	1595.6	2152.9	1407.2	1084.9
(1)工资性收入	352.9	633.6	218.5	146.4
(2)家庭经营收入	1116.7	1359.0	1081.6	834.8
(3)财产性收入	38.2	43.0	36.5	34.0
(4)转移性收入	87.8	117.4	70.6	69.8
二、支出				
1. 总支出	2138.3	2571.3	2031.7	1690.8
(1)家庭经营费用支出	621.7	677.6	618.0	551.1
(2)购置生产性固定资产支出	62.3	59.9	65.5	61.6
(3)税费支出	88.7	87.7	112.9	58.7
(4)生活消费支出	1310.4	1670.8	1187.2	982.0
(5)财产性和转移性支出	55.3	75.3	48.1	37.5
2. 现金支出	1545.8	1969.6	1459.8	1084.2
(1)家庭经营费用支出	454.7	522.7	452.2	366.3
(2)购置生产性固定资产支出	62.3	59.9	65.5	61.6
(3)税费支出	77.0	66.6	107.1	52.3
(4)生活消费支出	859.4	1201.2	742.1	548.7
(5)财产性和转移性支出	92.4	119.2	93.0	55.3

3-13　2000年农村居民家庭基本情况

指　　标	单　位	全国	东部地区	中部地区	西部地区
一、调查户数	户	68116	25750	24726	17640
二、常住人口	人/户	4.2	4.1	4.1	4.5
三、劳动力人数	人/户	2.8	2.7	2.8	2.8
劳动力负担人口	人/劳动力	1.5	1.5	1.5	1.6
四、劳动力文化程度					
1.不识字或识字很少	%	8.1	4.8	5.9	15.9
2.小学程度	%	32.2	29.5	30.5	38.5
3.初中程度	%	48.1	51.7	51.9	37.6
4.高中程度	%	9.3	11.1	9.6	6.5
5.中专程度	%	1.8	2.4	1.7	1.2
6.大专及以上	%	0.5	0.6	0.4	0.3
五、年末生产性					
固定资产原值	元/户	4673.1	5149.2	4219.6	4613.8
六、年内新建住房面积	平方米/人	0.9	1.0	0.8	0.7
#砖木结构面积	平方米/人	0.4	0.4	0.3	0.3
七、年内新建住房价值	元/平方米	260.2	321.6	224.5	199.0
八、年末住房面积	平方米/人	24.8	27.7	24.2	21.9
#砖木结构面积	平方米/人	13.6	16.8	14.5	8.2
九、年末住房价值	元/平方米	187.4	249.0	156.4	127.8
十、经营耕地面积	亩/人	2.0	1.3	2.8	1.8
#自留地面积	亩/人	0.1	0.1	0.1	0.1
十一、经营山地面积	亩/人	0.3	0.2	0.3	0.4
十二、主要农产品消费情况					
粮食	公斤/人	250.2	237.7	270.9	240.4
蔬菜	公斤/人	106.7	108.4	108.0	102.9
食用油	公斤/人	7.1	7.8	7.0	5.9
食糖	公斤/人	1.3	1.4	1.2	1.2
卷烟	盒/人	23.9	24.3	24.7	22.2
水果	公斤/人	18.3	21.7	17.6	14.7
猪肉	公斤/人	13.3	12.1	13.8	13.7
牛羊肉	公斤/人	1.1	0.6	0.7	2.2
牛羊奶	公斤/人	1.1	0.6	0.7	2.1
家禽	公斤/人	2.8	3.2	3.5	1.3
禽蛋	公斤/人	4.8	6.1	5.5	1.9
水产品	公斤/人	3.9	7.0	3.2	0.8

3-13 续表 单位：元/人

指　　　标	全国	东部地区	中部地区	西部地区
一、收入				
1. 总收入	3146.2	4033.9	2975.0	2375.4
(1)工资性收入	702.3	1223.1	554.8	388.8
(2)家庭经营收入	2251.3	2539.4	2262.8	1853.5
(3)财产性收入	45.0	70.2	27.5	34.2
(4)转移性收入	147.6	201.2	129.6	99.0
2. 纯收入	2253.4	3063.3	2077.1	1592.7
(1)工资性收入	702.3	1223.1	554.8	388.8
(2)家庭经营收入	1427.3	1652.1	1439.6	1112.7
(3)财产性收入	45.1	70.1	27.5	34.2
(4)转移性收入	78.8	117.9	55.3	57.0
3. 现金收入	2381.6	3340.5	2137.0	1610.3
(1)工资性收入	700.4	1219.3	553.9	388.0
(2)家庭经营收入	1498.8	1861.7	1435.9	1097.4
(3)财产性收入	38.9	64.2	20.0	29.5
(4)转移性收入	143.5	195.3	127.2	95.4
二、支出				
1. 总支出	2652.4	3199.0	2516.6	2100.4
(1)家庭经营费用支出	654.3	725.3	621.1	602.4
(2)购置生产性固定资产支出	63.9	69.0	62.1	59.5
(3)税费支出	95.5	77.9	133.7	69.9
(4)生活消费支出	1670.1	2116.1	1518.0	1272.6
(5)财产性支出	19.7	20.4	26.3	10.3
(6)转移性支出	148.9	190.3	155.3	85.6
2. 现金支出	2140.4	2772.5	1971.1	1517.4
(1)家庭经营费用支出	544.5	649.6	511.2	447.4
(2)购置生产性固定资产支出	63.9	69.0	62.1	59.5
(3)税费支出	89.8	69.6	129.8	65.3
(4)生活消费支出	1284.7	1784.2	1103.2	853.9
(5)财产性支出	9.8	11.3	10.6	6.8
(6)转移性支出	147.6	188.8	154.1	84.4

3-14 2005年农村居民家庭基本情况

指　　标	单　位	全国	东部地区	中部地区	西部地区
一、调查户数	户	68190	25750	24750	17690
二、常住人口	人/户	4.1	4.0	4.0	4.3
三、劳动力人数	人/户	2.8	2.8	2.8	2.8
劳动力负担人口	人/劳动力	1.4	1.4	1.4	1.5
四、劳动力文化程度					
1.不识字或识字很少	%	6.9	4.3	5.7	12.2
2.小学程度	%	27.2	22.9	26.2	35.0
3.初中程度	%	52.2	55.0	55.5	43.5
4.高中程度	%	10.2	13.0	9.8	7.0
5.中专程度	%	2.4	3.1	2.1	1.7
6.大专及以上	%	1.1	1.7	0.8	0.6
五、年末生产性					
固定资产原值	元/户	7155.5	7786.4	6575.8	7048.4
六、年内新建住房面积	平方米/人	0.8	0.8	0.9	0.7
#砖木结构面积	平方米/人	0.3	0.3	0.3	0.3
七、年内新建住房造价	元/平方米	373.3	490.3	321.2	270.9
八、年末住房面积	平方米/人	29.7	33.3	28.9	25.9
#砖木结构面积	平方米/人	14.1	16.0	15.5	9.8
九、年末住房价值	元/平方米	267.8	369.4	210.9	175.9
十、经营耕地面积	亩/人	2.1	1.3	3.1	1.8
十一、经营山地面积	亩/人	0.3	0.3	0.3	0.3
十二、主要农产品消费情况					
粮食	公斤/人	208.8	195.7	214.9	218.5
蔬菜及制品	公斤/人	102.3	93.1	114.1	99.2
食用油	公斤/人	6.0	6.6	6.1	5.1
食糖	公斤/人	1.1	1.2	1.0	1.2
卷烟	盒/人	25.0	25.5	26.2	22.8
水果	公斤/人	12.0	13.0	12.0	10.8
猪肉	公斤/人	15.6	13.6	13.2	21.4
牛羊肉	公斤/人	1.5	0.9	1.0	2.9
奶及奶制品	公斤/人	2.9	3.1	1.5	4.3
家禽	公斤/人	3.7	5.3	3.1	2.3
蛋及蛋制品	公斤/人	4.7	5.7	5.3	2.6
水产品	公斤/人	4.9	8.6	4.2	1.0

3-14 续表 单位：元/人

指 标	全国	东部地区	中部地区	西部地区
一、收入				
1. 总收入	4631.2	5944.3	4385.0	3463.1
(1)工资性收入	1174.5	1997.7	928.4	658.5
(2)家庭经营收入	3164.4	3531.6	3224.5	2598.0
(3)财产性收入	88.4	141.6	62.5	51.3
(4)转移性收入	203.8	273.4	169.7	155.3
2. 纯收入	3254.9	4416.6	2999.5	2300.4
(1)工资性收入	1174.5	1997.7	928.4	658.5
(2)家庭经营收入	1844.5	2074.9	1896.1	1471.2
(3)财产性收入	88.4	141.6	62.5	51.3
(4)转移性收入	147.4	202.4	112.5	119.4
3. 现金收入	3915.5	5379.0	3601.4	2635.0
(1)工资性收入	1173.1	1995.1	927.7	657.6
(2)家庭经营收入	2472.3	2990.3	2472.0	1783.4
(3)财产性收入	71.8	128.3	35.6	43.3
(4)转移性收入	198.3	265.3	166.1	150.8
二、支出				
1. 总支出	4126.9	4980.9	3929.9	3245.2
(1)家庭经营费用支出	1189.7	1307.3	1206.8	1011.1
(2)购置生产性固定资产支出	131.1	112.6	155.3	124.5
(3)税费支出	13.1	18.3	12.2	7.3
(4)生活消费支出	2555.4	3257.4	2314.3	1933.1
(5)财产性支出	22.0	21.3	29.8	12.7
(6)转移性支出	215.6	264.1	211.5	156.5
2. 现金支出	3567.3	4564.4	3360.1	2508.2
(1)家庭经营费用支出	1052.5	1232.6	1075.2	783.5
(2)购置生产性固定资产支出	131.1	112.6	155.3	124.5
(3)税费支出	12.9	18.2	12.1	7.0
(4)生活消费支出	2134.6	2918.2	1876.8	1425.2
(5)财产性支出	22.0	21.3	29.8	12.7
(6)转移性支出	214.2	261.6	210.9	155.4

3-15 2009年农村居民家庭基本情况

指　　标	单　位	全国	东部地区	中部地区	西部地区
一、调查户数	户	68190	25750	24750	17690
二、常住人口	人/户	4.0	3.9	3.9	4.3
三、劳动力人数	人/户	2.9	2.8	2.9	2.9
劳动力负担人口	人/劳动力	1.4	1.4	1.4	1.5
四、劳动力文化程度					
1.不识字或识字很少	%	5.9	3.4	4.8	11.0
2.小学程度	%	24.7	20.3	23.5	32.4
3.初中程度	%	52.7	54.9	56.0	45.0
4.高中程度	%	11.7	14.4	11.6	8.4
5.中专程度	%	2.9	3.8	2.5	2.1
6.大专及以上	%	2.1	3.2	1.7	1.1
五、年末生产性					
固定资产原值	元/户	9970.6	10672.2	9337.7	9834.7
六、年内新建(购)住房面积	平方米/人	1.2	1.0	1.3	1.4
#砖木结构面积	平方米/人	0.3	0.2	0.4	0.4
七、年内新建(购)住房价值	元/平方米	620.4	776.3	518.0	604.1
八、年末住房面积	平方米/人	33.6	37.6	33.1	28.8
#砖木结构面积	平方米/人	15.1	17.0	16.1	11.3
九、年末住房价值	元/平方米	359.3	489.4	283.6	247.0
十、经营耕地面积	亩/人	2.3	1.4	3.4	1.9
十一、经营山地面积	亩/人	0.3	0.3	0.4	0.4
十二、主要农产品消费情况					
粮食	公斤/人	189.3	180.7	191.7	197.5
蔬菜及制品	公斤/人	98.4	94.5	104.7	95.7
食用油	公斤/人	6.3	7.1	6.3	5.1
食糖	公斤/人	1.1	1.1	1.0	1.1
卷烟	盒/人	24.3	24.7	25.4	22.4
水果	公斤/人	13.6	14.7	13.1	12.7
猪肉	公斤/人	14.0	12.8	12.1	17.8
牛羊肉	公斤/人	1.4	0.9	0.9	2.6
奶及奶制品	公斤/人	3.6	3.8	2.9	4.2
家禽	公斤/人	4.2	6.0	3.5	3.0
蛋及蛋制品	公斤/人	5.3	6.4	6.2	2.9
水产品	公斤/人	5.3	9.1	4.4	1.3

3-15 续表 单位：元/人

指　　标	全国	东部地区	中部地区	西部地区
一、收入				
1. 总收入	7115.6	8878.9	6885.1	5344.9
(1)工资性收入	2061.3	3241.4	1695.4	1233.1
(2)家庭经营收入	4404.0	4801.5	4623.6	3598.5
(3)财产性收入	167.2	271.5	118.0	92.7
(4)转移性收入	483.1	564.6	448.2	420.5
2. 纯收入	5153.2	6742.8	4864.8	3685.6
(1)工资性收入	2061.3	3241.4	1695.4	1233.1
(2)家庭经营收入	2526.8	2766.4	2695.3	1994.9
(3)财产性收入	167.2	271.5	118.0	92.7
(4)转移性收入	397.9	463.7	356.1	364.9
3. 现金收入	6270.2	8205.9	5988.0	4338.6
(1)工资性收入	2057.8	3234.9	1694.0	1230.9
(2)家庭经营收入	3590.8	4170.1	3760.2	2610.0
(3)财产性收入	148.4	252.0	92.3	83.7
(4)转移性收入	473.2	548.9	441.5	413.9
二、支出				
1. 总支出	6333.9	7370.0	6172.7	5174.2
(1)家庭经营费用支出	1700.1	1837.0	1758.9	1444.2
(2)购置生产性固定资产支出	201.0	157.1	225.9	227.1
(3)税费支出	10.1	13.8	9.8	5.6
(4)生活消费支出	3993.5	4889.0	3714.8	3169.7
(5)财产性支出	38.9	21.2	69.4	23.2
(6)转移性支出	390.3	451.9	393.8	304.5
2. 现金支出	5694.8	6885.7	5538.9	4324.3
(1)家庭经营费用支出	1554.6	1770.8	1626.9	1177.0
(2)购置生产性固定资产支出	201.0	157.1	225.9	227.1
(3)税费支出	10.1	13.8	9.8	5.4
(4)生活消费支出	3504.8	4478.2	3217.5	2589.6
(5)财产性支出	38.9	21.2	69.4	23.2
(6)转移性支出	385.3	444.6	389.3	302.1

四、按四大经济区域分组

3-16 2005年农村居民家庭基本情况

指标	单位	全国	东部地区	中部地区	西部地区	东北地区
一、调查户数	户	68190	21550	18850	22060	5730
二、常住人口	人/户	4.1	3.9	4.1	4.3	3.6
三、劳动力人数	人/户	2.8	2.8	2.9	2.9	2.7
劳动力负担人口	人/劳动力	1.4	1.4	1.4	1.5	1.3
四、劳动力文化程度						
1.不识字或识字很少	%	6.9	4.9	6.2	10.4	2.3
2.小学程度	%	27.2	22.6	25.2	33.4	26.6
3.初中程度	%	52.2	54.0	55.5	45.9	59.8
4.高中程度	%	10.2	13.6	10.1	7.8	7.8
5.中专程度	%	2.4	3.2	2.2	1.8	2.1
6.大专及以上	%	1.1	1.7	0.8	0.6	1.4
五、年末生产性						
固定资产原值	元/户	7155.5	8164.3	4955.3	7391.9	9689.9
六、年内新建住房面积	平方米/人	0.8	0.8	1.1	0.7	0.5
#砖木结构面积	平方米/人	0.3	0.3	0.3	0.3	0.4
七、年内新建住房造价	元/平方米	373.3	522.2	307.3	278.1	491.7
八、年末住房面积	平方米/人	29.7	34.5	31.4	25.7	21.8
#砖木结构面积	平方米/人	14.1	16.9	16.0	9.6	16.6
九、年末住房价值	元/平方米	267.8	388.5	202.4	179.2	319.7
十、经营耕地面积	亩/人	2.1	1.1	1.6	2.3	7.0
十一、经营山地面积	亩/人	0.3	0.3	0.4	0.4	0.1
十二、主要农产品消费情况						
粮食	公斤/人	208.8	196.6	222.1	214.2	184.6
蔬菜及制品	公斤/人	102.3	86.0	116.1	97.7	138.8
食用油	公斤/人	6.0	6.7	5.9	5.0	7.9
食糖	公斤/人	1.1	1.2	1.1	1.2	0.8
卷烟	盒/人	25.0	27.1	27.0	22.3	21.1
水果	公斤/人	12.0	12.4	11.2	10.6	20.6
猪肉	公斤/人	15.6	13.2	12.9	20.7	12.5
牛羊肉	公斤/人	1.5	0.9	0.6	2.8	1.0
奶及奶制品	公斤/人	2.9	3.6	1.0	4.0	1.9
家禽	公斤/人	3.7	5.0	3.1	3.1	3.2
蛋及蛋制品	公斤/人	4.7	6.0	5.2	2.6	7.4
水产品	公斤/人	4.9	9.4	4.5	1.4	4.5

注：东部地区：北京、天津、河北、上海、江苏、浙江、福建、山东、广东、海南。
中部地区：山西、安徽、江西、河南、湖北、湖南。
西部地区：内蒙古、广西、重庆、四川、贵州、云南、西藏、陕西、甘肃、青海、宁夏、新疆。
东北地区：辽宁、吉林、黑龙江。

3-16 续表 单位：元/人

指　　标	全国	东部地区	中部地区	西部地区	东北地区
一、收入					
1. 总收入	4631.2	6226.6	4051.8	3646.0	5783.7
(1)工资性收入	1174.5	2198.1	1052.6	674.5	709.7
(2)家庭经营收入	3164.4	3574.1	2809.2	2770.9	4639.8
(3)财产性收入	88.4	159.7	36.8	49.3	170.6
(4)转移性收入	203.8	294.7	153.2	151.3	263.6
2. 纯收入	3254.9	4720.3	2956.6	2378.9	3379.0
(1)工资性收入	1174.5	2198.1	1052.6	674.5	709.7
(2)家庭经营收入	1844.5	2140.6	1774.9	1537.8	2310.8
(3)财产性收入	88.4	159.7	36.8	49.3	170.6
(4)转移性收入	147.4	221.9	92.2	117.3	187.9
3. 现金收入	3915.5	5679.7	3288.4	2806.9	5124.7
(1)工资性收入	1173.1	2195.0	1051.8	673.8	709.6
(2)家庭经营收入	2472.3	3049.9	2055.6	1947.0	4098.8
(3)财产性收入	71.8	149.6	31.1	39.5	54.0
(4)转移性收入	198.3	285.2	149.9	146.6	262.4
二、支出					
1. 总支出	4126.9	5095.3	3518.3	3447.8	5578.2
(1)家庭经营费用支出	1189.7	1274.1	940.5	1111.9	2140.3
(2)购置生产性固定资产支出	131.1	103.4	99.4	136.2	341.6
(3)税费支出	13.1	20.8	13.1	7.2	8.4
(4)生活消费支出	2555.4	3409.0	2276.9	2022.9	2557.3
(5)财产性支出	22.0	22.0	7.2	14.8	110.5
(6)转移性支出	215.6	266.0	181.2	154.9	420.0
2. 现金支出	3567.3	4707.2	2964.0	2709.7	5120.8
(1)家庭经营费用支出	1052.5	1210.6	852.4	876.4	1971.7
(2)购置生产性固定资产支出	131.1	103.4	99.4	136.2	341.6
(3)税费支出	12.9	20.7	12.9	7.0	8.3
(4)生活消费支出	2134.6	3087.4	1811.6	1521.5	2268.7
(5)财产性支出	22.0	22.0	7.2	14.8	110.5
(6)转移性支出	214.2	263.0	180.4	153.9	420.0

3-17 2006年农村居民家庭基本情况

指 标	单 位	全国	东部地区	中部地区	西部地区	东北地区
一、调查户数	户	68190	21550	18850	22060	5730
二、常住人口	人/户	4.1	3.9	4.1	4.3	3.6
三、劳动力人数	人/户	2.8	2.8	2.9	2.9	2.6
劳动力负担人口	人/劳动力	1.4	1.4	1.4	1.5	1.3
四、劳动力文化程度						
1.不识字或识字很少	%	6.6	4.8	6.1	9.9	2.2
2.小学程度	%	26.4	21.9	24.1	32.9	25.1
3.初中程度	%	52.8	54.3	55.9	46.8	61.2
4.高中程度	%	10.5	13.8	10.7	7.9	7.8
5.中专程度	%	2.4	3.3	2.2	1.8	2.2
6.大专及以上	%	1.3	2.0	1.0	0.7	1.5
五、年末生产性						
固定资产原值	元/户	7647.1	8800.4	5331.0	7707.0	10698.2
六、年内新建(购)住房面积	平方米/人	0.8	0.9	1.1	0.7	0.5
#砖木结构面积	平方米/人	0.3	0.3	0.2	0.2	0.4
七、年内新建(购)住房价值	元/平方米	392.9	509.7	323.4	322.2	568.3
八、年末住房面积	平方米/人	30.7	35.9	32.5	26.3	22.2
#砖木结构面积	平方米/人	14.6	17.4	15.9	10.4	17.3
九、年末住房价值	元/平方米	287.8	422.1	213.0	191.0	339.7
十、经营耕地面积	亩/人	2.1	1.1	1.6	2.3	7.0
十一、经营山地面积	亩/人	0.3	0.3	0.4	0.4	0.1
十二、主要农产品消费情况						
粮食	公斤/人	205.6	195.4	219.4	208.0	184.7
蔬菜及制品	公斤/人	100.5	86.7	112.0	95.1	139.9
食用油	公斤/人	5.8	6.5	5.7	5.0	7.5
食糖	公斤/人	1.1	1.2	1.0	1.1	0.8
卷烟	盒/人	24.6	26.8	26.6	21.9	20.9
水果	公斤/人	11.9	13.5	10.4	10.4	17.5
猪肉	公斤/人	15.5	14.0	13.1	19.3	12.8
牛羊肉	公斤/人	1.6	1.0	0.6	3.0	0.8
奶及奶制品	公斤/人	3.1	4.2	1.3	3.9	2.2
家禽	公斤/人	3.5	4.9	2.9	2.9	2.8
蛋及蛋制品	公斤/人	5.0	6.4	5.6	2.8	7.6
水产品	公斤/人	5.0	9.5	4.6	1.4	4.5

3-17　续表　　　　　　　　　　　　　　　　　　　　　　　　　　　　　　　　　　　单位：元/人

指　　　　标	全国	东部地区	中部地区	西部地区	东北地区
一、收入					
1. 总收入	5025.1	6753.7	4440.8	3926.7	6181.3
(1)工资性收入	1374.8	2484.5	1256.5	795.9	902.6
(2)家庭经营收入	3310.0	3743.4	2960.9	2890.3	4797.2
(3)财产性收入	100.5	188.4	43.3	56.9	156.6
(4)转移性收入	239.8	337.4	180.1	183.5	324.8
2. 纯收入	3587.0	5188.2	3283.2	2588.4	3744.9
(1)工资性收入	1374.8	2484.5	1256.5	795.9	902.6
(2)家庭经营收入	1931.0	2251.8	1869.5	1588.8	2435.2
(3)财产性收入	100.5	188.4	43.3	56.9	156.6
(4)转移性收入	180.8	263.6	113.8	146.8	250.4
3. 现金收入	4301.9	6189.8	3678.6	3108.1	5392.9
(1)工资性收入	1373.8	2482.4	1255.8	795.4	902.4
(2)家庭经营收入	2609.4	3200.0	2211.0	2087.9	4109.6
(3)财产性收入	83.8	177.9	36.4	44.5	57.3
(4)转移性收入	235.0	329.6	175.4	180.4	323.6
二、支出					
1. 总支出	4485.4	5602.3	3886.1	3702.9	5788.3
(1)家庭经营费用支出	1242.3	1325.3	992.7	1175.9	2152.5
(2)购置生产性固定资产支出	139.6	132.5	110.9	141.8	267.5
(3)税费支出	10.9	16.1	11.5	6.4	8.7
(4)生活消费支出	2829.0	3806.2	2559.9	2192.1	2781.1
(5)财产性支出	20.7	13.3	6.4	15.5	129.4
(6)转移性支出	242.9	308.8	204.7	171.2	449.1
2. 现金支出	3931.8	5211.2	3335.7	2983.7	5323.0
(1)家庭经营费用支出	1104.1	1266.0	903.0	936.4	1977.6
(2)购置生产性固定资产支出	139.6	132.5	110.9	141.8	267.5
(3)税费支出	10.9	15.9	11.5	6.4	8.5
(4)生活消费支出	2415.5	3477.7	2101.1	1713.3	2491.4
(5)财产性支出	20.7	13.3	6.4	15.5	129.4
(6)转移性支出	241.0	305.7	202.8	170.3	448.7

3-18 2007年农村居民家庭基本情况

指　　标	单 位	全国	东部地区	中部地区	西部地区	东北地区
一、调查户数	户	68190	21550	18850	22060	5730
二、常住人口	人/户	4.0	3.9	4.1	4.3	3.5
三、劳动力人数	人/户	2.8	2.8	2.9	2.9	2.6
劳动力负担人口	人/劳动力	1.4	1.4	1.4	1.5	1.3
四、劳动力文化程度						
1.不识字或识字很少	%	6.3	4.2	5.7	9.9	2.0
2.小学程度	%	25.8	21.1	23.6	32.2	24.7
3.初中程度	%	52.9	54.4	55.9	46.8	62.0
4.高中程度	%	11.0	14.5	11.2	8.3	7.7
5.中专程度	%	2.5	3.5	2.4	2.0	2.0
6.大专及以上	%	1.4	2.4	1.1	0.8	1.6
五、年末生产性						
固定资产原值	元/户	8389.8	9342.1	5973.1	8527.7	12228.1
六、年内新建(购)住房面积	平方米/人	1.0	1.0	1.2	0.9	0.5
#砖木结构面积	平方米/人	0.3	0.3	0.3	0.3	0.4
七、年内新建(购)住房价值	元/平方米	485.1	654.4	398.4	392.3	609.7
八、年末住房面积	平方米/人	31.6	37.0	33.6	27.1	22.7
#砖木结构面积	平方米/人	14.8	17.5	16.1	10.6	18.2
九、年末住房价值	元/平方米	313.6	460.8	233.0	204.5	378.0
十、经营耕地面积	亩/人	2.2	1.2	1.6	2.4	7.5
十一、经营山地面积	亩/人	0.3	0.3	0.4	0.4	0.1
十二、主要农产品消费情况						
粮食	公斤/人	199.5	190.6	211.5	202.4	177.3
蔬菜及制品	公斤/人	99.0	87.1	112.4	91.5	132.7
食用油	公斤/人	6.0	6.5	6.0	4.9	8.6
食糖	公斤/人	1.1	1.2	1.0	1.1	0.7
卷烟	盒/人	24.4	26.6	26.0	21.9	21.5
水果	公斤/人	13.1	14.8	11.7	11.3	19.5
猪肉	公斤/人	13.4	11.7	11.1	17.3	10.1
牛羊肉	公斤/人	1.5	1.1	0.6	2.8	0.9
奶及奶制品	公斤/人	3.5	4.6	1.7	4.1	3.0
家禽	公斤/人	3.9	5.2	3.3	3.2	3.3
蛋及蛋制品	公斤/人	4.7	6.0	5.3	2.6	7.2
水产品	公斤/人	5.4	9.9	5.2	1.6	4.7

3-18 续表 单位：元/人

指　　　标	全国	东部地区	中部地区	西部地区	东北地区
一、收入					
1. 总收入	5791.1	7626.9	5161.2	4544.9	7392.7
(1)工资性收入	1596.2	2795.7	1492.2	944.3	1049.4
(2)家庭经营收入	3776.7	4205.4	3378.5	3305.1	5724.0
(3)财产性收入	128.2	231.6	65.3	69.6	216.1
(4)转移性收入	290.0	394.2	225.2	225.9	403.2
2. 纯收入	4140.4	5855.0	3844.4	3028.4	4348.3
(1)工资性收入	1596.2	2795.7	1492.2	944.3	1049.4
(2)家庭经营收入	2193.7	2518.3	2133.7	1831.7	2764.0
(3)财产性收入	128.2	231.6	65.3	69.6	216.1
(4)转移性收入	222.3	309.4	153.2	182.7	318.8
3. 现金收入	4958.4	6996.0	4278.7	3606.4	6400.9
(1)工资性收入	1595.3	2793.7	1491.8	943.7	1049.4
(2)家庭经营收入	2978.3	3607.4	2519.3	2387.3	4881.9
(3)财产性收入	101.0	210.7	47.3	54.0	68.0
(4)转移性收入	283.9	384.2	220.3	221.3	401.6
二、支出					
1. 总支出	5137.7	6301.5	4423.0	4282.6	7026.5
(1)家庭经营费用支出	1432.7	1510.1	1134.7	1332.6	2717.2
(2)购置生产性固定资产支出	147.2	109.2	95.1	178.1	358.9
(3)税费支出	11.9	16.8	12.0	7.9	10.0
(4)生活消费支出	3223.9	4281.0	2937.5	2526.9	3180.3
(5)财产性支出	26.8	20.7	7.0	23.1	144.9
(6)转移性支出	295.3	363.7	236.7	214.0	615.3
2. 现金支出	4533.1	5892.0	3838.7	3469.9	6509.5
(1)家庭经营费用支出	1287.2	1458.4	1050.4	1064.9	2521.5
(2)购置生产性固定资产支出	147.2	109.2	95.1	178.1	358.9
(3)税费支出	11.7	16.8	12.0	7.8	6.9
(4)生活消费支出	2767.1	3927.8	2438.6	1983.0	2862.1
(5)财产性支出	26.8	20.7	7.0	23.1	144.9
(6)转移性支出	293.2	359.2	235.6	213.0	615.3

3-19 2008年农村居民家庭基本情况

指　　标	单　位	全国	东部地区	中部地区	西部地区	东北地区
一、调查户数	户	68190	21550	18850	22060	5730
二、常住人口	人/户	4.0	3.9	4.0	4.3	3.5
三、劳动力人数	人/户	2.8	2.8	2.9	2.9	2.6
劳动力负担人口	人/劳动力	1.4	1.4	1.4	1.5	1.3
四、劳动力文化程度						
1.不识字或识字很少	%	6.1	4.0	5.6	9.7	1.7
2.小学程度	%	25.3	20.8	23.1	31.7	24.1
3.初中程度	%	52.8	54.0	55.8	46.9	62.3
4.高中程度	%	11.4	14.8	11.7	8.7	7.9
5.中专程度	%	2.7	3.6	2.5	2.0	2.1
6.大专及以上	%	1.7	2.7	1.3	1.0	1.8
五、年末生产性						
固定资产原值	元/户	9054.9	9887.1	6322.9	9300.5	13967.4
六、年内新建(购)住房面积	平方米/人	1.0	0.9	1.3	0.9	0.5
#砖木结构面积	平方米/人	0.3	0.3	0.3	0.3	0.4
七、年内新建(购)住房价值	元/平方米	533.7	710.1	438.6	459.9	719.5
八、年末住房面积	平方米/人	32.4	38.0	34.6	27.7	23.2
#砖木结构面积	平方米/人	14.9	17.8	16.2	10.6	18.1
九、年末住房价值	元/平方米	332.8	484.8	247.5	222.0	402.1
十、经营耕地面积	亩/人	2.2	1.2	1.6	2.4	7.6
十一、经营山地面积	亩/人	0.3	0.3	0.4	0.4	0.1
十二、主要农产品消费情况						
粮食	公斤/人	199.1	185.5	216.7	201.0	179.1
蔬菜及制品	公斤/人	99.7	85.6	122.5	89.2	121.5
食用油	公斤/人	6.2	7.1	6.2	4.9	9.3
食糖	公斤/人	1.1	1.2	1.0	1.1	0.8
卷烟	盒/人	24.1	26.0	25.5	21.8	22.1
水果	公斤/人	12.9	14.4	11.8	10.8	20.1
猪肉	公斤/人	12.6	11.1	10.5	16.3	10.3
牛羊肉	公斤/人	1.3	0.8	0.5	2.5	0.8
奶及奶制品	公斤/人	3.4	4.4	1.9	4.0	2.7
家禽	公斤/人	4.4	5.9	3.7	3.8	3.4
蛋及蛋制品	公斤/人	5.4	6.9	6.0	2.9	8.8
水产品	公斤/人	5.2	9.9	4.9	1.6	4.6

3-19 续表 单位：元/人

指　　标	全国	东部地区	中部地区	西部地区	东北地区
一、收入					
1. 总收入	6700.7	8604.0	5988.1	5285.8	9133.7
(1)工资性收入	1853.8	3189.5	1744.5	1098.6	1233.1
(2)家庭经营收入	4302.1	4648.9	3862.2	3768.0	7060.5
(3)财产性收入	148.1	275.8	75.3	80.1	213.2
(4)转移性收入	396.8	489.8	306.1	339.2	626.9
2. 纯收入	4760.6	6598.2	4453.4	3517.7	5101.2
(1)工资性收入	1853.7	3189.5	1744.5	1098.6	1233.1
(2)家庭经营收入	2435.6	2731.4	2408.3	2045.7	3143.4
(3)财产性收入	148.1	275.8	75.3	80.1	213.2
(4)转移性收入	323.2	401.5	225.3	293.5	511.4
3. 现金收入	5737.0	7874.2	4955.3	4176.8	8141.6
(1)工资性收入	1850.6	3183.8	1743.1	1096.0	1230.9
(2)家庭经营收入	3370.5	3951.4	2850.5	2680.0	6193.7
(3)财产性收入	126.9	260.7	62.2	68.2	92.2
(4)转移性收入	389.0	478.2	299.5	332.6	624.9
二、支出					
1. 总支出	5915.7	7123.1	5134.7	4890.6	8695.1
(1)家庭经营费用支出	1704.5	1728.8	1338.5	1570.1	3642.3
(2)购置生产性固定资产支出	161.6	120.8	129.9	180.0	367.0
(3)税费支出	11.6	18.4	11.3	6.8	6.6
(4)生活消费支出	3660.7	4802.1	3375.6	2867.1	3720.3
(5)财产性支出	32.0	24.2	8.6	20.3	208.9
(6)转移性支出	345.3	428.6	270.8	246.2	750.1
2. 现金支出	5257.9	6683.3	4512.9	4000.1	8085.6
(1)家庭经营费用支出	1551.0	1674.8	1255.4	1289.5	3402.2
(2)购置生产性固定资产支出	161.6	120.8	129.9	180.0	367.0
(3)税费支出	11.6	18.4	11.3	6.8	6.6
(4)生活消费支出	3159.4	4421.7	2838.7	2259.6	3351.2
(5)财产性支出	32.0	24.2	8.6	20.3	208.9
(6)转移性支出	342.4	423.5	269.0	243.9	749.7

3-20 2009年农村居民家庭基本情况

指　　标	单 位	全国	东部地区	中部地区	西部地区	东北地区
一、调查户数	户	68190	21550	18850	22060	5730
二、常住人口	人/户	4.0	3.8	4.0	4.2	3.4
三、劳动力人数	人/户	2.9	2.8	2.9	2.9	2.6
劳动力负担人口	人/劳动力	1.4	1.4	1.4	1.4	1.3
四、劳动力文化程度						
1.不识字或识字很少	%	5.9	3.9	5.2	9.4	1.6
2.小学程度	%	24.7	19.9	22.7	31.0	23.2
3.初中程度	%	52.7	54.1	55.5	46.6	63.2
4.高中程度	%	11.7	15.0	12.1	9.4	7.8
5.中专程度	%	2.9	3.8	2.7	2.3	2.1
6.大专及以上	%	2.1	3.4	1.7	1.3	2.1
五、年末生产性						
固定资产原值	元/户	9970.6	10977.9	7040.5	10164.6	15074.4
六、年内新建(购)住房面积	平方米/人	1.2	1.0	1.5	1.3	0.5
#砖木结构面积	平方米/人	0.3	0.2	0.3	0.4	0.4
七、年内新建(购)住房价值	元/平方米	620.4	826.4	502.4	583.7	796.1
八、年末住房面积	平方米/人	33.6	39.0	36.0	28.8	24.0
#砖木结构面积	平方米/人	15.1	18.0	15.9	11.0	19.1
九、年末住房价值	元/平方米	359.3	517.2	271.1	246.5	434.7
十、经营耕地面积	亩/人	2.3	1.2	1.7	2.5	8.0
十一、经营山地面积	亩/人	0.3	0.3	0.4	0.4	0.1
十二、主要农产品消费情况						
粮食	公斤/人	189.3	180.0	198.7	195.4	162.5
蔬菜及制品	公斤/人	98.4	88.4	110.5	94.3	114.2
食用油	公斤/人	6.3	7.4	6.0	5.0	8.8
食糖	公斤/人	1.1	1.2	1.0	1.1	0.8
卷烟	盒/人	24.3	26.1	25.7	22.0	22.6
水果	公斤/人	13.6	14.5	12.1	12.3	21.1
猪肉	公斤/人	14.0	12.4	11.6	17.6	12.3
牛羊肉	公斤/人	1.4	1.0	0.5	2.6	0.7
奶及奶制品	公斤/人	3.6	4.4	2.5	3.9	2.9
家禽	公斤/人	4.2	5.7	3.6	3.7	3.1
蛋及蛋制品	公斤/人	5.3	6.7	6.1	2.9	8.1
水产品	公斤/人	5.3	10.1	4.7	1.6	4.5

3-20 续表 单位：元/人

指 标	全国	东部地区	中部地区	西部地区	东北地区
一、收入					
1. 总收入	7115.6	9233.2	6350.6	5604.1	9336.4
(1)工资性收入	2061.3	3543.1	1902.4	1233.7	1354.7
(2)家庭经营收入	4404.0	4789.5	3981.2	3855.7	7031.8
(3)财产性收入	167.2	305.9	90.6	90.4	244.3
(4)转移性收入	483.1	594.7	376.4	424.3	705.6
2. 纯收入	5153.2	7155.5	4792.8	3816.5	5456.6
(1)工资性收入	2061.3	3543.1	1902.4	1233.7	1354.7
(2)家庭经营收入	2526.8	2817.2	2519.5	2121.1	3262.3
(3)财产性收入	167.2	305.9	90.6	90.4	244.3
(4)转移性收入	397.9	489.4	280.2	371.3	595.3
3. 现金收入	6270.2	8603.4	5439.6	4579.9	8686.5
(1)工资性收入	2057.8	3535.4	1901.6	1231.7	1351.8
(2)家庭经营收入	3590.8	4200.6	3088.0	2846.8	6513.3
(3)财产性收入	148.4	290.9	81.6	82.8	117.9
(4)转移性收入	473.2	576.5	368.4	418.5	703.6
二、支出					
1. 总支出	6333.9	7550.2	5429.0	5380.3	9250.6
(1)家庭经营费用支出	1700.1	1766.8	1334.5	1568.3	3466.7
(2)购置生产性固定资产支出	201.0	144.7	147.3	232.4	498.5
(3)税费支出	10.1	14.8	10.6	6.0	8.1
(4)生活消费支出	3993.5	5148.6	3622.0	3238.7	4148.3
(5)财产性支出	38.9	20.7	8.9	26.5	291.9
(6)转移性支出	390.3	454.5	305.7	308.4	837.2
2. 现金支出	5694.8	7119.1	4814.1	4517.4	8705.6
(1)家庭经营费用支出	1554.6	1720.7	1247.2	1298.9	3265.9
(2)购置生产性固定资产支出	201.0	144.7	147.3	232.4	498.5
(3)税费支出	10.1	14.7	10.6	5.9	8.1
(4)生活消费支出	3504.8	4771.5	3098.2	2647.5	3813.9
(5)财产性支出	38.9	20.7	8.9	26.5	291.9
(6)转移性支出	385.3	446.8	301.9	306.2	827.4

4

各地区主要年份农村居民收支情况

4-1 1980年农村居民总收入

单位：元/人

地区	总收入	一、工资性收入	二、家庭经营收入	三、财产性和转移性收入
全国合计	**216.9**	**106.4**	**87.4**	**23.1**
北京	316.0	184.5	72.6	59.0
天津	293.2	183.1	57.9	52.2
河北	193.4	96.9	62.8	33.7
山西	164.2	91.0	47.7	25.5
内蒙古	202.1	75.0	110.6	16.6
辽宁	299.4	122.2	110.4	66.8
吉林	263.3	113.2	122.2	27.9
黑龙江	225.9	134.7	73.2	18.0
上海	430.5	196.1	84.2	150.2
江苏	252.5	117.9	92.8	41.8
浙江	249.7	125.1	93.2	31.4
安徽	220.8	96.4	87.9	36.5
福建	195.0	81.8	89.1	24.1
江西	202.4	99.6	83.7	19.1
山东	225.1	119.0	73.8	32.3
河南	184.4	87.5	67.2	29.7
湖北	182.8	94.5	66.3	22.0
湖南	253.3	104.2	122.0	27.1
广东	306.6	118.1	151.4	37.1
广西	209.9	74.4	117.3	18.3
四川	224.3	100.4	103.6	20.3
贵州	189.5	66.6	101.9	21.0
云南	170.7	77.1	76.1	17.5
西藏				
陕西	157.9	69.2	62.0	26.7
甘肃	169.2	91.2	56.1	21.9
青海				
宁夏	186.8	81.8	76.3	28.7
新疆	219.2	127.9	65.4	26.0

4-2 1980年农村居民总收入构成

单位：%

地　区	总收入	一、工资性收入	二、家庭经营收入	三、财产性和转移性收入
全国合计	**100.0**	**49.0**	**40.3**	**10.7**
北　京	100.0	58.4	23.0	18.7
天　津	100.0	62.5	19.7	17.8
河　北	100.0	50.1	32.5	17.4
山　西	100.0	55.4	29.0	15.5
内蒙古	100.0	37.1	54.7	8.2
辽　宁	100.0	40.8	36.9	22.3
吉　林	100.0	43.0	46.4	10.6
黑龙江	100.0	59.6	32.4	8.0
上　海	100.0	45.5	19.6	34.9
江　苏	100.0	46.7	36.8	16.5
浙　江	100.0	50.1	37.3	12.6
安　徽	100.0	43.7	39.8	16.5
福　建	100.0	42.0	45.7	12.3
江　西	100.0	49.2	41.4	9.4
山　东	100.0	52.9	32.8	14.3
河　南	100.0	47.5	36.4	16.1
湖　北	100.0	51.7	36.3	12.0
湖　南	100.0	41.1	48.2	10.7
广　东	100.0	38.5	49.4	12.1
广　西	100.0	35.4	55.9	8.7
四　川	100.0	44.8	46.2	9.0
贵　州	100.0	35.2	53.8	11.1
云　南	100.0	45.2	44.6	10.2
西　藏				
陕　西	100.0	43.8	39.3	16.9
甘　肃	100.0	53.9	33.2	12.9
青　海				
宁　夏	100.0	43.8	40.8	15.4
新　疆	100.0	58.3	29.8	11.9

4-3 1980年农村居民家庭经营总收入

单位：元/人

地区	家庭经营总收入	一、农、林业收入	二、牧业收入	三、其他家庭经营收入
全国合计	**87.4**	**30.5**	**48.4**	**8.6**
北京	72.6	15.9	53.9	2.7
天津	57.9	21.7	32.4	3.8
河北	62.8	24.1	31.5	7.1
山西	47.7	17.6	22.9	7.1
内蒙古	110.6	51.6	52.3	6.7
辽宁	110.4	44.9	54.4	11.0
吉林	122.2	58.9	57.6	5.6
黑龙江	73.2	28.6	42.0	2.5
上海	84.2	23.4	58.4	2.5
江苏	92.8	29.3	58.2	5.4
浙江	93.2	31.0	47.3	14.9
安徽	87.9	33.3	46.1	8.5
福建	89.1	27.1	49.6	12.3
江西	83.7	25.8	49.3	8.6
山东	73.8	21.4	45.4	7.0
河南	67.2	23.0	34.5	9.7
湖北	66.3	18.8	41.7	5.8
湖南	122.0	38.2	74.8	9.0
广东	151.4	50.2	80.3	20.9
广西	117.3	42.3	66.0	8.9
四川	103.6	30.9	64.6	8.1
贵州	101.9	38.1	47.7	16.1
云南	76.1	23.7	46.2	6.3
西藏				
陕西	62.0	23.7	33.5	4.8
甘肃	56.1	26.5	22.4	7.2
青海				
宁夏	76.3	41.8	21.5	13.0
新疆	65.4	33.8	25.0	6.6

4-4 1980年农村居民家庭经营总收入构成

单位：%

地　区	家庭经营总收入	一、农、林业收入	二、牧业收入	三、其他家庭经营收入
全国合计	**100.0**	**34.8**	**55.4**	**9.8**
北　京	100.0	22.0	74.2	3.8
天　津	100.0	37.5	55.9	6.6
河　北	100.0	38.4	50.2	11.3
山　西	100.0	37.0	48.1	15.0
内蒙古	100.0	46.7	47.3	6.1
辽　宁	100.0	40.7	49.3	10.0
吉　林	100.0	48.2	47.2	4.6
黑龙江	100.0	39.2	57.4	3.4
上　海	100.0	27.7	69.3	2.9
江　苏	100.0	31.5	62.7	5.8
浙　江	100.0	33.3	50.8	15.9
安　徽	100.0	37.9	52.4	9.6
福　建	100.0	30.5	55.7	13.8
江　西	100.0	30.8	58.9	10.2
山　东	100.0	29.0	61.5	9.5
河　南	100.0	34.2	51.4	14.4
湖　北	100.0	28.3	63.0	8.8
湖　南	100.0	31.3	61.4	7.3
广　东	100.0	33.2	53.0	13.8
广　西	100.0	36.1	56.3	7.6
四　川	100.0	29.8	62.3	7.8
贵　州	100.0	37.4	46.9	15.8
云　南	100.0	31.1	60.7	8.2
西　藏				
陕　西	100.0	38.2	54.1	7.7
甘　肃	100.0	47.2	40.0	12.9
青　海				
宁　夏	100.0	54.8	28.2	17.0
新　疆	100.0	51.7	38.3	10.1

4-5 1980年农村居民现金收入

单位：元/人

地　区	现金收入	一、工资性收入	二、家庭经营收入	三、财产性和转移性收入
全国合计	**113.1**	**40.2**	**57.4**	**15.5**
北　京	202.6	116.6	56.2	29.8
天　津	158.4	78.4	50.7	29.4
河　北	110.1	38.7	44.9	26.4
山　西	86.1	32.8	33.5	19.8
内蒙古	100.0	32.8	53.9	13.3
辽　宁	163.9	69.2	54.1	40.6
吉　林	112.0	32.9	59.4	19.7
黑龙江	115.3	52.4	50.3	12.7
上　海	274.7	169.1	63.8	41.8
江　苏	153.6	60.9	72.5	20.1
浙　江				
安　徽	113.5	32.8	63.1	17.6
福　建	111.9	38.9	59.3	13.8
江　西	92.0	32.1	47.5	12.4
山　东	141.2	60.6	61.0	19.6
河　南	110.6	31.7	54.9	24.0
湖　北	86.2	29.8	40.7	15.7
湖　南	115.6	27.0	68.3	20.3
广　东	186.0	66.7	95.5	23.8
广　西	101.2	18.2	70.9	12.2
四　川	103.1	28.5	58.4	16.2
贵　州	81.8	18.0	47.4	16.4
云　南	79.4	23.5	41.5	14.4
西　藏				
陕　西	67.1	16.7	29.2	21.2
甘　肃	85.8	34.1	29.5	22.2
青　海				
宁　夏	89.3	24.2	40.9	24.2
新　疆	112.8	66.6	32.5	13.8

4-6 1980年农村居民现金收入构成

单位：%

地 区	现金收入	一、工资性收入	二、家庭经营收入	三、财产性和转移性收入
全国合计	**100.0**	**35.6**	**50.7**	**13.7**
北 京	100.0	57.6	27.7	14.7
天 津	100.0	49.5	32.0	18.5
河 北	100.0	35.2	40.8	24.0
山 西	100.0	38.1	38.9	22.9
内蒙古	100.0	32.8	53.9	13.3
辽 宁	100.0	42.2	33.0	24.7
吉 林	100.0	29.3	53.1	17.6
黑龙江	100.0	45.4	43.6	11.0
上 海	100.0	61.6	23.2	15.2
江 苏	100.0	39.7	47.2	13.1
浙 江				
安 徽	100.0	28.9	55.6	15.5
福 建	100.0	34.7	53.0	12.3
江 西	100.0	34.9	51.6	13.5
山 东	100.0	42.9	43.2	13.9
河 南	100.0	28.7	49.6	21.7
湖 北	100.0	34.6	47.2	18.2
湖 南	100.0	23.4	59.1	17.5
广 东	100.0	35.8	51.4	12.8
广 西	100.0	18.0	70.0	12.0
四 川	100.0	27.6	56.7	15.7
贵 州	100.0	22.0	57.9	20.1
云 南	100.0	29.6	52.3	18.1
西 藏				
陕 西	100.0	24.9	43.5	31.6
甘 肃	100.0	39.7	34.4	25.9
青 海				
宁 夏	100.0	27.1	45.8	27.1
新 疆	100.0	59.0	28.8	12.2

4-7 1980年农村居民家庭经营现金收入

单位：元/人

地区	家庭经营现金收入	一、出售农产品收入	二、其他家庭经营收入
全国合计	**57.4**	**48.6**	**8.8**
北京	56.2	54.5	1.6
天津	50.7	44.9	5.8
河北	44.9	38.7	6.3
山西	33.5	28.1	5.5
内蒙古	53.9	49.7	4.3
辽宁	54.1	46.0	8.1
吉林	59.4	57.1	2.3
黑龙江	50.3	49.1	1.1
上海	63.8	61.3	2.5
江苏	72.5	66.5	6.0
浙江			
安徽	63.1	57.9	5.2
福建	59.3	51.5	7.8
江西	47.5	41.7	5.8
山东	61.0	56.2	4.8
河南	54.9	48.8	6.1
湖北	40.7	36.3	4.5
湖南	68.3	61.4	7.0
广东	95.5	78.5	17.0
广西	70.9	64.2	6.7
四川	58.4	53.5	4.9
贵州	47.4	39.7	7.7
云南	41.5	37.6	3.9
西藏			
陕西	29.2	25.9	3.3
甘肃	29.5	23.3	6.1
青海			
宁夏	40.9	31.2	9.7
新疆	32.5	26.6	6.0

4-8 1980年农村居民家庭经营现金收入构成

单位：%

地 区	家庭经营现金收入	一、出售农产品收入	二、其他家庭经营收入
全国合计	**100.0**	**84.7**	**15.3**
北 京	100.0	97.1	2.9
天 津	100.0	88.6	11.4
河 北	100.0	86.1	13.9
山 西	100.0	83.7	16.3
内蒙古	100.0	92.1	7.9
辽 宁	100.0	85.0	15.0
吉 林	100.0	96.1	3.9
黑龙江	100.0	97.8	2.2
上 海	100.0	96.1	3.9
江 苏	100.0	91.8	8.2
浙 江			
安 徽	100.0	91.8	8.2
福 建	100.0	86.9	13.1
江 西	100.0	87.7	12.3
山 东	100.0	92.1	7.9
河 南	100.0	88.9	11.1
湖 北	100.0	89.0	11.0
湖 南	100.0	89.8	10.2
广 东	100.0	82.2	17.8
广 西	100.0	90.5	9.5
四 川	100.0	91.6	8.4
贵 州	100.0	83.8	16.2
云 南	100.0	90.6	9.4
西 藏			
陕 西	100.0	88.7	11.3
甘 肃	100.0	79.2	20.8
青 海			
宁 夏	100.0	76.3	23.7
新 疆	100.0	81.7	18.3

4-9 1980年农村居民纯收入

单位：元/人

地 区	纯收入	一、工资性收入	二、家庭经营纯收入	三、财产性和转移性收入
全国合计	**191.3**	**106.4**	**62.6**	**22.4**
北 京	290.5	184.5	47.0	59.0
天 津	277.9	183.1	42.6	52.2
河 北	175.8	96.9	45.2	33.7
山 西	155.8	91.0	39.3	25.5
内 蒙 古	181.3	75.0	90.3	16.0
辽 宁	273.0	122.2	84.0	66.8
吉 林	236.3	113.2	95.2	27.9
黑 龙 江	205.4	134.7	52.8	17.9
上 海	397.4	196.1	51.1	150.2
江 苏	217.9	117.9	58.3	41.7
浙 江	219.2	125.1	62.8	31.3
安 徽	184.8	96.4	59.6	28.8
福 建	171.7	81.8	66.8	23.1
江 西	180.9	99.6	62.4	18.9
山 东	194.3	119.0	43.9	31.4
河 南	160.8	87.5	45.4	27.9
湖 北	169.9	94.4	53.5	22.0
湖 南	219.7	104.2	88.5	27.0
广 东	274.4	118.1	120.2	36.1
广 西	173.7	74.4	81.6	17.7
四 川	187.9	100.4	67.6	19.9
贵 州	161.5	66.9	75.1	19.5
云 南	150.1	77.1	55.6	17.5
西 藏				
陕 西	142.5	69.2	46.7	26.6
甘 肃	153.3	91.2	40.3	21.8
青 海				
宁 夏	178.1	81.8	67.6	28.6
新 疆	198.0	127.9	46.8	23.3

4-10 1980年农村居民纯收入构成

单位：%

地　区	纯收入	一、工资性收入	二、家庭经营纯收入	三、财产性和转移性收入
全国合计	**100.0**	**55.6**	**32.7**	**11.7**
北　京	100.0	63.5	16.2	20.3
天　津	100.0	65.9	15.3	18.8
河　北	100.0	55.1	25.7	19.2
山　西	100.0	58.4	25.2	16.4
内蒙古	100.0	41.4	49.8	8.8
辽　宁	100.0	44.8	30.8	24.5
吉　林	100.0	47.9	40.3	11.8
黑龙江	100.0	65.6	25.7	8.7
上　海	100.0	49.3	12.9	37.8
江　苏	100.0	54.1	26.7	19.2
浙　江	100.0	57.1	28.6	14.3
安　徽	100.0	52.2	32.3	15.6
福　建	100.0	47.6	38.9	13.5
江　西	100.0	55.0	34.5	10.5
山　东	100.0	61.2	22.6	16.2
河　南	100.0	54.4	28.2	17.3
湖　北	100.0	55.6	31.5	12.9
湖　南	100.0	47.4	40.3	12.3
广　东	100.0	43.0	43.8	13.2
广　西	100.0	42.8	47.0	10.2
四　川	100.0	53.5	36.0	10.6
贵　州	100.0	41.4	46.5	12.0
云　南	100.0	51.4	37.0	11.6
西　藏				
陕　西	100.0	48.6	32.8	18.7
甘　肃	100.0	59.5	26.3	14.2
青　海				
宁　夏	100.0	46.0	38.0	16.1
新　疆	100.0	64.6	23.7	11.8

4-11 1980年农村居民总支出

单位：元/人

地 区	总支出	一、家庭经营费用支出	二、交纳税金	三、生活消费支出	四、财产性和转移性支出
全国合计	**196.2**	**25.3**	**0.3**	**162.2**	**8.4**
北 京	287.7	25.6		252.7	9.5
天 津	250.7	15.2		208.4	27.1
河 北	166.0	17.6		142.0	6.4
山 西	149.0	8.4		134.4	6.2
内蒙古	183.4	20.2	0.7	156.6	6.0
辽 宁	276.3	26.3		228.1	21.8
吉 林	253.2	26.2		216.3	10.8
黑龙江	193.7	20.4	0.1	164.1	9.1
上 海	375.2	33.0	0.1	321.8	20.2
江 苏	241.5	34.5		194.7	12.3
浙 江	233.6	30.5		191.9	11.3
安 徽	206.2	35.5	0.5	162.9	7.3
福 建	186.1	22.9	0.4	157.7	5.2
江 西	184.0	20.7	0.7	156.0	6.6
山 东	185.1	30.7	0.1	145.9	8.4
河 南	164.5	23.5	0.1	135.5	5.4
湖 北	172.8	12.5	0.4	152.7	7.2
湖 南	236.1	32.9	0.7	192.9	9.7
广 东	266.9	31.7	0.5	222.2	12.4
广 西	192.8	35.9	0.4	151.1	5.5
四 川	202.4	36.0	0.4	159.4	6.5
贵 州	175.0	27.2	0.8	139.3	7.7
云 南	152.6	20.3	0.3	124.6	7.4
西 藏					
陕 西	161.6	15.1	0.2	139.8	6.4
甘 肃	146.7	15.8		126.6	4.3
青 海					
宁 夏	152.0	8.7		135.5	7.8
新 疆	181.4	20.4	0.8	150.6	9.5

4-12 1980年农村居民总支出构成

单位：%

地区	总支出	一、家庭经营费用支出	二、交纳税金	三、生活消费支出	四、财产性和转移性支出
全国合计	**100.0**	**12.9**	**0.1**	**82.7**	**4.3**
北京	100.0	8.9		87.8	3.3
天津	100.0	6.1		83.1	10.8
河北	100.0	10.6		85.5	3.9
山西	100.0	5.6		90.2	4.2
内蒙古	100.0	11.0	0.4	85.4	3.2
辽宁	100.0	9.5		82.6	7.9
吉林	100.0	10.3		85.4	4.3
黑龙江	100.0	10.5	0.1	84.7	4.7
上海	100.0	8.8		85.8	5.4
江苏	100.0	14.3		80.6	5.1
浙江	100.0	13.0		82.1	4.8
安徽	100.0	17.2	0.3	79.0	3.5
福建	100.0	12.3	0.2	84.7	2.8
江西	100.0	11.3	0.4	84.8	3.6
山东	100.0	16.6		78.8	4.6
河南	100.0	14.3	0.1	82.4	3.3
湖北	100.0	7.2	0.2	88.4	4.1
湖南	100.0	13.9	0.3	81.7	4.1
广东	100.0	11.9	0.2	83.3	4.6
广西	100.0	18.6	0.2	78.4	2.8
四川	100.0	17.8	0.2	78.8	3.2
贵州	100.0	15.6	0.4	79.6	4.4
云南	100.0	13.3	0.2	81.7	4.9
西藏					
陕西	100.0	9.4	0.1	86.5	4.0
甘肃	100.0	10.8		86.3	2.9
青海					
宁夏	100.0	5.7		89.1	5.1
新疆	100.0	11.3	0.4	83.1	5.3

4-13 1980年农村居民家庭经营费用支出

单位：元/人

地 区	家庭经营费用支出	一、农业支出	二、牧业支出	三、其他经营费用支出
全国合计	**25.3**	**5.9**	**17.6**	**1.8**
北 京	25.6	1.2	20.3	4.1
天 津	15.2	2.8	12.1	0.3
河 北	17.6	3.8	12.9	0.9
山 西	8.4	2.5	5.0	0.9
内蒙古	20.2	7.2	11.0	2.0
辽 宁	26.3	4.1	21.2	1.0
吉 林	26.2	4.4	20.3	1.5
黑龙江	20.4	5.1	14.0	1.2
上 海	33.0	3.1	28.7	1.3
江 苏	34.5	3.6	29.9	1.1
浙 江	30.5	7.3	20.6	2.6
安 徽	35.5	18.6	13.2	3.7
福 建	22.9	7.6	13.4	1.8
江 西	20.7	4.9	14.1	1.8
山 东	30.7	7.4	22.4	0.9
河 南	23.5	7.5	14.1	1.9
湖 北	12.5	3.6	8.2	0.7
湖 南	32.9	3.9	27.6	1.5
广 东	31.7	9.4	20.0	2.4
广 西	35.9	4.3	30.6	1.0
四 川	36.0	5.5	26.4	4.1
贵 州	27.2	9.0	17.0	1.2
云 南	20.3	2.6	16.7	0.9
西 藏				
陕 西	15.1	5.0	9.0	1.1
甘 肃	15.8	7.3	8.2	0.3
青 海				
宁 夏	8.7	4.7	3.5	0.4
新 疆	20.4	9.3	8.9	2.3

4-14 1980年农村居民家庭经营费用支出构成

单位： %

地 区	家庭经营费用支出	一、农业支出	二、牧业支出	三、其他经营费用支出
全国合计	**100.0**	**23.4**	**69.7**	**7.0**
北 京	100.0	4.5	79.4	16.1
天 津	100.0	18.6	79.4	2.0
河 北	100.0	21.7	73.4	5.0
山 西	100.0	29.7	60.1	10.2
内蒙古	100.0	35.6	54.7	9.7
辽 宁	100.0	15.6	80.6	3.8
吉 林	100.0	16.7	77.7	5.6
黑龙江	100.0	25.2	68.8	6.0
上 海	100.0	9.2	86.7	4.0
江 苏	100.0	10.4	86.5	3.1
浙 江	100.0	23.9	67.7	8.4
安 徽	100.0	52.3	37.3	10.4
福 建	100.0	33.2	58.8	8.0
江 西	100.0	23.6	67.9	8.6
山 东	100.0	24.2	72.8	3.0
河 南	100.0	31.8	59.9	8.3
湖 北	100.0	29.1	65.7	5.3
湖 南	100.0	11.8	83.8	4.4
广 东	100.0	29.6	63.0	7.5
广 西	100.0	11.9	85.2	2.8
四 川	100.0	15.3	73.2	11.5
贵 州	100.0	33.2	62.5	4.3
云 南	100.0	12.8	82.6	4.6
西 藏				
陕 西	100.0	33.3	59.4	7.3
甘 肃	100.0	46.2	51.7	2.2
青 海				
宁 夏	100.0	54.3	40.6	5.1
新 疆	100.0	45.3	43.5	11.2

4-15　1980年农村居民生活消费支出

单位：元/人

地　区	生活消费支出	一、食品支出	二、衣着支出	三、居住支出	四、家庭设备用品及服务支出	五、交通和通讯支出	六、文化教育用品及服务支出	七、医疗保健支出	八、其他商品及服务支出
全国合计	**162.2**	**100.2**	**20.0**	**22.5**	**4.1**	**0.6**	**8.3**	**3.4**	**3.2**
北　京	252.7	135.8	32.7	38.7	8.3	1.1	19.6	8.5	8.0
天　津	208.4	118.9	31.7	31.0	4.8	0.7	11.6	5.0	4.7
河　北	142.0	79.8	19.9	23.0	3.5	0.4	8.3	3.6	3.5
山　西	134.4	80.6	21.0	15.6	3.2	0.4	7.3	3.2	3.1
内蒙古	156.6	102.6	21.7	11.6	3.7	0.6	9.0	3.8	3.6
辽　宁	228.1	128.9	30.9	33.0	6.3	1.0	15.4	6.5	6.1
吉　林	216.3	140.2	27.7	24.9	4.5	0.3	9.7	4.6	4.5
黑龙江	164.1	95.8	27.6	18.3	4.1	0.6	9.7	4.2	3.9
上　海	321.8	170.2	36.7	72.1	8.0	0.8	18.1	8.1	7.8
江　苏	194.7	113.2	24.7	33.4	4.1	0.8	10.4	4.3	3.9
浙　江	191.9	109.3	22.9	38.3	3.8	0.7	9.5	3.9	3.6
安　徽	162.9	87.8	19.1	36.9	3.2	0.8	8.7	3.4	3.0
福　建	157.7	99.7	16.3	25.2	2.7	0.7	7.5	2.9	2.6
江　西	156.0	97.5	15.8	25.8	2.9	0.6	7.5	3.1	2.8
山　东	145.9	80.1	24.0	21.5	3.7	0.4	8.7	3.8	3.6
河　南	135.5	78.7	18.7	21.7	3.0	0.5	7.2	3.0	2.9
湖　北	152.7	98.6	17.9	20.5	2.7	0.6	7.1	2.8	2.6
湖　南	192.9	127.9	20.5	27.3	3.1	0.5	7.5	3.2	2.9
广　东	222.2	134.5	19.9	40.2	4.8	0.9	12.2	5.0	4.6
广　西	151.1	96.6	14.2	22.6	3.2	0.4	7.7	3.3	3.1
四　川	159.4	111.9	17.7	15.1	2.5	0.6	6.7	2.6	2.3
贵　州	139.3	96.7	14.7	16.5	1.7	0.7	5.5	1.9	1.6
云　南	124.6	87.1	12.5	16.1	1.5	0.4	4.0	1.6	1.5
西　藏									
陕　西	139.8	83.8	18.2	22.2	2.8	0.4	6.9	2.9	2.7
甘　肃	126.6	81.6	17.1	13.8	2.5	0.5	6.3	2.6	2.4
青　海									
宁　夏	135.5	86.1	19.5	14.7	2.7	0.5	6.7	2.8	2.6
新　疆	150.6	90.8	31.4	13.2	2.7	0.5	6.7	2.8	2.6

4-16 1980年农村居民生活消费支出构成

单位：%

地 区	生活消费支出	一、食品支出	二、衣着支出	三、居住支出	四、家庭设用品及服务支出	五、交通和通讯支出	六、文化教育用品及服务支出	七、医疗保健支出	八、其他商品及服务支出
全国合计	**100.0**	**61.8**	**12.3**	**13.8**	**2.6**	**0.4**	**5.1**	**2.1**	**2.0**
北 京	100.0	53.8	12.9	15.3	3.3	0.4	7.8	3.4	3.2
天 津	100.0	57.1	15.2	14.9	2.3	0.3	5.6	2.4	2.3
河 北	100.0	56.2	14.0	16.2	2.5	0.3	5.9	2.6	2.4
山 西	100.0	60.0	15.6	11.6	2.4	0.3	5.5	2.4	2.3
内蒙古	100.0	65.5	13.9	7.4	2.4	0.4	5.7	2.4	2.3
辽 宁	100.0	56.5	13.5	14.5	2.8	0.4	6.8	2.8	2.7
吉 林	100.0	64.8	12.8	11.5	2.1	0.1	4.5	2.1	2.1
黑龙江	100.0	58.3	16.8	11.2	2.5	0.4	5.9	2.5	2.4
上 海	100.0	52.9	11.4	22.4	2.5	0.2	5.6	2.5	2.4
江 苏	100.0	58.1	12.7	17.2	2.1	0.4	5.3	2.2	2.0
浙 江	100.0	57.0	11.9	19.9	2.0	0.3	4.9	2.0	1.9
安 徽	100.0	53.9	11.7	22.6	2.0	0.5	5.3	2.1	1.9
福 建	100.0	63.3	10.3	16.0	1.7	0.5	4.8	1.8	1.6
江 西	100.0	62.5	10.1	16.6	1.9	0.4	4.8	2.0	1.8
山 东	100.0	54.9	16.4	14.7	2.6	0.3	6.0	2.6	2.5
河 南	100.0	58.1	13.8	16.0	2.2	0.3	5.3	2.2	2.1
湖 北	100.0	64.5	11.7	13.4	1.8	0.4	4.6	1.8	1.7
湖 南	100.0	66.3	10.6	14.2	1.6	0.3	3.9	1.6	1.5
广 东	100.0	60.5	9.0	18.1	2.2	0.4	5.5	2.3	2.1
广 西	100.0	63.9	9.4	15.0	2.1	0.3	5.1	2.2	2.1
四 川	100.0	70.2	11.1	9.5	1.5	0.4	4.2	1.6	1.5
贵 州	100.0	69.5	10.6	11.8	1.2	0.5	3.9	1.3	1.1
云 南	100.0	69.9	10.0	12.9	1.2	0.3	3.2	1.3	1.2
西 藏									
陕 西	100.0	59.9	13.0	15.9	2.0	0.3	4.9	2.1	1.9
甘 肃	100.0	64.4	13.5	10.9	1.9	0.4	5.0	2.0	1.9
青 海									
宁 夏	100.0	63.6	14.4	10.8	2.0	0.3	4.9	2.0	1.9
新 疆	100.0	60.3	20.9	8.8	1.8	0.3	4.5	1.8	1.7

4-17 1980年农村居民现金支出

单位：元/人

地　区	现金支出	一、生产费用支出	二、交纳税金	三、生活消费现金支出	四、财产性和转移性支出
全国合计	**107.0**	**13.8**	**0.2**	**83.8**	**9.1**
北　京	203.5	14.2		179.7	9.6
天　津	155.2	6.3		122.3	26.6
河　北	99.4	6.0		80.8	12.6
山　西	81.2	4.5		71.3	5.4
内蒙古	87.9	11.8	0.1	69.6	6.4
辽　宁	164.2	10.9		132.0	21.2
吉　林	114.4	12.9		88.5	13.0
黑龙江	105.7	10.5	0.1	85.0	10.2
上　海	273.7	19.9	0.1	233.5	20.2
江　苏	152.2	19.8		119.9	12.4
浙　江					
安　徽	114.4	20.4	0.2	84.4	9.5
福　建	105.8	16.6	0.4	83.5	5.3
江　西	84.2	9.0	0.7	68.0	6.6
山　东	117.8	12.4		92.4	12.9
河　南	100.0	16.1	0.1	77.6	6.2
湖　北	87.5	7.3	0.4	71.3	8.4
湖　南	113.0	15.4	0.7	85.8	11.2
广　东	165.8	28.0	0.5	124.3	12.9
广　西	97.4	16.9	0.4	74.6	5.6
四　川	100.6	20.0	0.4	73.8	6.3
贵　州	79.8	14.8	0.5	57.8	6.7
云　南	73.2	10.6	0.3	55.2	7.1
西　藏					
陕　西	78.6	6.6	0.2	65.6	6.2
甘　肃	79.8	9.7		62.8	7.2
青　海					
宁　夏	78.4	3.9		66.7	7.8
新　疆	97.3	5.3	0.8	79.5	11.7

4-18 1980年农村居民现金支出构成

单位：%

地区	现金支出	一、生产费用支出	二、交纳税金	三、生活消费现金支出	四、财产性和转移性支出
全国合计	**100.0**	**12.9**	**0.2**	**78.3**	**8.5**
北京	100.0	7.0		88.3	4.7
天津	100.0	4.1		78.8	17.1
河北	100.0	6.0		81.3	12.6
山西	100.0	5.6		87.7	6.6
内蒙古	100.0	13.5	0.1	79.2	7.3
辽宁	100.0	6.6		80.4	12.9
吉林	100.0	11.2		77.4	11.4
黑龙江	100.0	9.9	0.1	80.4	9.6
上海	100.0	7.3		85.3	7.4
江苏	100.0	13.0		78.8	8.1
浙江					
安徽	100.0	17.8	0.1	73.7	8.3
福建	100.0	15.7	0.3	78.9	5.0
江西	100.0	10.6	0.8	80.7	7.8
山东	100.0	10.5		78.5	11.0
河南	100.0	16.1	0.1	77.6	6.2
湖北	100.0	8.4	0.5	81.5	9.7
湖南	100.0	13.6	0.6	75.9	9.9
广东	100.0	16.9	0.3	75.0	7.8
广西	100.0	17.4	0.4	76.6	5.7
四川	100.0	19.9	0.4	73.4	6.3
贵州	100.0	18.5	0.6	72.5	8.4
云南	100.0	14.5	0.4	75.4	9.8
西藏					
陕西	100.0	8.4	0.3	83.4	7.9
甘肃	100.0	12.2		78.8	9.0
青海					
宁夏	100.0	5.0		85.1	9.9
新疆	100.0	5.4	0.8	81.7	12.0

4-19 1980年农村居民生活消费现金支出

单位：元/人

地区	生活消费现金支出	一、食品支出	二、衣着支出	三、居住支出	四、家庭设备用品及服务支出	五、交通和通讯支出	六、文化教育用品及服务支出	七、医疗保健支出	八、其他商品及服务支出
全国合计	**83.8**	**31.4**	**19.8**	**14.5**	**3.2**	**0.6**	**8.0**	**3.3**	**3.1**
北京	179.7	69.6	32.3	35.9	7.6	1.1	18.2	7.8	7.3
天津	122.3	49.8	30.8	17.4	4.4	0.7	10.7	4.5	4.2
河北	80.8	26.6	19.2	17.0	3.3	0.4	7.8	3.4	3.2
山西	71.3	22.4	20.1	11.9	3.1	0.4	7.2	3.2	3.0
内蒙古	69.6	20.3	21.7	6.4	3.8	0.6	9.2	3.9	3.7
辽宁	132.0	46.3	30.8	20.3	6.2	1.0	15.1	6.4	5.9
吉林	88.5	26.9	27.6	11.5	4.4	0.2	9.3	4.4	4.4
黑龙江	85.0	23.9	27.5	11.6	4.0	0.6	9.5	4.1	3.8
上海	233.5	97.1	35.2	62.2	7.2	0.8	16.6	7.4	7.1
江苏	119.9	47.7	24.4	25.2	4.0	0.7	10.0	4.1	3.8
浙江									
安徽	84.4	29.6	18.6	18.0	3.0	0.8	8.3	3.2	2.8
福建	83.5	37.6	16.3	13.1	2.7	0.7	7.5	2.9	2.6
江西	68.0	22.7	15.5	13.8	2.8	0.6	7.1	2.9	2.7
山东	92.4	32.4	23.5	16.4	3.7	0.4	8.7	3.8	3.6
河南	77.6	25.0	18.4	17.8	2.9	0.5	7.1	3.0	2.8
湖北	71.3	25.7	17.5	12.9	2.6	0.6	6.9	2.7	2.5
湖南	85.8	36.4	20.4	12.3	3.0	0.5	7.4	3.1	2.8
广东	124.3	53.5	19.9	23.8	4.8	0.9	12.1	4.9	4.6
广西	74.6	32.3	14.2	10.4	3.2	0.4	7.6	3.3	3.1
四川	73.8	32.7	17.5	9.1	2.4	0.6	6.6	2.6	2.3
贵州	57.8	24.9	14.4	8.0	1.6	0.7	5.1	1.7	1.4
云南	55.2	26.6	12.4	7.5	1.5	0.4	4.0	1.6	1.4
西藏									
陕西	65.6	19.9	17.8	12.2	2.8	0.4	6.8	2.9	2.7
甘肃	62.8	21.2	16.4	11.7	2.3	0.5	6.1	2.4	2.2
青海									
宁夏	66.7	20.7	19.4	11.8	2.6	0.5	6.5	2.7	2.5
新疆	79.5	24.6	30.2	9.9	2.6	0.5	6.6	2.7	2.5

4-20 1980年农村居民生活消费现金支出构成

单位：%

地 区	生活消费现金支出	一、食品支出	二、衣着支出	三、居住支出	四、家庭设用品及服务支出	五、交通和通讯支出	六、文化教育用品及服务支出	七、医疗保健支出	八、其他商品及服务支出
全国合计	**100.0**	**37.4**	**23.7**	**17.3**	**3.8**	**0.7**	**9.6**	**3.9**	**3.7**
北 京	100.0	38.7	18.0	20.0	4.2	0.6	10.2	4.3	4.1
天 津	100.0	40.7	25.1	14.2	3.6	0.6	8.7	3.7	3.4
河 北	100.0	32.9	23.8	21.1	4.0	0.5	9.6	4.1	3.9
山 西	100.0	31.4	28.2	16.8	4.3	0.5	10.1	4.4	4.3
内蒙古	100.0	29.2	31.2	9.2	5.4	0.8	13.2	5.6	5.3
辽 宁	100.0	35.1	23.3	15.4	4.7	0.8	11.5	4.8	4.5
吉 林	100.0	30.3	31.1	12.9	4.9	0.2	10.5	5.0	4.9
黑龙江	100.0	28.1	32.4	13.7	4.6	0.7	11.2	4.8	4.5
上 海	100.0	41.6	15.1	26.6	3.1	0.3	7.1	3.2	3.0
江 苏	100.0	39.7	20.4	21.0	3.3	0.6	8.3	3.4	3.2
浙 江									
安 徽	100.0	35.1	22.1	21.4	3.5	1.0	9.8	3.7	3.3
福 建	100.0	45.0	19.5	15.7	3.3	0.9	9.0	3.4	3.1
江 西	100.0	33.4	22.8	20.3	4.1	0.8	10.4	4.2	3.9
山 东	100.0	35.0	25.4	17.7	4.0	0.5	9.4	4.1	3.9
河 南	100.0	32.2	23.8	22.9	3.8	0.6	9.2	3.9	3.7
湖 北	100.0	36.0	24.6	18.1	3.6	0.9	9.6	3.8	3.5
湖 南	100.0	42.5	23.7	14.3	3.4	0.6	8.6	3.6	3.3
广 东	100.0	43.0	16.0	19.1	3.8	0.7	9.7	4.0	3.7
广 西	100.0	43.3	19.0	13.9	4.3	0.6	10.2	4.4	4.2
四 川	100.0	44.3	23.8	12.3	3.3	0.9	9.0	3.5	3.1
贵 州	100.0	43.0	24.9	13.9	2.7	1.2	8.9	3.0	2.4
云 南	100.0	48.2	22.4	13.5	2.7	0.7	7.2	2.8	2.6
西 藏									
陕 西	100.0	30.3	27.2	18.6	4.3	0.7	10.4	4.4	4.1
甘 肃	100.0	33.7	26.1	18.6	3.7	0.8	9.7	3.9	3.5
青 海									
宁 夏	100.0	31.0	29.1	17.7	3.9	0.7	9.8	4.0	3.8
新 疆	100.0	31.0	38.0	12.4	3.2	0.6	8.2	3.4	3.1

4-21 1985年农村居民总收入

单位：元/人

地　区	总收入	一、工资性收入	二、家庭经营收入	三、财产性和转移性收入
全国合计	**547.3**	**72.2**	**445.3**	**29.9**
北　京	939.7	438.8	459.3	41.6
天　津	722.0	210.2	466.0	45.8
河　北	529.2	88.7	412.5	28.0
山　西	463.7	110.2	330.1	23.4
内蒙古	518.3	36.7	472.3	9.3
辽　宁	685.4	143.2	522.4	19.8
吉　林	645.6	53.2	572.2	20.2
黑龙江	623.9	52.8	559.6	11.6
上　海	1036.2	430.4	553.2	52.7
江　苏	676.6	135.1	502.9	38.6
浙　江	711.1	162.6	523.1	25.5
安　徽	526.6	35.8	460.9	29.9
福　建	542.4	73.7	442.5	26.2
江　西	494.2	52.8	418.7	22.8
山　东	587.9	80.9	489.0	18.0
河　南	455.8	44.6	390.0	21.2
湖　北	565.5	50.4	479.2	35.9
湖　南	553.7	53.9	484.7	15.1
广　东	671.4	77.4	549.4	44.7
广　西	420.3	27.5	379.2	13.6
四　川	455.8	47.2	389.6	19.0
贵　州	394.1	27.3	351.4	15.5
云　南	446.5	36.2	378.4	32.0
西　藏	463.8	20.6	414.4	28.8
陕　西	399.9	38.7	339.4	21.9
甘　肃	358.3	40.1	290.9	27.3
青　海	464.0	58.6	381.4	24.0
宁　夏	438.4	65.0	348.1	25.3
新　疆	594.2	38.3	530.1	25.8

4-22 1985年农村居民总收入构成

单位：%

地区	总收入	一、工资性收入	二、家庭经营收入	三、财产性和转移收入
全国合计	**100.0**	**13.2**	**81.4**	**5.5**
北京	100.0	46.7	48.9	4.4
天津	100.0	29.1	64.5	6.3
河北	100.0	16.8	77.9	5.3
山西	100.0	23.8	71.2	5.1
内蒙古	100.0	7.1	91.1	1.8
辽宁	100.0	20.9	76.2	2.9
吉林	100.0	8.2	88.6	3.1
黑龙江	100.0	8.5	89.7	1.9
上海	100.0	41.5	53.4	5.1
江苏	100.0	20.0	74.3	5.7
浙江	100.0	22.9	73.6	3.6
安徽	100.0	6.8	87.5	5.7
福建	100.0	13.6	81.6	4.8
江西	100.0	10.7	84.7	4.6
山东	100.0	13.8	83.2	3.1
河南	100.0	9.8	85.6	4.7
湖北	100.0	8.9	84.7	6.4
湖南	100.0	9.7	87.5	2.7
广东	100.0	11.5	81.8	6.6
广西	100.0	6.5	90.2	3.2
四川	100.0	10.4	85.5	4.2
贵州	100.0	6.9	89.2	3.9
云南	100.0	8.1	84.7	7.2
西藏	100.0	4.4	89.4	6.2
陕西	100.0	9.7	84.9	5.5
甘肃	100.0	11.2	81.2	7.6
青海	100.0	12.6	82.2	5.2
宁夏	100.0	14.8	79.4	5.8
新疆	100.0	6.4	89.2	4.3

4-23 1985年农村居民家庭经营总收入

单位：元/人

地 区	家庭经营总收入	一、第一产业收入	1.农业收入	2.林业收入	3.牧业收入	4.渔业收入	二、第二产业收入
全国合计	**445.3**	**400.6**	**283.4**	**7.4**	**104.0**	**5.7**	**12.3**
北 京	459.3	365.4	231.4	6.8	126.3	0.9	18.6
天 津	466.0	405.4	287.2	1.0	114.9	2.4	14.8
河 北	412.5	369.1	298.6	2.4	67.2	1.0	13.4
山 西	330.1	258.8	209.1	4.3	45.3		7.6
内蒙古	472.3	456.5	338.9	1.7	115.4	0.4	3.6
辽 宁	522.4	458.5	333.4	2.6	115.0	7.5	20.0
吉 林	572.2	528.1	419.7	1.9	105.5	1.1	6.3
黑龙江	559.6	518.9	420.5	0.7	88.2	9.5	3.5
上 海	553.2	523.7	308.9	0.5	210.9	3.5	5.5
江 苏	502.9	450.3	314.7	5.0	119.8	10.7	20.2
浙 江	523.1	465.6	307.4	21.7	124.2	12.3	17.0
安 徽	460.9	418.6	324.6	6.2	83.6	4.2	7.4
福 建	442.5	386.8	244.6	12.3	122.4	7.6	13.3
江 西	418.7	388.9	253.9	18.3	111.3	5.5	9.6
山 东	489.0	436.0	336.5	5.5	91.6	2.5	12.4
河 南	390.0	357.0	300.2	4.3	51.3	1.1	9.5
湖 北	479.2	430.0	313.0	7.6	98.2	11.3	14.4
湖 南	484.7	441.0	270.8	15.3	146.0	8.9	15.6
广 东	549.4	483.8	272.2	10.8	165.6	35.2	23.1
广 西	379.2	335.0	188.9	8.6	133.3	4.2	14.5
四 川	389.6	358.9	228.7	6.6	122.3	1.2	10.3
贵 州	351.4	314.8	204.4	7.2	102.3	1.0	8.0
云 南	378.4	340.0	212.6	8.3	117.1	2.0	13.1
西 藏	414.4	357.4	246.1	11.6	99.8		18.9
陕 西	339.4	305.4	234.6	5.0	65.7	0.1	9.2
甘 肃	290.9	257.7	199.1	4.5	54.1		10.0
青 海	381.4	330.4	202.7	2.1	125.6	0.1	8.3
宁 夏	348.1	318.2	252.0	6.5	58.7	1.0	7.9
新 疆	530.1	488.5	387.6	7.9	92.8	0.2	6.7

4-23 续表

单位：元/人

地区	1.工业收入	2.建筑业收入	三、第三产业收入	1.交通运输业、邮电业收入	2.批发和零售贸易、餐饮业收入	3.社会服务业收入	4.其他家庭经营收入
全国合计	**4.3**	**8.0**	**32.4**	**12.6**	**8.7**	**4.0**	**7.2**
北京	5.6	13.0	75.3	56.4	5.1	4.5	9.2
天津	0.9	13.9	45.7	20.4	12.2	4.8	8.5
河北	4.5	9.0	29.9	10.2	9.5	4.0	6.3
山西	2.9	4.7	63.7	42.4	7.4	4.5	9.4
内蒙古	1.2	2.4	12.2	5.2	3.1	2.1	1.7
辽宁	7.6	12.3	44.0	22.8	9.2	3.6	8.4
吉林	1.2	5.1	37.8	14.3	6.8	2.6	14.2
黑龙江	1.6	1.9	37.2	16.8	6.6	2.4	11.4
上海		5.5	23.9	8.1	4.1	2.7	9.0
江苏	6.8	13.4	32.5	12.3	6.7	5.5	8.1
浙江	6.4	10.6	40.5	14.6	10.3	6.1	9.6
安徽	1.9	5.5	34.9	11.4	13.4	4.1	6.1
福建	6.3	7.1	42.3	15.8	10.8	6.8	8.9
江西	4.4	5.2	20.2	7.0	5.2	3.1	4.8
山东	3.2	9.3	40.6	12.0	13.2	4.9	10.5
河南	1.6	7.9	23.6	9.4	5.6	2.9	5.7
湖北	7.3	7.1	34.8	11.9	15.0	4.1	3.8
湖南	8.4	7.2	28.2	9.4	11.7	3.2	3.9
广东	4.7	18.5	42.4	12.3	12.2	6.1	11.8
广西	9.4	5.1	29.7	7.1	9.4	2.7	10.4
四川	3.5	6.8	20.5	7.7	5.1	3.7	4.1
贵州	3.1	4.9	28.6	10.0	8.7	3.5	6.4
云南	5.1	8.0	25.2	6.9	8.0	5.0	5.4
西藏	0.1	18.8	38.1	24.0	2.3	1.6	10.1
陕西	1.2	8.0	24.7	12.1	5.7	2.2	4.7
甘肃	2.0	8.0	23.1	8.1	4.7	2.3	8.1
青海	4.5	3.9	42.7	19.9	9.6	5.3	8.0
宁夏	2.4	5.5	22.0	15.2	2.6	2.6	1.6
新疆	2.1	4.6	34.9	15.9	10.2	4.0	4.8

4-24 1985年农村居民家庭经营总收入构成

单位：%

地 区	家庭经营总收入	一、第一产业收入	1.农业收入	2.林业收入	3.牧业收入	4.渔业收入	二、第二产业收入
全国合计	**100.0**	**90.0**	**63.7**	**1.7**	**23.4**	**1.3**	**2.8**
北 京	100.0	79.6	50.4	1.5	27.5	0.2	4.1
天 津	100.0	87.0	61.6	0.2	24.7	0.5	3.2
河 北	100.0	89.5	72.4	0.6	16.3	0.2	3.3
山 西	100.0	78.4	63.4	1.3	13.7		2.3
内蒙古	100.0	96.7	71.8	0.3	24.4	0.1	0.8
辽 宁	100.0	87.8	63.8	0.5	22.0	1.4	3.8
吉 林	100.0	92.3	73.3	0.3	18.4	0.2	1.1
黑龙江	100.0	92.7	75.1	0.1	15.8	1.7	0.6
上 海	100.0	94.7	55.8	0.1	38.1	0.6	1.0
江 苏	100.0	89.5	62.6	1.0	23.8	2.1	4.0
浙 江	100.0	89.0	58.8	4.1	23.8	2.3	3.3
安 徽	100.0	90.8	70.4	1.3	18.1	0.9	1.6
福 建	100.0	87.4	55.3	2.8	27.7	1.7	3.0
江 西	100.0	92.9	60.6	4.4	26.6	1.3	2.3
山 东	100.0	89.2	68.8	1.1	18.7	0.5	2.5
河 南	100.0	91.5	77.0	1.1	13.2	0.3	2.4
湖 北	100.0	89.7	65.3	1.6	20.5	2.4	3.0
湖 南	100.0	91.0	55.9	3.2	30.1	1.8	3.2
广 东	100.0	88.1	49.5	2.0	30.2	6.4	4.2
广 西	100.0	88.3	49.8	2.3	35.2	1.1	3.8
四 川	100.0	92.1	58.7	1.7	31.4	0.3	2.6
贵 州	100.0	89.6	58.2	2.0	29.1	0.3	2.3
云 南	100.0	89.9	56.2	2.2	31.0	0.5	3.5
西 藏	100.0	86.3	59.4	2.8	24.1		4.6
陕 西	100.0	90.0	69.1	1.5	19.4		2.7
甘 肃	100.0	88.6	68.4	1.6	18.6		3.4
青 海	100.0	86.6	53.1	0.5	32.9		2.2
宁 夏	100.0	91.4	72.4	1.9	16.9	0.3	2.3
新 疆	100.0	92.2	73.1	1.5	17.5		1.3

4-24 续表 单位：%

地　区	1.工业收入	2.建筑业收入	三、第三产业收入	1.交通运输业、邮电业收入	2.批发和零售贸易、餐饮业收入	3.社会服务业收入	4.其他家庭经营收入
全国合计	**1.0**	**1.8**	**7.3**	**2.8**	**2.0**	**0.9**	**1.6**
北　京	1.2	2.8	16.4	12.3	1.1	1.0	2.0
天　津	0.2	3.0	9.8	4.4	2.6	1.0	1.8
河　北	1.1	2.2	7.3	2.5	2.3	1.0	1.5
山　西	0.9	1.4	19.3	12.8	2.2	1.4	2.9
内蒙古	0.2	0.5	2.6	1.1	0.7	0.5	0.4
辽　宁	1.5	2.4	8.4	4.4	1.8	0.7	1.6
吉　林	0.2	0.9	6.6	2.5	1.2	0.5	2.5
黑龙江	0.3	0.3	6.6	3.0	1.2	0.4	2.0
上　海		1.0	4.3	1.5	0.7	0.5	1.6
江　苏	1.4	2.7	6.5	2.4	1.3	1.1	1.6
浙　江	1.2	2.0	7.7	2.8	2.0	1.2	1.8
安　徽	0.4	1.2	7.6	2.5	2.9	0.9	1.3
福　建	1.4	1.6	9.6	3.6	2.4	1.5	2.0
江　西	1.1	1.2	4.8	1.7	1.3	0.7	1.2
山　东	0.6	1.9	8.3	2.5	2.7	1.0	2.1
河　南	0.4	2.0	6.0	2.4	1.4	0.7	1.5
湖　北	1.5	1.5	7.3	2.5	3.1	0.9	0.8
湖　南	1.7	1.5	5.8	1.9	2.4	0.7	0.8
广　东	0.9	3.4	7.7	2.2	2.2	1.1	2.2
广　西	2.5	1.4	7.8	1.9	2.5	0.7	2.8
四　川	0.9	1.7	5.3	2.0	1.3	1.0	1.0
贵　州	0.9	1.4	8.1	2.9	2.5	1.0	1.8
云　南	1.4	2.1	6.7	1.8	2.1	1.3	1.4
西　藏	0.0	4.5	9.2	5.8	0.6	0.4	2.4
陕　西	0.4	2.4	7.3	3.6	1.7	0.7	1.4
甘　肃	0.7	2.8	8.0	2.8	1.6	0.8	2.8
青　海	1.2	1.0	11.2	5.2	2.5	1.4	2.1
宁　夏	0.7	1.6	6.3	4.4	0.7	0.7	0.5
新　疆	0.4	0.9	6.6	3.0	1.9	0.8	0.9

4-25 1985年农村居民现金收入

单位：元/人

地区	现金收入	一、工资性收入	二、家庭经营收入	三、财产性和转移性收入
全国合计	**357.4**	**68.9**	**251.7**	**36.8**
北京	736.0	399.5	281.3	55.3
天津	562.1	205.3	295.7	61.1
河北	351.5	85.9	236.5	29.1
山西	336.4	104.8	187.7	44.0
内蒙古	289.9	35.6	230.8	23.6
辽宁	486.2	128.5	321.2	36.6
吉林	454.8	52.7	360.4	41.7
黑龙江	414.8	49.8	321.9	43.1
上海	859.7	420.9	361.9	76.9
江苏	483.1	133.0	312.6	37.5
浙江	555.5	161.7	345.9	47.9
安徽	339.4	35.6	272.5	31.4
福建	394.8	73.1	278.6	43.0
江西	307.0	51.6	231.1	24.3
山东	405.5	77.8	296.3	31.4
河南	292.9	43.4	214.0	35.5
湖北	347.4	46.3	267.2	34.0
湖南	351.5	53.1	250.2	48.2
广东	500.4	77.0	366.4	57.0
广西	282.2	27.5	225.7	29.0
四川	274.9	46.9	194.7	33.3
贵州	218.2	26.9	161.4	29.9
云南	254.1	37.1	182.7	34.3
西藏	199.0	20.1	147.2	31.7
陕西	234.9	38.8	159.0	37.0
甘肃	198.4	39.2	129.8	29.4
青海	278.9	58.0	182.3	38.6
宁夏	294.6	64.4	190.1	40.1
新疆	414.0	40.6	342.8	30.6

4-26 1985年农村居民现金收入构成

单位：%

地 区	现金收入	一、工资性收入	二、家庭经营收入	三、财产性和转移性收入
全国合计	**100.0**	**19.3**	**70.4**	**10.3**
北 京	100.0	54.3	38.2	7.5
天 津	100.0	36.5	52.6	10.9
河 北	100.0	24.4	67.3	8.3
山 西	100.0	31.1	55.8	13.1
内蒙古	100.0	12.3	79.6	8.1
辽 宁	100.0	26.4	66.1	7.5
吉 林	100.0	11.6	79.2	9.2
黑龙江	100.0	12.0	77.6	10.4
上 海	100.0	49.0	42.1	8.9
江 苏	100.0	27.5	64.7	7.8
浙 江	100.0	29.1	62.3	8.6
安 徽	100.0	10.5	80.3	9.2
福 建	100.0	18.5	70.6	10.9
江 西	100.0	16.8	75.3	7.9
山 东	100.0	19.2	73.1	7.7
河 南	100.0	14.8	73.1	12.1
湖 北	100.0	13.3	76.9	9.8
湖 南	100.0	15.1	71.2	13.7
广 东	100.0	15.4	73.2	11.4
广 西	100.0	9.7	80.0	10.3
四 川	100.0	17.1	70.8	12.1
贵 州	100.0	12.3	73.9	13.7
云 南	100.0	14.6	71.9	13.5
西 藏	100.0	10.1	74.0	15.9
陕 西	100.0	16.5	67.7	15.8
甘 肃	100.0	19.8	65.4	14.8
青 海	100.0	20.8	65.4	13.8
宁 夏	100.0	21.9	64.5	13.6
新 疆	100.0	9.8	82.8	7.4

4-27 1985年农村居民家庭经营现金收入

单位：元/人

地区	家庭经营现金收入	一、第一产业收入	农业收入	牧业收入	二、第二产业收入
全国合计	**251.7**	**213.6**	**122.8**	**75.2**	**7.7**
北京	281.3	208.8	90.1	102.6	11.3
天津	295.7	237.7	125.3	107.6	13.7
河北	236.5	200.2	135.1	57.0	8.8
山西	187.7	125.9	84.9	34.2	4.5
内蒙古	230.8	216.9	150.6	62.9	2.3
辽宁	321.2	271.7	178.7	77.3	10.0
吉林	360.4	323.5	246.4	67.9	5.1
黑龙江	321.9	284.5	210.0	63.4	1.6
上海	361.9	339.5	140.8	193.4	5.3
江苏	312.6	268.6	146.0	2.3	12.9
浙江	345.9	277.7	142.8	98.3	10.6
安徽	272.5	234.7	155.0	68.0	5.4
福建	278.6	232.5	106.8	99.5	7.0
江西	231.1	207.5	104.9	79.2	5.0
山东	296.3	250.9	160.2	79.1	8.8
河南	214.0	185.4	133.5	45.0	7.4
湖北	267.2	228.5	149.6	59.4	6.2
湖南	250.2	215.8	90.1	102.4	7.0
广东	366.4	308.6	127.9	135.3	18.3
广西	225.7	194.3	74.5	98.4	5.1
四川	194.7	168.6	76.1	82.5	6.7
贵州	161.4	130.0	64.3	55.2	5.0
云南	182.7	150.5	78.5	58.0	7.9
西藏	147.2	94.0	50.8	34.3	18.7
陕西	159.0	127.8	76.3	44.8	8.1
甘肃	129.8	100.6	57.1	37.8	7.7
青海	182.3	139.8	49.5	82.3	3.9
宁夏	190.1	163.0	110.6	42.6	5.5
新疆	342.8	304.9	226.9	68.3	4.6

4-27 续表 单位：元/人

地 区	三、第三产业收入	1.交通运输业、邮电业收入	2.批发和零售贸易、餐饮业收入	3.社会服务业收入	4.其他家庭经营收入
全国合计	**30.5**	**12.1**	**8.5**	**3.9**	**2.0**
北 京	61.2	49.6	3.8	4.3	3.4
天 津	44.4	20.4	12.1	4.8	7.2
河 北	27.6	9.3	9.4	4.0	4.9
山 西	57.3	38.7	7.2	4.5	6.9
内蒙古	11.5	5.2	3.1	2.1	1.2
辽 宁	39.5	20.8	8.8	3.3	6.6
吉 林	31.8	14.3	6.8	2.6	8.1
黑龙江	35.8	16.7	6.6	2.3	10.2
上 海	17.1	7.8	2.7	2.7	3.9
江 苏	31.1	12.2	6.6	5.4	6.9
浙 江	57.6	14.6	10.3	6.0	26.8
安 徽	32.3	11.3	13.3	4.0	3.8
福 建	39.2	15.6	10.7	6.8	6.2
江 西	18.6	6.9	5.2	3.0	3.5
山 东	36.6	11.5	13.0	4.7	7.4
河 南	21.2	9.3	5.2	2.8	3.8
湖 北	32.5	11.0	14.7	3.8	3.0
湖 南	27.4	9.4	11.6	3.2	3.3
广 东	39.5	12.2	12.2	6.1	9.0
广 西	26.3	7.1	9.4	2.7	7.1
四 川	19.3	7.6	5.0	3.7	3.0
贵 州	26.4	10.0	8.0	3.5	4.8
云 南	24.2	6.8	8.0	5.0	4.5
西 藏	34.6	23.9	1.7	1.2	7.9
陕 西	23.2	12.0	5.8	2.2	3.2
甘 肃	21.4	7.9	4.7	2.3	6.6
青 海	38.7	18.9	9.6	5.2	4.9
宁 夏	21.6	15.2	2.6	2.6	1.2
新 疆	33.2	15.9	10.1	4.0	3.3

4-28 1985年农村居民家庭经营现金收入构成

单位：%

地区	家庭经营现金收入	一、第一产业收入	农业收入	牧业收入	二、第二产业收入
全国合计	**100.0**	**84.9**	**48.8**	**29.9**	**3.0**
北京	100.0	74.2	32.0	36.5	4.0
天津	100.0	80.4	42.4	36.4	4.6
河北	100.0	84.6	57.1	24.1	3.7
山西	100.0	67.1	45.2	18.2	2.4
内蒙古	100.0	94.0	65.3	27.3	1.0
辽宁	100.0	84.6	55.6	24.1	3.1
吉林	100.0	89.8	68.4	18.8	1.4
黑龙江	100.0	88.4	65.3	19.7	0.5
上海	100.0	93.8	38.9	53.4	1.5
江苏	100.0	85.9	46.7	0.7	4.1
浙江	100.0	80.3	41.3	28.4	3.1
安徽	100.0	86.2	56.9	24.9	2.0
福建	100.0	83.4	38.3	35.7	2.5
江西	100.0	89.8	45.4	34.3	2.2
山东	100.0	84.7	54.1	26.7	3.0
河南	100.0	86.6	62.4	21.0	3.5
湖北	100.0	85.5	56.0	22.2	2.3
湖南	100.0	86.3	36.0	40.9	2.8
广东	100.0	84.2	34.9	36.9	5.0
广西	100.0	86.1	33.0	43.6	2.3
四川	100.0	86.6	39.1	42.4	3.5
贵州	100.0	80.6	39.9	34.2	3.1
云南	100.0	82.4	43.0	31.7	4.3
西藏	100.0	63.8	34.5	23.3	12.7
陕西	100.0	80.4	48.0	28.2	5.1
甘肃	100.0	77.5	44.0	29.1	6.0
青海	100.0	76.7	27.1	45.2	2.1
宁夏	100.0	85.7	58.2	22.4	2.9
新疆	100.0	89.0	66.2	19.9	1.3

4-28 续表　　单位：%

地　区	三、第三产业收入	1.交通运输业、邮电业收入	2.批发和零售贸易、餐饮业收入	3.社会服务业收入	4.其他家庭经营收入
全国合计	**12.1**	**4.8**	**3.4**	**1.5**	**0.8**
北　京	21.7	17.6	1.4	1.5	1.2
天　津	15.0	6.9	4.1	1.6	2.4
河　北	11.6	3.9	4.0	1.7	2.1
山　西	30.5	20.6	3.8	2.4	3.7
内蒙古	5.0	2.2	1.3	0.9	0.5
辽　宁	12.3	6.5	2.7	1.0	2.1
吉　林	8.8	4.0	1.9	0.7	2.2
黑龙江	11.1	5.2	2.1	0.7	3.2
上　海	4.7	2.2	0.7	0.8	1.1
江　苏	10.0	3.9	2.1	1.7	2.2
浙　江	16.7	4.2	3.0	1.7	7.7
安　徽	11.9	4.1	4.9	1.5	1.4
福　建	14.1	5.6	3.8	2.4	2.2
江　西	8.1	3.0	2.3	1.3	1.5
山　东	12.3	3.9	4.4	1.6	2.5
河　南	9.9	4.4	2.4	1.3	1.8
湖　北	12.2	4.1	5.5	1.4	1.1
湖　南	11.0	3.7	4.6	1.3	1.3
广　东	10.8	3.3	3.3	1.7	2.5
广　西	11.7	3.2	4.2	1.2	3.1
四　川	9.9	3.9	2.6	1.9	1.6
贵　州	16.3	6.2	5.0	2.2	3.0
云　南	13.3	3.7	4.4	2.7	2.5
西　藏	23.5	16.2	1.1	0.8	5.3
陕　西	14.6	7.5	3.6	1.4	2.0
甘　肃	16.5	6.1	3.6	1.8	5.1
青　海	21.2	10.4	5.3	2.9	2.7
宁　夏	11.3	8.0	1.4	1.4	0.6
新　疆	9.7	4.6	2.9	1.2	1.0

4-29 1985年农村居民纯收入

单位：元/人

地 区	纯收入	一、工资性收入	二、家庭经营纯收入	三、财产性和转移性收入
全国合计	**397.6**	**72.2**	**296.0**	**29.5**
北 京	775.1	438.8	294.7	41.6
天 津	564.6	210.2	308.6	45.8
河 北	385.2	88.7	268.5	28.0
山 西	358.3	110.2	224.7	23.4
内蒙古	360.4	36.7	314.4	9.3
辽 宁	467.8	143.2	304.8	19.8
吉 林	413.7	53.2	340.4	20.2
黑龙江	397.8	52.8	333.5	11.6
上 海	805.9	430.4	322.9	52.7
江 苏	492.6	135.1	318.9	38.6
浙 江	548.6	162.6	360.5	25.5
安 徽	369.4	35.8	303.7	29.9
福 建	396.5	73.7	296.5	26.2
江 西	377.3	52.8	301.8	22.8
山 东	408.1	80.9	309.2	18.0
河 南	329.4	44.6	263.6	21.2
湖 北	421.2	50.4	335.0	35.9
湖 南	395.3	53.9	326.2	15.1
广 东	495.3	77.4	373.2	44.7
广 西	303.0	27.5	261.9	13.6
四 川	315.1	47.2	248.9	19.0
贵 州	287.8	27.3	245.1	15.5
云 南	338.3	36.2	270.2	32.0
西 藏	353.0	20.6	303.6	28.8
陕 西	295.3	38.7	234.7	21.9
甘 肃	255.2	40.1	187.8	27.3
青 海	343.0	58.6	260.4	24.0
宁 夏	321.2	65.0	230.8	25.3
新 疆	394.3	38.3	330.2	25.8

4-30 1985年农村居民纯收入构成

单位：%

地区	纯收入	一、工资性收入	二、家庭经营纯收入	三、财产性和转移性收入
全国合计	**100.0**	**18.1**	**74.4**	**7.4**
北京	100.0	56.6	38.0	5.4
天津	100.0	37.2	54.7	8.1
河北	100.0	23.0	69.7	7.3
山西	100.0	30.7	62.7	6.5
内蒙古	100.0	10.2	87.2	2.6
辽宁	100.0	30.6	65.2	4.2
吉林	100.0	12.9	82.3	4.9
黑龙江	100.0	13.3	83.8	2.9
上海	100.0	53.4	40.1	6.5
江苏	100.0	27.4	64.7	7.8
浙江	100.0	29.6	65.7	4.6
安徽	100.0	9.7	82.2	8.1
福建	100.0	18.6	74.8	6.6
江西	100.0	14.0	80.0	6.0
山东	100.0	19.8	75.8	4.4
河南	100.0	13.5	80.0	6.4
湖北	100.0	12.0	79.5	8.5
湖南	100.0	13.6	82.5	3.8
广东	100.0	15.6	75.4	9.0
广西	100.0	9.1	86.5	4.5
四川	100.0	15.0	79.0	6.0
贵州	100.0	9.5	85.2	5.4
云南	100.0	10.7	79.9	9.4
西藏	100.0	5.8	86.0	8.2
陕西	100.0	13.1	79.5	7.4
甘肃	100.0	15.7	73.6	10.7
青海	100.0	17.1	75.9	7.0
宁夏	100.0	20.2	71.9	7.9
新疆	100.0	9.7	83.8	6.5

4-31 1985年农村居民总支出

单位：元/人

地 区	总支出	一、家庭经营费用支出	二、购置生产性固定资产支出	三、税费支出	四、生活消费支出	五、财产性和转移性支出
全国合计	**485.5**	**121.4**	**18.7**	**18.4**	**317.4**	**9.6**
北 京	726.3	143.9	38.0	15.0	510.0	19.4
天 津	611.8	138.2	16.7	11.4	426.1	19.4
河 北	461.2	117.9	19.9	16.6	297.7	9.1
山 西	407.9	77.1	30.8	16.4	272.7	10.8
内蒙古	465.5	121.0	26.1	20.8	291.3	6.4
辽 宁	643.6	174.8	24.8	30.7	401.6	11.7
吉 林	649.3	174.7	47.7	39.8	364.5	22.7
黑龙江	576.5	157.2	47.3	52.1	306.6	13.4
上 海	1025.6	185.5	4.5	37.2	778.4	20.0
江 苏	610.5	152.2	10.6	25.4	415.6	6.7
浙 江	662.2	141.7	17.5	12.2	473.8	16.9
安 徽	476.0	128.0	20.0	19.8	299.0	9.2
福 建	514.6	129.1	9.8	10.1	350.6	15.0
江 西	433.1	93.4	10.2	16.3	303.1	10.0
山 东	523.2	144.8	18.7	26.7	322.0	11.0
河 南	403.5	97.1	18.8	19.5	259.6	8.5
湖 北	493.2	108.5	15.6	28.4	334.6	6.1
湖 南	519.9	134.5	14.3	16.2	348.5	6.4
广 东	585.5	151.7	16.3	15.8	388.0	13.6
广 西	395.3	103.9	13.2	4.8	268.3	5.1
四 川	421.5	117.6	7.5	15.2	276.3	5.1
贵 州	366.8	91.3	7.4	6.6	254.6	7.0
云 南	387.6	89.5	16.9	7.4	267.0	6.8
西 藏	387.8	73.3	36.7		269.6	8.2
陕 西	353.8	86.6	17.7	10.0	233.4	6.0
甘 肃	325.5	85.8	18.2	7.0	204.6	9.9
青 海	409.6	85.5	28.7	12.5	274.7	8.2
宁 夏	401.5	95.7	25.5	9.7	265.2	5.5
新 疆	513.6	155.4	28.2	27.0	290.4	12.6

4-32 1985年农村居民总支出构成

单位：%

地区	总支出	一、家庭经营费用支出	二、购置生产性固定资产支出	三、税费支出	四、生活消费支出	五、财产性和转移性支出
全国合计	**100.0**	**25.0**	**3.9**	**3.8**	**65.4**	**2.0**
北京	100.0	19.8	5.2	2.1	70.2	2.7
天津	100.0	22.6	2.7	1.9	69.6	3.2
河北	100.0	25.6	4.3	3.6	64.6	2.0
山西	100.0	18.9	7.6	4.0	66.9	2.6
内蒙古	100.0	26.0	5.6	4.5	62.6	1.4
辽宁	100.0	27.2	3.9	4.8	62.4	1.8
吉林	100.0	26.9	7.3	6.1	56.1	3.5
黑龙江	100.0	27.3	8.2	9.0	53.2	2.3
上海	100.0	18.1	0.4	3.6	75.9	1.9
江苏	100.0	24.9	1.7	4.2	68.1	1.1
浙江	100.0	21.4	2.6	1.8	71.6	2.5
安徽	100.0	26.9	4.2	4.2	62.8	1.9
福建	100.0	25.1	1.9	2.0	68.1	2.9
江西	100.0	21.6	2.4	3.8	70.0	2.3
山东	100.0	27.7	3.6	5.1	61.5	2.1
河南	100.0	24.1	4.7	4.8	64.3	2.1
湖北	100.0	22.0	3.2	5.8	67.9	1.2
湖南	100.0	25.9	2.8	3.1	67.0	1.2
广东	100.0	25.9	2.8	2.7	66.3	2.3
广西	100.0	26.3	3.3	1.2	67.9	1.3
四川	100.0	27.9	1.8	3.6	65.5	1.2
贵州	100.0	24.9	2.0	1.8	69.4	1.9
云南	100.0	23.1	4.4	1.9	68.9	1.8
西藏	100.0	18.9	9.5		69.5	2.1
陕西	100.0	24.5	5.0	2.8	66.0	1.7
甘肃	100.0	26.4	5.6	2.1	62.9	3.0
青海	100.0	20.9	7.0	3.0	67.1	2.0
宁夏	100.0	23.8	6.3	2.4	66.0	1.4
新疆	100.0	30.3	5.5	5.3	56.5	2.4

4-33 1985年农村居民家庭经营费用支出

单位：元/人

地区	家庭经营费用支出	一、第一产业支出	1.农业支出	2.林业支出	3.牧业支出	4.渔业支出	二、第二产业支出
全国合计	**121.4**	**110.7**	**59.5**	**1.0**	**48.4**	**1.9**	**2.0**
北京	143.9	119.4	43.4	0.2	75.6	0.2	2.9
天津	138.2	130.8	61.7	0.5	67.9	0.8	
河北	117.9	107.0	69.4	0.7	36.6	0.2	2.3
山西	77.1	57.5	42.4	0.5	14.6		0.7
内蒙古	121.0	115.6	76.7	0.6	38.2	0.1	1.0
辽宁	174.8	157.5	84.9	1.2	69.8	1.5	4.8
吉林	174.7	161.1	103.5	0.7	56.3	0.6	1.6
黑龙江	157.2	145.4	97.6	0.4	44.3	3.1	0.9
上海	185.5	179.2	66.1	0.6	111.1	1.4	
江苏	152.2	140.6	70.4	1.1	66.0	3.2	5.2
浙江	141.7	131.5	62.9	4.3	59.7	4.6	3.6
安徽	128.0	117.2	77.8	0.5	37.7	1.2	1.4
福建	129.1	113.9	53.3	1.2	56.3	3.1	2.8
江西	93.4	86.5	46.0	1.4	37.6	1.6	1.6
山东	144.8	129.6	71.6	2.0	55.1	1.0	2.0
河南	97.1	91.7	63.6	1.0	26.7	0.4	0.8
湖北	108.5	96.0	53.0	0.7	37.7	4.6	2.5
湖南	134.5	123.5	52.4	0.5	68.5	2.1	2.5
广东	151.7	141.1	61.9	0.6	66.1	12.5	2.0
广西	103.9	94.1	37.4	0.7	55.0	1.0	1.6
四川	117.6	110.4	37.9	0.4	71.5	0.5	1.8
贵州	91.3	82.1	36.1	0.4	45.4	0.2	1.6
云南	89.5	79.3	31.1	0.6	47.0	0.7	3.5
西藏	73.3	56.9	32.5	0.3	24.2		0.6
陕西	86.6	78.9	53.3	1.0	24.5	0.1	0.4
甘肃	85.8	78.3	52.0	0.6	25.6		1.0
青海	85.5	76.9	47.2	0.3	29.4		1.3
宁夏	95.7	88.4	67.6	1.0	19.0	0.8	1.0
新疆	155.4	141.0	93.2	2.5	44.9	0.3	1.1

4-33 续表 单位：元/人

地区	1.工业支出	2.建筑业支出	三、第三产业支出	1.交通运输、邮电业支出	2.批发和零贸易、餐饮业支出	3.社会服务业支出	4.其他家庭经营支出
全国合计	**1.7**	**0.3**	**8.7**	**3.6**	**2.3**	**0.6**	**2.2**
北京	2.7	0.2	21.6	17.4	1.3	0.6	2.4
天津		0.0	7.4	2.2	2.7	0.3	2.2
河北	1.9	0.5	8.6	2.8	2.9	0.8	2.1
山西	0.7	0.0	18.9	15.0	2.0	0.5	1.4
内蒙古	0.7	0.2	4.5	1.9	0.5	0.4	1.7
辽宁	4.2	0.6	12.6	7.1	1.9	0.6	3.1
吉林	1.3	0.4	12.0	4.7	3.9	0.6	2.9
黑龙江	0.9	0.0	10.9	3.3	2.2	0.2	5.1
上海			6.3	1.1	2.3	0.0	2.9
江苏	4.9	0.4	6.4	3.2	0.8	0.6	1.8
浙江	3.4	0.2	6.7	2.0	0.6	0.5	3.6
安徽	0.9	0.6	9.4	3.2	3.8	0.7	1.7
福建	2.3	0.5	12.3	5.0	3.3	1.1	2.9
江西	1.5	0.1	5.3	2.2	0.6	0.1	2.3
山东	1.2	0.8	13.2	3.5	5.8	0.7	3.3
河南	0.4	0.4	4.6	2.4	0.5	0.3	1.5
湖北	2.3	0.2	10.0	3.4	4.6	0.5	1.5
湖南	2.4	0.1	8.6	3.3	4.2	0.3	0.8
广东	1.7	0.2	8.6	2.7	3.0	0.9	2.0
广西	1.5	0.1	8.2	2.3	2.5	0.6	2.8
四川	1.6	0.2	5.4	2.7	1.1	0.7	0.9
贵州	1.0	0.6	7.5	3.3	1.8	0.4	2.1
云南	3.1	0.4	6.8	1.5	2.0	1.2	2.0
西藏		0.6	15.8	9.0		0.2	6.6
陕西	0.3	0.1	7.3	4.9	0.4	0.4	1.6
甘肃	0.7	0.3	6.6	2.5	0.6	0.1	3.4
青海	1.2	0.1	7.3	5.5	0.2	0.4	1.2
宁夏	1.0		6.3	5.4	0.1	0.1	0.7
新疆	0.7	0.3	13.4	6.3	3.2	1.2	2.7

4-34 1985年农村居民家庭经营费用支出构成

单位：%

地区	家庭经营费用支出	一、第一产业支出	1.农业支出	2.林业支出	3.牧业支出	4.渔业支出	二、第二产业支出
全国合计	**100.0**	**91.2**	**49.0**	**0.8**	**39.8**	**1.6**	**1.6**
北京	100.0	83.0	30.2	0.1	52.5	0.2	2.0
天津	100.0	94.6	44.7	0.3	49.1	0.5	
河北	100.0	90.7	58.9	0.6	31.0	0.2	2.0
山西	100.0	74.6	55.0	0.7	18.9		0.9
内蒙古	100.0	95.5	63.3	0.5	31.6	0.1	0.8
辽宁	100.0	90.1	48.6	0.7	39.9	0.9	2.7
吉林	100.0	92.2	59.3	0.4	32.2	0.3	0.9
黑龙江	100.0	92.5	62.1	0.2	28.2	2.0	0.6
上海	100.0	96.6	35.6	0.3	59.9	0.8	
江苏	100.0	92.4	46.2	0.7	43.3	2.1	3.4
浙江	100.0	92.8	44.3	3.1	42.1	3.2	2.5
安徽	100.0	91.5	60.8	0.4	29.4	0.9	1.1
福建	100.0	88.3	41.3	0.9	43.6	2.4	2.2
江西	100.0	92.6	49.2	1.5	40.2	1.7	1.7
山东	100.0	89.5	49.5	1.4	38.1	0.7	1.4
河南	100.0	94.5	65.5	1.1	27.5	0.4	0.8
湖北	100.0	88.5	48.9	0.7	34.7	4.2	2.3
湖南	100.0	91.8	39.0	0.3	50.9	1.6	1.9
广东	100.0	93.0	40.8	0.4	43.6	8.3	1.3
广西	100.0	90.6	36.0	0.6	53.0	1.0	1.5
四川	100.0	93.9	32.3	0.4	60.8	0.4	1.5
贵州	100.0	90.0	39.6	0.5	49.7	0.3	1.8
云南	100.0	88.6	34.7	0.6	52.5	0.8	3.9
西藏	100.0	77.7	44.3	0.4	33.0		0.8
陕西	100.0	91.1	61.5	1.2	28.3	0.1	0.5
甘肃	100.0	91.2	60.6	0.7	29.8		1.1
青海	100.0	89.9	55.2	0.3	34.4		1.6
宁夏	100.0	92.4	70.6	1.1	19.8	0.9	1.0
新疆	100.0	90.7	60.0	1.6	28.9	0.2	0.7

4-34 续表 单位：%

地区	1.工业支出	2.建筑业支出	三、第三产业支出	1.交通运输、邮电业支出	2.批发和零贸易、餐饮业支出	3.社会服务业支出	4.其他家庭经营支出
全国合计	**1.4**	**0.2**	**7.1**	**3.0**	**1.9**	**0.5**	**1.8**
北京	1.9	0.1	15.0	12.1	0.9	0.4	1.7
天津			5.4	1.6	1.9	0.2	1.6
河北	1.6	0.4	7.3	2.4	2.5	0.7	1.7
山西	0.9	0.0	24.5	19.4	2.6	0.6	1.9
内蒙古	0.6	0.2	3.7	1.6	0.4	0.3	1.4
辽宁	2.4	0.3	7.2	4.0	1.1	0.3	1.8
吉林	0.7	0.2	6.9	2.7	2.2	0.3	1.7
黑龙江	0.6		6.9	2.1	1.4	0.1	3.3
上海			3.4	0.6	1.2	0.0	1.6
江苏	3.2	0.2	4.2	2.1	0.5	0.4	1.2
浙江	2.4	0.1	4.7	1.4	0.4	0.3	2.5
安徽	0.7	0.5	7.3	2.5	3.0	0.5	1.3
福建	1.8	0.4	9.5	3.9	2.6	0.9	2.2
江西	1.6	0.1	5.7	2.3	0.7	0.1	2.5
山东	0.9	0.5	9.1	2.4	4.0	0.5	2.3
河南	0.4	0.4	4.8	2.5	0.5	0.3	1.5
湖北	2.1	0.2	9.2	3.2	4.3	0.4	1.3
湖南	1.8	0.1	6.4	2.4	3.1	0.2	0.6
广东	1.1	0.2	5.7	1.8	2.0	0.6	1.3
广西	1.5	0.1	7.9	2.2	2.4	0.6	2.7
四川	1.4	0.1	4.6	2.3	0.9	0.6	0.8
贵州	1.1	0.7	8.3	3.6	2.0	0.4	2.3
云南	3.5	0.4	7.5	1.7	2.3	1.3	2.3
西藏		0.8	21.6	12.3		0.3	9.0
陕西	0.4	0.1	8.4	5.6	0.5	0.5	1.9
甘肃	0.8	0.3	7.7	2.9	0.7	0.1	4.0
青海	1.4	0.2	8.5	6.4	0.3	0.4	1.4
宁夏	1.0		6.6	5.6	0.1	0.1	0.8
新疆	0.5	0.2	8.6	4.0	2.1	0.8	1.7

4-35　1985年农村居民生活消费支出

单位：元/人

地　区	生活消费支出	一、食品支出	二、衣着支出	三、居住支出
全国合计	**317.4**	**183.4**	**30.8**	**57.9**
北　京	510.0	240.1	52.5	106.8
天　津	426.1	202.2	48.6	89.9
河　北	297.7	149.0	31.9	66.4
山　西	272.7	148.2	39.5	37.8
内蒙古	291.3	183.6	29.6	36.0
辽　宁	401.6	207.2	43.7	81.2
吉　林	364.5	199.5	37.0	66.8
黑龙江	306.6	176.8	31.9	52.4
上　海	778.4	341.5	64.8	254.5
江　苏	415.6	217.0	36.8	101.7
浙　江	473.8	247.3	41.9	110.5
安　徽	299.0	174.9	28.5	58.0
福　建	350.6	218.8	24.4	59.0
江　西	303.1	185.4	26.4	52.9
山　东	322.0	168.2	35.7	66.1
河　南	259.6	145.5	28.6	51.9
湖　北	334.6	198.0	33.4	55.3
湖　南	348.5	219.6	32.8	51.0
广　东	388.0	234.4	19.2	77.2
广　西	268.3	166.9	19.1	45.8
四　川	276.3	173.9	27.3	41.4
贵　州	254.6	177.9	23.7	29.4
云　南	267.0	178.0	22.9	38.9
西　藏	269.6	184.3	33.3	34.6
陕　西	233.4	134.1	25.2	41.8
甘　肃	204.6	123.6	25.0	25.1
青　海	274.7	176.2	36.9	31.0
宁　夏	265.2	156.3	30.4	32.9
新　疆	290.4	168.1	46.6	33.2

4-35 续表 单位：元/人

地　区	四、家庭设备用品及服务支出	五、交通和通讯支出	六、文化教育用品及服务支出	七、医疗保健支出	八、其他商品及服务支出
全国合计	**16.2**	**5.6**	**12.4**	**7.7**	**3.6**
北　京	44.9	10.0	40.2	10.5	5.0
天　津	31.6	9.2	30.5	8.8	5.3
河　北	17.9	6.7	14.2	8.3	3.4
山　西	16.1	5.7	14.4	7.4	3.7
内蒙古	13.6	5.3	11.8	8.6	2.9
辽　宁	21.3	9.4	25.7	8.3	4.9
吉　林	18.8	6.3	21.2	11.1	3.8
黑龙江	15.5	5.2	12.2	10.0	2.5
上　海	52.1	14.9	35.8	8.1	6.8
江　苏	24.2	8.6	15.1	7.8	4.5
浙　江	32.7	11.7	14.8	9.3	5.7
安　徽	13.8	5.1	9.0	6.5	3.3
福　建	15.2	5.4	13.4	9.0	5.5
江　西	11.9	5.1	11.6	7.0	2.9
山　东	21.9	5.4	14.2	6.7	3.8
河　南	12.2	4.0	7.1	8.1	2.4
湖　北	17.1	5.1	14.3	8.0	3.6
湖　南	15.7	6.6	11.9	7.5	3.4
广　东	17.4	6.8	16.0	11.9	5.2
广　西	12.8	4.8	8.7	6.6	3.7
四　川	11.1	3.5	9.7	6.3	3.0
贵　州	7.9	1.7	6.2	4.1	3.7
云　南	9.8	3.1	6.2	5.6	2.6
西　藏	12.9	1.0	1.0	0.1	2.5
陕　西	11.6	4.0	6.7	7.5	2.5
甘　肃	10.7	4.0	7.5	6.4	2.4
青　海	8.6	5.0	7.5	6.3	3.3
宁　夏	15.1	6.0	14.7	8.1	1.6
新　疆	14.6	5.6	11.2	7.8	3.2

4-36 1985年农村居民生活消费支出构成

单位：%

地　区	生活消费支出	一、食品支出	二、衣着支出	三、居住支出
全国合计	**100.0**	**57.8**	**9.7**	**18.2**
北　京	100.0	47.1	10.3	20.9
天　津	100.0	47.5	11.4	21.1
河　北	100.0	50.1	10.7	22.3
山　西	100.0	54.3	14.5	13.9
内蒙古	100.0	63.0	10.1	12.4
辽　宁	100.0	51.6	10.9	20.2
吉　林	100.0	54.7	10.1	18.3
黑龙江	100.0	57.7	10.4	17.1
上　海	100.0	43.9	8.3	32.7
江　苏	100.0	52.2	8.9	24.5
浙　江	100.0	52.2	8.8	23.3
安　徽	100.0	58.5	9.5	19.4
福　建	100.0	62.4	7.0	16.8
江　西	100.0	61.1	8.7	17.5
山　东	100.0	52.2	11.1	20.5
河　南	100.0	56.0	11.0	20.0
湖　北	100.0	59.2	10.0	16.5
湖　南	100.0	63.0	9.4	14.6
广　东	100.0	60.4	4.9	19.9
广　西	100.0	62.2	7.1	17.1
四　川	100.0	62.9	9.9	15.0
贵　州	100.0	69.9	9.3	11.6
云　南	100.0	66.7	8.6	14.6
西　藏	100.0	68.4	12.3	12.8
陕　西	100.0	57.5	10.8	17.9
甘　肃	100.0	60.4	12.2	12.3
青　海	100.0	64.1	13.4	11.3
宁　夏	100.0	59.0	11.5	12.4
新　疆	100.0	57.9	16.1	11.4

4-36 续表

单位：%

地区	四、家庭设备用品及服务支出	五、交通和通讯支出	六、文化教育用品及服务支出	七、医疗保健支出	八、其他商品及服务支出
全国合计	**5.1**	**1.8**	**3.9**	**2.4**	**1.1**
北　京	8.8	2.0	7.9	2.1	1.0
天　津	7.4	2.1	7.2	2.1	1.2
河　北	6.0	2.2	4.8	2.8	1.1
山　西	5.9	2.1	5.3	2.7	1.3
内蒙古	4.7	1.8	4.1	2.9	1.0
辽　宁	5.3	2.3	6.4	2.1	1.2
吉　林	5.2	1.7	5.8	3.0	1.0
黑龙江	5.1	1.7	4.0	3.3	0.8
上　海	6.7	1.9	4.6	1.0	0.9
江　苏	5.8	2.1	3.6	1.9	1.1
浙　江	6.9	2.5	3.1	2.0	1.2
安　徽	4.6	1.7	3.0	2.2	1.1
福　建	4.3	1.5	3.8	2.6	1.6
江　西	3.9	1.7	3.8	2.3	1.0
山　东	6.8	1.7	4.4	2.1	1.2
河　南	4.7	1.5	2.7	3.1	0.9
湖　北	5.1	1.5	4.3	2.4	1.1
湖　南	4.5	1.9	3.4	2.1	1.0
广　东	4.5	1.8	4.1	3.1	1.3
广　西	4.8	1.8	3.3	2.5	1.4
四　川	4.0	1.3	3.5	2.3	1.1
贵　州	3.1	0.7	2.4	1.6	1.4
云　南	3.7	1.2	2.3	2.1	1.0
西　藏	4.8	0.4	0.4	0.0	0.9
陕　西	5.0	1.7	2.9	3.2	1.1
甘　肃	5.2	2.0	3.7	3.1	1.2
青　海	3.1	1.8	2.7	2.3	1.2
宁　夏	5.7	2.2	5.6	3.1	0.6
新　疆	5.0	1.9	3.9	2.7	1.1

4-37 1985年农村居民现金支出

单位：元/人

地区	现金支出	一、家庭经营费用支出	二、购买生产性固定资产支出	三、税费支出	四、生活消费支出	五、财产性和转移性支出
全国合计	**331.2**	**80.0**	**18.9**	**16.4**	**194.7**	**21.3**
北京	619.9	104.0	37.9	10.7	438.8	28.5
天津	497.8	104.8	16.7	5.6	338.4	32.3
河北	327.5	78.5	19.9	14.3	198.5	16.4
山西	307.2	58.0	31.1	15.6	183.7	18.9
内蒙古	259.1	53.9	26.6	20.1	141.4	17.2
辽宁	471.7	120.6	25.3	24.0	270.4	31.5
吉林	452.6	108.5	50.8	39.1	219.9	34.2
黑龙江	390.0	96.7	47.6	45.5	178.3	22.0
上海	840.0	135.5	3.5	6.5	651.7	42.7
江苏	458.4	108.9	10.7	24.6	286.8	27.5
浙江	511.9	107.3	18.1	12.1	342.8	31.6
安徽	317.5	82.8	20.3	19.6	173.1	21.7
福建	374.1	99.3	10.8	7.9	226.1	30.1
江西	279.0	64.7	10.5	14.0	166.5	23.2
山东	379.5	98.7	18.5	23.8	218.8	19.7
河南	268.1	64.1	18.9	17.7	152.5	15.0
湖北	332.4	75.0	15.6	26.4	189.2	26.4
湖南	336.2	81.4	14.3	15.4	192.0	33.0
广东	437.7	123.1	16.6	10.5	266.4	21.2
广西	265.1	70.7	13.7	4.6	159.3	16.9
四川	258.0	65.4	7.5	14.9	154.3	15.9
贵州	198.1	48.6	7.6	5.8	117.8	18.4
云南	225.0	55.0	17.3	4.1	135.5	13.0
西藏	168.8	35.8	31.2		97.1	4.6
陕西	223.4	51.9	18.6	9.7	129.8	13.4
甘肃	185.0	44.4	17.8	6.0	101.9	14.9
青海	237.9	42.1	28.6	11.8	141.0	14.4
宁夏	260.4	60.3	26.2	7.4	149.3	17.2
新疆	358.7	108.3	28.5	24.8	179.6	17.6

4-38　1985年农村居民现金支出构成

单位：%

地　区	现金支出	一、家庭经营费用支出	二、购买生产性固定资产支出	三、税费支出	四、生活消费支出	五、财产性和转移性支出
全国合计	**100.0**	**24.1**	**5.7**	**4.9**	**58.8**	**6.4**
北　京	100.0	16.8	6.1	1.7	70.8	4.6
天　津	100.0	21.1	3.3	1.1	68.0	6.5
河　北	100.0	24.0	6.1	4.4	60.6	5.0
山　西	100.0	18.9	10.1	5.1	59.8	6.2
内蒙古	100.0	20.8	10.2	7.8	54.6	6.6
辽　宁	100.0	25.6	5.4	5.1	57.3	6.7
吉　林	100.0	24.0	11.2	8.6	48.6	7.6
黑龙江	100.0	24.8	12.2	11.7	45.7	5.6
上　海	100.0	16.1	0.4	0.8	77.6	5.1
江　苏	100.0	23.8	2.3	5.4	62.6	6.0
浙　江	100.0	21.0	3.5	2.4	67.0	6.2
安　徽	100.0	26.1	6.4	6.2	54.5	6.8
福　建	100.0	26.5	2.9	2.1	60.4	8.0
江　西	100.0	23.2	3.8	5.0	59.7	8.3
山　东	100.0	26.0	4.9	6.3	57.6	5.2
河　南	100.0	23.9	7.0	6.6	56.9	5.6
湖　北	100.0	22.6	4.7	7.9	56.9	7.9
湖　南	100.0	24.2	4.3	4.6	57.1	9.8
广　东	100.0	28.1	3.8	2.4	60.9	4.8
广　西	100.0	26.7	5.1	1.7	60.1	6.4
四　川	100.0	25.3	2.9	5.8	59.8	6.2
贵　州	100.0	24.5	3.8	2.9	59.5	9.3
云　南	100.0	24.4	7.7	1.8	60.2	5.8
西　藏	100.0	21.2	18.5		57.5	2.7
陕　西	100.0	23.2	8.3	4.4	58.1	6.0
甘　肃	100.0	24.0	9.6	3.2	55.1	8.1
青　海	100.0	17.7	12.0	5.0	59.3	6.1
宁　夏	100.0	23.1	10.0	2.8	57.3	6.6
新　疆	100.0	30.2	7.9	6.9	50.1	4.9

4-39　1985年农村居民家庭经营费用现金支出

单位：元/人

地　区	家庭经营费用现金支出	一、第一产业支出	1.农业支出	2.林业支出	3.牧业支出	4.渔业支出	二、第二产业支出
全国合计	**80.0**	**69.9**	**43.1**	**0.9**	**24.2**	**1.7**	**2.0**
北　京	104.0	84.4	34.1	0.2	49.9	0.2	2.8
天　津	104.8	97.6	48.2	0.5	48.1	0.8	
河　北	78.5	68.4	50.8	0.7	16.7	0.2	2.2
山　西	58.0	38.8	29.6	0.5	8.7		0.8
内蒙古	53.9	48.5	33.6	0.6	14.2	0.1	1.0
辽　宁	120.6	104.8	64.8	0.9	37.7	1.4	4.7
吉　林	108.5	95.5	65.6	0.7	28.6	0.6	1.6
黑龙江	96.7	86.4	56.4	0.3	26.7	3.1	0.8
上　海	135.5	130.1	38.7	0.6	89.5	1.2	
江　苏	108.9	97.5	57.7	1.1	35.9	2.8	5.3
浙　江	107.3	94.3	54.6	4.3	31.1	4.4	6.2
安　徽	82.8	72.8	52.8	0.5	18.6	1.0	1.3
福　建	99.3	84.5	46.8	1.1	33.7	3.0	2.8
江　西	64.7	58.6	37.6	1.2	18.4	1.4	1.5
山　东	98.7	84.5	55.3	1.8	26.7	0.7	1.9
河　南	62.1	57.0	42.0	0.9	13.8	0.3	0.7
湖　北	74.8	63.2	40.5	0.7	19.2	2.9	2.2
湖　南	81.4	70.6	41.5	0.4	26.6	2.0	2.4
广　东	123.1	112.7	55.6	0.6	44.4	12.2	1.9
广　西	70.7	61.1	32.8	0.6	26.8	1.0	1.5
四　川	65.4	58.4	29.5	0.3	28.1	0.5	1.7
贵　州	48.6	41.0	22.7	0.3	17.9	0.2	1.4
云　南	55.0	45.3	23.3	0.4	21.0	0.6	3.3
西　藏	35.9	21.4	12.5	0.2	8.7		0.4
陕　西	51.9	44.3	32.6	0.9	10.7	0.1	0.4
甘　肃	44.4	38.2	28.8	0.6	8.7		0.9
青　海	42.1	33.7	19.3	0.3	14.1		1.3
宁　夏	60.3	53.1	40.7	1.0	10.6	0.8	1.0
新　疆	108.3	94.3	64.3	2.4	27.3	0.3	0.8

4-39 续表　　　　单位: 元/人

地　区	1.工业支出	2.建筑业支出	三、第三产业支出	1.交通运输、邮电业支出	2.批发和零售贸易、餐饮业支出	3.社会服务业支出	4.其他家庭经营支出
全国合计	**1.7**	**0.3**	**8.1**	**3.4**	**2.2**	**0.5**	**2.0**
北　京	2.7	0.2	16.7	14.0	0.2	0.5	2.0
天　津			7.2	2.0	2.7		2.5
河　北	1.8	0.4	7.8	2.2	2.8	0.8	2.0
山　西	0.7		18.5	14.8	2.0	0.4	1.2
内蒙古	0.7	0.2	4.4	1.9	0.5	0.4	1.7
辽　宁	4.2	0.6	11.0	6.2	1.8	0.6	2.5
吉　林	1.3	0.4	11.4	4.7	3.9	0.6	2.3
黑龙江	0.8		9.5	2.7	2.2	0.2	4.4
上　海			5.5	1.0	2.3		2.2
江　苏	4.9	0.4	6.1	3.2	0.8	0.5	1.7
浙　江	6.0	0.2	6.8	2.0	0.6	0.4	3.8
安　徽	0.9	0.5	8.6	2.8	3.7	0.4	1.6
福　建	2.3	0.5	12.0	5.0	3.2	1.1	2.6
江　西	1.4	0.1	4.7	1.9	0.6	0.1	2.0
山　东	1.2	0.7	12.3	3.2	5.7	0.6	2.8
河　南	0.4	0.3	4.5	2.4	0.5	0.3	1.3
湖　北	2.0	0.2	9.4	3.3	4.3	0.4	1.4
湖　南	2.3	0.1	8.4	3.2	4.1	0.3	0.8
广　东	1.6	0.2	8.5	2.7	3.0	0.9	1.9
广　西	1.4	0.1	8.2	2.3	2.5	0.6	2.8
四　川	1.6	0.2	5.4	2.7	1.1	0.7	0.9
贵　州	1.0	0.5	6.1	3.0	0.9	0.4	1.9
云　南	2.9	0.4	6.5	1.5	2.0	1.2	1.8
西　藏		0.4	14.0	8.2		0.2	5.7
陕　西	0.4		7.2	4.9	0.4	0.4	1.5
甘　肃	0.6	0.3	5.4	2.0	0.6	0.1	2.6
青　海	1.2	0.1	7.0	5.2	0.2	0.4	1.2
宁　夏	1.0		6.2	5.2	0.1	0.1	0.7
新　疆	0.5	0.3	13.2	6.3	3.3	1.0	2.7

4-40 1985年农村居民家庭经营费用现金支出构成

单位：%

地　区	家庭经营费用现金支出	一、第一产业支出	1.农业支出	2.林业支出	3.牧业支出	4.渔业支出	二、第二产业支出
全国合计	**100.0**	**87.3**	**53.9**	**1.1**	**30.2**	**2.2**	**2.5**
北　京	100.0	81.2	32.8	0.2	48.0	0.2	2.7
天　津	100.0	93.1	46.0	0.4	45.9	0.7	
河　北	100.0	87.2	64.8	0.9	21.3	0.2	2.8
山　西	100.0	66.9	51.1	0.8	15.0		1.3
内蒙古	100.0	90.0	62.3	1.0	26.4	0.2	1.8
辽　宁	100.0	86.9	53.7	0.7	31.3	1.2	3.9
吉　林	100.0	88.0	60.4	0.7	26.4	0.5	1.5
黑龙江	100.0	89.4	58.3	0.3	27.6	3.2	0.8
上　海	100.0	96.0	28.6	0.4	66.1	0.9	
江　苏	100.0	89.5	53.0	1.0	33.0	2.6	4.8
浙　江	100.0	87.9	50.8	4.0	29.0	4.1	5.8
安　徽	100.0	88.0	63.8	0.6	22.5	1.2	1.6
福　建	100.0	85.1	47.2	1.1	33.9	3.0	2.8
江　西	100.0	90.5	58.0	1.9	28.4	2.2	2.3
山　东	100.0	85.6	56.0	1.9	27.0	0.7	1.9
河　南	100.0	91.7	67.6	1.4	22.2	0.5	1.1
湖　北	100.0	84.5	54.2	0.9	25.6	3.8	2.9
湖　南	100.0	86.7	51.1	0.5	32.7	2.4	3.0
广　东	100.0	91.6	45.2	0.5	36.0	9.9	1.5
广　西	100.0	86.4	46.4	0.8	37.8	1.4	2.1
四　川	100.0	89.2	45.0	0.5	42.9	0.8	2.6
贵　州	100.0	84.4	46.6	0.6	36.7	0.5	2.9
云　南	100.0	82.3	42.4	0.7	38.1	1.1	6.0
西　藏	100.0	59.7	34.8	0.7	24.2		1.2
陕　西	100.0	85.4	62.9	1.8	20.6	0.1	0.7
甘　肃	100.0	85.9	64.9	1.3	19.7		2.0
青　海	100.0	80.2	46.0	0.6	33.6		3.2
宁　夏	100.0	88.2	67.6	1.7	17.6	1.4	1.6
新　疆	100.0	87.1	59.4	2.2	25.2	0.3	0.7

4-40 续表 单位：%

地　区	1.工业支出	2.建筑业支出	三、第三产业支出	1.交通运输、邮电业支出	2.批发和零售贸易、餐饮业支出	3.社会服务业支出	4.其他家庭经营支出
全国合计	**2.2**	**0.4**	**10.2**	**4.3**	**2.7**	**0.7**	**2.5**
北　京	2.6	0.2	16.1	13.5	0.2	0.5	1.9
天　津			6.9	1.9	2.5		2.4
河　北	2.3	0.6	10.0	2.8	3.6	1.0	2.5
山　西	1.2	0.1	31.8	25.5	3.5	0.7	2.1
内蒙古	1.4	0.4	8.2	3.5	0.9	0.7	3.1
辽　宁	3.4	0.5	9.2	5.1	1.5	0.5	2.1
吉　林	1.2	0.3	10.5	4.3	3.5	0.5	2.1
黑龙江	0.8		9.8	2.7	2.2	0.2	4.6
上　海			4.0	0.7	1.7		1.6
江　苏	4.5	0.4	5.6	2.9	0.7	0.5	1.5
浙　江	5.6	0.2	6.3	1.9	0.6	0.4	3.5
安　徽	1.0	0.6	10.4	3.4	4.5	0.5	2.0
福　建	2.3	0.5	12.0	5.0	3.2	1.1	2.7
江　西	2.1	0.1	7.3	3.0	0.9	0.2	3.1
山　东	1.2	0.7	12.4	3.2	5.8	0.6	2.8
河　南	0.6	0.5	7.2	3.8	0.7	0.5	2.1
湖　北	2.7	0.3	12.6	4.4	5.8	0.6	1.8
湖　南	2.9	0.1	10.3	4.0	5.0	0.3	0.9
广　东	1.3	0.2	6.9	2.2	2.4	0.7	1.6
广　西	2.0	0.1	11.6	3.3	3.5	0.8	3.9
四　川	2.4	0.2	8.2	4.1	1.7	1.1	1.3
贵　州	2.0	1.0	12.6	6.1	1.9	0.8	3.9
云　南	5.3	0.7	11.7	2.7	3.6	2.1	3.3
西　藏		1.2	39.1	22.8		0.5	15.8
陕　西	0.7		13.9	9.5	0.7	0.8	3.0
甘　肃	1.4	0.6	12.1	4.6	1.3	0.3	5.9
青　海	2.9	0.3	16.6	12.4	0.5	0.9	2.9
宁　夏	1.6		10.2	8.6	0.2	0.2	1.2
新　疆	0.5	0.3	12.2	5.8	3.0	0.9	2.4

4-41 1985年农村居民生活消费现金支出

单位：元/人

地　区	生活消费支出	一、食品支出	二、衣着支出	三、居住支出
全国合计	**194.7**	**76.6**	**30.1**	**42.8**
北　京	438.8	176.6	52.4	99.2
天　津	338.4	128.3	48.4	76.3
河　北	198.5	62.1	30.0	56.0
山　西	183.7	63.8	38.9	34.2
内蒙古	141.4	48.5	29.6	21.3
辽　宁	270.4	99.6	43.4	58.0
吉　林	219.9	77.3	37.0	44.5
黑龙江	178.3	69.0	31.9	32.0
上　海	651.7	233.2	63.4	238.5
江　苏	286.8	108.0	35.9	83.1
浙　江	342.8	137.0	41.2	91.1
安　徽	173.1	69.3	28.0	38.4
福　建	266.1	150.1	24.4	43.4
江　西	166.5	69.5	26.0	32.8
山　东	218.8	81.2	34.5	51.3
河　南	152.5	51.7	27.5	39.8
湖　北	189.2	70.3	32.2	38.9
湖　南	192.0	78.0	32.5	36.4
广　东	266.4	133.7	19.1	56.3
广　西	159.3	76.1	19.1	27.5
四　川	154.3	66.0	26.7	28.1
贵　州	117.8	50.7	23.7	20.0
云　南	135.5	60.0	22.8	25.5
西　藏	97.1	48.3	26.5	6.5
陕　西	129.8	42.1	24.7	30.8
甘　肃	101.9	30.8	24.8	15.6
青　海	141.0	55.3	36.2	18.8
宁　夏	149.3	46.0	30.4	27.4
新　疆	179.7	65.4	45.6	26.5

4-41 续表

单位：元/人

地　区	四、家庭设备用品及服务支出	五、交通和通讯支出	六、文化教育用品及服务支出	七、医疗保健支出	八、其他商品及服务支出
全国合计	**16.1**	**5.6**	**12.3**	**7.7**	**3.5**
北　京	44.8	10.0	40.2	10.5	5.0
天　津	31.6	9.2	30.5	8.8	5.3
河　北	17.9	6.7	14.1	8.3	3.3
山　西	15.8	5.7	14.3	7.4	3.6
内蒙古	13.5	5.3	11.8	8.6	2.9
辽　宁	21.2	9.6	25.6	8.1	4.8
吉　林	18.8	6.3	21.2	11.1	3.8
黑龙江	15.5	5.2	12.2	10.0	2.4
上　海	51.8	14.9	35.8	7.6	6.8
江　苏	23.8	8.6	15.1	7.8	4.5
浙　江	32.2	11.8	14.7	9.2	5.6
安　徽	13.6	5.1	9.0	6.5	3.3
福　建	15.1	5.4	13.4	9.0	5.4
江　西	11.8	5.1	11.6	7.0	2.8
山　东	21.8	5.4	14.2	6.7	3.8
河　南	12.1	4.0	7.1	8.1	2.4
湖　北	17.0	5.1	14.3	8.0	3.5
湖　南	15.6	6.6	11.9	7.5	3.4
广　东	17.4	6.8	16.0	11.9	5.2
广　西	12.8	4.8	8.7	6.6	3.7
四　川	11.0	3.5	9.7	6.3	3.0
贵　州	7.8	1.7	6.2	4.1	3.7
云　南	9.8	3.1	6.2	5.6	2.6
西　藏	12.2	1.1	0.4	0.2	2.0
陕　西	11.6	4.0	6.7	7.5	2.5
甘　肃	10.6	4.0	7.4	6.4	2.3
青　海	8.6	5.0	7.5	6.3	3.3
宁　夏	15.1	6.0	14.7	8.1	1.6
新　疆	14.6	5.2	11.2	8.0	3.3

4-42　1985年农村居民生活消费现金支出构成

单位：%

地　区	生活消费支出	一、食品支出	二、衣着支出	三、居住支出
全国合计	**100.0**	**39.3**	**15.5**	**22.0**
北　京	100.0	40.2	11.9	22.6
天　津	100.0	37.9	14.3	22.5
河　北	100.0	31.3	15.1	28.2
山　西	100.0	34.7	21.2	18.6
内蒙古	100.0	34.3	20.9	15.0
辽　宁	100.0	36.9	16.1	21.4
吉　林	100.0	35.1	16.8	20.2
黑龙江	100.0	38.7	17.9	18.0
上　海	100.0	35.8	9.7	36.6
江　苏	100.0	37.7	12.5	29.0
浙　江	100.0	40.0	12.0	26.6
安　徽	100.0	40.0	16.2	22.2
福　建	100.0	56.4	9.2	16.3
江　西	100.0	41.7	15.6	19.7
山　东	100.0	37.1	15.8	23.5
河　南	100.0	33.9	18.0	26.1
湖　北	100.0	37.1	17.0	20.6
湖　南	100.0	40.6	16.9	19.0
广　东	100.0	50.2	7.2	21.1
广　西	100.0	47.8	12.0	17.3
四　川	100.0	42.8	17.3	18.2
贵　州	100.0	43.0	20.1	16.9
云　南	100.0	44.3	16.8	18.8
西　藏	100.0	49.7	27.3	6.7
陕　西	100.0	32.4	19.0	23.8
甘　肃	100.0	30.3	24.3	15.3
青　海	100.0	39.2	25.7	13.3
宁　夏	100.0	30.8	20.3	18.4
新　疆	100.0	36.4	25.4	14.7

4-42 续表 单位：%

地　区	四、家庭设备用品及服务支出	五、交通和通讯支出	六、文化教育用品及服务支出	七、医疗保健支出	八、其他商品及服务支出
全国合计	**8.2**	**2.9**	**6.3**	**3.9**	**1.8**
北　京	10.2	2.3	9.2	2.4	1.1
天　津	9.3	2.7	9.0	2.6	1.6
河　北	9.0	3.4	7.1	4.2	1.7
山　西	8.6	3.1	7.8	4.0	2.0
内 蒙 古	9.6	3.7	8.4	6.1	2.1
辽　宁	7.9	3.5	9.5	3.0	1.8
吉　林	8.6	2.9	9.6	5.0	1.7
黑 龙 江	8.7	2.9	6.8	5.6	1.4
上　海	7.9	2.3	5.5	1.2	1.0
江　苏	8.3	3.0	5.3	2.7	1.6
浙　江	9.4	3.4	4.3	2.7	1.6
安　徽	7.9	2.9	5.2	3.7	1.9
福　建	5.7	2.0	5.0	3.4	2.0
江　西	7.1	3.1	6.9	4.2	1.7
山　东	10.0	2.5	6.5	3.1	1.7
河　南	7.9	2.6	4.6	5.3	1.5
湖　北	9.0	2.7	7.6	4.2	1.9
湖　南	8.1	3.5	6.2	3.9	1.8
广　东	6.5	2.6	6.0	4.5	2.0
广　西	8.0	3.0	5.5	4.1	2.3
四　川	7.1	2.3	6.3	4.1	1.9
贵　州	6.6	1.5	5.2	3.4	3.1
云　南	7.2	2.3	4.5	4.1	1.9
西　藏	12.5	1.1	0.4	0.2	2.1
陕　西	8.9	3.0	5.2	5.8	1.9
甘　肃	10.4	3.9	7.3	6.2	2.3
青　海	6.1	3.5	5.3	4.5	2.3
宁　夏	10.1	4.0	9.9	5.4	1.1
新　疆	8.1	2.9	6.2	4.4	1.8

4-43 1990年农村居民总收入

单位：元/人

地 区	总收入	一、工资性收入	二、家庭经营收入	三、财产性和转移性收入
全国合计	**990.4**	**138.8**	**815.8**	**35.8**
北 京	1649.2	704.7	857.9	86.5
天 津	1371.5	464.1	837.4	70.0
河 北	894.8	171.4	691.3	32.1
山 西	825.0	165.3	623.6	36.1
内蒙古	947.2	52.3	871.1	23.8
辽 宁	1235.9	260.6	951.1	24.3
吉 林	1312.8	75.7	1207.3	29.8
黑龙江	1329.6	77.1	1233.7	18.8
上 海	2232.1	1065.6	1092.6	73.8
江 苏	1273.3	300.6	938.4	34.4
浙 江	1445.7	354.1	1029.1	62.5
安 徽	837.3	77.1	734.9	25.2
福 建	1112.1	156.6	888.2	67.3
江 西	940.9	87.2	822.5	31.2
山 东	994.4	167.8	795.0	31.6
河 南	764.4	79.2	655.2	30.0
湖 北	957.0	82.4	849.9	24.7
湖 南	975.6	85.1	859.8	30.7
广 东	1488.9	235.5	1181.5	71.9
广 西	898.5	59.8	803.5	35.2
海 南	949.3	60.8	827.2	61.3
四 川	846.7	83.6	727.6	35.5
贵 州	629.0	47.0	554.6	27.4
云 南	775.0	77.0	662.6	35.4
西 藏	869.8	45.6	790.6	33.6
陕 西	735.0	87.9	613.6	33.4
甘 肃	614.7	80.9	508.6	25.2
青 海	782.7	81.7	664.2	36.8
宁 夏	835.1	80.4	725.4	29.2
新 疆	1112.0	54.0	1034.7	23.3

4-44 1990年农村居民总收入构成

单位：%

地区	总收入	一、工资性收入	二、家庭经营收入	三、财产性和转移性收入
全国合计	**100.0**	**14.0**	**82.4**	**3.6**
北京	100.0	42.7	52.0	5.2
天津	100.0	33.8	61.1	5.1
河北	100.0	19.2	77.3	3.6
山西	100.0	20.0	75.6	4.4
内蒙古	100.0	5.5	92.0	2.5
辽宁	100.0	21.1	77.0	2.0
吉林	100.0	5.8	92.0	2.3
黑龙江	100.0	5.8	92.8	1.4
上海	100.0	47.7	49.0	3.3
江苏	100.0	23.6	73.7	2.7
浙江	100.0	24.5	71.2	4.3
安徽	100.0	9.2	87.8	3.0
福建	100.0	14.1	79.9	6.0
江西	100.0	9.3	87.4	3.3
山东	100.0	16.9	79.9	3.2
河南	100.0	10.4	85.7	3.9
湖北	100.0	8.6	88.8	2.6
湖南	100.0	8.7	88.1	3.1
广东	100.0	15.8	79.4	4.8
广西	100.0	6.7	89.4	3.9
海南	100.0	6.4	87.1	6.5
四川	100.0	9.9	85.9	4.2
贵州	100.0	7.5	88.2	4.3
云南	100.0	9.9	85.5	4.6
西藏	100.0	5.2	90.9	3.9
陕西	100.0	12.0	83.5	4.5
甘肃	100.0	13.2	82.7	4.1
青海	100.0	10.4	84.9	4.7
宁夏	100.0	9.6	86.9	3.5
新疆	100.0	4.9	93.0	2.1

4-45 1990年农村居民家庭经营总收入

单位：元/人

地 区	家庭经营总收入	一、第一产业收入	1.农业收入	2.林业收入	3.牧业收入	4.渔业收入	二、第二产业收入
全国合计	**815.8**	**735.6**	**531.1**	**8.5**	**185.7**	**10.2**	**25.9**
北 京	857.9	693.9	486.5	18.3	185.4	3.7	35.4
天 津	837.4	706.9	538.7	1.8	159.6	6.7	19.9
河 北	691.3	627.6	513.6	2.9	108.8	2.3	25.4
山 西	623.6	517.7	430.5	7.0	80.2		15.8
内蒙古	871.1	845.1	677.8	2.0	164.5	0.8	7.7
辽 宁	951.1	870.4	660.0	1.2	199.6	9.6	21.5
吉 林	1207.3	1166.4	1011.0	1.9	153.0	0.5	9.0
黑龙江	1233.7	1151.3	998.9	0.7	147.0	4.8	11.7
上 海	1092.6	1051.8	762.3	11.4	272.8	5.4	8.0
江 苏	938.4	830.6	567.7	8.7	235.5	18.7	41.1
浙 江	1029.1	839.7	528.3	8.6	277.9	24.9	56.0
安 徽	734.9	672.6	522.9	7.1	134.5	8.2	19.0
福 建	888.2	770.3	456.0	24.0	273.9	16.4	34.4
江 西	822.5	760.9	511.6	16.3	219.3	13.7	21.2
山 东	795.0	717.1	571.0	7.2	138.1	0.9	27.7
河 南	655.2	587.6	486.6	8.7	91.2	1.2	24.2
湖 北	849.9	787.2	593.1	7.3	175.8	10.9	16.1
湖 南	859.8	775.4	476.5	13.5	271.7	13.6	40.1
广 东	1181.5	995.9	598.8	6.6	322.2	68.4	67.9
广 西	803.5	723.5	443.7	12.2	257.0	10.6	36.5
海 南	827.2	703.7	372.6	35.2	190.8	105.2	34.2
四 川	727.6	668.5	397.6	7.9	258.7	4.2	27.0
贵 州	554.6	506.2	320.6	7.3	176.8	1.5	14.2
云 南	662.6	607.3	393.0	7.4	203.9	3.1	15.0
西 藏	790.6	736.1	508.5	16.1	211.5		11.4
陕 西	613.6	559.2	450.8	8.0	99.9	0.6	16.9
甘 肃	508.6	465.2	379.8	6.2	79.2	0.1	13.6
青 海	664.2	596.7	387.8	2.7	205.8	0.5	11.9
宁 夏	725.4	673.2	540.7	5.4	126.2	0.9	14.5
新 疆	1034.7	966.5	823.1	14.1	129.3		5.6

4-45 续表 单位：元/人

地 区	1.工业收入	2.建筑业收入	三、第三产业收入	1.交通运输业、邮电业收入	2.批发和零售贸易、餐饮业收入	3.社会服务业收入	4.其他家庭经营收入
全国合计	**13.2**	**12.7**	**54.3**	**21.2**	**14.8**	**7.7**	**10.6**
北 京	16.0	19.4	128.6	76.2	16.0	17.2	19.2
天 津	5.3	14.5	110.6	34.1	45.2	13.4	17.9
河 北	14.7	10.7	38.4	12.6	12.6	6.5	6.7
山 西	10.2	5.6	90.1	64.7	10.1	6.7	8.6
内蒙古	6.3	1.5	18.3	8.9	4.3	2.7	2.3
辽 宁	8.1	13.4	59.2	33.3	14.1	4.8	7.0
吉 林	6.0	3.1	31.9	16.1	5.0	2.2	8.5
黑龙江	9.3	2.3	70.8	18.7	6.8	4.6	40.7
上 海	0.3	7.7	32.8	10.4	3.8	9.0	9.6
江 苏	14.3	26.8	66.7	21.5	17.5	12.4	15.2
浙 江	33.8	22.3	133.4	55.4	30.6	23.6	23.8
安 徽	9.6	9.4	43.3	13.3	17.4	5.9	6.8
福 建	18.9	15.5	83.4	26.1	16.3	14.4	26.6
江 西	13.4	7.8	40.3	15.1	13.4	6.7	5.1
山 东	10.5	17.2	50.2	17.6	13.7	6.1	12.7
河 南	12.0	12.2	43.4	18.8	8.9	5.7	10.0
湖 北	9.7	6.4	46.7	16.1	20.4	7.4	2.9
湖 南	19.7	20.4	44.4	11.8	20.3	7.9	4.4
广 东	28.8	39.1	117.8	37.1	38.1	18.2	24.3
广 西	27.1	9.4	43.5	15.6	17.8	4.0	6.2
海 南	13.9	20.3	89.3	35.2	14.1	5.6	34.4
四 川	10.8	16.1	32.2	11.5	8.7	7.9	4.0
贵 州	8.5	5.7	34.2	10.3	11.7	5.0	7.3
云 南	9.1	5.9	40.4	16.7	10.1	5.6	8.0
西 藏	1.2	10.1	43.1	23.8	11.4	1.3	6.5
陕 西	9.8	7.1	37.5	16.4	11.1	4.2	5.8
甘 肃	7.1	6.5	29.8	11.8	7.7	4.2	6.0
青 海	7.3	4.6	55.5	30.0	11.5	7.9	6.1
宁 夏	9.3	5.2	37.7	27.1	7.7	1.5	1.5
新 疆	2.7	2.9	62.6	30.7	18.1	6.8	7.0

4-46 1990年农村居民家庭经营总收入构成

单位：%

地区	家庭经营总收入	一、第一产业收入	1.农业收入	2.林业收入	3.牧业收入	4.渔业收入	二、第二产业收入
全国合计	**100.0**	**90.2**	**65.1**	**1.0**	**22.8**	**1.3**	**3.2**
北京	100.0	80.9	56.7	2.1	21.6	0.4	4.1
天津	100.0	84.4	64.3	0.2	19.1	0.8	2.4
河北	100.0	90.8	74.3	0.4	15.7	0.3	3.7
山西	100.0	83.0	69.0	1.1	12.9		2.5
内蒙古	100.0	97.0	77.8	0.2	18.9	0.1	0.9
辽宁	100.0	91.5	69.4	0.1	21.0	1.0	2.3
吉林	100.0	96.6	83.7	0.2	12.7	0.0	0.7
黑龙江	100.0	93.3	81.0	0.1	11.9	0.4	0.9
上海	100.0	96.3	69.8	1.0	25.0	0.5	0.7
江苏	100.0	88.5	60.5	0.9	25.1	2.0	4.4
浙江	100.0	81.6	51.3	0.8	27.0	2.4	5.4
安徽	100.0	91.5	71.1	1.0	18.3	1.1	2.6
福建	100.0	86.7	51.3	2.7	30.8	1.8	3.9
江西	100.0	92.5	62.2	2.0	26.7	1.7	2.6
山东	100.0	90.2	71.8	0.9	17.4	0.1	3.5
河南	100.0	89.7	74.3	1.3	13.9	0.2	3.7
湖北	100.0	92.6	69.8	0.9	20.7	1.3	1.9
湖南	100.0	90.2	55.4	1.6	31.6	1.6	4.7
广东	100.0	84.3	50.7	0.6	27.3	5.8	5.7
广西	100.0	90.0	55.2	1.5	32.0	1.3	4.5
海南	100.0	85.1	45.0	4.3	23.1	12.7	4.1
四川	100.0	91.9	54.6	1.1	35.6	0.6	3.7
贵州	100.0	91.3	57.8	1.3	31.9	0.3	2.6
云南	100.0	91.6	59.3	1.1	30.8	0.5	2.3
西藏	100.0	93.1	64.3	2.0	26.8		1.4
陕西	100.0	91.1	73.5	1.3	16.3	0.1	2.8
甘肃	100.0	91.5	74.7	1.2	15.6	0.0	2.7
青海	100.0	89.8	58.4	0.4	31.0	0.1	1.8
宁夏	100.0	92.8	74.5	0.7	17.4	0.1	2.0
新疆	100.0	93.4	79.6	1.4	12.5		0.5

4-46 续表

单位：%

地 区	1.工业收入	2.建筑业收入	三、第三产业收入	1.交通运输业、邮电业收入	2.批发和零售贸易、餐饮业收入	3.社会服务业收入	4.其他家庭经营收入
全国合计	**1.6**	**1.6**	**6.7**	**2.6**	**1.8**	**0.9**	**1.3**
北 京	1.9	2.3	15.0	8.9	1.9	2.0	2.2
天 津	0.6	1.7	13.2	4.1	5.4	1.6	2.1
河 北	2.1	1.5	5.6	1.8	1.8	0.9	1.0
山 西	1.6	0.9	14.4	10.4	1.6	1.1	1.4
内蒙古	0.7	0.2	2.1	1.0	0.5	0.3	0.3
辽 宁	0.9	1.4	6.2	3.5	1.5	0.5	0.7
吉 林	0.5	0.3	2.6	1.3	0.4	0.2	0.7
黑龙江	0.8	0.2	5.7	1.5	0.6	0.4	3.3
上 海	0.0	0.7	3.0	1.0	0.4	0.8	0.9
江 苏	1.5	2.9	7.1	2.3	1.9	1.3	1.6
浙 江	3.3	2.2	13.0	5.4	3.0	2.3	2.3
安 徽	1.3	1.3	5.9	1.8	2.4	0.8	0.9
福 建	2.1	1.7	9.4	2.9	1.8	1.6	3.0
江 西	1.6	0.9	4.9	1.8	1.6	0.8	0.6
山 东	1.3	2.2	6.3	2.2	1.7	0.8	1.6
河 南	1.8	1.9	6.6	2.9	1.4	0.9	1.5
湖 北	1.1	0.8	5.5	1.9	2.4	0.9	0.3
湖 南	2.3	2.4	5.2	1.4	2.4	0.9	0.5
广 东	2.4	3.3	10.0	3.1	3.2	1.5	2.1
广 西	3.4	1.2	5.4	1.9	2.2	0.5	0.8
海 南	1.7	2.5	10.8	4.3	1.7	0.7	4.2
四 川	1.5	2.2	4.4	1.6	1.2	1.1	0.6
贵 州	1.5	1.0	6.2	1.9	2.1	0.9	1.3
云 南	1.4	0.9	6.1	2.5	1.5	0.8	1.2
西 藏	0.2	1.3	5.4	3.0	1.4	0.2	0.8
陕 西	1.6	1.2	6.1	2.7	1.8	0.7	0.9
甘 肃	1.4	1.3	5.9	2.3	1.5	0.8	1.2
青 海	1.1	0.7	8.4	4.5	1.7	1.2	0.9
宁 夏	1.3	0.7	5.2	3.7	1.1	0.2	0.2
新 疆	0.3	0.3	6.0	3.0	1.8	0.7	0.7

4-47 1990年农村居民现金收入

单位：元/人

地区	现金收入	一、工资性收入	二、家庭经营收入	三、财产性和转移性收入
全国合计	**676.7**	**136.4**	**481.2**	**59.1**
北京	1330.6	686.5	547.3	96.8
天津	1024.3	460.5	487.0	76.7
河北	610.8	166.7	397.7	46.4
山西	586.8	163.5	366.1	57.2
内蒙古	527.0	51.2	431.8	44.1
辽宁	874.8	249.8	579.8	45.2
吉林	926.7	75.6	787.5	63.6
黑龙江	871.7	69.8	757.3	44.6
上海	1740.0	1056.6	555.5	128.0
江苏	914.1	298.6	551.7	63.8
浙江	1203.6	352.8	754.5	96.3
安徽	583.0	76.5	462.6	44.0
福建	849.4	156.0	605.9	87.5
江西	577.4	85.5	446.8	45.1
山东	686.9	158.5	482.6	45.7
河南	512.9	78.3	386.2	48.5
湖北	618.1	77.6	476.3	64.1
湖南	638.5	84.1	475.9	78.5
广东	1177.7	235.2	832.2	110.3
广西	569.5	59.8	459.6	50.2
海南	715.2	59.1	598.4	57.7
四川	520.5	83.6	380.4	56.6
贵州	356.5	46.4	265.2	44.9
云南	479.7	76.9	346.3	56.5
西藏	292.9	45.6	213.5	33.9
陕西	454.4	87.9	307.7	58.8
甘肃	326.9	80.8	212.9	33.2
青海	471.1	80.2	333.2	57.7
宁夏	560.3	79.6	423.5	57.1
新疆	862.1	53.0	750.3	58.8

4-48 1990年农村居民现金收入构成

单位：%

地区	现金收入	一、工资性收入	二、家庭经营收入	三、财产性和转移性收入
全国合计	**100.0**	**20.2**	**71.1**	**8.7**
北京	100.0	51.6	41.1	7.3
天津	100.0	45.0	47.5	7.5
河北	100.0	27.3	65.1	7.6
山西	100.0	27.9	62.4	9.8
内蒙古	100.0	9.7	81.9	8.4
辽宁	100.0	28.6	66.3	5.2
吉林	100.0	8.2	85.0	6.9
黑龙江	100.0	8.0	86.9	5.1
上海	100.0	60.7	31.9	7.4
江苏	100.0	32.7	60.4	7.0
浙江	100.0	29.3	62.7	8.0
安徽	100.0	13.1	79.3	7.5
福建	100.0	18.4	71.3	10.3
江西	100.0	14.8	77.4	7.8
山东	100.0	23.1	70.3	6.7
河南	100.0	15.3	75.3	9.4
湖北	100.0	12.6	77.1	10.4
湖南	100.0	13.2	74.5	12.3
广东	100.0	20.0	70.7	9.4
广西	100.0	10.5	80.7	8.8
海南	100.0	8.3	83.7	8.1
四川	100.0	16.1	73.1	10.9
贵州	100.0	13.0	74.4	12.6
云南	100.0	16.0	72.2	11.8
西藏	100.0	15.6	72.9	11.6
陕西	100.0	19.3	67.7	12.9
甘肃	100.0	24.7	65.1	10.2
青海	100.0	17.0	70.7	12.2
宁夏	100.0	14.2	75.6	10.2
新疆	100.0	6.1	87.0	6.8

4-49 1990年农村居民家庭经营现金收入

单位：元/人

地　区	家庭经营现金收入	一、第一产业收入	农业收入	牧业收入	二、第二产业收入
全国合计	**481.2**	**408.5**	**248.6**	**137.3**	**19.4**
北　京	547.3	404.3	220.9	152.5	24.1
天　津	487.0	362.6	206.1	147.5	19.4
河　北	397.7	345.0	245.3	88.3	17.1
山　西	366.1	266.3	190.4	63.8	12.3
内蒙古	431.8	408.8	317.8	86.5	5.3
辽　宁	579.8	508.8	356.3	138.9	16.5
吉　林	787.5	748.1	641.6	102.7	8.5
黑龙江	757.3	695.7	578.7	106.0	8.3
上　海	555.5	514.8	297.8	204.6	7.9
江　苏	551.7	450.5	242.2	181.7	36.9
浙　江	754.5	535.0	244.0	243.8	40.8
安　徽	462.6	408.6	281.8	107.3	12.7
福　建	605.9	503.6	228.9	225.1	26.3
江　西	446.8	394.9	197.0	168.4	12.8
山　东	482.6	416.2	285.2	116.6	20.7
河　南	386.2	326.9	234.1	78.0	17.5
湖　北	476.3	421.9	303.1	100.6	10.6
湖　南	475.9	403.7	165.0	209.8	28.7
广　东	832.2	656.7	308.2	271.7	60.5
广　西	459.6	400.2	167.5	193.8	16.4
海　南	598.4	486.9	193.9	149.0	24.3
四　川	380.4	327.1	135.2	176.8	21.7
贵　州	265.2	221.7	111.2	99.2	10.8
云　南	346.3	297.7	160.7	123.5	10.4
西　藏	213.5	162.3	88.9	57.8	10.5
陕　西	307.7	258.7	180.0	67.2	13.1
甘　肃	212.9	173.3	117.9	47.3	11.5
青　海	333.2	270.0	137.0	127.2	8.8
宁　夏	423.5	371.6	273.9	91.3	14.3
新　疆	750.3	684.5	571.6	103.2	5.2

4-49 续表

单位：元/人

地 区	1.工业收入	2.建筑业收入	三、第三产业收入	1.交通运输业、邮电业收入	2.批发和零售贸易、餐饮业收入	3.社会服务业收入	4.其他家庭经营收入
全国合计	**6.9**	**12.5**	**53.3**	**20.9**	**14.7**	**7.6**	**10.1**
北 京	5.3	18.8	118.9	69.4	15.9	16.9	16.7
天 津	5.2	14.3	105.0	33.7	45.2	13.4	12.7
河 北	6.5	10.6	35.6	11.4	12.3	6.5	5.4
山 西	6.8	5.6	87.5	64.6	10.1	6.7	6.1
内蒙古	3.9	1.5	17.7	8.7	4.1	2.7	2.2
辽 宁	5.2	11.3	54.5	30.2	14.2	4.5	5.6
吉 林	5.4	3.1	30.9	16.1	5.0	2.2	7.5
黑龙江	6.0	2.3	53.3	18.6	6.7	4.5	23.5
上 海	0.2	7.7	32.8	10.4	3.8	9.0	9.6
江 苏	10.1	26.8	64.4	21.5	17.5	12.4	12.9
浙 江	18.5	22.3	178.7	55.4	30.6	23.6	69.1
安 徽	3.5	9.2	41.3	13.3	17.3	5.8	5.0
福 建	11.0	15.3	76.0	26.1	16.3	14.3	19.4
江 西	5.2	7.6	39.1	15.1	13.2	6.7	4.2
山 东	4.1	16.6	45.8	16.8	13.2	6.0	9.7
河 南	5.4	12.0	41.8	18.8	8.9	5.7	8.5
湖 北	5.2	5.4	43.9	15.4	19.4	7.0	2.2
湖 南	8.3	20.4	43.5	11.8	20.3	8.0	3.5
广 东	21.4	39.1	115.1	37.1	37.5	18.1	22.4
广 西	7.0	9.4	43.0	15.6	17.8	4.0	5.6
海 南	4.0	20.2	87.2	35.2	13.8	5.6	32.6
四 川	5.6	16.1	31.5	11.5	8.7	7.9	3.5
贵 州	5.3	5.6	32.7	10.3	11.6	5.0	5.8
云 南	4.7	5.7	38.2	16.6	10.0	5.6	6.1
西 藏	0.5	10.0	40.7	23.8	11.4	1.3	4.2
陕 西	6.0	7.1	35.9	16.4	11.1	4.2	4.2
甘 肃	5.0	6.5	28.1	11.8	7.7	4.0	4.6
青 海	4.2	4.6	54.3	30.0	11.5	7.9	4.9
宁 夏	9.1	5.2	37.6	27.1	7.6	1.5	1.5
新 疆	2.3	2.9	60.6	30.1	18.0	6.8	5.7

4-50 1990年农村居民家庭经营现金收入构成

单位：%

地区	家庭经营现金收入	一、第一产业收入	农业收入	牧业收入	二、第二产业收入
全国合计	**100.0**	**84.9**	**51.7**	**28.5**	**4.0**
北京	100.0	73.9	40.4	27.9	4.4
天津	100.0	74.4	42.3	30.3	4.0
河北	100.0	86.8	61.7	22.2	4.3
山西	100.0	72.7	52.0	17.4	3.4
内蒙古	100.0	94.7	73.6	20.0	1.2
辽宁	100.0	87.8	61.5	24.0	2.8
吉林	100.0	95.0	81.5	13.0	1.1
黑龙江	100.0	91.9	76.4	14.0	1.1
上海	100.0	92.7	53.6	36.8	1.4
江苏	100.0	81.6	43.9	32.9	6.7
浙江	100.0	70.9	32.3	32.3	5.4
安徽	100.0	88.3	60.9	23.2	2.7
福建	100.0	83.1	37.8	37.1	4.3
江西	100.0	88.4	44.1	37.7	2.9
山东	100.0	86.2	59.1	24.2	4.3
河南	100.0	84.7	60.6	20.2	4.5
湖北	100.0	88.6	63.6	21.1	2.2
湖南	100.0	84.8	34.7	44.1	6.0
广东	100.0	78.9	37.0	32.6	7.3
广西	100.0	87.1	36.4	42.2	3.6
海南	100.0	81.4	32.4	24.9	4.1
四川	100.0	86.0	35.6	46.5	5.7
贵州	100.0	83.6	41.9	37.4	4.1
云南	100.0	86.0	46.4	35.7	3.0
西藏	100.0	76.0	41.6	27.1	4.9
陕西	100.0	84.1	58.5	21.8	4.3
甘肃	100.0	81.4	55.4	22.2	5.4
青海	100.0	81.0	41.1	38.2	2.7
宁夏	100.0	87.7	64.7	21.6	3.4
新疆	100.0	91.2	76.2	13.8	0.7

4-50 续表

单位：%

地　　区	1.工业收入	2.建筑业收入	三、第三产业收入	1.交通运输业、邮电业收入	2.批发和零售贸易、餐饮业收入	3.社会服务业收入	4.其他家庭经营收入
全国合计	**1.4**	**2.6**	**11.1**	**4.3**	**3.0**	**1.6**	**2.1**
北　京	1.0	3.4	21.7	12.7	2.9	3.1	3.1
天　津	1.1	2.9	21.6	6.9	9.3	2.8	2.6
河　北	1.6	2.7	9.0	2.9	3.1	1.6	1.3
山　西	1.8	1.5	23.9	17.6	2.7	1.8	1.7
内蒙古	0.9	0.3	4.1	2.0	0.9	0.6	0.5
辽　宁	0.9	1.9	9.4	5.2	2.5	0.8	1.0
吉　林	0.7	0.4	3.9	2.0	0.6	0.3	1.0
黑龙江	0.8	0.3	7.0	2.4	0.9	0.6	3.1
上　海	0.0	1.4	5.9	1.9	0.7	1.6	1.7
江　苏	1.8	4.9	11.7	3.9	3.2	2.3	2.3
浙　江	2.5	2.9	23.7	7.3	4.1	3.1	9.2
安　徽	0.8	2.0	8.9	2.9	3.7	1.3	1.1
福　建	1.8	2.5	12.5	4.3	2.7	2.4	3.2
江　西	1.2	1.7	8.8	3.4	2.9	1.5	0.9
山　东	0.9	3.4	9.5	3.5	2.7	1.2	2.0
河　南	1.4	3.1	10.8	4.9	2.3	1.5	2.2
湖　北	1.1	1.1	9.2	3.2	4.1	1.5	0.5
湖　南	1.7	4.3	9.1	2.5	4.3	1.7	0.7
广　东	2.6	4.7	13.8	4.5	4.5	2.2	2.7
广　西	1.5	2.0	9.3	3.4	3.9	0.9	1.2
海　南	0.7	3.4	14.6	5.9	2.3	0.9	5.4
四　川	1.5	4.2	8.3	3.0	2.3	2.1	0.9
贵　州	2.0	2.1	12.3	3.9	4.4	1.9	2.2
云　南	1.4	1.6	11.0	4.8	2.9	1.6	1.7
西　藏	0.2	4.7	19.1	11.2	5.3	0.6	2.0
陕　西	1.9	2.3	11.7	5.3	3.6	1.4	1.4
甘　肃	2.3	3.1	13.2	5.6	3.6	1.9	2.2
青　海	1.3	1.4	16.3	9.0	3.5	2.4	1.5
宁　夏	2.1	1.2	8.9	6.4	1.8	0.3	0.4
新　疆	0.3	0.4	8.1	4.0	2.4	0.9	0.8

4-51　1990年农村居民纯收入

单位：元/人

地　区	纯收入	一、工资性收入	二、家庭经营纯收入	三、财产性和转移性收入
全国合计	**686.3**	**138.8**	**518.6**	**29.0**
北　京	1297.1	704.7	520.9	71.5
天　津	1069.0	464.1	545.9	59.0
河　北	621.7	171.4	422.9	27.4
山　西	603.5	165.3	407.9	30.3
内蒙古	607.2	52.3	542.5	12.4
辽　宁	836.2	260.6	557.2	18.3
吉　林	803.5	75.7	702.1	25.7
黑龙江	759.9	77.1	670.8	12.0
上　海	1907.3	1065.6	781.8	59.9
江　苏	959.1	300.6	631.5	27.0
浙　江	1099.0	354.1	690.2	54.8
安　徽	539.2	77.1	442.0	20.0
福　建	764.4	156.6	554.2	53.6
江　西	669.9	87.2	557.9	24.8
山　东	680.2	167.8	486.0	26.4
河　南	527.0	79.2	423.2	24.5
湖　北	670.8	82.4	568.8	19.6
湖　南	664.2	85.1	557.1	22.0
广　东	1043.0	235.5	745.4	62.2
广　西	639.5	59.8	553.0	26.7
海　南	696.2	60.8	579.8	55.6
四　川	557.8	83.6	445.6	28.6
贵　州	435.1	47.0	365.3	22.9
云　南	540.9	77.0	434.0	29.9
西　藏	649.7	45.6	580.7	23.4
陕　西	530.8	87.9	414.8	28.1
甘　肃	431.0	80.9	329.8	20.3
青　海	559.8	81.7	448.8	29.4
宁　夏	578.1	80.4	474.3	23.4
新　疆	683.5	54.0	612.7	16.8

4-52 1990年农村居民纯收入构成

单位：%

地区	纯收入	一、工资性收入	二、家庭经营纯收入	三、财产性和转移性收入
全国合计	**100.0**	**20.2**	**75.6**	**4.2**
北京	100.0	54.3	40.2	5.5
天津	100.0	43.4	51.1	5.5
河北	100.0	27.6	68.0	4.4
山西	100.0	27.4	67.6	5.0
内蒙古	100.0	8.6	89.3	2.0
辽宁	100.0	31.2	66.6	2.2
吉林	100.0	9.4	87.4	3.2
黑龙江	100.0	10.1	88.3	1.6
上海	100.0	55.9	41.0	3.1
江苏	100.0	31.3	65.8	2.8
浙江	100.0	32.2	62.8	5.0
安徽	100.0	14.3	82.0	3.7
福建	100.0	20.5	72.5	7.0
江西	100.0	13.0	83.3	3.7
山东	100.0	24.7	71.5	3.9
河南	100.0	15.0	80.3	4.7
湖北	100.0	12.3	84.8	2.9
湖南	100.0	12.8	83.9	3.3
广东	100.0	22.6	71.5	6.0
广西	100.0	9.3	86.5	4.2
海南	100.0	8.7	83.3	8.0
四川	100.0	15.0	79.9	5.1
贵州	100.0	10.8	83.9	5.3
云南	100.0	14.2	80.2	5.5
西藏	100.0	7.0	89.4	3.6
陕西	100.0	16.6	78.1	5.3
甘肃	100.0	18.8	76.5	4.7
青海	100.0	14.6	80.2	5.2
宁夏	100.0	13.9	82.0	4.1
新疆	100.0	7.9	89.6	2.5

4-53 1990年农村居民总支出

单位：元/人

地区	总支出	一、家庭经营费用支出	二、购置生产性固定资产支出	三、税费支出	四、生活消费支出	五、财产性和转移性支出
全国合计	**903.5**	**241.1**	**20.3**	**38.7**	**584.6**	**18.8**
北京	1371.6	276.9	17.3	50.9	980.7	45.9
天津	1062.5	248.9	17.8	28.2	732.9	34.7
河北	775.7	219.1	23.1	32.7	485.7	15.1
山西	730.1	160.5	27.8	34.9	487.7	19.2
内蒙古	827.7	261.8	21.8	40.7	491.9	11.4
辽宁	1091.0	295.9	20.9	78.2	679.1	16.8
吉林	1176.6	368.3	43.4	99.9	632.9	32.0
黑龙江	1168.3	411.0	32.8	117.2	585.8	21.5
上海	1834.3	258.0	5.0	36.2	1505.1	30.2
江苏	1166.7	250.6	13.0	42.8	842.8	17.6
浙江	1337.8	296.2	33.0	20.7	946.0	41.9
安徽	822.4	231.6	17.0	45.0	514.9	13.9
福建	1082.9	300.6	10.9	17.8	708.0	45.6
江西	858.6	224.2	9.7	28.8	577.2	18.9
山东	878.3	237.3	18.1	57.6	547.1	18.1
河南	688.2	174.8	19.4	41.3	437.7	14.9
湖北	902.3	210.5	12.9	58.4	607.6	13.0
湖南	930.2	258.5	17.3	32.2	608.7	13.6
广东	1410.2	373.6	24.9	46.2	932.6	32.9
广西	803.1	226.9	18.1	10.8	537.0	10.3
海南	834.3	208.3	14.6	13.6	565.8	32.0
四川	801.8	239.2	9.2	31.0	509.2	13.2
贵州	608.0	165.6	12.8	11.0	403.3	15.2
云南	730.3	196.6	21.4	14.1	485.5	12.8
西藏	668.0	144.6	22.1	0.5	490.8	10.0
陕西	699.2	167.5	23.9	17.7	477.1	13.0
甘肃	530.1	147.9	16.6	15.7	339.3	10.6
青海	723.5	161.0	40.4	23.6	474.8	23.7
宁夏	766.7	206.5	40.7	22.4	483.7	13.4
新疆	971.5	326.0	57.7	62.1	506.8	18.9

4-54 1990年农村居民总支出构成

单位：%

地区	总支出	一、家庭经营费用支出	二、购置生产性固定资产支出	三、税费支出	四、生活消费支出	五、财产性和转移性支出
全国合计	**100.0**	**26.7**	**2.2**	**4.3**	**64.7**	**2.1**
北京	100.0	20.2	1.3	3.7	71.5	3.3
天津	100.0	23.4	1.7	2.7	69.0	3.3
河北	100.0	28.2	3.0	4.2	62.6	1.9
山西	100.0	22.0	3.8	4.8	66.8	2.6
内蒙古	100.0	31.6	2.6	4.9	59.4	1.4
辽宁	100.0	27.1	1.9	7.2	62.2	1.5
吉林	100.0	31.3	3.7	8.5	53.8	2.7
黑龙江	100.0	35.2	2.8	10.0	50.1	1.8
上海	100.0	14.1	0.3	2.0	82.0	1.6
江苏	100.0	21.5	1.1	3.7	72.2	1.5
浙江	100.0	22.1	2.5	1.5	70.7	3.1
安徽	100.0	28.2	2.1	5.5	62.6	1.7
福建	100.0	27.8	1.0	1.6	65.4	4.2
江西	100.0	26.1	1.1	3.3	67.2	2.2
山东	100.0	27.0	2.1	6.6	62.3	2.1
河南	100.0	25.4	2.8	6.0	63.6	2.2
湖北	100.0	23.3	1.4	6.5	67.3	1.4
湖南	100.0	27.8	1.9	3.5	65.4	1.5
广东	100.0	26.5	1.8	3.3	66.1	2.3
广西	100.0	28.3	2.3	1.3	66.9	1.3
海南	100.0	25.0	1.7	1.6	67.8	3.8
四川	100.0	29.8	1.1	3.9	63.5	1.6
贵州	100.0	27.2	2.1	1.8	66.3	2.5
云南	100.0	26.9	2.9	1.9	66.5	1.7
西藏	100.0	21.6	3.3	0.1	73.5	1.5
陕西	100.0	24.0	3.4	2.5	68.2	1.9
甘肃	100.0	27.9	3.1	3.0	64.0	2.0
青海	100.0	22.3	5.6	3.3	65.6	3.3
宁夏	100.0	26.9	5.3	2.9	63.1	1.7
新疆	100.0	33.6	5.9	6.4	52.2	1.9

4-55 1990年农村居民家庭经营费用支出

单位：元/人

地区	家庭经营费用支出	一、第一产业支出	1.农业支出	2.林业支出	3.牧业支出	4.渔业支出	二、第二产业支出
全国合计	**241.1**	**223.4**	**130.4**	**1.0**	**88.9**	**3.1**	**4.6**
北京	276.9	237.9	124.3	2.3	110.8	0.5	5.5
天津	248.9	218.6	122.6	1.6	93.8	0.7	0.5
河北	219.1	207.9	154.3	0.4	52.8	0.4	4.4
山西	160.5	124.3	95.3	0.4	28.6		3.7
内蒙古	261.8	253.6	179.2	0.2	73.9	0.2	3.1
辽宁	295.9	277.1	180.7	0.6	94.2	1.7	3.4
吉林	368.3	353.2	272.2	0.5	80.3	0.2	2.4
黑龙江	411.0	389.3	310.9	0.5	76.1	1.8	3.6
上海	258.0	249.1	96.5	3.3	146.1	3.3	1.0
江苏	250.6	234.8	121.7	1.0	108.8	3.3	6.4
浙江	296.2	258.3	123.8	0.7	127.1	6.6	9.4
安徽	231.6	215.4	154.0	0.6	59.1	1.8	4.0
福建	300.6	271.2	128.0	4.1	133.0	6.1	11.1
江西	224.2	205.4	112.9	0.9	89.1	2.6	5.0
山东	237.3	226.0	157.1	2.1	66.4	0.3	3.1
河南	174.8	159.9	118.4	0.8	40.6	0.1	5.3
湖北	210.5	195.0	125.4	0.9	67.3	1.3	2.7
湖南	258.5	245.7	99.2	0.6	143.3	2.6	4.7
广东	373.6	347.1	156.2	0.8	160.9	29.3	6.8
广西	226.9	206.6	82.8	0.7	121.4	1.7	10.2
海南	208.3	182.2	69.4	4.5	67.8	40.5	4.8
四川	239.2	226.3	75.9	0.2	148.7	1.6	4.0
贵州	165.6	152.7	70.9	0.7	80.8	0.4	3.4
云南	196.6	180.1	75.3	0.7	103.2	0.8	2.5
西藏	144.6	126.4	72.6	0.3	53.4		0.4
陕西	167.5	156.1	111.4	1.0	43.6	0.1	3.4
甘肃	147.9	137.0	103.6	0.5	32.9		1.8
青海	161.0	145.2	95.2	0.7	49.2	0.1	1.2
宁夏	206.5	193.5	139.6		52.1	1.8	2.9
新疆	326.0	300.7	211.7	4.0	85.1		1.5

4-55 续表

单位：元/人

地　区	1.工业支出	2.建筑业支出	三、第三产业支出	1.交通运输、邮电业支出	2.批发和零售贸易、餐饮业支出	3.社会服务业支出	4.其他家庭经营支出
全国合计	**4.1**	**0.5**	**13.2**	**7.8**	**2.1**	**0.9**	**2.3**
北　京	5.2	0.3	33.6	26.3	1.6	3.4	2.3
天　津	0.5		29.7	8.6	15.9	1.6	3.7
河　北	4.1	0.3	6.9	3.7	1.2	0.7	1.3
山　西	3.0	0.6	32.6	26.1	1.5	1.1	3.9
内蒙古	3.1	0.0	5.1	2.6	0.2	0.4	1.8
辽　宁	2.9	0.5	15.4	11.1	1.3	0.4	2.7
吉　林	2.1	0.3	12.7	7.5	1.3	0.4	3.6
黑龙江	3.3	0.3	18.1	6.5	0.6	0.7	10.3
上　海		1.0	7.9	3.5	0.6	0.8	3.1
江　苏	6.2	0.3	9.3	5.4	2.2	0.8	1.0
浙　江	9.1	0.3	28.6	18.1	4.2	2.3	3.9
安　徽	3.7	0.3	12.2	4.7	4.4	1.1	2.1
福　建	5.3	5.7	18.4	10.5	1.2	2.1	4.6
江　西	4.8	0.2	13.7	7.6	3.8	0.8	1.5
山　东	2.9	0.2	8.3	5.3	1.2	0.5	1.2
河　南	4.9	0.4	9.6	5.7	0.5	0.7	2.7
湖　北	2.5	0.3	12.8	7.7	3.2	1.0	1.0
湖　南	4.5	0.2	8.1	3.2	3.1	1.2	0.6
广　东	6.2	0.6	19.8	12.5	2.9	1.3	3.0
广　西	10.2	0.0	10.1	5.7	3.4	0.3	0.7
海　南	3.8	1.0	21.3	13.3	2.0	0.1	5.9
四　川	3.8	0.2	8.9	5.5	1.1	1.3	1.0
贵　州	2.7	0.8	9.5	4.2	2.6	0.8	2.0
云　南	2.4	0.1	14.1	8.4	3.0	0.9	1.8
西　藏		0.4	17.8	12.0	1.6	0.0	4.1
陕　西	2.8	0.7	8.0	5.9	1.1	0.3	0.8
甘　肃	1.8	0.0	9.2	4.1	0.6	0.4	4.1
青　海	1.2	0.0	14.6	8.1	1.0	2.1	3.4
宁　夏	2.5	0.4	10.1	9.2	0.5	0.2	0.2
新　疆	1.4	0.1	23.7	15.6	2.3	2.0	3.8

4-56　1990年农村居民家庭经营费用支出构成

单位：%

地　区	家庭经营费用支出	一、第一产业支出	1.农业支出	2.林业支出	3.牧业支出	4.渔业支出	二、第二产业支出
全国合计	**100.0**	**92.7**	**54.1**	**0.4**	**36.9**	**1.3**	**1.9**
北　京	100.0	85.9	44.9	0.8	40.0	0.2	2.0
天　津	100.0	87.8	49.2	0.6	37.7	0.3	0.2
河　北	100.0	94.9	70.4	0.2	24.1	0.2	2.0
山　西	100.0	77.4	59.4	0.3	17.8		2.3
内蒙古	100.0	96.8	68.4	0.1	28.2	0.1	1.2
辽　宁	100.0	93.6	61.0	0.2	31.8	0.6	1.1
吉　林	100.0	95.9	73.9	0.1	21.8	0.1	0.6
黑龙江	100.0	94.7	75.6	0.1	18.5	0.4	0.9
上　海	100.0	96.6	37.4	1.3	56.6	1.3	0.4
江　苏	100.0	93.7	48.6	0.4	43.4	1.3	2.6
浙　江	100.0	87.2	41.8	0.2	42.9	2.2	3.2
安　徽	100.0	93.0	66.5	0.3	25.5	0.8	1.7
福　建	100.0	90.2	42.6	1.3	44.2	2.0	3.7
江　西	100.0	91.7	50.4	0.4	39.8	1.2	2.2
山　东	100.0	95.2	66.2	0.9	28.0	0.1	1.3
河　南	100.0	91.5	67.7	0.5	23.2	0.1	3.0
湖　北	100.0	92.6	59.6	0.4	32.0	0.6	1.3
湖　南	100.0	95.1	38.4	0.2	55.5	1.0	1.8
广　东	100.0	92.9	41.8	0.2	43.1	7.8	1.8
广　西	100.0	91.0	36.5	0.3	53.5	0.7	4.5
海　南	100.0	87.5	33.3	2.1	32.5	19.4	2.3
四　川	100.0	94.6	31.7	0.1	62.2	0.7	1.7
贵　州	100.0	92.2	42.8	0.4	48.8	0.2	2.1
云　南	100.0	91.6	38.3	0.4	52.5	0.4	1.2
西　藏	100.0	87.4	50.2	0.2	36.9		0.3
陕　西	100.0	93.2	66.5	0.6	26.0	0.1	2.0
甘　肃	100.0	92.6	70.1	0.3	22.2		1.2
青　海	100.0	90.2	59.1	0.4	30.6	0.1	0.8
宁　夏	100.0	93.7	67.6		25.2	0.9	1.4
新　疆	100.0	92.3	64.9	1.2	26.1		0.5

4-56 续表 单位：%

地区	1.工业支出	2.建筑业支出	三、第三产业支出	1.交通运输、邮电业支出	2.批发和零售贸易、餐饮业支出	3.社会服务业支出	4.其他家庭经营支出
全国合计	**1.7**	**0.2**	**5.5**	**3.2**	**0.9**	**0.4**	**1.0**
北京	1.9	0.1	12.1	9.5	0.6	1.2	0.8
天津	0.2		12.0	3.5	6.4	0.6	1.5
河北	1.9	0.1	3.1	1.7	0.5	0.3	0.6
山西	1.9	0.4	20.3	16.3	0.9	0.7	2.4
内蒙古	1.2	0.0	2.0	1.0	0.1	0.2	0.7
辽宁	1.0	0.2	5.2	3.7	0.4	0.1	0.9
吉林	0.6	0.1	3.5	2.0	0.3	0.1	1.0
黑龙江	0.8	0.1	4.4	1.6	0.1	0.2	2.5
上海		0.4	3.1	1.4	0.2	0.3	1.2
江苏	2.5	0.1	3.7	2.2	0.9	0.3	0.4
浙江	3.1	0.1	9.7	6.1	1.4	0.8	1.3
安徽	1.6	0.1	5.3	2.0	1.9	0.5	0.9
福建	1.8	1.9	6.1	3.5	0.4	0.7	1.5
江西	2.1	0.1	6.1	3.4	1.7	0.3	0.6
山东	1.2	0.1	3.5	2.2	0.5	0.2	0.5
河南	2.8	0.2	5.5	3.3	0.3	0.4	1.5
湖北	1.2	0.1	6.1	3.7	1.5	0.5	0.5
湖南	1.8	0.1	3.1	1.2	1.2	0.4	0.2
广东	1.7	0.2	5.3	3.4	0.8	0.4	0.8
广西	4.5	0.0	4.5	2.5	1.5	0.1	0.3
海南	1.8	0.5	10.2	6.4	1.0	0.1	2.8
四川	1.6	0.1	3.7	2.3	0.5	0.6	0.4
贵州	1.6	0.5	5.7	2.5	1.6	0.5	1.2
云南	1.2	0.0	7.2	4.3	1.5	0.5	0.9
西藏		0.3	12.3	8.3	1.1	0.0	2.9
陕西	1.6	0.4	4.8	3.5	0.7	0.2	0.5
甘肃	1.2	0.0	6.2	2.8	0.4	0.2	2.8
青海	0.7	0.0	9.1	5.0	0.6	1.3	2.1
宁夏	1.2	0.2	4.9	4.5	0.2	0.1	0.1
新疆	0.4	0.0	7.3	4.8	0.7	0.6	1.2

4-57 1990年农村居民生活消费支出

单位：元/人

地　　区	生活消费支出	一、食品支出	二、衣着支出	三、居住支出
全国合计	**584.6**	**343.8**	**45.4**	**101.4**
北　京	980.7	496.8	91.9	181.0
天　津	732.9	396.4	70.2	126.4
河　北	485.7	253.8	46.9	102.2
山　西	487.7	257.9	59.8	76.0
内蒙古	491.9	302.7	38.0	65.1
辽　宁	679.1	367.6	69.0	126.0
吉　林	632.9	385.4	54.0	99.9
黑龙江	585.8	331.7	58.7	102.2
上　海	1505.1	807.7	132.7	285.8
江　苏	842.8	465.6	57.9	195.0
浙　江	946.0	503.1	59.0	225.8
安　徽	514.9	300.1	38.9	99.1
福　建	708.0	429.2	38.9	121.7
江　西	577.2	372.8	36.3	85.4
山　东	547.1	297.1	52.8	105.7
河　南	437.7	240.9	43.2	80.7
湖　北	607.6	376.2	42.8	90.0
湖　南	608.7	390.7	37.3	82.8
广　东	932.6	538.2	38.4	176.1
广　西	537.0	350.0	26.2	81.6
海　南	565.8	362.5	36.5	69.3
四　川	509.2	330.0	35.6	72.7
贵　州	403.3	282.8	30.2	43.4
云　南	485.5	310.4	35.8	76.2
西　藏	490.8	362.3	42.5	63.7
陕　西	477.1	278.9	38.1	85.3
甘　肃	339.3	208.7	30.1	46.0
青　海	474.8	282.6	60.3	59.8
宁　夏	483.7	277.4	47.9	67.6
新　疆	506.8	272.1	76.9	69.4

4-57 续表 单位：元/人

地　区	四、家庭设备用品及服务支出	五、交通和通讯支出	六、文化教育用品及服务支出	七、医疗保健支出	八、其他商品及服务支出
全国合计	**30.9**	**8.4**	**31.4**	**19.0**	**4.3**
北　京	79.1	19.9	65.0	39.3	7.9
天　津	56.6	10.8	45.6	25.1	1.9
河　北	30.2	6.6	24.2	19.1	2.6
山　西	30.7	6.6	32.8	20.1	3.7
内蒙古	23.3	8.6	33.2	19.3	1.7
辽　宁	34.9	12.5	39.2	24.8	5.1
吉　林	26.1	10.1	26.4	27.5	3.7
黑龙江	24.7	9.2	28.3	28.7	2.4
上　海	125.6	23.9	59.3	40.3	29.8
江　苏	53.2	10.0	34.7	22.7	3.7
浙　江	61.5	16.7	42.0	28.4	9.5
安　徽	25.8	6.8	25.7	14.7	4.0
福　建	34.8	13.8	39.2	20.1	10.4
江　西	24.6	6.1	32.3	16.1	3.5
山　东	32.8	6.4	32.7	17.1	2.3
河　南	23.9	5.6	22.3	18.0	3.1
湖　北	33.8	7.7	35.9	17.6	3.6
湖　南	28.6	8.8	39.2	18.3	3.0
广　东	50.2	16.1	67.0	34.1	12.7
广　西	21.8	7.7	31.8	12.5	5.4
海　南	20.5	11.8	40.2	19.7	5.3
四　川	22.3	6.4	24.7	14.3	3.1
贵　州	13.8	3.9	16.9	7.9	4.4
云　南	21.8	5.3	19.4	13.7	2.9
西　藏	14.0	2.7	1.7	1.4	2.6
陕　西	23.4	6.0	23.9	18.2	3.3
甘　肃	14.9	4.5	18.9	13.9	2.2
青　海	29.0	6.7	16.5	18.5	1.3
宁　夏	27.6	12.5	31.8	17.2	1.8
新　疆	30.4	11.4	27.0	16.4	3.3

4-58 1990年农村居民生活消费支出构成

单位：%

地区	生活消费支出	一、食品支出	二、衣着支出	三、居住支出
全国合计	**100.0**	**58.8**	**7.8**	**17.3**
北京	100.0	50.7	9.4	18.5
天津	100.0	54.1	9.6	17.2
河北	100.0	52.3	9.7	21.0
山西	100.0	52.9	12.3	15.6
内蒙古	100.0	61.5	7.7	13.2
辽宁	100.0	54.1	10.2	18.5
吉林	100.0	60.9	8.5	15.8
黑龙江	100.0	56.6	10.0	17.4
上海	100.0	53.7	8.8	19.0
江苏	100.0	55.2	6.9	23.1
浙江	100.0	53.2	6.2	23.9
安徽	100.0	58.3	7.6	19.2
福建	100.0	60.6	5.5	17.2
江西	100.0	64.6	6.3	14.8
山东	100.0	54.3	9.7	19.3
河南	100.0	55.0	9.9	18.4
湖北	100.0	61.9	7.0	14.8
湖南	100.0	64.2	6.1	13.6
广东	100.0	57.7	4.1	18.9
广西	100.0	65.2	4.9	15.2
海南	100.0	64.1	6.4	12.2
四川	100.0	64.8	7.0	14.3
贵州	100.0	70.1	7.5	10.8
云南	100.0	63.9	7.4	15.7
西藏	100.0	73.8	8.7	13.0
陕西	100.0	58.5	8.0	17.9
甘肃	100.0	61.5	8.9	13.6
青海	100.0	59.5	12.7	12.6
宁夏	100.0	57.4	9.9	14.0
新疆	100.0	53.7	15.2	13.7

4-58 续表 单位：%

地区	四、家庭设备用品及服务支出	五、交通和通讯支出	六、文化教育用品及服务支出	七、医疗保健支出	八、其他商品及服务支出
全国合计	**5.3**	**1.4**	**5.4**	**3.3**	**0.7**
北京	8.1	2.0	6.6	4.0	0.8
天津	7.7	1.5	6.2	3.4	0.3
河北	6.2	1.4	5.0	3.9	0.5
山西	6.3	1.3	6.7	4.1	0.8
内蒙古	4.7	1.8	6.8	3.9	0.3
辽宁	5.1	1.8	5.8	3.7	0.7
吉林	4.1	1.6	4.2	4.3	0.6
黑龙江	4.2	1.6	4.8	4.9	0.4
上海	8.3	1.6	3.9	2.7	2.0
江苏	6.3	1.2	4.1	2.7	0.4
浙江	6.5	1.8	4.4	3.0	1.0
安徽	5.0	1.3	5.0	2.8	0.8
福建	4.9	1.9	5.5	2.8	1.5
江西	4.3	1.1	5.6	2.8	0.6
山东	6.0	1.2	6.0	3.1	0.4
河南	5.5	1.3	5.1	4.1	0.7
湖北	5.6	1.3	5.9	2.9	0.6
湖南	4.7	1.5	6.4	3.0	0.5
广东	5.4	1.7	7.2	3.7	1.4
广西	4.1	1.4	5.9	2.3	1.0
海南	3.6	2.1	7.1	3.5	0.9
四川	4.4	1.3	4.9	2.8	0.6
贵州	3.4	1.0	4.2	2.0	1.1
云南	4.5	1.1	4.0	2.8	0.6
西藏	2.9	0.5	0.3	0.3	0.5
陕西	4.9	1.3	5.0	3.8	0.7
甘肃	4.4	1.3	5.6	4.1	0.7
青海	6.1	1.4	3.5	3.9	0.3
宁夏	5.7	2.6	6.6	3.6	0.4
新疆	6.0	2.2	5.3	3.2	0.6

4-59　1990年农村居民现金支出

单位：元/人

地　区	现金支出	一、家庭经营费用支出	二、购买生产性固定资产支出	三、税费支出	四、生活消费支出	五、财产性和转移性支出
全国合计	**639.1**	**162.9**	**20.5**	**33.4**	**374.7**	**47.6**
北　京	1183.6	210.5	16.9	48.0	844.2	64.0
天　津	846.0	194.0	17.5	10.1	558.7	65.7
河　北	561.2	144.6	23.8	27.5	329.8	35.5
山　西	563.4	119.9	27.7	26.8	346.1	42.9
内蒙古	500.6	135.9	21.8	35.9	271.2	35.9
辽　宁	829.6	197.1	20.9	64.3	481.8	65.6
吉　林	866.9	261.2	43.6	99.5	389.7	73.0
黑龙江	806.6	255.9	32.4	95.6	368.4	54.4
上　海	1568.8	251.0	5.8	36.2	1146.1	129.8
江　苏	895.9	195.7	12.9	42.8	569.7	75.0
浙　江	1132.9	238.7	33.3	20.7	746.6	93.7
安　徽	578.2	151.0	17.0	43.4	323.0	43.9
福　建	848.6	243.4	10.5	14.2	500.8	79.8
江　西	553.2	156.1	9.6	24.0	317.3	46.2
山　东	646.8	158.7	18.8	51.2	379.6	38.5
河　南	488.5	120.1	19.4	37.1	280.7	31.2
湖　北	603.4	134.2	12.8	48.3	344.0	64.1
湖　南	628.1	154.7	17.3	29.9	352.7	73.6
广　东	1089.4	297.4	26.7	22.7	686.4	56.1
广　西	507.1	158.5	18.2	10.4	290.3	29.6
海　南	618.8	165.4	14.7	5.0	399.4	34.3
四　川	502.3	142.5	9.2	30.8	285.1	34.8
贵　州	350.5	92.9	13.1	9.8	199.3	35.5
云　南	447.7	107.1	21.6	6.8	285.3	27.0
西　藏	245.4	40.7	21.8	0.5	173.1	9.4
陕　西	444.9	105.8	24.0	15.9	270.3	28.9
甘　肃	308.7	85.7	16.6	12.4	174.3	19.7
青　海	446.3	86.2	40.6	23.3	256.6	39.6
宁　夏	534.2	136.4	40.7	22.1	297.3	37.7
新　疆	716.7	236.4	57.8	58.2	333.9	30.5

4-60 1990年农村居民现金支出构成

单位：%

地 区	现金支出	一、家庭经营费用支出	二、购买生产性固定资产支出	三、税费支出	四、生活消费支出	五、财产性和转移性支出
全国合计	**100.0**	**25.5**	**3.2**	**5.2**	**58.6**	**7.4**
北 京	100.0	17.8	1.4	4.1	71.3	5.4
天 津	100.0	22.9	2.1	1.2	66.0	7.8
河 北	100.0	25.8	4.2	4.9	58.8	6.3
山 西	100.0	21.3	4.9	4.7	61.4	7.6
内 蒙 古	100.0	27.1	4.3	7.2	54.2	7.2
辽 宁	100.0	23.8	2.5	7.8	58.1	7.9
吉 林	100.0	30.1	5.0	11.5	45.0	8.4
黑 龙 江	100.0	31.7	4.0	11.8	45.7	6.7
上 海	100.0	16.0	0.4	2.3	73.1	8.3
江 苏	100.0	21.8	1.4	4.8	63.6	8.4
浙 江	100.0	21.1	2.9	1.8	65.9	8.3
安 徽	100.0	26.1	2.9	7.5	55.9	7.6
福 建	100.0	28.7	1.2	1.7	59.0	9.4
江 西	100.0	28.2	1.7	4.3	57.3	8.4
山 东	100.0	24.5	2.9	7.9	58.7	6.0
河 南	100.0	24.6	4.0	7.6	57.5	6.4
湖 北	100.0	22.2	2.1	8.0	57.0	10.6
湖 南	100.0	24.6	2.7	4.8	56.2	11.7
广 东	100.0	27.3	2.5	2.1	63.0	5.2
广 西	100.0	31.3	3.6	2.1	57.3	5.8
海 南	100.0	26.7	2.4	0.8	64.5	5.5
四 川	100.0	28.4	1.8	6.1	56.7	6.9
贵 州	100.0	26.5	3.7	2.8	56.9	10.1
云 南	100.0	23.9	4.8	1.5	63.7	6.0
西 藏	100.0	16.6	8.9	0.2	70.5	3.8
陕 西	100.0	23.8	5.4	3.6	60.8	6.5
甘 肃	100.0	27.8	5.4	4.0	56.5	6.4
青 海	100.0	19.3	9.1	5.2	57.5	8.9
宁 夏	100.0	25.5	7.6	4.1	55.6	7.1
新 疆	100.0	33.0	8.1	8.1	46.6	4.3

4-61 1990年农村居民家庭经营费用现金支出

单位：元/人

地　区	家庭经营费用现金支出	一、第一产业支出	1.农业支出	2.林业支出	3.牧业支出	4.渔业支出	二、第二产业支出
全国合计	**162.9**	**146.4**	**99.5**	**0.8**	**43.2**	**3.0**	**4.2**
北　京	210.5	174.6	102.5	0.6	71.1	0.4	5.4
天　津	194.0	166.1	99.0	1.6	64.9	0.7	0.5
河　北	144.6	136.2	114.1	0.3	21.4	0.4	2.5
山　西	119.9	88.1	72.9	0.4	14.9		3.5
内蒙古	135.9	129.0	105.1	0.2	23.5	0.2	2.5
辽　宁	197.1	180.9	139.6	0.2	39.5	1.6	3.3
吉　林	261.2	246.4	216.4	0.5	29.3	0.2	2.4
黑龙江	255.9	236.0	194.3	0.4	39.5	1.8	3.2
上　海	251.0	242.1	95.1	3.2	140.6	3.3	1.0
江　苏	195.7	179.9	111.2	1.0	64.5	3.3	6.4
浙　江	238.7	201.1	115.4	0.5	78.8	6.5	9.3
安　徽	151.0	135.8	106.9	0.5	26.7	1.7	3.8
福　建	243.4	215.8	112.8	3.8	93.3	5.9	10.4
江　西	156.1	137.8	95.3	0.6	39.5	2.4	5.0
山　东	158.7	148.9	121.8	1.7	25.1	0.3	2.0
河　南	120.1	105.7	88.3	0.7	16.6	0.1	5.1
湖　北	134.2	120.9	90.2	0.6	29.0	1.1	2.3
湖　南	154.7	142.1	81.6	0.6	57.5	2.5	4.6
广　东	297.4	271.2	132.7	0.4	109.5	28.7	6.7
广　西	158.5	138.2	76.3	0.7	59.5	1.7	10.2
海　南	165.4	141.4	59.1	4.2	37.6	40.5	4.4
四　川	142.5	129.8	63.5	0.1	64.6	1.6	4.0
贵　州	92.9	81.2	47.1	0.2	33.5	0.3	3.0
云　南	107.1	91.5	52.0	0.7	38.2	0.6	2.4
西　藏	40.7	29.4	21.2	0.1	8.1		0.4
陕　西	105.8	94.5	77.9	1.0	15.4	0.1	3.4
甘　肃	85.7	78.0	67.5	0.4	10.1		1.7
青　海	86.2	70.5	48.7	0.7	21.0	0.1	1.2
宁　夏	136.4	123.4	93.9		27.6	1.8	2.9
新　疆	236.4	213.0	168.8	1.9	42.3		1.5

4-61 续表 单位：元/人

地　　区	1.工业支出	2.建筑业支出	三、第三产业支出	1.交通运输、邮电业支出	2.批发和零售贸易、餐饮业支出	3.社会服务业支出	4.其他家庭经营支出
全国合计	**3.8**	**0.4**	**12.3**	**7.5**	**2.0**	**0.9**	**1.9**
北　　京	5.2	0.2	30.5	23.3	1.6	3.3	2.3
天　　津	0.5		27.5	8.2	15.9	1.6	1.8
河　　北	2.4	0.1	5.9	2.8	1.2	0.6	1.2
山　　西	2.9	0.6	28.3	24.4	1.4	1.1	1.5
内 蒙 古	2.5		4.4	2.4	0.2	0.4	1.3
辽　　宁	2.8	0.5	12.9	10.2	0.8	0.3	1.6
吉　　林	2.1	0.3	12.5	7.5	1.3	0.4	3.4
黑 龙 江	2.9	0.3	16.8	6.0	0.6	0.7	9.5
上　　海		1.0	7.9	3.5	0.6	0.8	3.1
江　　苏	6.2	0.3	9.3	5.4	2.2	0.8	1.0
浙　　江	9.0	0.3	28.4	18.1	4.2	2.3	3.8
安　　徽	3.5	0.3	11.4	4.5	4.0	1.1	1.8
福　　建	5.1	5.4	17.2	10.3	1.2	1.7	4.0
江　　西	4.8	0.2	13.4	7.6	3.8	0.7	1.2
山　　东	1.8	0.2	7.9	5.2	1.2	0.5	1.0
河　　南	4.7	0.4	9.3	5.6	0.4	0.7	2.5
湖　　北	2.2	0.1	11.0	6.7	2.6	0.9	0.8
湖　　南	4.4	0.2	8.0	3.3	3.1	1.1	0.6
广　　东	6.1	0.6	19.5	12.5	2.8	1.3	3.0
广　　西	10.2		10.1	5.7	3.4	0.3	0.7
海　　南	3.7	0.7	19.7	12.6	2.0	0.1	4.9
四　　川	3.8	0.2	8.8	5.5	1.1	1.3	0.8
贵　　州	2.7	0.4	8.7	3.9	2.6	0.7	1.5
云　　南	2.3	0.1	13.1	8.3	2.7	0.9	1.2
西　　藏		0.4	11.0	9.3	0.4		1.3
陕　　西	2.8	0.7	8.0	5.8	1.1	0.3	0.7
甘　　肃	1.7		6.0	4.0	0.4	0.2	1.5
青　　海	1.2		14.5	8.1	1.0	2.1	3.3
宁　　夏	2.5	0.4	10.1	9.2	0.5	0.2	0.2
新　　疆	1.4	0.1	21.8	15.6	2.3	2.0	2.0

4-62 1990年农村居民家庭经营费用现金支出构成

单位：%

地 区	家庭经营费用现金支出	一、第一产业支出	1.农业支出	2.林业支出	3.牧业支出	4.渔业支出	二、第二产业支出
全国合计	**100.0**	**89.9**	**61.1**	**0.5**	**26.5**	**1.9**	**2.6**
北 京	100.0	83.0	48.7	0.3	33.8	0.2	2.5
天 津	100.0	85.6	51.0	0.8	33.4	0.3	0.3
河 北	100.0	94.2	78.9	0.2	14.8	0.2	1.8
山 西	100.0	73.5	60.8	0.3	12.4		2.9
内 蒙 古	100.0	94.9	77.3	0.1	17.3	0.1	1.9
辽 宁	100.0	91.8	70.8	0.1	20.0	0.8	1.7
吉 林	100.0	94.3	82.8	0.2	11.2	0.1	0.9
黑 龙 江	100.0	92.2	75.9	0.2	15.4	0.7	1.2
上 海	100.0	96.5	37.9	1.3	56.0	1.3	0.4
江 苏	100.0	91.9	56.8	0.5	33.0	1.7	3.3
浙 江	100.0	84.2	48.3	0.2	33.0	2.7	3.9
安 徽	100.0	90.0	70.8	0.3	17.7	1.1	2.5
福 建	100.0	88.6	46.3	1.6	38.3	2.4	4.3
江 西	100.0	88.2	61.0	0.4	25.3	1.5	3.2
山 东	100.0	93.8	76.7	1.1	15.8	0.2	1.2
河 南	100.0	88.0	73.5	0.6	13.9	0.1	4.2
湖 北	100.0	90.1	67.2	0.4	21.6	0.8	1.7
湖 南	100.0	91.8	52.7	0.4	37.1	1.6	3.0
广 东	100.0	91.2	44.6	0.1	36.8	9.6	2.2
广 西	100.0	87.2	48.1	0.4	37.5	1.0	6.5
海 南	100.0	85.5	35.7	2.5	22.7	24.5	2.6
四 川	100.0	91.1	44.6	0.1	45.3	1.1	2.8
贵 州	100.0	87.4	50.7	0.3	36.1	0.3	3.2
云 南	100.0	85.5	48.6	0.6	35.7	0.6	2.2
西 藏	100.0	72.2	52.1	0.2	19.8		0.9
陕 西	100.0	89.3	73.6	1.0	14.6	0.1	3.2
甘 肃	100.0	91.0	78.7	0.5	11.7		2.0
青 海	100.0	81.8	56.5	0.8	24.4	0.1	1.4
宁 夏	100.0	90.4	68.9		20.2	1.3	2.1
新 疆	100.0	90.1	71.4	0.8	17.9		0.6

4-62 续表 单位：%

地　区	1.工业支出	2.建筑业支出	三、第三产业支出	1.交通运输、邮电业支出	2.批发和零售贸易、餐饮业支出	3.社会服务业支出	4.其他家庭经营支出
全国合计	**2.3**	**0.3**	**7.5**	**4.6**	**1.2**	**0.6**	**1.2**
北　京	2.5	0.1	14.5	11.1	0.8	1.6	1.1
天　津	0.3		14.2	4.2	8.2	0.8	0.9
河　北	1.7	0.1	4.1	2.0	0.8	0.4	0.9
山　西	2.4	0.5	23.6	20.3	1.1	0.9	1.2
内蒙古	1.8		3.2	1.8	0.2	0.3	1.0
辽　宁	1.4	0.3	6.5	5.2	0.4	0.2	0.8
吉　林	0.8	0.1	4.8	2.9	0.5	0.1	1.3
黑龙江	1.1	0.1	6.5	2.3	0.2	0.3	3.7
上　海		0.4	3.1	1.4	0.2	0.3	1.2
江　苏	3.1	0.1	4.8	2.8	1.1	0.4	0.5
浙　江	3.8	0.1	11.9	7.6	1.8	1.0	1.6
安　徽	2.3	0.2	7.5	3.0	2.7	0.7	1.2
福　建	2.1	2.2	7.1	4.2	0.5	0.7	1.6
江　西	3.1	0.1	8.6	4.9	2.4	0.5	0.8
山　东	1.2	0.1	5.0	3.3	0.8	0.3	0.6
河　南	3.9	0.3	7.7	4.7	0.4	0.5	2.1
湖　北	1.7	0.1	8.2	5.0	1.9	0.7	0.6
湖　南	2.9	0.1	5.2	2.1	2.0	0.7	0.4
广　东	2.0	0.2	6.6	4.2	0.9	0.4	1.0
广　西	6.4		6.4	3.6	2.1	0.2	0.4
海　南	2.2	0.4	11.9	7.6	1.2	0.1	3.0
四　川	2.6	0.1	6.1	3.8	0.8	0.9	0.6
贵　州	2.9	0.4	9.4	4.2	2.7	0.8	1.7
云　南	2.2	0.1	12.3	7.7	2.5	0.9	1.2
西　藏		0.9	26.9	22.9	0.9		3.1
陕　西	2.6	0.6	7.5	5.5	1.0	0.3	0.7
甘　肃	2.0		7.0	4.7	0.4	0.2	1.7
青　海	1.4	0.0	16.8	9.4	1.2	2.4	3.8
宁　夏	1.9	0.3	7.4	6.8	0.4	0.1	0.1
新　疆	0.6	0.0	9.2	6.6	1.0	0.9	0.8

4-63 1990年农村居民生活消费现金支出

单位：元/人

地 区	生活消费现金支出	一、食品支出	二、衣着支出	三、居住支出
全国合计	**374.7**	**155.9**	**44.0**	**81.2**
北 京	844.2	367.7	91.8	182.2
天 津	558.7	241.5	69.5	107.8
河 北	329.8	116.6	43.2	87.3
山 西	346.1	122.4	58.9	71.2
内蒙古	271.2	94.7	44.0	46.6
辽 宁	481.8	200.6	68.9	96.4
吉 林	389.7	164.4	54.0	77.6
黑龙江	368.4	148.5	58.7	68.2
上 海	1146.1	497.3	106.8	274.1
江 苏	569.7	224.4	51.9	170.1
浙 江	746.6	324.6	56.6	207.4
安 徽	323.0	134.4	37.9	74.2
福 建	500.8	252.1	38.8	92.3
江 西	317.3	141.5	35.9	57.6
山 东	379.6	152.0	49.7	86.7
河 南	280.7	102.1	41.0	64.9
湖 北	344.0	138.9	41.8	64.8
湖 南	352.7	152.8	37.2	64.8
广 东	686.4	321.4	38.2	147.1
广 西	290.3	134.7	26.2	50.3
海 南	399.4	216.2	36.5	49.3
四 川	285.1	126.7	35.3	52.5
贵 州	199.3	90.1	30.1	32.5
云 南	285.3	124.6	35.7	62.4
西 藏	173.1	88.4	42.5	19.9
陕 西	270.3	87.7	37.0	70.8
甘 肃	174.3	56.1	30.1	33.9
青 海	256.6	89.6	54.6	41.4
宁 夏	297.3	95.7	47.9	62.9
新 疆	333.9	110.8	74.5	60.4

4-63 续表 单位：元/人

地区	四、家庭设备用品及服务支出	五、交通和通讯支出	六、文化教育用品及服务支出	七、医疗保健支出	八、其他商品及服务支出
全国合计	**30.7**	**8.4**	**31.3**	**19.0**	**4.3**
北京	78.9	17.3	64.2	36.8	5.4
天津	56.6	10.7	45.6	25.1	1.9
河北	30.2	6.6	24.2	19.1	2.6
山西	30.4	6.6	32.7	20.1	3.8
内蒙古	23.2	8.6	33.2	19.3	1.6
辽宁	34.5	12.5	39.1	24.7	5.0
吉林	26.1	10.1	26.4	27.5	3.7
黑龙江	24.6	9.2	28.3	28.6	2.4
上海	125.6	23.9	59.3	40.3	18.8
江苏	52.3	10.0	34.7	22.7	3.7
浙江	61.4	16.7	42.0	28.4	9.5
安徽	25.6	6.7	25.6	14.6	3.9
福建	34.7	13.8	39.1	19.9	10.3
江西	24.5	6.1	32.3	16.1	3.2
山东	32.7	6.3	32.7	17.1	2.3
河南	23.8	5.6	22.3	17.9	3.1
湖北	33.7	7.7	35.9	17.5	3.6
湖南	28.6	8.8	39.2	18.3	3.0
广东	50.2	16.1	66.9	34.0	12.5
广西	21.7	7.7	31.8	12.5	5.4
海南	20.4	11.8	40.2	19.7	5.4
四川	22.1	6.4	24.7	14.3	3.1
贵州	13.7	3.8	16.9	7.8	4.4
云南	21.3	5.3	19.4	13.7	2.9
西藏	14.0	2.7	1.7	1.4	2.6
陕西	23.3	6.0	23.9	18.2	3.3
甘肃	14.9	4.4	18.8	13.8	2.3
青海	28.1	6.7	16.5	18.5	1.3
宁夏	27.6	12.5	31.9	17.2	1.7
新疆	30.2	11.4	27.0	16.4	3.3

4-64　1990年农村居民生活消费现金支出构成

单位：%

地　区	生活消费现金支出	一、食品支出	二、衣着支出	三、居住支出
全国合计	**100.0**	**41.6**	**11.7**	**21.7**
北　京	100.0	43.6	10.9	21.6
天　津	100.0	43.2	12.4	19.3
河　北	100.0	35.4	13.1	26.5
山　西	100.0	35.4	17.0	20.6
内蒙古	100.0	34.9	16.2	17.2
辽　宁	100.0	41.6	14.3	20.0
吉　林	100.0	42.2	13.8	19.9
黑龙江	100.0	40.3	15.9	18.5
上　海	100.0	43.4	9.3	23.9
江　苏	100.0	39.4	9.1	29.9
浙　江	100.0	43.5	7.6	27.8
安　徽	100.0	41.6	11.7	23.0
福　建	100.0	50.3	7.7	18.4
江　西	100.0	44.6	11.3	18.2
山　东	100.0	40.0	13.1	22.8
河　南	100.0	36.4	14.6	23.1
湖　北	100.0	40.4	12.2	18.8
湖　南	100.0	43.3	10.5	18.4
广　东	100.0	46.8	5.6	21.4
广　西	100.0	46.4	9.0	17.3
海　南	100.0	54.1	9.1	12.3
四　川	100.0	44.5	12.4	18.4
贵　州	100.0	45.2	15.1	16.3
云　南	100.0	43.7	12.5	21.9
西　藏	100.0	51.1	24.5	11.5
陕　西	100.0	32.5	13.7	26.2
甘　肃	100.0	32.2	17.3	19.4
青　海	100.0	34.9	21.3	16.1
宁　夏	100.0	32.2	16.1	21.2
新　疆	100.0	33.2	22.3	18.1

4-64 续表　　　　单位：%

地　区	四、家庭设备用品及服务支出	五、交通和通讯支出	六、文化教育用品及服务支出	七、医疗保健支出	八、其他商品及服务支出
全国合计	**8.2**	**2.2**	**8.4**	**5.1**	**1.1**
北　京	9.3	2.0	7.6	4.4	0.6
天　津	10.1	1.9	8.2	4.5	0.3
河　北	9.1	2.0	7.4	5.8	0.8
山　西	8.8	1.9	9.5	5.8	1.1
内蒙古	8.6	3.2	12.3	7.1	0.6
辽　宁	7.2	2.6	8.1	5.1	1.0
吉　林	6.7	2.6	6.8	7.0	0.9
黑龙江	6.7	2.5	7.7	7.8	0.7
上　海	11.0	2.1	5.2	3.5	1.6
江　苏	9.2	1.8	6.1	4.0	0.6
浙　江	8.2	2.2	5.6	3.8	1.3
安　徽	7.9	2.1	7.9	4.5	1.2
福　建	6.9	2.7	7.8	4.0	2.1
江　西	7.7	1.9	10.2	5.1	1.0
山　东	8.6	1.7	8.6	4.5	0.6
河　南	8.5	2.0	7.9	6.4	1.1
湖　北	9.8	2.2	10.4	5.1	1.1
湖　南	8.1	2.5	11.1	5.2	0.9
广　东	7.3	2.3	9.7	5.0	1.8
广　西	7.5	2.6	11.0	4.3	1.9
海　南	5.1	3.0	10.1	4.9	1.3
四　川	7.7	2.2	8.7	5.0	1.1
贵　州	6.9	1.9	8.5	3.9	2.2
云　南	7.4	1.9	6.8	4.8	1.0
西　藏	8.1	1.5	1.0	0.8	1.5
陕　西	8.6	2.2	8.9	6.7	1.2
甘　肃	8.5	2.5	10.8	7.9	1.3
青　海	10.9	2.6	6.4	7.2	0.5
宁　夏	9.3	4.2	10.7	5.8	0.6
新　疆	9.1	3.4	8.1	4.9	1.0

4-65 1995年农村居民总收入

单位：元/人

地区	总收入	一、工资性收入	二、家庭经营收入	三、财产性收入	四、转移性收入
全国合计	**2337.9**	**353.7**	**1877.4**	**41.0**	**65.8**
北京	3923.2	1715.0	1904.1	116.6	187.5
天津	3373.7	1012.2	2253.3	55.3	52.9
河北	2376.5	441.2	1851.4	40.9	43.0
山西	1565.7	367.2	1131.7	22.9	43.9
内蒙古	2053.8	98.6	1871.5	54.8	28.9
辽宁	2953.5	486.2	2350.6	70.6	46.1
吉林	2819.5	165.6	2481.5	145.4	27.1
黑龙江	3159.3	130.3	2921.4	80.5	27.2
上海	4860.6	2734.0	1776.3	154.8	195.5
江苏	3290.9	821.9	2368.0	25.6	75.5
浙江	3974.9	1109.8	2691.8	62.5	110.8
安徽	2016.4	234.2	1688.5	35.4	58.2
福建	2748.9	520.5	1977.9	118.9	131.5
江西	2325.4	319.7	1940.6	14.5	50.5
山东	2627.0	409.0	2135.2	28.8	54.0
河南	1862.9	163.5	1631.0	28.4	40.0
湖北	2184.2	192.4	1907.4	33.5	51.0
湖南	2235.4	268.0	1892.4	15.1	59.9
广东	3536.3	712.3	2579.1	50.1	194.9
广西	2101.4	202.1	1802.9	11.4	85.0
海南	1935.0	53.6	1716.2	74.3	91.0
四川	1864.9	208.6	1558.6	21.4	76.4
贵州	1574.4	146.3	1353.2	16.3	58.6
云南	1709.5	120.8	1483.5	57.0	48.1
西藏	1501.5	79.2	1313.3	46.0	63.0
陕西	1440.1	186.0	1192.7	17.3	44.1
甘肃	1368.5	91.7	1216.3	18.3	42.2
青海	1382.2	96.7	1253.5	3.0	29.0
宁夏	1825.1	188.8	1588.2	22.5	25.6
新疆	2414.6	64.5	2238.7	65.3	46.1

4-66 1995年农村居民总收入构成

单位：%

地区	总收入	一、工资性收入	二、家庭经营收入	三、财产性收入	四、转移性收入
全国合计	**100.0**	**15.1**	**80.3**	**1.8**	**2.8**
北京	100.0	43.7	48.5	3.0	4.8
天津	100.0	30.0	66.8	1.6	1.6
河北	100.0	18.6	77.9	1.7	1.8
山西	100.0	23.5	72.3	1.5	2.8
内蒙古	100.0	4.8	91.1	2.7	1.4
辽宁	100.0	16.5	79.6	2.4	1.6
吉林	100.0	5.9	88.0	5.2	1.0
黑龙江	100.0	4.1	92.5	2.5	0.9
上海	100.0	56.2	36.5	3.2	4.0
江苏	100.0	25.0	72.0	0.8	2.3
浙江	100.0	27.9	67.7	1.6	2.8
安徽	100.0	11.6	83.7	1.8	2.9
福建	100.0	18.9	72.0	4.3	4.8
江西	100.0	13.7	83.5	0.6	2.2
山东	100.0	15.6	81.3	1.1	2.1
河南	100.0	8.8	87.6	1.5	2.1
湖北	100.0	8.8	87.3	1.5	2.3
湖南	100.0	12.0	84.7	0.7	2.7
广东	100.0	20.1	72.9	1.4	5.5
广西	100.0	9.6	85.8	0.5	4.0
海南	100.0	2.8	88.7	3.8	4.7
四川	100.0	11.2	83.6	1.1	4.1
贵州	100.0	9.3	86.0	1.0	3.7
云南	100.0	7.1	86.8	3.3	2.8
西藏	100.0	5.3	87.5	3.1	4.2
陕西	100.0	12.9	82.8	1.2	3.1
甘肃	100.0	6.7	88.9	1.3	3.1
青海	100.0	7.0	90.7	0.2	2.1
宁夏	100.0	10.3	87.0	1.2	1.4
新疆	100.0	2.7	92.7	2.7	1.9

4-67 1995年农村居民家庭经营总收入

单位：元/人

地区	家庭经营总收入	一、第一产业收入	1.农业收入	2.林业收入	3.牧业收入	4.渔业收入	二、第二产业收入
全国合计	**1877.4**	**1652.3**	**1188.1**	**16.5**	**420.8**	**26.9**	**65.4**
北京	1904.1	1506.2	1128.7	15.1	317.4	45.2	52.5
天津	2253.3	2039.4	1558.8	2.1	470.6	7.8	62.3
河北	1851.4	1626.5	1355.3	6.2	263.3	1.7	55.4
山西	1131.7	932.9	768.5	8.5	155.5	0.4	47.3
内蒙古	1871.5	1791.5	1402.1	2.9	386.0	0.6	21.7
辽宁	2350.6	2169.9	1610.6	4.6	520.6	34.1	32.6
吉林	2481.5	2390.7	2104.7	3.1	281.3	1.7	26.4
黑龙江	2921.4	2775.5	2388.6	3.9	359.2	23.8	26.3
上海	1776.3	1608.5	1227.9		373.7	6.8	21.4
江苏	2368.0	2058.3	1515.9	12.7	485.1	44.6	131.5
浙江	2691.8	1900.5	1226.1	14.6	581.5	78.2	298.8
安徽	1688.5	1547.7	1157.3	18.9	348.1	23.4	31.3
福建	1977.9	1593.3	1107.5	20.7	419.8	45.4	105.2
江西	1940.6	1797.1	1100.8	25.1	620.0	51.2	29.7
山东	2135.2	1969.5	1553.4	24.4	389.1	2.6	49.3
河南	1631.0	1482.0	1236.8	15.6	225.4	4.2	35.7
湖北	1907.4	1762.4	1304.1	20.6	401.9	35.9	38.3
湖南	1892.4	1648.8	974.4	15.2	618.2	40.9	109.7
广东	2579.1	1986.8	1154.9	21.6	640.1	170.3	182.4
广西	1802.9	1566.5	853.2	27.5	658.7	27.2	84.9
海南	1716.2	1442.1	969.3	72.9	346.6	53.3	44.4
四川	1558.6	1429.0	822.1	15.2	579.1	12.6	45.9
贵州	1353.2	1209.3	783.4	12.2	410.1	3.7	39.6
云南	1483.5	1284.7	832.0	22.1	416.6	14.0	44.3
西藏	1313.3	979.0	613.7	45.0	320.3		30.4
陕西	1192.7	1060.9	833.8	8.2	218.3	0.5	41.4
甘肃	1216.3	1058.8	841.8	11.4	205.5		36.7
青海	1253.5	1088.8	705.5	4.5	378.8		16.6
宁夏	1588.2	1412.9	1000.2	8.3	401.9	2.5	27.8
新疆	2238.7	2074.0	1630.1	35.2	398.3	10.3	11.0

4-67 续表 单位：元/人

地 区	1.工业收入	2.建筑业收入	三、第三产业收入	1.交通运输业、邮电业收入	2.批发和零售贸易、餐饮业收入	3.社会服务业收入	4.其他家庭经营收入
全国合计	**26.9**	**38.5**	**159.7**	**47.6**	**43.7**	**20.3**	**48.0**
北 京	45.5	6.9	345.4	243.1	24.9	14.2	63.3
天 津	32.0	30.2	151.7	31.8	48.0	30.7	41.1
河 北	34.2	21.2	169.5	51.2	70.8	14.2	33.3
山 西	23.5	23.8	151.5	79.4	28.6	18.5	24.9
内蒙古	18.6	3.1	58.2	13.4	13.4	5.4	26.0
辽 宁	14.0	18.6	148.0	42.8	50.9	13.5	40.8
吉 林	12.7	13.8	64.3	20.2	17.5	3.7	23.0
黑龙江	12.6	13.6	119.6	46.5	11.4	12.5	49.2
上 海	6.6	14.7	146.4	44.3	7.6	28.7	65.9
江 苏	31.6	99.9	178.2	60.3	61.8	26.4	29.7
浙 江	206.2	92.6	492.5	153.0	146.9	69.9	122.8
安 徽	7.0	24.2	109.5	25.3	27.0	14.4	42.8
福 建	19.5	85.7	279.4	80.9	65.4	46.2	87.0
江 西	15.7	14.0	113.9	30.8	28.3	21.1	33.7
山 东	14.1	35.2	116.4	24.5	25.0	11.5	55.5
河 南	7.5	28.2	113.3	36.6	24.4	12.8	39.6
湖 北	17.9	20.4	106.7	20.6	42.9	15.4	27.9
湖 南	49.9	59.9	133.9	34.9	47.0	20.3	31.7
广 东	29.5	152.9	409.8	110.3	138.7	52.9	107.9
广 西	34.9	50.0	151.5	47.0	51.9	15.0	37.6
海 南	12.8	31.5	229.8	33.0	20.7	23.6	152.5
四 川	12.4	33.5	83.7	21.4	19.9	20.9	21.6
贵 州	22.8	16.8	104.3	17.8	35.7	21.0	29.8
云 南	23.4	20.9	154.5	55.1	24.8	7.6	67.1
西 藏	10.3	20.1	303.9	85.2	57.4	13.3	148.0
陕 西	21.9	19.6	90.4	34.3	25.8	7.8	22.6
甘 肃	6.9	29.9	120.8	21.6	19.4	15.1	64.8
青 海	7.8	8.8	148.1	46.2	35.5	9.7	56.7
宁 夏	24.0	3.9	147.5	90.6	44.8	6.6	5.5
新 疆	5.1	5.9	153.7	38.4	32.2	27.4	55.7

4-68 1995年农村居民家庭经营总收入构成

单位：%

地 区	家庭经营总收入	一、第一产业收入	1.农业收入	2.林业收入	3.牧业收入	4.渔业收入	二、第二产业收入
全国合计	**100.0**	**88.0**	**63.3**	**0.9**	**22.4**	**1.4**	**3.5**
北 京	100.0	79.1	59.3	0.8	16.7	2.4	2.8
天 津	100.0	90.5	69.2	0.1	20.9	0.3	2.8
河 北	100.0	87.9	73.2	0.3	14.2	0.1	3.0
山 西	100.0	82.4	67.9	0.8	13.7	0.0	4.2
内蒙古	100.0	95.7	74.9	0.2	20.6	0.0	1.2
辽 宁	100.0	92.3	68.5	0.2	22.1	1.5	1.4
吉 林	100.0	96.3	84.8	0.1	11.3	0.1	1.1
黑龙江	100.0	95.0	81.8	0.1	12.3	0.8	0.9
上 海	100.0	90.6	69.1		21.0	0.4	1.2
江 苏	100.0	86.9	64.0	0.5	20.5	1.9	5.6
浙 江	100.0	70.6	45.5	0.5	21.6	2.9	11.1
安 徽	100.0	91.7	68.5	1.1	20.6	1.4	1.9
福 建	100.0	80.6	56.0	1.0	21.2	2.3	5.3
江 西	100.0	92.6	56.7	1.3	31.9	2.6	1.5
山 东	100.0	92.2	72.8	1.1	18.2	0.1	2.3
河 南	100.0	90.9	75.8	1.0	13.8	0.3	2.2
湖 北	100.0	92.4	68.4	1.1	21.1	1.9	2.0
湖 南	100.0	87.1	51.5	0.8	32.7	2.2	5.8
广 东	100.0	77.0	44.8	0.8	24.8	6.6	7.1
广 西	100.0	86.9	47.3	1.5	36.5	1.5	4.7
海 南	100.0	84.0	56.5	4.2	20.2	3.1	2.6
四 川	100.0	91.7	52.7	1.0	37.2	0.8	2.9
贵 州	100.0	89.4	57.9	0.9	30.3	0.3	2.9
云 南	100.0	86.6	56.1	1.5	28.1	0.9	3.0
西 藏	100.0	74.5	46.7	3.4	24.4		2.3
陕 西	100.0	88.9	69.9	0.7	18.3	0.0	3.5
甘 肃	100.0	87.0	69.2	0.9	16.9		3.0
青 海	100.0	86.9	56.3	0.4	30.2		1.3
宁 夏	100.0	89.0	63.0	0.5	25.3	0.2	1.8
新 疆	100.0	92.6	72.8	1.6	17.8	0.5	0.5

4-68 续表 单位：%

地 区	1.工业收入	2.建筑业收入	三、第三产业收入	1.交通运输业、邮电业收入	2.批发和零售贸易、餐饮业收入	3.社会服务业收入	4.其他家庭经营收入
全国合计	**1.4**	**2.1**	**8.5**	**2.5**	**2.3**	**1.1**	**2.6**
北 京	2.4	0.4	18.1	12.8	1.3	0.7	3.3
天 津	1.4	1.3	6.7	1.4	2.1	1.4	1.8
河 北	1.8	1.1	9.2	2.8	3.8	0.8	1.8
山 西	2.1	2.1	13.4	7.0	2.5	1.6	2.2
内蒙古	1.0	0.2	3.1	0.7	0.7	0.3	1.4
辽 宁	0.6	0.8	6.3	1.8	2.2	0.6	1.7
吉 林	0.5	0.6	2.6	0.8	0.7	0.1	0.9
黑龙江	0.4	0.5	4.1	1.6	0.4	0.4	1.7
上 海	0.4	0.8	8.2	2.5	0.4	1.6	3.7
江 苏	1.3	4.2	7.5	2.5	2.6	1.1	1.3
浙 江	7.7	3.4	18.3	5.7	5.5	2.6	4.6
安 徽	0.4	1.4	6.5	1.5	1.6	0.9	2.5
福 建	1.0	4.3	14.1	4.1	3.3	2.3	4.4
江 西	0.8	0.7	5.9	1.6	1.5	1.1	1.7
山 东	0.7	1.6	5.5	1.1	1.2	0.5	2.6
河 南	0.5	1.7	6.9	2.2	1.5	0.8	2.4
湖 北	0.9	1.1	5.6	1.1	2.3	0.8	1.5
湖 南	2.6	3.2	7.1	1.8	2.5	1.1	1.7
广 东	1.1	5.9	15.9	4.3	5.4	2.1	4.2
广 西	1.9	2.8	8.4	2.6	2.9	0.8	2.1
海 南	0.7	1.8	13.4	1.9	1.2	1.4	8.9
四 川	0.8	2.1	5.4	1.4	1.3	1.3	1.4
贵 州	1.7	1.2	7.7	1.3	2.6	1.6	2.2
云 南	1.6	1.4	10.4	3.7	1.7	0.5	4.5
西 藏	0.8	1.5	23.1	6.5	4.4	1.0	11.3
陕 西	1.8	1.6	7.6	2.9	2.2	0.6	1.9
甘 肃	0.6	2.5	9.9	1.8	1.6	1.2	5.3
青 海	0.6	0.7	11.8	3.7	2.8	0.8	4.5
宁 夏	1.5	0.2	9.3	5.7	2.8	0.4	0.3
新 疆	0.2	0.3	6.9	1.7	1.4	1.2	2.5

4-69 1995年农村居民现金收入

单位：元/人

地区	现金收入	一、工资性收入	二、家庭经营收入	三、财产性收入	四、转移性收入
全国合计	**1595.6**	**352.9**	**1116.7**	**38.2**	**87.8**
北京	3300.0	1707.8	1303.9	88.4	199.9
天津	2275.4	1007.8	1181.1	29.2	57.2
河北	1423.6	440.8	902.1	28.3	52.4
山西	1088.2	366.3	631.5	21.5	68.8
内蒙古	1197.0	98.5	1004.3	48.5	45.7
辽宁	1923.2	501.2	1307.6	43.1	71.3
吉林	1853.9	165.3	1586.1	55.4	47.0
黑龙江	2195.1	130.0	1912.9	99.5	52.7
上海	4272.4	2719.7	1178.9	120.9	252.9
江苏	2323.0	815.0	1367.7	33.2	107.2
浙江	3431.4	1106.0	2095.4	66.9	163.1
安徽	1367.7	233.9	1041.4	20.9	71.5
福建	2226.9	526.2	1502.7	37.5	160.5
江西	1539.9	319.5	1126.4	24.4	69.6
山东	1608.3	404.0	1097.9	40.7	65.7
河南	1020.7	162.7	776.8	33.8	47.5
湖北	1380.3	192.2	1076.2	19.0	93.0
湖南	1515.3	267.4	1097.4	38.7	111.9
广东	2891.3	708.9	1892.3	57.5	232.6
广西	1550.2	201.9	1213.7	33.1	101.6
海南	1363.3	53.4	1193.2	16.1	100.5
四川	1129.1	208.3	802.6	18.8	99.4
贵州	913.7	146.0	663.4	22.7	81.6
云南	1209.7	120.3	984.2	40.0	65.2
西藏	772.4	79.0	599.7	33.5	60.1
陕西	881.1	185.8	571.9	71.0	52.5
甘肃	674.3	91.5	515.5	15.9	51.4
青海	733.2	96.5	573.9	21.1	41.7
宁夏	1279.6	188.7	1019.7	34.8	36.4
新疆	1876.6	64.4	1700.9	59.2	52.1

4-70 1995年农村居民现金收入构成

单位：%

地　区	现金收入	一、工资性收入	二、家庭经营收入	三、财产性收入	四、转移性收入
全国合计	**100.0**	**22.1**	**70.0**	**2.4**	**5.5**
北　京	100.0	51.8	39.5	2.7	6.1
天　津	100.0	44.3	51.9	1.3	2.5
河　北	100.0	31.0	63.4	2.0	3.7
山　西	100.0	33.7	58.0	2.0	6.3
内蒙古	100.0	8.2	83.9	4.1	3.8
辽　宁	100.0	26.1	68.0	2.2	3.7
吉　林	100.0	8.9	85.6	3.0	2.5
黑龙江	100.0	5.9	87.1	4.5	2.4
上　海	100.0	63.7	27.6	2.8	5.9
江　苏	100.0	35.1	58.9	1.4	4.6
浙　江	100.0	32.2	61.1	1.9	4.8
安　徽	100.0	17.1	76.1	1.5	5.2
福　建	100.0	23.6	67.5	1.7	7.2
江　西	100.0	20.7	73.2	1.6	4.5
山　东	100.0	25.1	68.3	2.5	4.1
河　南	100.0	15.9	76.1	3.3	4.7
湖　北	100.0	13.9	78.0	1.4	6.7
湖　南	100.0	17.6	72.4	2.6	7.4
广　东	100.0	24.5	65.4	2.0	8.0
广　西	100.0	13.0	78.3	2.1	6.6
海　南	100.0	3.9	87.5	1.2	7.4
四　川	100.0	18.5	71.1	1.7	8.8
贵　州	100.0	16.0	72.6	2.5	8.9
云　南	100.0	9.9	81.4	3.3	5.4
西　藏	100.0	10.2	77.7	4.3	7.8
陕　西	100.0	21.1	64.9	8.1	6.0
甘　肃	100.0	13.6	76.5	2.4	7.6
青　海	100.0	13.2	78.3	2.9	5.7
宁　夏	100.0	14.7	79.7	2.7	2.8
新　疆	100.0	3.4	90.6	3.2	2.8

4-71 1995年农村居民家庭经营现金收入

单位：元/人

地区	家庭经营现金收入	一、第一产业收入	农业收入	牧业收入	二、第二产业收入
全国合计	**1116.7**	**891.3**	**522.8**	**322.5**	**56.0**
北京	1303.9	920.0	606.0	245.0	40.9
天津	1181.1	974.7	506.9	448.9	62.3
河北	902.1	680.9	454.6	211.3	46.2
山西	631.5	427.8	289.4	116.6	34.5
内蒙古	1004.3	924.5	684.6	228.2	16.4
辽宁	1307.6	1123.6	707.0	387.8	35.8
吉林	1586.1	1488.5	1177.2	302.1	26.3
黑龙江	1912.9	1763.9	1513.7	227.5	22.6
上海	1178.9	989.8	682.1	301.9	21.4
江苏	1367.7	1040.7	578.0	401.7	116.4
浙江	2095.4	1308.7	602.3	515.2	212.2
安徽	1041.4	893.1	589.2	267.8	30.2
福建	1502.7	1071.7	583.1	413.5	104.2
江西	1126.4	978.2	414.9	499.2	26.9
山东	1097.9	931.1	620.8	293.1	48.2
河南	776.8	629.5	451.1	164.6	34.7
湖北	1076.2	931.1	640.7	251.4	29.3
湖南	1097.4	857.4	292.3	502.7	85.4
广东	1892.3	1271.1	564.0	538.2	181.9
广西	1213.7	1005.4	357.6	579.7	60.9
海南	1193.2	933.4	517.6	270.4	35.4
四川	802.6	677.1	246.1	404.9	41.3
贵州	663.4	528.3	253.1	253.2	28.7
云南	984.2	797.7	457.1	299.1	33.8
西藏	599.7	324.8	138.6	118.0	29.0
陕西	571.9	447.8	286.5	149.5	34.3
甘肃	515.5	360.1	255.1	97.1	36.5
青海	573.9	410.3	188.1	218.4	15.9
宁夏	1019.7	839.1	497.4	331.5	27.8
新疆	1700.9	1540.0	1213.9	300.1	11.0

4-71 续表 单位：元/人

地 区	1.工业收入	2.建筑业收入	三、第三产业收入	1.交通运输业、邮电业收入	2.批发和零售贸易、餐饮业收入	3.社会服务业收入	4.其他家庭经营收入
全国合计	**17.4**	**38.6**	**169.5**	**47.6**	**43.7**	**20.3**	**57.9**
北 京	34.0	6.9	343.0	243.1	24.9	14.2	60.9
天 津	32.0	30.2	144.2	31.8	48.0	30.7	33.6
河 北	24.9	21.2	175.0	51.2	70.8	14.2	38.8
山 西	10.7	23.8	169.2	79.4	28.6	18.5	42.6
内蒙古	13.4	3.1	63.4	13.4	13.4	5.4	31.1
辽 宁	15.7	20.1	148.3	42.8	50.9	13.4	41.2
吉 林	12.6	13.8	71.3	20.2	17.5	3.7	30.0
黑龙江	9.0	13.6	126.4	46.5	11.4	12.5	55.9
上 海	6.6	14.7	167.7	44.3	7.6	28.7	87.1
江 苏	16.4	99.9	210.6	60.3	61.8	26.4	62.1
浙 江	119.5	92.6	574.5	153.0	146.9	69.9	204.8
安 徽	6.0	24.2	118.1	25.3	27.0	14.3	51.5
福 建	18.5	85.7	326.8	80.9	65.4	46.2	134.4
江 西	12.9	14.0	121.3	30.8	28.3	21.1	41.2
山 东	13.1	35.1	118.6	24.5	25.0	11.5	57.7
河 南	6.5	28.2	112.5	36.6	24.4	12.8	38.8
湖 北	8.9	20.4	115.8	20.6	42.9	15.4	36.9
湖 南	25.6	59.9	154.5	34.9	47.0	20.3	52.4
广 东	29.0	152.9	439.4	110.3	138.7	52.9	137.5
广 西	10.8	50.0	147.4	47.0	51.9	15.0	33.5
海 南	3.9	31.5	224.5	33.0	20.7	23.6	147.2
四 川	7.9	33.5	84.1	21.4	19.9	20.9	22.0
贵 州	11.9	16.8	106.4	17.8	35.7	21.1	31.9
云 南	12.9	20.9	152.8	55.1	24.8	7.6	65.3
西 藏	8.9	20.1	245.9	85.2	57.4	13.3	90.0
陕 西	14.8	19.6	89.7	34.3	25.8	7.8	21.9
甘 肃	6.7	29.9	118.9	21.6	19.4	15.1	62.8
青 海	7.2	8.8	147.7	46.2	35.5	9.7	56.3
宁 夏	23.9	3.9	152.8	90.6	44.8	6.6	10.8
新 疆	5.1	5.9	149.9	38.4	29.9	27.4	54.2

4-72 1995年农村居民家庭经营现金收入构成

单位：%

地区	家庭经营现金收入	一、第一产业收入	农业收入	牧业收入	二、第二产业收入
全国合计	**100.0**	**79.8**	**46.8**	**28.9**	**5.0**
北京	100.0	70.6	46.5	18.8	3.1
天津	100.0	82.5	42.9	38.0	5.3
河北	100.0	75.5	50.4	23.4	5.1
山西	100.0	67.7	45.8	18.5	5.5
内蒙古	100.0	92.1	68.2	22.7	1.6
辽宁	100.0	85.9	54.1	29.7	2.7
吉林	100.0	93.8	74.2	19.0	1.7
黑龙江	100.0	92.2	79.1	11.9	1.2
上海	100.0	84.0	57.9	25.6	1.8
江苏	100.0	76.1	42.3	29.4	8.5
浙江	100.0	62.5	28.7	24.6	10.1
安徽	100.0	85.8	56.6	25.7	2.9
福建	100.0	71.3	38.8	27.5	6.9
江西	100.0	86.8	36.8	44.3	2.4
山东	100.0	84.8	56.5	26.7	4.4
河南	100.0	81.0	58.1	21.2	4.5
湖北	100.0	86.5	59.5	23.4	2.7
湖南	100.0	78.1	26.6	45.8	7.8
广东	100.0	67.2	29.8	28.4	9.6
广西	100.0	82.8	29.5	47.8	5.0
海南	100.0	78.2	43.4	22.7	3.0
四川	100.0	84.4	30.7	50.4	5.2
贵州	100.0	79.6	38.2	38.2	4.3
云南	100.0	81.0	46.4	30.4	3.4
西藏	100.0	54.2	23.1	19.7	4.8
陕西	100.0	78.3	50.1	26.2	6.0
甘肃	100.0	69.8	49.5	18.8	7.1
青海	100.0	71.5	32.8	38.1	2.8
宁夏	100.0	82.3	48.8	32.5	2.7
新疆	100.0	90.5	71.4	17.6	0.6

4-72 续表　　　　单位：%

地　区	1.工业收入	2.建筑业收入	三、第三产业收入	1.交通运输业、邮电业收入	2.批发和零售贸易、餐饮业收入	3.社会服务业收入	4.其他家庭经营收入
全国合计	**1.6**	**3.5**	**15.2**	**4.3**	**3.9**	**1.8**	**5.2**
北　京	2.6	0.5	26.3	18.6	1.9	1.1	4.7
天　津	2.7	2.6	12.2	2.7	4.1	2.6	2.8
河　北	2.8	2.4	19.4	5.7	7.8	1.6	4.3
山　西	1.7	3.8	26.8	12.6	4.5	2.9	6.7
内蒙古	1.3	0.3	6.3	1.3	1.3	0.5	3.1
辽　宁	1.2	1.5	11.3	3.3	3.9	1.0	3.1
吉　林	0.8	0.9	4.5	1.3	1.1	0.2	1.9
黑龙江	0.5	0.7	6.6	2.4	0.6	0.7	2.9
上　海	0.6	1.2	14.2	3.8	0.6	2.4	7.4
江　苏	1.2	7.3	15.4	4.4	4.5	1.9	4.5
浙　江	5.7	4.4	27.4	7.3	7.0	3.3	9.8
安　徽	0.6	2.3	11.3	2.4	2.6	1.4	4.9
福　建	1.2	5.7	21.7	5.4	4.3	3.1	8.9
江　西	1.1	1.2	10.8	2.7	2.5	1.9	3.7
山　东	1.2	3.2	10.8	2.2	2.3	1.0	5.3
河　南	0.8	3.6	14.5	4.7	3.1	1.6	5.0
湖　北	0.8	1.9	10.8	1.9	4.0	1.4	3.4
湖　南	2.3	5.5	14.1	3.2	4.3	1.8	4.8
广　东	1.5	8.1	23.2	5.8	7.3	2.8	7.3
广　西	0.9	4.1	12.1	3.9	4.3	1.2	2.8
海　南	0.3	2.6	18.8	2.8	1.7	2.0	12.3
四　川	1.0	4.2	10.5	2.7	2.5	2.6	2.7
贵　州	1.8	2.5	16.0	2.7	5.4	3.2	4.8
云　南	1.3	2.1	15.5	5.6	2.5	0.8	6.6
西　藏	1.5	3.4	41.0	14.2	9.6	2.2	15.0
陕　西	2.6	3.4	15.7	6.0	4.5	1.4	3.8
甘　肃	1.3	5.8	23.1	4.2	3.8	2.9	12.2
青　海	1.2	1.5	25.7	8.1	6.2	1.7	9.8
宁　夏	2.3	0.4	15.0	8.9	4.4	0.7	1.1
新　疆	0.3	0.3	8.8	2.3	1.8	1.6	3.2

4-73 1995年农村居民纯收入

单位：元/人

地 区	纯收入	一、工资性收入	二、家庭经营纯收入	三、财产性收入	四、转移性收入
全国合计	**1577.7**	**353.7**	**1125.8**	**41.0**	**57.3**
北 京	3223.7	1715.0	1220.9	116.6	171.2
天 津	2406.4	1012.2	1297.7	55.3	41.2
河 北	1668.7	441.2	1149.8	40.9	36.8
山 西	1208.3	367.2	780.8	22.9	37.4
内蒙古	1208.4	98.6	1036.0	54.8	19.0
辽 宁	1756.5	486.2	1161.6	70.6	38.2
吉 林	1609.6	165.6	1277.5	145.4	21.2
黑龙江	1766.3	130.3	1534.1	80.5	21.4
上 海	4245.6	2734.0	1183.4	154.8	173.4
江 苏	2456.9	821.9	1544.4	25.6	65.0
浙 江	2966.2	1109.8	1696.6	62.5	97.4
安 徽	1302.8	234.2	980.7	35.4	52.5
福 建	2048.6	520.5	1296.0	118.9	113.2
江 西	1537.4	319.7	1161.5	14.5	41.7
山 东	1715.1	409.0	1230.6	28.8	46.8
河 南	1232.0	163.5	1004.2	28.5	35.8
湖 北	1511.2	192.4	1237.9	33.5	47.5
湖 南	1425.2	268.0	1095.9	15.1	46.2
广 东	2699.2	712.3	1756.6	50.1	180.3
广 西	1446.1	202.1	1158.1	11.4	74.5
海 南	1519.7	53.6	1307.9	74.3	84.0
四 川	1158.3	208.6	860.4	21.4	67.9
贵 州	1086.6	146.3	871.4	16.3	52.6
云 南	1011.0	120.8	792.0	57.0	41.1
西 藏	1200.3	79.2	1022.2	46.0	53.0
陕 西	962.9	186.0	723.2	17.3	36.4
甘 肃	880.3	91.7	734.0	18.3	36.4
青 海	1029.8	96.7	908.2	3.0	21.9
宁 夏	998.8	188.8	767.2	22.5	20.2
新 疆	1136.5	64.5	967.6	65.3	39.1

4-74 1995年农村居民纯收入构成

单位： %

地 区	纯收入	一、工资性收入	二、家庭经营纯收入	三、财产性收入	四、转移性收入
全国合计	**100.0**	**22.4**	**71.4**	**2.6**	**3.6**
北 京	100.0	53.2	37.9	3.6	5.3
天 津	100.0	42.1	53.9	2.3	1.7
河 北	100.0	26.4	68.9	2.5	2.2
山 西	100.0	30.4	64.6	1.9	3.1
内蒙古	100.0	8.2	85.7	4.5	1.6
辽 宁	100.0	27.7	66.1	4.0	2.2
吉 林	100.0	10.3	79.4	9.0	1.3
黑龙江	100.0	7.4	86.9	4.6	1.2
上 海	100.0	64.4	27.9	3.6	4.1
江 苏	100.0	33.5	62.9	1.0	2.6
浙 江	100.0	37.4	57.2	2.1	3.3
安 徽	100.0	18.0	75.3	2.7	4.0
福 建	100.0	25.4	63.3	5.8	5.5
江 西	100.0	20.8	75.5	0.9	2.7
山 东	100.0	23.8	71.7	1.7	2.7
河 南	100.0	13.3	81.5	2.3	2.9
湖 北	100.0	12.7	81.9	2.2	3.1
湖 南	100.0	18.8	76.9	1.1	3.2
广 东	100.0	26.4	65.1	1.9	6.7
广 西	100.0	14.0	80.1	0.8	5.2
海 南	100.0	3.5	86.1	4.9	5.5
四 川	100.0	18.0	74.3	1.8	5.9
贵 州	100.0	13.5	80.2	1.5	4.8
云 南	100.0	12.0	78.3	5.6	4.1
西 藏	100.0	6.6	85.2	3.8	4.4
陕 西	100.0	19.3	75.1	1.8	3.8
甘 肃	100.0	10.4	83.4	2.1	4.1
青 海	100.0	9.4	88.2	0.3	2.1
宁 夏	100.0	18.9	76.8	2.3	2.0
新 疆	100.0	5.7	85.1	5.7	3.4

4-75 1995年农村居民总支出

单位：元/人

地　区	总支出	一、家庭经营费用支出	二、购置生产性固定资产支出	三、税费支出	四、生活消费支出	五、财产性和转移性支出
全国合计	**2138.3**	**621.7**	**62.3**	**88.7**	**1310.4**	**55.3**
北　京	3103.2	547.1	48.7	64.5	2335.6	107.3
天　津	2597.3	825.9	48.8	84.8	1548.4	89.4
河　北	1882.7	574.8	68.9	84.2	1104.3	50.4
山　西	1298.1	278.9	30.6	45.1	928.0	15.6
内蒙古	2098.1	664.0	101.2	105.3	1180.5	47.2
辽　宁	2804.6	982.8	46.8	162.7	1471.9	140.3
吉　林	2864.2	975.8	156.5	153.1	1494.6	84.3
黑龙江	3073.7	1002.0	180.9	294.6	1479.8	116.5
上　海	4060.5	497.9	41.3	65.7	3387.0	68.5
江　苏	2861.6	675.2	51.5	117.7	1938.0	79.1
浙　江	3535.8	855.4	169.7	53.9	2378.4	78.3
安　徽	1855.8	569.0	66.1	97.1	1070.6	53.1
福　建	2660.0	599.2	41.9	51.6	1793.7	173.5
江　西	2083.9	678.7	36.2	73.8	1256.1	39.2
山　东	2301.3	722.8	56.7	146.0	1338.5	37.4
河　南	1604.8	505.6	55.7	80.1	929.4	33.9
湖　北	1971.6	510.2	26.4	132.2	1245.1	57.6
湖　南	2203.4	669.3	35.7	105.3	1367.3	25.8
广　东	3151.3	714.5	25.4	73.8	2255.0	82.6
广　西	1890.0	589.8	43.7	29.9	1202.9	23.6
海　南	1558.1	332.4	19.2	35.4	1080.5	90.7
四　川	1828.2	599.8	33.5	66.4	1092.9	35.7
贵　州	1438.6	422.7	28.6	27.9	930.6	28.8
云　南	1733.8	609.3	60.6	34.5	981.1	48.3
西　藏	1211.0	180.1	114.7	2.6	896.8	16.8
陕　西	1423.5	385.5	42.2	58.0	913.7	24.1
甘　肃	1469.8	423.3	65.1	30.9	915.3	35.3
青　海	1306.4	258.3	69.5	39.2	913.8	25.6
宁　夏	1990.6	704.2	141.5	46.0	1063.2	35.8
新　疆	2363.5	1035.1	144.3	173.4	941.6	69.1

4-76 1995年农村居民总支出构成

单位：%

地区	总支出	一、家庭经营费用支出	二、购置生产性固定资产支出	三、税费支出	四、生活消费支出	五、财产性和转移性支出
全国合计	**100.0**	**29.1**	**2.9**	**4.1**	**61.3**	**2.6**
北京	100.0	17.6	1.6	2.1	75.3	3.5
天津	100.0	31.8	1.9	3.3	59.6	3.4
河北	100.0	30.5	3.7	4.5	58.7	2.7
山西	100.0	21.5	2.4	3.5	71.5	1.2
内蒙古	100.0	31.6	4.8	5.0	56.3	2.3
辽宁	100.0	35.0	1.7	5.8	52.5	5.0
吉林	100.0	34.1	5.5	5.3	52.2	2.9
黑龙江	100.0	32.6	5.9	9.6	48.1	3.8
上海	100.0	12.3	1.0	1.6	83.4	1.7
江苏	100.0	23.6	1.8	4.1	67.7	2.8
浙江	100.0	24.2	4.8	1.5	67.3	2.2
安徽	100.0	30.7	3.6	5.2	57.7	2.9
福建	100.0	22.5	1.6	1.9	67.4	6.5
江西	100.0	32.6	1.7	3.5	60.3	1.9
山东	100.0	31.4	2.5	6.3	58.2	1.6
河南	100.0	31.5	3.5	5.0	57.9	2.1
湖北	100.0	25.9	1.3	6.7	63.2	2.9
湖南	100.0	30.4	1.6	4.8	62.1	1.2
广东	100.0	22.7	0.8	2.3	71.6	2.6
广西	100.0	31.2	2.3	1.6	63.6	1.2
海南	100.0	21.3	1.2	2.3	69.3	5.8
四川	100.0	32.8	1.8	3.6	59.8	2.0
贵州	100.0	29.4	2.0	1.9	64.7	2.0
云南	100.0	35.1	3.5	2.0	56.6	2.8
西藏	100.0	14.9	9.5	0.2	74.1	1.4
陕西	100.0	27.1	3.0	4.1	64.2	1.7
甘肃	100.0	28.8	4.4	2.1	62.3	2.4
青海	100.0	19.8	5.3	3.0	69.9	2.0
宁夏	100.0	35.4	7.1	2.3	53.4	1.8
新疆	100.0	43.8	6.1	7.3	39.8	2.9

4-77 1995年农村居民家庭经营费用支出

单位：元/人

地区	家庭经营费用支出	一、第一产业支出	1.农业支出	2.林业支出	3.牧业支出	4.渔业支出	二、第二产业支出
全国合计	**621.7**	**575.6**	**321.5**	**2.5**	**242.4**	**9.2**	**14.3**
北京	547.1	378.4	218.6	2.7	127.3	29.8	32.3
天津	825.9	783.6	417.9	4.0	360.9	0.7	24.7
河北	574.8	530.4	355.1	1.6	173.1	0.6	13.1
山西	278.9	240.2	182.8	1.8	55.4	0.2	10.0
内蒙古	664.0	644.1	448.9	0.9	194.2	0.1	8.8
辽宁	982.8	943.9	534.5	2.6	388.8	18.0	5.3
吉林	975.8	950.3	729.7	1.7	217.9	1.0	7.5
黑龙江	1002.0	969.1	771.5	1.1	182.6	13.8	4.0
上海	497.9	472.1	221.3	2.0	244.5	4.2	8.8
江苏	675.2	621.1	310.4	1.3	296.7	12.7	14.5
浙江	855.4	646.6	273.7	3.6	326.8	42.5	108.7
安徽	569.0	541.6	343.2	2.1	187.4	8.9	5.9
福建	599.2	529.4	253.8	10.7	249.3	15.7	20.4
江西	678.7	649.5	297.7	2.5	336.4	13.0	10.0
山东	722.8	696.9	423.2	3.0	270.3	0.5	6.4
河南	505.6	472.4	329.0	2.7	137.4	3.4	5.7
湖北	510.2	482.6	287.7	2.1	186.3	6.5	9.6
湖南	669.3	611.7	217.9	0.8	380.5	12.4	30.6
广东	714.5	646.4	239.1	1.7	354.9	50.7	12.9
广西	589.8	544.1	201.6	1.8	334.9	5.9	19.7
海南	332.4	317.4	183.6	14.1	106.9	12.8	1.7
四川	599.7	577.0	200.3	1.0	371.9	3.8	6.9
贵州	422.7	386.5	159.0	1.9	225.2	0.3	8.6
云南	609.3	550.4	261.8	4.3	277.7	6.5	15.2
西藏	180.1	123.7	85.8	0.4	37.5		1.8
陕西	385.5	357.8	230.6	2.2	124.9	0.1	10.5
甘肃	423.3	389.6	301.3	3.0	85.3		3.3
青海	258.3	230.9	161.4	0.5	69.0		1.2
宁夏	704.2	649.3	359.6	0.3	286.7	2.7	8.0
新疆	1035.1	986.2	768.2	3.8	208.4	5.7	4.8

4-77 续表 单位：元/人

地 区	1.工业支出	2.建筑业支出	三、第三产业支出	1.交通运输、邮电业支出	2.批发和零售贸易、餐饮业支出	3.社会服务业支出	4.其他家庭经营支出
全国合计	**11.0**	**3.3**	**31.8**	**16.4**	**7.8**	**2.6**	**5.0**
北 京	22.8	9.5	136.4	127.1	1.0	6.6	1.6
天 津	19.4	5.3	17.6	10.5	3.5	1.6	2.0
河 北	12.0	1.2	31.3	14.4	13.8	1.8	1.3
山 西	7.8	2.2	28.7	23.3	1.8	1.7	1.9
内蒙古	8.3	0.5	11.2	3.2	1.3	0.6	6.0
辽 宁	3.6	1.7	33.6	20.5	9.7	0.8	2.6
吉 林	4.6	3.0	18.0	7.9	5.6	1.4	3.1
黑龙江	2.3	1.7	29.0	17.1	3.3	2.4	6.2
上 海	0.4	8.4	17.1	10.9	0.8	4.6	0.9
江 苏	12.8	1.7	39.6	16.2	18.6	2.2	2.7
浙 江	97.3	11.3	100.1	46.2	29.0	12.2	12.6
安 徽	1.8	4.0	21.5	8.2	3.3	1.4	8.5
福 建	4.2	16.3	49.4	26.9	10.2	4.8	7.4
江 西	9.2	0.8	19.1	10.7	2.8	3.0	2.6
山 东	2.5	3.9	19.4	9.3	5.3	1.5	3.4
河 南	4.1	1.6	27.5	16.0	5.4	1.6	4.5
湖 北	7.4	2.2	18.0	5.5	8.5	1.7	2.3
湖 南	27.1	3.5	27.0	11.1	8.8	2.6	4.5
广 东	3.9	9.1	55.1	24.7	15.9	5.9	8.6
广 西	18.4	1.3	26.0	17.4	5.6	2.0	1.1
海 南	1.1	0.6	13.3	5.8	1.6	0.8	5.1
四 川	4.0	2.9	15.8	7.6	2.5	2.6	3.1
贵 州	6.5	2.1	27.7	5.9	12.3	4.2	5.3
云 南	11.0	4.2	43.7	26.0	5.8	2.7	9.3
西 藏	0.1	1.7	54.5	44.7	0.7	0.8	8.4
陕 西	9.3	1.2	17.2	10.2	5.2	1.1	0.7
甘 肃	1.6	1.6	30.5	7.8	1.9	0.8	19.9
青 海	1.1	0.2	26.1	17.9	5.1	2.2	0.9
宁 夏	7.9	0.0	46.8	39.1	4.4	1.4	1.9
新 疆	3.8	1.0	44.1	22.3	12.9	0.7	8.3

4-78 1995年农村居民家庭经营费用支出构成

单位：%

地 区	家庭经营费用支出	一、第一产业支出	1.农业支出	2.林业支出	3.牧业支出	4.渔业支出	二、第二产业支出
全国合计	**100.0**	**92.6**	**51.7**	**0.4**	**39.0**	**1.5**	**2.3**
北 京	100.0	69.2	39.9	0.5	23.3	5.5	5.9
天 津	100.0	94.9	50.6	0.5	43.7	0.1	3.0
河 北	100.0	92.3	61.8	0.3	30.1	0.1	2.3
山 西	100.0	86.1	65.6	0.7	19.9	0.1	3.6
内蒙古	100.0	97.0	67.6	0.1	29.3		1.3
辽 宁	100.0	96.0	54.4	0.3	39.6	1.8	0.5
吉 林	100.0	97.4	74.8	0.2	22.3	0.1	0.8
黑龙江	100.0	96.7	77.0	0.1	18.2	1.4	0.4
上 海	100.0	94.8	44.5	0.4	49.1	0.8	1.8
江 苏	100.0	92.0	46.0	0.2	43.9	1.9	2.1
浙 江	100.0	75.6	32.0	0.4	38.2	5.0	12.7
安 徽	100.0	95.2	60.3	0.4	32.9	1.6	1.0
福 建	100.0	88.4	42.3	1.8	41.6	2.6	3.4
江 西	100.0	95.7	43.9	0.4	49.6	1.9	1.5
山 东	100.0	96.4	58.5	0.4	37.4	0.1	0.9
河 南	100.0	93.4	65.1	0.5	27.2	0.7	1.1
湖 北	100.0	94.6	56.4	0.4	36.5	1.3	1.9
湖 南	100.0	91.4	32.6	0.1	56.9	1.8	4.6
广 东	100.0	90.5	33.5	0.2	49.7	7.1	1.8
广 西	100.0	92.3	34.2	0.3	56.8	1.0	3.3
海 南	100.0	95.5	55.2	4.2	32.2	3.9	0.5
四 川	100.0	96.2	33.4	0.2	62.0	0.6	1.2
贵 州	100.0	91.4	37.6	0.5	53.3	0.1	2.0
云 南	100.0	90.3	43.0	0.7	45.6	1.1	2.5
西 藏	100.0	68.7	47.6	0.2	20.8		1.0
陕 西	100.0	92.8	59.8	0.6	32.4		2.7
甘 肃	100.0	92.0	71.2	0.7	20.2		0.8
青 海	100.0	89.4	62.5	0.2	26.7		0.5
宁 夏	100.0	92.2	51.1	0.0	40.7	0.4	1.1
新 疆	100.0	95.3	74.2	0.4	20.1	0.6	0.5

4-78 续表

单位：%

地 区	1.工业支出	2.建筑业支出	三、第三产业支出	1.交通运输、邮电业支出	2.批发和零售贸易、餐饮业支出	3.社会服务业支出	4.其他家庭经营支出
全国合计	**1.8**	**0.5**	**5.1**	**2.6**	**1.3**	**0.4**	**0.8**
北 京	4.2	1.7	24.9	23.2	0.2	1.2	0.3
天 津	2.3	0.6	2.1	1.3	0.4	0.2	0.2
河 北	2.1	0.2	5.4	2.5	2.4	0.3	0.2
山 西	2.8	0.8	10.3	8.4	0.6	0.6	0.7
内蒙古	1.2	0.1	1.7	0.5	0.2	0.1	0.9
辽 宁	0.4	0.2	3.4	2.1	1.0	0.1	0.3
吉 林	0.5	0.3	1.8	0.8	0.6	0.1	0.3
黑龙江	0.2	0.2	2.9	1.7	0.3	0.2	0.6
上 海	0.1	1.7	3.4	2.2	0.2	0.9	0.2
江 苏	1.9	0.2	5.9	2.4	2.7	0.3	0.4
浙 江	11.4	1.3	11.7	5.4	3.4	1.4	1.5
安 徽	0.3	0.7	3.8	1.4	0.6	0.3	1.5
福 建	0.7	2.7	8.2	4.5	1.7	0.8	1.2
江 西	1.4	0.1	2.8	1.6	0.4	0.4	0.4
山 东	0.4	0.5	2.7	1.3	0.7	0.2	0.5
河 南	0.8	0.3	5.4	3.2	1.1	0.3	0.9
湖 北	1.5	0.4	3.5	1.1	1.7	0.3	0.4
湖 南	4.1	0.5	4.0	1.7	1.3	0.4	0.7
广 东	0.5	1.3	7.7	3.5	2.2	0.8	1.2
广 西	3.1	0.2	4.4	2.9	0.9	0.3	0.2
海 南	0.3	0.2	4.0	1.8	0.5	0.2	1.5
四 川	0.7	0.5	2.6	1.3	0.4	0.4	0.5
贵 州	1.5	0.5	6.5	1.4	2.9	1.0	1.2
云 南	1.8	0.7	7.2	4.3	1.0	0.4	1.5
西 藏	0.0	1.0	30.3	24.8	0.4	0.5	4.7
陕 西	2.4	0.3	4.5	2.6	1.3	0.3	0.2
甘 肃	0.4	0.4	7.2	1.8	0.4	0.2	4.7
青 海	0.4	0.1	10.1	6.9	2.0	0.9	0.4
宁 夏	1.1	0.0	6.7	5.6	0.6	0.2	0.3
新 疆	0.4	0.1	4.3	2.2	1.2	0.1	0.8

4-79 1995年农村居民生活消费支出

单位：元/人

地区	生活消费支出	一、食品支出	二、衣着支出	三、居住支出
全国合计	**1310.4**	**768.2**	**89.8**	**182.2**
北京	2335.6	1183.4	229.5	225.0
天津	1548.4	911.4	129.5	212.5
河北	1104.3	627.4	89.6	165.4
山西	928.0	586.0	103.0	77.6
内蒙古	1180.5	704.7	86.2	157.0
辽宁	1471.9	887.1	138.4	169.9
吉林	1494.6	841.9	134.0	189.8
黑龙江	1479.8	813.4	139.6	229.0
上海	3387.0	1491.4	252.3	761.1
江苏	1938.0	1061.4	126.8	344.6
浙江	2378.4	1198.0	157.1	442.3
安徽	1070.6	625.4	70.6	165.6
福建	1793.7	1093.5	99.2	212.5
江西	1256.1	774.6	70.3	167.6
山东	1338.5	748.7	102.0	208.6
河南	929.4	544.3	77.1	131.9
湖北	1245.1	753.9	81.1	147.1
湖南	1367.3	823.9	73.5	192.4
广东	2255.0	1228.0	91.3	345.7
广西	1202.9	760.3	49.2	139.5
海南	1080.5	737.2	48.1	92.2
四川	1092.9	718.3	63.5	127.3
贵州	930.6	661.9	55.6	78.7
云南	981.1	602.9	60.8	133.9
西藏	896.8	667.1	92.7	45.0
陕西	913.7	542.0	61.8	136.9
甘肃	915.3	649.3	45.5	93.4
青海	913.8	593.9	85.5	88.8
宁夏	1063.2	617.7	84.4	144.9
新疆	941.6	471.5	119.9	121.2

4-79 续表　　单位：元/人

地区	四、家庭设备用品及服务支出	五、交通和通讯支出	六、文化教育用品及服务支出	七、医疗保健支出	八、其他商品及服务支出
全国合计	**68.5**	**33.8**	**102.4**	**42.5**	**23.1**
北　京	196.2	91.7	246.3	107.3	56.3
天　津	66.5	37.3	97.8	62.1	31.3
河　北	58.2	33.5	73.0	40.9	16.3
山　西	43.0	14.1	62.8	31.1	10.4
内蒙古	50.0	22.4	97.5	48.5	14.2
辽　宁	60.1	35.6	107.2	48.6	25.1
吉　林	64.9	33.1	138.3	57.8	34.8
黑龙江	56.4	34.2	113.7	74.8	18.7
上　海	284.4	159.0	256.0	72.6	110.3
江　苏	133.0	52.3	139.2	49.1	31.7
浙　江	147.8	76.5	163.9	103.2	89.6
安　徽	57.2	21.3	79.5	34.1	17.0
福　建	83.1	70.6	148.7	44.4	41.8
江　西	57.9	32.3	93.5	39.5	20.5
山　东	73.7	43.1	106.1	40.3	16.1
河　南	43.8	17.4	63.5	34.4	17.0
湖　北	55.3	30.5	128.3	34.9	14.0
湖　南	68.8	26.3	128.8	35.8	17.8
广　东	140.5	82.1	245.2	67.5	54.8
广　西	52.0	27.3	127.7	29.0	18.0
海　南	49.2	17.0	92.5	24.6	19.7
四　川	50.7	18.4	75.4	29.4	10.0
贵　州	42.6	14.0	49.3	16.3	12.3
云　南	54.3	21.5	58.1	32.0	17.6
西　藏	61.6	8.5	6.4	6.4	9.1
陕　西	41.6	15.1	65.1	41.3	9.8
甘　肃	30.9	13.5	45.9	29.2	7.5
青　海	34.3	22.5	33.7	34.7	20.5
宁　夏	59.8	28.4	72.4	41.5	14.2
新　疆	56.3	35.7	64.9	48.0	24.1

4-80 1995年农村居民生活消费支出构成

单位：%

地　区	生活消费支出	一、食品支出	二、衣着支出	三、居住支出
全国合计	**100.0**	**58.6**	**6.9**	**13.9**
北　京	100.0	50.7	9.8	9.6
天　津	100.0	58.9	8.4	13.7
河　北	100.0	56.8	8.1	15.0
山　西	100.0	63.2	11.1	8.4
内蒙古	100.0	59.7	7.3	13.3
辽　宁	100.0	60.3	9.4	11.5
吉　林	100.0	56.3	9.0	12.7
黑龙江	100.0	55.0	9.4	15.5
上　海	100.0	44.0	7.4	22.5
江　苏	100.0	54.8	6.5	17.8
浙　江	100.0	50.4	6.6	18.6
安　徽	100.0	58.4	6.6	15.5
福　建	100.0	61.0	5.5	11.8
江　西	100.0	61.7	5.6	13.3
山　东	100.0	55.9	7.6	15.6
河　南	100.0	58.6	8.3	14.2
湖　北	100.0	60.6	6.5	11.8
湖　南	100.0	60.3	5.4	14.1
广　东	100.0	54.5	4.0	15.3
广　西	100.0	63.2	4.1	11.6
海　南	100.0	68.2	4.4	8.5
四　川	100.0	65.7	5.8	11.6
贵　州	100.0	71.1	6.0	8.5
云　南	100.0	61.5	6.2	13.7
西　藏	100.0	74.4	10.3	5.0
陕　西	100.0	59.3	6.8	15.0
甘　肃	100.0	70.9	5.0	10.2
青　海	100.0	65.0	9.4	9.7
宁　夏	100.0	58.1	7.9	13.6
新　疆	100.0	50.1	12.7	12.9

4-80 续表 单位：%

地 区	四、家庭设备用品及服务支出	五、交通和通讯支出	六、文化教育用品及服务支出	七、医疗保健支出	八、其他商品及服务支出
全国合计	**5.2**	**2.6**	**7.8**	**3.2**	**1.8**
北 京	8.4	3.9	10.5	4.6	2.4
天 津	4.3	2.4	6.3	4.0	2.0
河 北	5.3	3.0	6.6	3.7	1.5
山 西	4.6	1.5	6.8	3.4	1.1
内蒙古	4.2	1.9	8.3	4.1	1.2
辽 宁	4.1	2.4	7.3	3.3	1.7
吉 林	4.3	2.2	9.3	3.9	2.3
黑龙江	3.8	2.3	7.7	5.1	1.3
上 海	8.4	4.7	7.6	2.1	3.3
江 苏	6.9	2.7	7.2	2.5	1.6
浙 江	6.2	3.2	6.9	4.3	3.8
安 徽	5.3	2.0	7.4	3.2	1.6
福 建	4.6	3.9	8.3	2.5	2.3
江 西	4.6	2.6	7.4	3.1	1.6
山 东	5.5	3.2	7.9	3.0	1.2
河 南	4.7	1.9	6.8	3.7	1.8
湖 北	4.4	2.5	10.3	2.8	1.1
湖 南	5.0	1.9	9.4	2.6	1.3
广 东	6.2	3.6	10.9	3.0	2.4
广 西	4.3	2.3	10.6	2.4	1.5
海 南	4.5	1.6	8.6	2.3	1.8
四 川	4.6	1.7	6.9	2.7	0.9
贵 州	4.6	1.5	5.3	1.7	1.3
云 南	5.5	2.2	5.9	3.3	1.8
西 藏	6.9	0.9	0.7	0.7	1.0
陕 西	4.6	1.7	7.1	4.5	1.1
甘 肃	3.4	1.5	5.0	3.2	0.8
青 海	3.8	2.5	3.7	3.8	2.2
宁 夏	5.6	2.7	6.8	3.9	1.3
新 疆	6.0	3.8	6.9	5.1	2.6

4-81 1995年农村居民现金支出

单位：元/人

地 区	现金支出	一、家庭经营费用现金支出	二、购买生产性固定资产支出	三、税费支出	四、生活消费支出	五、财产性和转移性支出
全国合计	**1545.8**	**454.7**	**62.3**	**77.0**	**859.4**	**92.4**
北 京	2917.3	543.7	48.7	63.4	2073.6	188.0
天 津	2041.1	732.3	48.8	47.2	1098.0	114.9
河 北	1263.8	387.5	68.9	65.8	690.0	51.7
山 西	896.3	206.7	30.6	42.2	564.0	52.8
内蒙古	1404.2	434.4	101.2	104.2	689.2	75.3
辽 宁	1935.7	638.3	46.8	149.3	942.6	158.7
吉 林	2310.6	779.6	156.5	150.3	1092.9	131.3
黑龙江	2561.7	861.8	180.9	294.6	1058.0	166.5
上 海	3891.3	496.3	41.3	65.7	2933.5	354.5
江 苏	2108.3	528.3	51.5	83.9	1285.8	158.8
浙 江	3201.3	782.3	169.7	46.6	1986.8	215.9
安 徽	1321.7	399.3	66.1	94.1	682.5	79.8
福 建	2100.3	525.1	41.9	39.5	1311.0	182.8
江 西	1470.2	504.4	36.2	59.8	776.1	93.6
山 东	1514.6	422.8	56.7	117.8	851.9	65.5
河 南	1043.0	336.9	55.7	68.9	533.8	47.7
湖 北	1341.2	376.3	26.4	129.9	700.2	108.5
湖 南	1593.0	462.9	35.7	97.7	875.1	121.6
广 东	2609.0	630.2	25.4	38.0	1790.3	125.0
广 西	1389.5	490.3	43.7	19.3	784.2	52.0
海 南	976.6	239.3	19.2	7.5	654.6	56.1
四 川	1111.9	352.9	33.5	57.1	605.1	63.3
贵 州	815.9	237.6	28.6	24.1	456.4	69.2
云 南	1144.2	376.0	60.6	17.2	630.0	60.4
西 藏	652.0	108.6	114.7	2.6	413.4	12.8
陕 西	922.7	255.1	42.2	58.0	527.7	39.8
甘 肃	720.2	248.5	65.1	23.5	355.0	28.1
青 海	779.8	165.6	69.5	38.8	458.7	47.2
宁 夏	1394.0	472.0	141.5	44.6	662.2	73.8
新 疆	2009.2	940.4	144.3	172.6	682.1	69.7

4-82 1995年农村居民现金支出构成

单位：%

地区	现金支出	一、家庭经营费用现金支出	二、购买生产性固定资产支出	三、税费支出	四、生活消费支出	五、财产性和转移性支出
全国合计	**100.0**	**29.4**	**4.0**	**5.0**	**55.6**	**6.0**
北京	100.0	18.6	1.7	2.2	71.1	6.4
天津	100.0	35.9	2.4	2.3	53.8	5.6
河北	100.0	30.7	5.5	5.2	54.6	4.1
山西	100.0	23.1	3.4	4.7	62.9	5.9
内蒙古	100.0	30.9	7.2	7.4	49.1	5.4
辽宁	100.0	33.0	2.4	7.7	48.7	8.2
吉林	100.0	33.7	6.8	6.5	47.3	5.7
黑龙江	100.0	33.6	7.1	11.5	41.3	6.5
上海	100.0	12.8	1.1	1.7	75.4	9.1
江苏	100.0	25.1	2.4	4.0	61.0	7.5
浙江	100.0	24.4	5.3	1.5	62.1	6.7
安徽	100.0	30.2	5.0	7.1	51.6	6.0
福建	100.0	25.0	2.0	1.9	62.4	8.7
江西	100.0	34.3	2.5	4.1	52.8	6.4
山东	100.0	27.9	3.7	7.8	56.2	4.3
河南	100.0	32.3	5.3	6.6	51.2	4.6
湖北	100.0	28.1	2.0	9.7	52.2	8.1
湖南	100.0	29.1	2.2	6.1	54.9	7.6
广东	100.0	24.2	1.0	1.5	68.6	4.8
广西	100.0	35.3	3.1	1.4	56.4	3.7
海南	100.0	24.5	2.0	0.8	67.0	5.7
四川	100.0	31.7	3.0	5.1	54.4	5.7
贵州	100.0	29.1	3.5	3.0	55.9	8.5
云南	100.0	32.9	5.3	1.5	55.1	5.3
西藏	100.0	16.7	17.6	0.4	63.4	2.0
陕西	100.0	27.6	4.6	6.3	57.2	4.3
甘肃	100.0	34.5	9.0	3.3	49.3	3.9
青海	100.0	21.2	8.9	5.0	58.8	6.1
宁夏	100.0	33.9	10.1	3.2	47.5	5.3
新疆	100.0	46.8	7.2	8.6	34.0	3.5

4-83 1995年农村居民家庭经营费用现金支出

单位：元/人

地区	家庭经营费用现金支出	一、第一产业支出	1.农业支出	2.林业支出	3.牧业支出	4.渔业支出	二、第二产业支出
全国合计	**454.7**	**410.7**	**261.4**	**2.1**	**138.3**	**8.8**	**13.8**
北京	543.7	375.0	216.9	2.7	125.5	29.8	32.3
天津	732.3	690.0	363.3	3.6	322.3	0.7	24.7
河北	387.5	345.8	262.3	1.5	81.4	0.6	11.9
山西	206.7	168.0	139.0	1.8	27.1	0.2	10.0
内蒙古	434.4	416.7	351.7	0.8	64.2	0.1	6.5
辽宁	638.3	601.3	383.3	0.5	199.5	18.0	4.6
吉林	779.6	754.1	650.4	1.7	101.3	0.7	7.5
黑龙江	861.8	828.9	689.9	1.1	125.3	12.6	3.9
上海	496.3	470.5	220.2	2.0	244.1	4.2	8.8
江苏	528.3	476.2	283.2	1.3	179.9	11.9	14.5
浙江	782.3	575.7	267.9	3.6	261.9	42.3	108.7
安徽	399.3	375.4	262.6	1.9	102.1	8.8	5.8
福建	525.1	455.3	231.1	10.6	197.9	15.7	20.4
江西	504.4	475.6	268.6	1.7	193.1	12.2	10.0
山东	422.8	403.2	278.5	2.9	121.5	0.4	5.6
河南	336.9	305.4	237.5	2.2	62.6	3.2	5.3
湖北	376.3	350.9	237.9	1.4	105.3	6.3	9.4
湖南	462.9	406.6	194.9	0.8	198.8	12.1	29.7
广东	630.2	563.1	220.1	1.6	294.8	46.6	12.6
广西	490.3	444.6	194.6	1.8	242.4	5.9	19.7
海南	239.3	225.6	163.3	8.0	41.5	12.8	1.7
四川	352.9	332.5	154.4	0.8	174.0	3.3	6.7
贵州	237.6	204.6	115.5	1.6	87.3	0.3	8.5
云南	376.0	322.8	184.2	3.6	129.4	5.6	14.8
西藏	108.6	52.4	46.2	0.4	5.8	0.0	1.8
陕西	255.1	230.7	181.0	2.2	47.4	0.1	7.3
甘肃	248.5	217.9	186.0	1.2	30.6	0.0	2.2
青海	165.6	138.4	103.6	0.5	34.3	0.0	1.2
宁夏	472.0	417.2	253.8	0.3	160.5	2.6	8.0
新疆	940.4	891.7	723.3	3.7	159.0	5.7	4.8

4-83 续表 单位：元/人

地区	1.工业支出	2.建筑业支出	三、第三产业支出	1.交通运输业、邮电业支出	2.批发和零售贸易、餐饮业支出	3.社会服务业支出	4.其他家庭经营支出
全国合计	**10.6**	**3.2**	**30.3**	**16.3**	**7.4**	**2.5**	**4.2**
北京	22.8	9.5	136.4	127.1	1.0	6.6	1.6
天津	19.4	5.3	17.6	10.5	3.5	1.6	2.0
河北	10.7	1.2	29.9	14.2	13.4	1.7	0.6
山西	7.8	2.2	28.6	23.3	1.8	1.7	1.9
内蒙古	6.1	0.5	11.2	3.2	1.3	0.6	6.0
辽宁	3.4	1.2	32.4	19.7	9.7	0.7	2.3
吉林	4.6	3.0	18.0	7.9	5.6	1.4	3.1
黑龙江	2.2	1.7	28.9	17.1	3.3	2.4	6.2
上海	0.4	8.4	17.0	10.9	0.8	4.5	0.9
江苏	12.8	1.7	37.6	16.2	16.8	2.2	2.5
浙江	97.3	11.3	97.9	46.1	28.3	12.2	11.3
安徽	1.8	4.0	18.2	8.2	3.3	1.4	5.3
福建	4.2	16.3	49.3	26.9	10.2	4.8	7.4
江西	9.2	0.8	18.8	10.7	2.8	3.0	2.3
山东	2.2	3.3	14.0	8.7	3.3	0.9	1.1
河南	3.7	1.6	26.2	15.8	4.3	1.6	4.5
湖北	7.3	2.1	15.9	5.5	7.8	1.5	1.0
湖南	26.2	3.5	26.6	10.8	8.8	2.6	4.5
广东	3.9	8.7	54.6	24.6	15.9	5.9	8.2
广西	18.4	1.2	26.0	17.4	5.6	2.0	1.1
海南	1.1	0.6	12.0	5.8	1.6	0.8	3.8
四川	3.9	2.8	13.7	7.5	1.9	2.1	2.2
贵州	6.4	2.1	24.5	5.5	11.7	4.0	3.2
云南	10.6	4.2	38.3	25.3	5.6	2.6	4.8
西藏	0.1	1.7	54.3	44.4	0.7	0.8	8.4
陕西	6.2	1.2	17.1	10.2	5.1	1.1	0.7
甘肃	1.5	0.7	28.3	7.4	1.3	0.7	18.9
青海	1.1	0.2	26.0	17.8	5.1	2.2	0.9
宁夏	7.9	0.0	46.8	39.1	4.4	1.4	1.9
新疆	3.8	1.0	43.9	22.3	12.9	0.7	8.0

4-84 1995年农村居民家庭经营费用现金支出构成

单位：%

地区	家庭经营费用现金支出	一、第一产业支出	1.农业支出	2.林业支出	3.牧业支出	4.渔业支出	二、第二产业支出
全国合计	**100.0**	**90.3**	**57.5**	**0.5**	**30.4**	**1.9**	**3.0**
北京	100.0	69.0	39.9	0.5	23.1	5.5	5.9
天津	100.0	94.2	49.6	0.5	44.0	0.1	3.4
河北	100.0	89.2	67.7	0.4	21.0	0.2	3.1
山西	100.0	81.3	67.2	0.9	13.1	0.1	4.8
内蒙古	100.0	95.9	81.0	0.2	14.8	0.0	1.5
辽宁	100.0	94.2	60.1	0.1	31.3	2.8	0.7
吉林	100.0	96.7	83.4	0.2	13.0	0.1	1.0
黑龙江	100.0	96.2	80.1	0.1	14.5	1.5	0.5
上海	100.0	94.8	44.4	0.4	49.2	0.9	1.8
江苏	100.0	90.1	53.6	0.2	34.1	2.2	2.7
浙江	100.0	73.6	34.2	0.5	33.5	5.4	13.9
安徽	100.0	94.0	65.8	0.5	25.6	2.2	1.4
福建	100.0	86.7	44.0	2.0	37.7	3.0	3.9
江西	100.0	94.3	53.2	0.3	38.3	2.4	2.0
山东	100.0	95.4	65.9	0.7	28.7	0.1	1.3
河南	100.0	90.7	70.5	0.6	18.6	1.0	1.6
湖北	100.0	93.3	63.2	0.4	28.0	1.7	2.5
湖南	100.0	87.8	42.1	0.2	43.0	2.6	6.4
广东	100.0	89.3	34.9	0.2	46.8	7.4	2.0
广西	100.0	90.7	39.7	0.4	49.4	1.2	4.0
海南	100.0	94.3	68.2	3.3	17.3	5.4	0.7
四川	100.0	94.2	43.8	0.2	49.3	0.9	1.9
贵州	100.0	86.1	48.6	0.7	36.7	0.1	3.6
云南	100.0	85.9	49.0	0.9	34.4	1.5	3.9
西藏	100.0	48.3	42.6	0.4	5.3	0.0	1.7
陕西	100.0	90.4	70.9	0.8	18.6	0.0	2.9
甘肃	100.0	87.7	74.9	0.5	12.3	0.0	0.9
青海	100.0	83.6	62.6	0.3	20.7	0.0	0.7
宁夏	100.0	88.4	53.8	0.1	34.0	0.6	1.7
新疆	100.0	94.8	76.9	0.4	16.9	0.6	0.5

4-84 续表 单位：%

地区	1.工业支出	2.建筑业支出	三、第三产业支出	1.交通运输业、邮电业支出	2.批发和零售贸易、餐饮业支出	3.社会服务业支出	4.其他家庭经营支出
全国合计	**2.3**	**0.7**	**6.7**	**3.6**	**1.6**	**0.5**	**0.9**
北京	4.2	1.8	25.1	23.4	0.2	1.2	0.3
天津	2.6	0.7	2.4	1.4	0.5	0.2	0.3
河北	2.8	0.3	7.7	3.7	3.5	0.4	0.2
山西	3.8	1.1	13.9	11.3	0.8	0.8	0.9
内蒙古	1.4	0.1	2.6	0.7	0.3	0.1	1.4
辽宁	0.5	0.2	5.1	3.1	1.5	0.1	0.4
吉林	0.6	0.4	2.3	1.0	0.7	0.2	0.4
黑龙江	0.3	0.2	3.4	2.0	0.4	0.3	0.7
上海	0.1	1.7	3.4	2.2	0.2	0.9	0.2
江苏	2.4	0.3	7.1	3.1	3.2	0.4	0.5
浙江	12.4	1.5	12.5	5.9	3.6	1.6	1.4
安徽	0.4	1.0	4.5	2.1	0.8	0.3	1.3
福建	0.8	3.1	9.4	5.1	1.9	0.9	1.4
江西	1.8	0.2	3.7	2.1	0.6	0.6	0.4
山东	0.5	0.8	3.3	2.1	0.8	0.2	0.3
河南	1.1	0.5	7.8	4.7	1.3	0.5	1.3
湖北	1.9	0.6	4.2	1.5	2.1	0.4	0.3
湖南	5.7	0.7	5.7	2.3	1.9	0.6	1.0
广东	0.6	1.4	8.7	3.9	2.5	0.9	1.3
广西	3.8	0.3	5.3	3.5	1.1	0.4	0.2
海南	0.5	0.2	5.0	2.4	0.7	0.3	1.6
四川	1.1	0.8	3.9	2.1	0.5	0.6	0.6
贵州	2.7	0.9	10.3	2.3	4.9	1.7	1.4
云南	2.8	1.1	10.2	6.7	1.5	0.7	1.3
西藏	0.1	1.6	50.0	40.9	0.6	0.8	7.7
陕西	2.4	0.5	6.7	4.0	2.0	0.4	0.3
甘肃	0.6	0.3	11.4	3.0	0.5	0.3	7.6
青海	0.6	0.1	15.7	10.7	3.1	1.3	0.6
宁夏	1.7	0.0	9.9	8.3	0.9	0.3	0.4
新疆	0.4	0.1	4.7	2.4	1.4	0.1	0.9

4-85 1995年农村居民生活消费现金支出

单位：元/人

地区	生活消费现金支出	一、食品支出	二、衣着支出	三、居住支出
全国合计	**859.4**	**353.2**	**88.7**	**147.9**
北京	2073.6	922.4	229.2	224.8
天津	1098.0	486.4	129.4	187.3
河北	690.0	252.6	87.7	127.8
山西	564.0	228.8	102.5	71.5
内蒙古	689.2	232.9	85.7	137.9
辽宁	942.6	407.9	138.0	120.7
吉林	1092.9	482.4	134.0	147.6
黑龙江	1058.0	464.2	139.6	156.3
上海	2933.5	1065.1	232.9	754.1
江苏	1285.7	478.8	123.4	282.4
浙江	1986.8	821.2	156.9	427.8
安徽	682.5	285.1	69.9	118.5
福建	1311.0	652.7	99.0	170.8
江西	776.1	324.4	69.9	138.3
山东	851.9	330.2	99.5	144.7
河南	533.8	190.4	75.2	93.3
湖北	700.2	258.7	79.5	99.0
湖南	875.1	346.5	73.0	178.2
广东	1790.3	794.0	89.7	317.3
广西	784.2	369.1	49.2	112.2
海南	654.6	357.4	48.1	46.2
四川	605.1	266.5	63.1	91.9
贵州	456.4	198.1	55.6	68.2
云南	630.0	271.3	59.9	115.4
西藏	413.4	204.0	92.1	25.9
陕西	527.6	185.4	61.0	108.2
甘肃	355.0	129.7	45.3	53.1
青海	458.7	173.9	84.7	54.4
宁夏	662.2	225.3	84.3	136.4
新疆	682.1	233.4	116.8	103.5

4-85 续表

单位：元/人

地　区	四、家庭设备用品及服务支出	五、交 通 和通讯支出	六、文化教育用品及服务支出	七、医疗保健支出	八、其他商品及服务支出
全国合计	**68.1**	**33.7**	**102.3**	**42.5**	**23.1**
北　京	195.6	91.6	246.3	107.3	56.3
天　津	66.3	37.3	97.8	62.1	31.3
河　北	58.1	33.5	73.0	40.9	16.3
山　西	42.7	14.0	62.8	31.1	10.4
内 蒙 古	50.0	22.4	97.5	48.5	14.2
辽　宁	59.5	35.6	107.3	48.6	25.0
吉　林	64.8	33.1	138.3	57.8	34.8
黑 龙 江	56.4	34.1	113.7	74.8	18.7
上　海	283.6	159.0	256.0	72.6	110.3
江　苏	128.8	52.3	139.2	49.1	31.7
浙　江	147.7	76.5	163.9	103.2	89.6
安　徽	57.2	21.3	79.4	34.1	17.0
福　建	82.9	70.6	148.7	44.4	41.8
江　西	57.8	32.3	93.5	39.5	20.5
山　东	73.6	42.4	105.2	40.1	16.0
河　南	42.6	17.4	63.5	34.4	17.0
湖　北	55.3	30.5	128.3	34.9	14.0
湖　南	68.8	26.3	128.8	35.8	17.8
广　东	139.8	82.1	245.2	67.5	54.8
广　西	51.7	27.3	127.7	29.0	17.9
海　南	49.1	17.0	92.5	24.6	19.7
四　川	50.5	18.4	75.4	29.3	10.0
贵　州	42.6	14.0	49.3	16.3	12.3
云　南	54.2	21.5	58.1	32.0	17.6
西　藏	61.0	8.5	6.4	6.4	9.1
陕　西	41.6	15.1	65.1	41.3	9.8
甘　肃	30.8	13.5	45.9	29.2	7.5
青　海	34.3	22.5	33.7	34.7	20.5
宁　夏	59.8	28.4	72.4	41.5	14.2
新　疆	55.8	35.7	64.9	48.0	24.1

4-86 1995年农村居民生活消费现金支出构成

单位：%

地　　区	生活消费现金支出	一、食品支出	二、衣着支出	三、居住支出
全国合计	**100.0**	**41.1**	**10.3**	**17.2**
北　京	100.0	44.5	11.1	10.8
天　津	100.0	44.3	11.8	17.1
河　北	100.0	36.6	12.7	18.5
山　西	100.0	40.6	18.2	12.7
内蒙古	100.0	33.8	12.4	20.0
辽　宁	100.0	43.3	14.6	12.8
吉　林	100.0	44.1	12.3	13.5
黑龙江	100.0	43.9	13.2	14.8
上　海	100.0	36.3	7.9	25.7
江　苏	100.0	37.2	9.6	22.0
浙　江	100.0	41.3	7.9	21.5
安　徽	100.0	41.8	10.2	17.4
福　建	100.0	49.8	7.6	13.0
江　西	100.0	41.8	9.0	17.8
山　东	100.0	38.8	11.7	17.0
河　南	100.0	35.7	14.1	17.5
湖　北	100.0	36.9	11.3	14.1
湖　南	100.0	39.6	8.3	20.4
广　东	100.0	44.4	5.0	17.7
广　西	100.0	47.1	6.3	14.3
海　南	100.0	54.6	7.3	7.1
四　川	100.0	44.0	10.4	15.2
贵　州	100.0	43.4	12.2	15.0
云　南	100.0	43.1	9.5	18.3
西　藏	100.0	49.4	22.3	6.3
陕　西	100.0	35.1	11.6	20.5
甘　肃	100.0	36.5	12.8	15.0
青　海	100.0	37.9	18.5	11.9
宁　夏	100.0	34.0	12.7	20.6
新　疆	100.0	34.2	17.1	15.2

4-86 续表

单位：%

地　区	四、家庭设备用品及服务支出	五、交通和通讯支出	六、文化教育用品及服务支出	七、医疗保健支出	八、其他商品及服务支出
全国合计	**7.9**	**3.9**	**11.9**	**4.9**	**2.7**
北　京	9.4	4.4	11.9	5.2	2.7
天　津	6.0	3.4	8.9	5.7	2.9
河　北	8.4	4.9	10.6	5.9	2.4
山　西	7.6	2.5	11.1	5.5	1.8
内蒙古	7.3	3.2	14.1	7.0	2.1
辽　宁	6.3	3.8	11.4	5.2	2.7
吉　林	5.9	3.0	12.7	5.3	3.2
黑龙江	5.3	3.2	10.7	7.1	1.8
上　海	9.7	5.4	8.7	2.5	3.8
江　苏	10.0	4.1	10.8	3.8	2.5
浙　江	7.4	3.9	8.2	5.2	4.5
安　徽	8.4	3.1	11.6	5.0	2.5
福　建	6.3	5.4	11.3	3.4	3.2
江　西	7.4	4.2	12.0	5.1	2.6
山　东	8.6	5.0	12.4	4.7	1.9
河　南	8.0	3.3	11.9	6.5	3.2
湖　北	7.9	4.4	18.3	5.0	2.0
湖　南	7.9	3.0	14.7	4.1	2.0
广　东	7.8	4.6	13.7	3.8	3.1
广　西	6.6	3.5	16.3	3.7	2.3
海　南	7.5	2.6	14.1	3.8	3.0
四　川	8.4	3.0	12.5	4.8	1.7
贵　州	9.3	3.1	10.8	3.6	2.7
云　南	8.6	3.4	9.2	5.1	2.8
西　藏	14.8	2.1	1.5	1.5	2.2
陕　西	7.9	2.9	12.3	7.8	1.9
甘　肃	8.7	3.8	12.9	8.2	2.1
青　海	7.5	4.9	7.4	7.6	4.5
宁　夏	9.0	4.3	10.9	6.3	2.1
新　疆	8.2	5.2	9.5	7.0	3.5

4-87 2000年农村居民总收入

单位：元/人

地区	总收入	一、工资性收入	二、家庭经营收入	三、财产性收入	四、转移性收入
全国合计	**3146.2**	**702.3**	**2251.3**	**45.0**	**147.6**
北京	5515.6	2819.1	2238.9	158.3	299.4
天津	4649.1	1638.3	2825.5	42.9	142.5
河北	3307.5	949.3	2217.1	62.7	78.6
山西	2423.9	726.1	1579.2	19.7	98.9
内蒙古	3440.3	287.6	3049.5	35.2	68.0
辽宁	3704.3	883.0	2577.9	58.2	185.3
吉林	3259.1	343.9	2775.0	31.3	108.9
黑龙江	3712.6	338.0	3195.0	60.6	119.1
上海	6399.5	4309.9	1547.5	142.8	399.3
江苏	4542.0	1663.1	2636.1	48.1	194.7
浙江	5325.2	2000.5	2844.9	181.0	298.7
安徽	2585.6	547.8	1910.3	24.7	102.7
福建	4103.5	1069.0	2556.7	77.0	400.9
江西	2833.8	744.5	1959.5	18.8	111.1
山东	3881.0	850.6	2809.4	57.8	163.2
河南	2726.1	473.7	2134.3	29.2	88.9
湖北	3008.1	547.7	2277.5	19.5	163.4
湖南	3195.1	789.7	2130.1	20.7	254.6
广东	4590.5	1362.2	2869.4	73.7	285.3
广西	2649.2	483.8	2042.4	7.5	115.6
海南	2840.7	151.4	2520.6	38.1	130.6
重庆	2594.9	623.3	1793.4	8.5	169.7
四川	2829.9	606.9	2059.2	30.0	133.9
贵州	1947.5	274.9	1556.4	7.0	109.2
云南	2246.9	263.6	1844.7	47.9	90.7
西藏	1732.3	227.6	1325.2	106.5	72.9
陕西	2032.8	446.0	1457.1	47.0	82.7
甘肃	1958.0	355.0	1524.9	16.1	61.9
青海	2000.3	312.3	1597.0	24.7	66.3
宁夏	2819.8	484.0	2170.0	80.8	85.0
新疆	3129.4	104.6	2926.7	40.4	57.6

4-88 2000年农村居民总收入构成

单位：%

地 区	总收入	一、工资性收入	二、家庭经营收入	三、财产性收入	四、转移性收入
全国合计	**100.0**	**22.3**	**71.6**	**1.4**	**4.7**
北 京	100.0	51.1	40.6	2.9	5.4
天 津	100.0	35.2	60.8	0.9	3.1
河 北	100.0	28.7	67.0	1.9	2.4
山 西	100.0	30.0	65.2	0.8	4.1
内 蒙 古	100.0	8.4	88.6	1.0	2.0
辽 宁	100.0	23.8	69.6	1.6	5.0
吉 林	100.0	10.6	85.1	1.0	3.3
黑 龙 江	100.0	9.1	86.1	1.6	3.2
上 海	100.0	67.3	24.2	2.2	6.2
江 苏	100.0	36.6	58.0	1.1	4.3
浙 江	100.0	37.6	53.4	3.4	5.6
安 徽	100.0	21.2	73.9	1.0	4.0
福 建	100.0	26.1	62.3	1.9	9.8
江 西	100.0	26.3	69.1	0.7	3.9
山 东	100.0	21.9	72.4	1.5	4.2
河 南	100.0	17.4	78.3	1.1	3.3
湖 北	100.0	18.2	75.7	0.6	5.4
湖 南	100.0	24.7	66.7	0.6	8.0
广 东	100.0	29.7	62.5	1.6	6.2
广 西	100.0	18.3	77.1	0.3	4.4
海 南	100.0	5.3	88.7	1.3	4.6
重 庆	100.0	24.0	69.1	0.3	6.5
四 川	100.0	21.4	72.8	1.1	4.7
贵 州	100.0	14.1	79.9	0.4	5.6
云 南	100.0	11.7	82.1	2.1	4.0
西 藏	100.0	13.1	76.5	6.1	4.2
陕 西	100.0	21.9	71.7	2.3	4.1
甘 肃	100.0	18.1	77.9	0.8	3.2
青 海	100.0	15.6	79.8	1.2	3.3
宁 夏	100.0	17.2	77.0	2.9	3.0
新 疆	100.0	3.3	93.5	1.3	1.8

4-89　2000年农村居民家庭经营总收入

单位：元/人

地　区	家庭经营总收入	一、第一产业收入	1.农业收入	2.林业收入	3.牧业收入	4.渔业收入	二、第二产业收入
全国合计	**2251.3**	**1810.7**	**1231.7**	**27.9**	**502.8**	**48.3**	**133.7**
北　京	2238.9	1276.3	911.1	32.8	258.7	73.7	194.6
天　津	2825.5	2110.3	1334.0	2.0	724.4	49.9	121.9
河　北	2217.1	1595.7	1214.8	8.2	361.3	11.5	154.4
山　西	1579.2	1119.7	889.4	14.5	215.8		70.0
内蒙古	3049.5	2864.8	1667.2	15.5	1182.1		35.0
辽　宁	2577.9	2189.0	1463.2	7.9	641.4	76.6	93.4
吉　林	2775.0	2623.9	2192.5	7.2	421.4	2.8	25.4
黑龙江	3195.0	3034.0	2658.5	0.9	371.6	3.1	30.9
上　海	1547.5	1267.2	996.8	0.5	234.7	35.3	51.6
江　苏	2636.1	1916.0	1214.8	33.3	532.9	135.1	295.8
浙　江	2844.9	1570.7	972.4	33.2	500.1	65.0	569.5
安　徽	1910.3	1610.1	1160.4	22.3	403.9	23.5	93.5
福　建	2556.7	1704.5	1053.0	75.1	440.0	136.5	293.9
江　西	1959.5	1651.1	1084.9	27.7	483.1	55.4	88.3
山　东	2809.4	2260.2	1662.2	46.3	536.6	15.1	162.4
河　南	2134.3	1767.2	1309.7	25.0	412.3	20.3	95.8
湖　北	2277.5	1958.7	1357.0	37.6	478.7	85.4	103.5
湖　南	2130.1	1618.7	933.7	18.9	616.8	49.2	222.3
广　东	2869.4	2118.6	1217.8	44.4	564.0	292.5	218.6
广　西	2042.4	1744.8	943.6	49.9	701.7	49.6	105.2
海　南	2520.6	2083.5	1241.8	199.8	446.6	195.3	50.1
重　庆	1793.4	1561.6	832.5	13.7	685.4	30.0	49.4
四　川	2059.2	1768.1	992.6	22.5	736.3	16.6	91.3
贵　州	1556.4	1361.7	877.7	18.8	462.4	2.7	55.1
云　南	1844.7	1585.0	1048.7	42.2	488.7	5.4	76.3
西　藏	1325.2	797.9	517.2	9.1	271.6		177.8
陕　西	1457.1	1105.9	842.2	10.3	252.1	1.3	82.8
甘　肃	1524.9	1185.7	945.1	11.0	229.6		88.9
青　海	1597.0	1366.9	610.5	6.1	730.0	20.3	28.0
宁　夏	2170.0	1721.3	1097.6	6.9	581.4	35.5	66.3
新　疆	2926.7	2726.5	2260.6	31.5	434.3		17.6

4-89 续表 单位：元/人

地区	1.工业收入	2.建筑业收入	三、第三产业收入	1.交通运输业、邮电业收入	2.批发和零售贸易、餐饮业收入	3.社会服务业收入	4.文教卫生业收入	5.其他家庭经营收入
全国合计	**79.6**	**54.1**	**306.9**	**96.6**	**96.2**	**32.9**	**8.3**	**72.9**
北京	93.3	101.2	768.0	385.0	234.7	59.9	33.9	54.5
天津	98.6	23.4	593.3	207.0	229.3	34.0	25.5	97.6
河北	131.8	22.6	467.0	148.6	197.4	33.4	18.0	69.7
山西	31.6	38.4	389.5	159.5	67.4	31.7	5.0	126.0
内蒙古	29.0	6.1	149.6	28.0	41.0	11.8	7.4	61.4
辽宁	65.9	27.5	295.4	82.6	103.6	27.6	9.5	72.1
吉林	19.2	6.2	125.7	31.3	16.0	5.0	1.5	71.9
黑龙江	18.4	12.5	130.1	40.9	17.1	9.3	8.9	54.0
上海	38.7	12.9	228.7	96.1	38.0	28.7	0.3	65.6
江苏	206.4	89.4	424.3	134.9	145.6	51.7	5.8	86.3
浙江	414.0	155.6	704.7	216.2	232.3	142.7	11.9	101.5
安徽	42.7	50.8	206.7	52.8	56.3	32.3	6.0	59.3
福建	120.3	173.5	558.3	141.1	173.9	73.7	22.8	146.8
江西	46.6	41.6	220.1	57.0	65.7	40.0	6.9	50.5
山东	115.2	47.2	386.8	120.7	123.0	39.2	4.5	99.3
河南	65.6	30.3	271.2	67.1	79.5	26.8	9.4	88.5
湖北	61.0	42.5	215.2	65.9	72.0	20.3	5.3	51.7
湖南	93.0	129.4	289.1	93.2	119.6	36.9	4.3	35.1
广东	68.8	149.7	532.1	160.2	187.2	60.1	19.2	105.6
广西	57.7	47.5	192.4	43.9	94.1	17.9	6.4	30.1
海南	30.4	19.7	387.0	83.0	69.1	37.8	5.6	191.6
重庆	31.7	17.7	182.4	83.0	29.7	20.5	7.2	42.0
四川	48.2	43.1	199.8	71.7	64.7	27.6	6.8	29.0
贵州	29.3	25.7	139.6	40.6	42.5	10.9	3.6	42.0
云南	65.2	11.2	183.4	44.0	37.9	5.9	1.4	94.2
西藏	34.4	143.4	349.5	167.6	47.4	14.9	2.9	116.7
陕西	52.7	30.0	268.5	119.2	87.5	16.1	6.8	38.9
甘肃	32.4	56.5	250.3	70.2	54.8	18.1	10.0	97.2
青海	16.0	11.9	202.2	103.7	28.2	3.7	12.3	54.3
宁夏	51.7	14.6	382.4	191.8	123.5	25.5	3.7	38.0
新疆	10.6	7.0	182.7	45.2	29.0	19.4		89.1

4-90 2000年农村居民家庭经营总收入构成

单位：%

地区	家庭经营总收入	一、第一产业收入	1.农业收入	2.林业收入	3.牧业收入	4.渔业收入	二、第二产业收入
全国合计	**100.0**	**80.4**	**54.7**	**1.2**	**22.3**	**2.1**	**5.9**
北京	100.0	57.0	40.7	1.5	11.6	3.3	8.7
天津	100.0	74.7	47.2	0.1	25.6	1.8	4.3
河北	100.0	72.0	54.8	0.4	16.3	0.5	7.0
山西	100.0	70.9	56.3	0.9	13.7		4.4
内蒙古	100.0	93.9	54.7	0.5	38.8		1.1
辽宁	100.0	84.9	56.8	0.3	24.9	3.0	3.6
吉林	100.0	94.6	79.0	0.3	15.2	0.1	0.9
黑龙江	100.0	95.0	83.2	0.0	11.6	0.1	1.0
上海	100.0	81.9	64.4	0.0	15.2	2.3	3.3
江苏	100.0	72.7	46.1	1.3	20.2	5.1	11.2
浙江	100.0	55.2	34.2	1.2	17.6	2.3	20.0
安徽	100.0	84.3	60.7	1.2	21.1	1.2	4.9
福建	100.0	66.7	41.2	2.9	17.2	5.3	11.5
江西	100.0	84.3	55.4	1.4	24.7	2.8	4.5
山东	100.0	80.5	59.2	1.6	19.1	0.5	5.8
河南	100.0	82.8	61.4	1.2	19.3	1.0	4.5
湖北	100.0	86.0	59.6	1.7	21.0	3.8	4.5
湖南	100.0	76.0	43.8	0.9	29.0	2.3	10.4
广东	100.0	73.8	42.4	1.5	19.7	10.2	7.6
广西	100.0	85.4	46.2	2.4	34.4	2.4	5.2
海南	100.0	82.7	49.3	7.9	17.7	7.7	2.0
重庆	100.0	87.1	46.4	0.8	38.2	1.7	2.8
四川	100.0	85.9	48.2	1.1	35.8	0.8	4.4
贵州	100.0	87.5	56.4	1.2	29.7	0.2	3.5
云南	100.0	85.9	56.8	2.3	26.5	0.3	4.1
西藏	100.0	60.2	39.0	0.7	20.5		13.4
陕西	100.0	75.9	57.8	0.7	17.3	0.1	5.7
甘肃	100.0	77.8	62.0	0.7	15.1		5.8
青海	100.0	85.6	38.2	0.4	45.7	1.3	1.8
宁夏	100.0	79.3	50.6	0.3	26.8	1.6	3.1
新疆	100.0	93.2	77.2	1.1	14.8		0.6

4-90 续表 单位：%

地 区	1.工 业收 入	2.建筑业收 入	三、第三产业收入	1.交通运输业、邮电业收入	2.批发和零售贸易、餐饮业收入	3.社会服务业收入	4.文教卫生业收入	5.其他家庭经营收入
全国合计	**3.5**	**2.4**	**13.6**	**4.3**	**4.3**	**1.5**	**0.4**	**3.2**
北 京	4.2	4.5	34.3	17.2	10.5	2.7	1.5	2.4
天 津	3.5	0.8	21.0	7.3	8.1	1.2	0.9	3.5
河 北	5.9	1.0	21.1	6.7	8.9	1.5	0.8	3.1
山 西	2.0	2.4	24.7	10.1	4.3	2.0	0.3	8.0
内 蒙 古	1.0	0.2	4.9	0.9	1.3	0.4	0.2	2.0
辽 宁	2.6	1.1	11.5	3.2	4.0	1.1	0.4	2.8
吉 林	0.7	0.2	4.5	1.1	0.6	0.2	0.1	2.6
黑 龙 江	0.6	0.4	4.1	1.3	0.5	0.3	0.3	1.7
上 海	2.5	0.8	14.8	6.2	2.5	1.9	0.0	4.2
江 苏	7.8	3.4	16.1	5.1	5.5	2.0	0.2	3.3
浙 江	14.6	5.5	24.8	7.6	8.2	5.0	0.4	3.6
安 徽	2.2	2.7	10.8	2.8	2.9	1.7	0.3	3.1
福 建	4.7	6.8	21.8	5.5	6.8	2.9	0.9	5.7
江 西	2.4	2.1	11.2	2.9	3.4	2.0	0.4	2.6
山 东	4.1	1.7	13.8	4.3	4.4	1.4	0.2	3.5
河 南	3.1	1.4	12.7	3.1	3.7	1.3	0.4	4.1
湖 北	2.7	1.9	9.4	2.9	3.2	0.9	0.2	2.3
湖 南	4.4	6.1	13.6	4.4	5.6	1.7	0.2	1.6
广 东	2.4	5.2	18.5	5.6	6.5	2.1	0.7	3.7
广 西	2.8	2.3	9.4	2.1	4.6	0.9	0.3	1.5
海 南	1.2	0.8	15.4	3.3	2.7	1.5	0.2	7.6
重 庆	1.8	1.0	10.2	4.6	1.7	1.1	0.4	2.3
四 川	2.3	2.1	9.7	3.5	3.1	1.3	0.3	1.4
贵 州	1.9	1.7	9.0	2.6	2.7	0.7	0.2	2.7
云 南	3.5	0.6	9.9	2.4	2.1	0.3	0.1	5.1
西 藏	2.6	10.8	26.4	12.7	3.6	1.1	0.2	8.8
陕 西	3.6	2.1	18.4	8.2	6.0	1.1	0.5	2.7
甘 肃	2.1	3.7	16.4	4.6	3.6	1.2	0.7	6.4
青 海	1.0	0.7	12.7	6.5	1.8	0.2	0.8	3.4
宁 夏	2.4	0.7	17.6	8.8	5.7	1.2	0.2	1.7
新 疆	0.4	0.2	6.2	1.5	1.0	0.7		3.0

4-91 2000年农村居民现金收入

单位：元/人

地区	现金收入	一、工资性收入	二、家庭经营收入	三、财产性收入	四、转移性收入
全国合计	**2381.6**	**700.4**	**1498.8**	**38.9**	**143.5**
北京	5092.6	2809.4	1844.6	152.4	286.1
天津	3938.5	1636.5	2118.5	41.3	142.1
河北	2607.2	949.1	1522.8	57.3	78.0
山西	1836.3	725.5	996.2	17.3	97.2
内蒙古	2448.9	287.6	2073.9	19.5	67.9
辽宁	3050.7	881.3	1956.6	33.6	179.4
吉林	2296.1	343.7	1829.5	15.1	107.8
黑龙江	2654.6	337.3	2175.0	24.6	117.7
上海	5914.9	4305.2	1073.3	141.8	394.6
江苏	3673.6	1648.2	1793.8	47.3	184.3
浙江	4863.4	1991.9	2410.7	167.5	293.3
安徽	1901.6	547.2	1230.5	23.1	100.7
福建	3617.2	1066.2	2098.6	63.5	389.0
江西	2004.9	744.3	1134.5	18.4	107.7
山东	3090.7	848.7	2029.6	54.0	158.4
河南	1854.4	473.4	1268.0	27.7	85.3
湖北	2098.2	543.7	1388.6	8.8	157.1
湖南	2440.7	789.5	1377.8	20.5	252.9
广东	3759.5	1360.8	2051.2	73.7	273.9
广西	1975.7	483.7	1369.0	7.4	115.5
海南	2208.7	151.2	1904.2	27.6	125.7
重庆	1627.8	623.3	827.7	8.4	168.4
四川	1841.7	606.3	1078.5	29.9	127.0
贵州	1136.4	273.6	748.5	7.0	107.3
云南	1430.0	263.2	1038.2	41.7	87.0
西藏	1174.8	225.6	842.8	39.3	67.1
陕西	1559.0	445.6	988.0	43.5	81.9
甘肃	1309.0	353.1	879.6	16.1	60.3
青海	1365.7	311.0	974.1	24.7	55.9
宁夏	2169.2	484.0	1535.1	73.0	77.1
新疆	2444.3	104.5	2245.3	37.9	56.7

4-92 2000年农村居民现金收入构成

单位：%

地区	现金收入	一、工资性收入	二、家庭经营收入	三、财产性收入	四、转移性收入
全国合计	**100.0**	**29.4**	**62.9**	**1.6**	**6.0**
北京	100.0	55.2	36.2	3.0	5.6
天津	100.0	41.6	53.8	1.0	3.6
河北	100.0	36.4	58.4	2.2	3.0
山西	100.0	39.5	54.3	0.9	5.3
内蒙古	100.0	11.7	84.7	0.8	2.8
辽宁	100.0	28.9	64.1	1.1	5.9
吉林	100.0	15.0	79.7	0.7	4.7
黑龙江	100.0	12.7	81.9	0.9	4.4
上海	100.0	72.8	18.1	2.4	6.7
江苏	100.0	44.9	48.8	1.3	5.0
浙江	100.0	41.0	49.6	3.4	6.0
安徽	100.0	28.8	64.7	1.2	5.3
福建	100.0	29.5	58.0	1.8	10.8
江西	100.0	37.1	56.6	0.9	5.4
山东	100.0	27.5	65.7	1.7	5.1
河南	100.0	25.5	68.4	1.5	4.6
湖北	100.0	25.9	66.2	0.4	7.5
湖南	100.0	32.3	56.4	0.8	10.4
广东	100.0	36.2	54.6	2.0	7.3
广西	100.0	24.5	69.3	0.4	5.8
海南	100.0	6.8	86.2	1.3	5.7
重庆	100.0	38.3	50.9	0.5	10.3
四川	100.0	32.9	58.6	1.6	6.9
贵州	100.0	24.1	65.9	0.6	9.4
云南	100.0	18.4	72.6	2.9	6.1
西藏	100.0	19.2	71.7	3.3	5.7
陕西	100.0	28.6	63.4	2.8	5.3
甘肃	100.0	27.0	67.2	1.2	4.6
青海	100.0	22.8	71.3	1.8	4.1
宁夏	100.0	22.3	70.8	3.4	3.6
新疆	100.0	4.3	91.9	1.5	2.3

4-93　2000年农村居民家庭经营现金收入

单位：元/人

地　区	家庭经营现金收入	一、第一产业收入	农业收入	牧业收入	二、第二产业收入	1.工业收入
全国合计	**1498.8**	**1066.6**	**600.6**	**383.5**	**119.6**	**65.5**
北　京	1844.6	836.9	481.7	250.2	194.5	93.3
天　津	2118.5	1328.5	661.3	632.2	121.3	97.9
河　北	1522.8	898.0	561.8	309.8	147.0	124.4
山　西	996.2	541.4	335.8	188.1	66.1	27.7
内蒙古	2073.9	1881.8	1012.7	848.4	32.5	26.4
辽　宁	1956.6	1559.8	945.8	514.4	75.9	48.3
吉　林	1829.5	1674.8	1362.5	297.7	22.8	16.6
黑龙江	2175.0	2022.0	1717.0	288.5	29.1	16.6
上　海	1073.3	789.7	581.8	170.3	50.3	37.4
江　苏	1793.8	1153.6	508.9	416.1	227.2	137.9
浙　江	2410.7	1204.5	569.5	463.6	507.7	352.2
安　徽	1230.5	931.5	568.3	308.1	86.4	35.6
福　建	2098.6	1210.0	616.6	447.1	284.3	110.8
江　西	1134.5	837.4	369.2	394.7	76.5	34.9
山　东	2029.6	1481.6	910.1	490.3	147.9	100.7
河　南	1268.0	907.9	546.0	316.1	90.9	60.6
湖　北	1388.6	1089.7	685.4	298.9	86.3	43.8
湖　南	1377.8	898.9	319.7	490.9	187.6	58.3
广　东	2051.2	1268.3	527.3	446.2	216.3	66.5
广　西	1369.0	1101.9	406.1	580.7	78.6	31.1
海　南	1904.2	1475.1	766.2	339.9	49.4	29.7
重　庆	827.7	617.1	157.7	398.0	41.4	23.7
四　川	1078.5	806.0	263.3	496.3	72.7	29.6
贵　州	748.5	568.4	254.8	280.9	45.6	19.8
云　南	1038.2	796.3	455.3	290.6	71.0	59.8
西　藏	842.8	355.9	187.0	110.9	177.7	34.3
陕　西	988.0	623.1	410.1	198.1	80.6	50.6
甘　肃	879.6	525.7	389.8	124.5	86.5	30.0
青　海	974.1	737.5	254.4	470.0	27.8	15.8
宁　夏	1535.1	1080.9	552.0	482.9	65.7	51.1
新　疆	2245.3	2021.3	1647.3	344.6	17.6	10.6

4-93 续表 单位：元/人

地 区	2.建筑业收入	三、第三产业收入	1.交通运输业、邮电业收入	2.批发和零售贸易、餐饮业收入	3.社会服务业收入	4.文教卫生业收入	5.其他家庭经营收入
全国合计	**54.1**	**312.6**	**96.6**	**96.2**	**32.9**	**8.3**	**78.6**
北 京	101.2	813.1	385.0	234.7	59.9	33.9	99.6
天 津	23.4	668.7	207.0	229.3	34.0	25.5	173.0
河 北	22.6	477.8	148.6	197.4	33.4	18.0	80.5
山 西	38.4	388.7	159.5	67.4	31.7	5.0	125.2
内蒙古	6.1	159.6	28.0	41.0	11.8	7.4	71.4
辽 宁	27.5	320.9	82.6	103.6	27.6	9.5	97.5
吉 林	6.2	131.8	31.3	16.0	5.0	1.5	78.0
黑龙江	12.5	123.9	40.9	17.1	9.3	8.9	47.8
上 海	12.9	233.3	96.1	38.0	28.7	0.3	70.2
江 苏	89.4	413.0	134.9	145.6	51.7	5.8	75.0
浙 江	155.6	698.5	216.2	232.3	142.7	11.9	95.3
安 徽	50.8	212.6	52.8	56.3	32.3	6.0	65.2
福 建	173.5	604.3	141.1	173.9	73.7	22.8	192.8
江 西	41.6	220.6	57.0	65.7	40.0	6.9	50.9
山 东	47.2	400.1	120.7	123.0	39.2	4.5	112.7
河 南	30.3	269.2	67.1	79.5	26.8	9.4	86.4
湖 北	42.5	212.5	65.9	72.0	20.3	5.3	49.0
湖 南	129.4	291.2	93.2	119.6	36.9	4.3	37.2
广 东	149.7	566.6	160.2	187.2	60.1	19.2	140.0
广 西	47.5	188.5	43.9	94.1	17.9	6.4	26.1
海 南	19.7	379.7	83.0	69.1	37.8	5.6	184.3
重 庆	17.7	169.3	83.0	29.7	20.5	7.2	28.9
四 川	43.1	199.9	71.7	64.7	27.6	6.8	29.0
贵 州	25.7	134.5	40.6	42.5	10.9	3.6	36.9
云 南	11.2	170.9	44.0	37.9	5.9	1.4	81.7
西 藏	143.4	309.1	167.6	47.4	14.9	2.9	76.3
陕 西	30.0	284.3	119.2	87.5	16.1	6.8	54.7
甘 肃	56.5	267.3	70.2	54.8	18.1	10.0	114.2
青 海	11.9	208.9	103.7	28.2	3.7	12.3	61.1
宁 夏	14.6	388.5	191.8	123.5	25.5	3.7	44.0
新 疆	7.0	206.4	45.2	29.0	19.4		112.8

4-94 2000年农村居民家庭经营现金收入构成

单位：%

地 区	家庭经营现金收入	一、第一产业收 入			二、第二产业收 入	1.工业收入
			农业收入	牧业收入		
全国合计	**100.0**	**71.2**	**40.1**	**25.6**	**8.0**	**4.4**
北 京	100.0	45.4	26.1	13.6	10.5	5.1
天 津	100.0	62.7	31.2	29.8	5.7	4.6
河 北	100.0	59.0	36.9	20.3	9.7	8.2
山 西	100.0	54.3	33.7	18.9	6.6	2.8
内蒙古	100.0	90.7	48.8	40.9	1.6	1.3
辽 宁	100.0	79.7	48.3	26.3	3.9	2.5
吉 林	100.0	91.5	74.5	16.3	1.2	0.9
黑龙江	100.0	93.0	78.9	13.3	1.3	0.8
上 海	100.0	73.6	54.2	15.9	4.7	3.5
江 苏	100.0	64.3	28.4	23.2	12.7	7.7
浙 江	100.0	50.0	23.6	19.2	21.1	14.6
安 徽	100.0	75.7	46.2	25.0	7.0	2.9
福 建	100.0	57.7	29.4	21.3	13.5	5.3
江 西	100.0	73.8	32.5	34.8	6.7	3.1
山 东	100.0	73.0	44.8	24.2	7.3	5.0
河 南	100.0	71.6	43.1	24.9	7.2	4.8
湖 北	100.0	78.5	49.4	21.5	6.2	3.2
湖 南	100.0	65.2	23.2	35.6	13.6	4.2
广 东	100.0	61.8	25.7	21.8	10.5	3.2
广 西	100.0	80.5	29.7	42.4	5.7	2.3
海 南	100.0	77.5	40.2	17.9	2.6	1.6
重 庆	100.0	74.5	19.1	48.1	5.0	2.9
四 川	100.0	74.7	24.4	46.0	6.7	2.7
贵 州	100.0	75.9	34.0	37.5	6.1	2.6
云 南	100.0	76.7	43.9	28.0	6.8	5.8
西 藏	100.0	42.2	22.2	13.2	21.1	4.1
陕 西	100.0	63.1	41.5	20.1	8.2	5.1
甘 肃	100.0	59.8	44.3	14.2	9.8	3.4
青 海	100.0	75.7	26.1	48.2	2.8	1.6
宁 夏	100.0	70.4	36.0	31.5	4.3	3.3
新 疆	100.0	90.0	73.4	15.3	0.8	0.5

4-94 续表 单位: %

地区	2.建筑业收入	三、第三产业收入	1.交通运输业、邮电业收入	2.批发和零售贸易、餐饮业收入	3.社会服务业收入	4.文教卫生业收入	5.其他家庭经营收入
全国合计	**3.6**	**20.9**	**6.4**	**6.4**	**2.2**	**0.6**	**5.2**
北京	5.5	44.1	20.9	12.7	3.2	1.8	5.4
天津	1.1	31.6	9.8	10.8	1.6	1.2	8.2
河北	1.5	31.4	9.8	13.0	2.2	1.2	5.3
山西	3.9	39.0	16.0	6.8	3.2	0.5	12.6
内蒙古	0.3	7.7	1.3	2.0	0.6	0.4	3.4
辽宁	1.4	16.4	4.2	5.3	1.4	0.5	5.0
吉林	0.3	7.2	1.7	0.9	0.3	0.1	4.3
黑龙江	0.6	5.7	1.9	0.8	0.4	0.4	2.2
上海	1.2	21.7	9.0	3.5	2.7		6.5
江苏	5.0	23.0	7.5	8.1	2.9	0.3	4.2
浙江	6.5	29.0	9.0	9.6	5.9	0.5	4.0
安徽	4.1	17.3	4.3	4.6	2.6	0.5	5.3
福建	8.3	28.8	6.7	8.3	3.5	1.1	9.2
江西	3.7	19.4	5.0	5.8	3.5	0.6	4.5
山东	2.3	19.7	5.9	6.1	1.9	0.2	5.6
河南	2.4	21.2	5.3	6.3	2.1	0.7	6.8
湖北	3.1	15.3	4.7	5.2	1.5	0.4	3.5
湖南	9.4	21.1	6.8	8.7	2.7	0.3	2.7
广东	7.3	27.6	7.8	9.1	2.9	0.9	6.8
广西	3.5	13.8	3.2	6.9	1.3	0.5	1.9
海南	1.0	19.9	4.4	3.6	2.0	0.3	9.7
重庆	2.1	20.5	10.0	3.6	2.5	0.9	3.5
四川	4.0	18.5	6.7	6.0	2.6	0.6	2.7
贵州	3.4	18.0	5.4	5.7	1.5	0.5	4.9
云南	1.1	16.5	4.2	3.7	0.6	0.1	7.9
西藏	17.0	36.7	19.9	5.6	1.8	0.3	9.1
陕西	3.0	28.8	12.1	8.9	1.6	0.7	5.5
甘肃	6.4	30.4	8.0	6.2	2.1	1.1	13.0
青海	1.2	21.4	10.6	2.9	0.4	1.3	6.3
宁夏	1.0	25.3	12.5	8.0	1.7	0.2	2.9
新疆	0.3	9.2	2.0	1.3	0.9		5.0

4-95　2000年农村居民纯收入

单位：元/人

地　　区	纯收入	一、工资性收入	二、家庭经营纯收入	三、财产性收入	四、转移性收入
全国合计	**2253.4**	**702.3**	**1427.3**	**45.0**	**78.8**
北　　京	4604.5	2819.1	1437.6	158.3	189.6
天　　津	3622.4	1638.3	1857.4	42.9	83.9
河　　北	2478.9	949.3	1418.0	62.7	49.0
山　　西	1905.6	726.1	1113.6	19.7	46.3
内 蒙 古	2038.2	287.6	1690.8	35.2	24.6
辽　　宁	2355.6	883.0	1353.4	58.2	61.1
吉　　林	2022.5	343.9	1611.2	31.3	36.2
黑 龙 江	2148.2	338.0	1699.4	60.6	50.3
上　　海	5596.4	4309.9	933.7	142.8	209.9
江　　苏	3595.1	1663.1	1770.9	48.1	113.0
浙　　江	4253.7	2000.5	1917.9	181.0	154.2
安　　徽	1934.6	547.8	1298.4	24.7	63.6
福　　建	3230.5	1069.0	1844.3	77.0	240.2
江　　西	2135.3	744.5	1319.9	18.8	52.1
山　　东	2659.2	850.6	1676.9	57.8	73.9
河　　南	1985.8	473.7	1427.2	29.2	55.7
湖　　北	2268.6	547.7	1617.8	19.5	83.5
湖　　南	2197.2	789.7	1329.1	20.7	57.6
广　　东	3654.5	1362.2	2002.9	73.7	215.7
广　　西	1864.5	483.8	1297.2	7.5	76.1
海　　南	2182.3	151.4	1897.7	38.1	95.0
重　　庆	1892.4	623.3	1155.6	8.5	105.0
四　　川	1903.6	606.9	1194.2	30.0	72.5
贵　　州	1374.2	274.9	1029.5	7.0	62.8
云　　南	1478.6	263.6	1115.7	47.9	51.4
西　　藏	1330.8	227.6	934.5	106.5	62.2
陕　　西	1443.9	446.0	901.1	47.0	49.7
甘　　肃	1428.7	355.0	1011.8	16.1	45.7
青　　海	1490.5	312.3	1119.8	24.7	33.7
宁　　夏	1724.3	484.0	1121.4	80.8	38.1
新　　疆	1618.1	104.6	1451.3	40.4	21.7

4-96 2000年农村居民纯收入构成

单位：%

地 区	纯收入	一、工资性收入	二、家庭经营纯收入	三、财产性收入	四、转移性收入
全国合计	**100.0**	**31.2**	**63.3**	**2.0**	**3.5**
北 京	100.0	61.2	31.2	3.4	4.1
天 津	100.0	45.2	51.3	1.2	2.3
河 北	100.0	38.3	57.2	2.5	2.0
山 西	100.0	38.1	58.4	1.0	2.4
内蒙古	100.0	14.1	83.0	1.7	1.2
辽 宁	100.0	37.5	57.5	2.5	2.6
吉 林	100.0	17.0	79.7	1.5	1.8
黑龙江	100.0	15.7	79.1	2.8	2.3
上 海	100.0	77.0	16.7	2.6	3.8
江 苏	100.0	46.3	49.3	1.3	3.1
浙 江	100.0	47.0	45.1	4.3	3.6
安 徽	100.0	28.3	67.1	1.3	3.3
福 建	100.0	33.1	57.1	2.4	7.4
江 西	100.0	34.9	61.8	0.9	2.4
山 东	100.0	32.0	63.1	2.2	2.8
河 南	100.0	23.9	71.9	1.5	2.8
湖 北	100.0	24.1	71.3	0.9	3.7
湖 南	100.0	35.9	60.5	0.9	2.6
广 东	100.0	37.3	54.8	2.0	5.9
广 西	100.0	25.9	69.6	0.4	4.1
海 南	100.0	6.9	87.0	1.7	4.4
重 庆	100.0	32.9	61.1	0.5	5.5
四 川	100.0	31.9	62.7	1.6	3.8
贵 州	100.0	20.0	74.9	0.5	4.6
云 南	100.0	17.8	75.5	3.2	3.5
西 藏	100.0	17.1	70.2	8.0	4.7
陕 西	100.0	30.9	62.4	3.3	3.4
甘 肃	100.0	24.9	70.8	1.1	3.2
青 海	100.0	21.0	75.1	1.7	2.3
宁 夏	100.0	28.1	65.0	4.7	2.2
新 疆	100.0	6.5	89.7	2.5	1.3

4-97 2000年农村居民总支出

单位：元/人

地 区	总支出	一、家庭经营费用支出	二、购置生产性固定资产支出	三、税费支出	四、生活消费支出	五、财产性支出	六、转移性支出
全国合计	**2652.4**	**654.3**	**63.9**	**95.5**	**1670.1**	**19.7**	**148.9**
北 京	4498.1	634.7	59.9	35.2	3425.7	57.8	284.8
天 津	3127.3	797.4	33.8	67.6	1995.6	7.3	225.7
河 北	2264.8	627.3	102.5	69.1	1365.2	16.2	84.4
山 西	1711.7	353.1	50.0	44.9	1149.0	10.4	104.3
内蒙古	3123.3	1009.6	119.7	220.4	1614.9	36.5	122.2
辽 宁	3385.4	1006.0	107.7	136.5	1753.5	58.3	323.5
吉 林	3016.7	867.3	101.3	201.2	1553.4	79.3	214.3
黑龙江	3390.1	1077.8	103.5	315.8	1540.3	101.4	251.1
上 海	5577.5	489.6	17.7	53.7	4137.6	26.7	852.3
江 苏	3434.3	678.0	28.8	103.3	2337.5	14.7	272.0
浙 江	4527.2	737.2	104.7	60.9	3230.9	34.3	359.3
安 徽	2045.6	452.2	53.7	93.3	1321.5	12.3	112.6
福 建	3412.0	596.7	38.9	46.1	2409.7	53.4	267.1
江 西	2447.2	518.6	47.4	80.5	1642.7	10.7	147.4
山 东	3036.2	905.6	107.9	134.5	1770.8	10.1	107.4
河 南	2119.5	540.2	66.1	97.4	1315.8	13.3	86.6
湖 北	2404.7	474.1	27.6	145.3	1555.6	16.9	185.2
湖 南	2964.8	642.2	40.5	108.3	1942.9	11.1	219.8
广 东	3613.1	753.1	30.6	55.1	2646.0	4.4	123.9
广 西	2317.1	662.2	50.9	41.5	1488.0	6.4	68.2
海 南	2145.3	530.3	27.2	33.8	1483.9	6.0	64.1
重 庆	2165.6	543.5	34.2	58.0	1395.5	7.3	127.0
四 川	2431.9	708.9	24.7	96.3	1484.6	6.7	110.7
贵 州	1717.5	447.1	45.1	36.1	1096.6	3.6	89.0
云 南	2066.4	625.7	50.5	35.5	1270.8	10.8	73.0
西 藏	1477.5	227.9	94.2	4.9	1116.6	19.9	14.1
陕 西	1917.8	431.5	70.1	68.8	1251.2	25.2	70.9
甘 肃	1639.0	402.3	46.4	49.4	1084.0	4.1	52.8
青 海	1845.8	348.1	136.4	46.9	1218.2	8.0	88.2
宁 夏	2582.6	837.9	118.9	68.0	1417.1	17.1	123.6
新 疆	2819.8	1198.2	115.2	177.2	1236.4	11.1	81.5

4-98 2000年农村居民总支出构成

单位：%

地区	总支出	一、家庭经营费用支出	二、购置生产性固定资产支出	三、税费支出	四、生活消费支出	五、财产性支出	六、转移性支出
全国合计	**100.0**	**24.7**	**2.4**	**3.6**	**63.0**	**0.7**	**5.6**
北京	100.0	14.1	1.3	0.8	76.2	1.3	6.3
天津	100.0	25.5	1.1	2.2	63.8	0.2	7.2
河北	100.0	27.7	4.5	3.1	60.3	0.7	3.7
山西	100.0	20.6	2.9	2.6	67.1	0.6	6.1
内蒙古	100.0	32.3	3.8	7.1	51.7	1.2	3.9
辽宁	100.0	29.7	3.2	4.0	51.8	1.7	9.6
吉林	100.0	28.7	3.4	6.7	51.5	2.6	7.1
黑龙江	100.0	31.8	3.1	9.3	45.4	3.0	7.4
上海	100.0	8.8	0.3	1.0	74.2	0.5	15.3
江苏	100.0	19.7	0.8	3.0	68.1	0.4	7.9
浙江	100.0	16.3	2.3	1.3	71.4	0.8	7.9
安徽	100.0	22.1	2.6	4.6	64.6	0.6	5.5
福建	100.0	17.5	1.1	1.4	70.6	1.6	7.8
江西	100.0	21.2	1.9	3.3	67.1	0.4	6.0
山东	100.0	29.8	3.6	4.4	58.3	0.3	3.5
河南	100.0	25.5	3.1	4.6	62.1	0.6	4.1
湖北	100.0	19.7	1.1	6.0	64.7	0.7	7.7
湖南	100.0	21.7	1.4	3.7	65.5	0.4	7.4
广东	100.0	20.8	0.8	1.5	73.2	0.1	3.4
广西	100.0	28.6	2.2	1.8	64.2	0.3	2.9
海南	100.0	24.7	1.3	1.6	69.2	0.3	3.0
重庆	100.0	25.1	1.6	2.7	64.4	0.3	5.9
四川	100.0	29.2	1.0	4.0	61.0	0.3	4.6
贵州	100.0	26.0	2.6	2.1	63.9	0.2	5.2
云南	100.0	30.3	2.4	1.7	61.5	0.5	3.5
西藏	100.0	15.4	6.4	0.3	75.6	1.3	1.0
陕西	100.0	22.5	3.7	3.6	65.2	1.3	3.7
甘肃	100.0	24.5	2.8	3.0	66.1	0.2	3.2
青海	100.0	18.9	7.4	2.5	66.0	0.4	4.8
宁夏	100.0	32.4	4.6	2.6	54.9	0.7	4.8
新疆	100.0	42.5	4.1	6.3	43.8	0.4	2.9

4-99 2000年农村居民家庭经营费用支出

单位：元/人

地区	家庭经营费用支出	一、第一产业支出	1.农业支出	2.林业支出	3.牧业支出	4.渔业支出	二、第二产业支出
全国合计	**654.3**	**571.7**	**315.8**	**4.3**	**234.6**	**16.9**	**27.2**
北京	634.7	338.9	173.4	31.1	84.4	50.0	121.4
天津	797.4	725.2	279.4	4.9	411.7	29.1	8.4
河北	627.3	536.6	359.7	2.4	169.7	4.9	31.0
山西	353.1	272.5	187.7	1.5	83.3		14.3
内蒙古	1009.6	964.6	504.0	3.3	457.3		12.3
辽宁	1006.0	915.9	510.3	3.8	362.3	39.4	25.2
吉林	867.3	827.7	612.1	2.6	212.3	0.7	7.0
黑龙江	1077.8	1039.2	826.2	2.3	204.0	6.8	9.5
上海	489.6	374.9	227.8	2.0	133.9	11.1	32.4
江苏	678.0	534.6	283.1	5.5	205.7	40.3	69.0
浙江	737.2	536.4	244.0	14.7	252.3	25.5	108.0
安徽	452.2	407.4	256.9	2.9	140.3	7.1	13.2
福建	596.7	496.7	237.3	5.0	211.2	43.3	35.3
江西	518.6	452.7	219.3	2.4	220.7	10.3	16.3
山东	905.6	795.4	474.9	8.1	310.8	1.7	40.5
河南	540.2	470.4	287.7	1.3	175.2	6.1	21.4
湖北	474.1	417.4	239.3	2.0	154.3	21.8	20.3
湖南	642.2	545.2	206.4	2.1	323.4	13.3	32.7
广东	753.1	647.8	240.9	9.0	262.7	135.3	25.1
广西	662.2	596.7	236.2	3.1	345.9	11.4	24.4
海南	530.3	494.2	301.3	8.2	147.3	37.4	5.6
重庆	543.5	468.4	154.2	1.6	303.9	8.7	14.1
四川	708.9	639.9	204.9	2.6	427.8	4.7	21.6
贵州	447.1	409.7	172.4	3.8	232.6	0.9	11.5
云南	625.7	527.7	268.1	4.8	253.8	1.0	36.6
西藏	227.9	160.8	106.5	0.3	54.0		2.9
陕西	431.5	349.3	228.7	3.4	115.8	1.5	17.7
甘肃	402.3	353.0	265.2	2.6	85.1		13.1
青海	348.1	296.9	169.7	1.7	124.1	1.4	5.5
宁夏	837.9	727.2	380.1	7.9	319.7	19.4	19.0
新疆	1198.2	1155.0	934.1	7.3	213.5		5.6

4-99 续表

单位：元/人

地　区	1.工　业支　出	2.建筑业支　出	三、第三产业支出	1.交通运输业、邮电业支出	2.批发和零售贸易、餐饮业支出	3.社会服务业支出	4.文教卫生业支出	5.其他家庭经营支出
全国合计	**21.4**	**5.9**	**55.4**	**26.2**	**14.0**	**3.8**	**1.1**	**10.1**
北　京	39.6	81.8	174.4	45.0	99.8	9.4	9.2	11.0
天　津	2.3	6.0	63.8	35.1	17.0	2.3	0.3	9.2
河　北	29.7	1.3	59.7	33.0	16.4	4.7	0.9	4.6
山　西	6.3	8.0	66.2	43.6	7.1	7.3	0.7	7.5
内蒙古	10.2	2.2	32.6	8.9	2.8	2.8	2.1	16.0
辽　宁	23.6	1.6	64.9	26.6	18.5	3.1	2.9	13.7
吉　林	3.5	3.5	32.5	11.2	1.0	1.5	0.1	18.8
黑龙江	2.7	6.9	29.0	15.1	3.1	1.6	0.8	8.3
上　海	23.1	9.3	82.2	52.3	1.5	9.8	1.2	17.4
江　苏	58.1	10.8	74.4	27.2	28.6	7.7	0.9	10.0
浙　江	98.5	9.5	92.9	52.1	15.2	14.9	0.6	10.1
安　徽	8.0	5.2	31.7	13.5	7.5	3.4	0.6	6.6
福　建	16.6	18.8	64.7	27.1	11.5	6.9	1.4	17.8
江　西	12.5	3.8	49.5	17.8	10.4	4.3	1.9	15.1
山　东	31.4	9.1	69.7	22.9	31.9	4.4	1.4	9.1
河　南	15.0	6.4	48.4	20.8	16.9	2.1	1.0	7.5
湖　北	16.7	3.5	36.4	17.7	10.9	1.9	0.9	5.0
湖　南	30.0	2.7	64.3	31.7	17.9	4.2	0.3	10.2
广　东	17.3	7.8	80.2	34.6	23.9	3.4	2.6	15.8
广　西	22.4	2.0	41.1	17.5	16.0	1.9	0.7	5.0
海　南	2.4	3.2	30.5	17.2	2.0	1.6	0.4	9.4
重　庆	9.8	4.4	61.0	36.4	5.5	4.0	0.8	14.2
四　川	19.3	2.4	47.4	27.6	9.3	2.8	1.5	6.2
贵　州	6.2	5.3	25.9	11.8	6.2	1.9	0.4	5.7
云　南	34.4	2.2	61.4	20.7	14.9	1.7	0.6	23.5
西　藏	2.8	0.1	64.2	49.3	1.5	0.6	0.0	12.7
陕　西	16.4	1.3	64.5	46.0	10.1	1.8	1.9	4.9
甘　肃	4.7	8.4	36.1	21.2	6.3	1.8	1.8	5.0
青　海	2.5	3.0	45.8	30.4	0.5	0.8	0.7	13.3
宁　夏	18.6	0.5	91.6	55.4	15.2	2.8	0.0	18.3
新　疆	3.4	2.2	37.6	15.6	4.4	3.6	0.4	14.0

4-100 2000年农村居民家庭经营费用支出构成

单位：%

地 区	家庭经营费用支出	一、第一产业支出	1.农业支出	2.林业支出	3.牧业支出	4.渔业支出	二、第二产业支出
全国合计	**100.0**	**87.4**	**48.3**	**0.7**	**35.9**	**2.6**	**4.2**
北 京	100.0	53.4	27.3	4.9	13.3	7.9	19.1
天 津	100.0	90.9	35.0	0.6	51.6	3.7	1.0
河 北	100.0	85.5	57.3	0.4	27.1	0.8	4.9
山 西	100.0	77.2	53.2	0.4	23.6		4.1
内蒙古	100.0	95.5	49.9	0.3	45.3		1.2
辽 宁	100.0	91.0	50.7	0.4	36.0	3.9	2.5
吉 林	100.0	95.4	70.6	0.3	24.5	0.1	0.8
黑龙江	100.0	96.4	76.7	0.2	18.9	0.6	0.9
上 海	100.0	76.6	46.5	0.4	27.4	2.3	6.6
江 苏	100.0	78.9	41.8	0.8	30.3	5.9	10.2
浙 江	100.0	72.8	33.1	2.0	34.2	3.5	14.6
安 徽	100.0	90.1	56.8	0.6	31.0	1.6	2.9
福 建	100.0	83.2	39.8	0.8	35.4	7.2	5.9
江 西	100.0	87.3	42.3	0.5	42.6	2.0	3.1
山 东	100.0	87.8	52.4	0.9	34.3	0.2	4.5
河 南	100.0	87.1	53.3	0.2	32.4	1.1	4.0
湖 北	100.0	88.0	50.5	0.4	32.5	4.6	4.3
湖 南	100.0	84.9	32.1	0.3	50.4	2.1	5.1
广 东	100.0	86.0	32.0	1.2	34.9	18.0	3.3
广 西	100.0	90.1	35.7	0.5	52.2	1.7	3.7
海 南	100.0	93.2	56.8	1.5	27.8	7.0	1.1
重 庆	100.0	86.2	28.4	0.3	55.9	1.6	2.6
四 川	100.0	90.3	28.9	0.4	60.3	0.7	3.1
贵 州	100.0	91.6	38.6	0.8	52.0	0.2	2.6
云 南	100.0	84.3	42.8	0.8	40.6	0.2	5.9
西 藏	100.0	70.6	46.7	0.2	23.7		1.3
陕 西	100.0	81.0	53.0	0.8	26.8	0.3	4.1
甘 肃	100.0	87.7	65.9	0.6	21.2		3.3
青 海	100.0	85.3	48.7	0.5	35.7	0.4	1.6
宁 夏	100.0	86.8	45.4	0.9	38.2	2.3	2.3
新 疆	100.0	96.4	78.0	0.6	17.8		0.5

4-100 续表　　单位：%

地　区	1.工　业支　出	2.建筑业支　出	三、第三产业支出	1.交通运输业、邮电业支出	2.批发和零售贸易、餐饮业支出	3.社会服务业支出	4.文教卫生业支出	5.其他家庭经营支出
全国合计	**3.3**	**0.9**	**8.5**	**4.0**	**2.1**	**0.6**	**0.2**	**1.6**
北　京	6.2	12.9	27.5	7.1	15.7	1.5	1.5	1.7
天　津	0.3	0.8	8.0	4.4	2.1	0.3		1.2
河　北	4.7	0.2	9.5	5.3	2.6	0.7	0.1	0.7
山　西	1.8	2.3	18.8	12.3	2.0	2.1	0.2	2.1
内蒙古	1.0	0.2	3.2	0.9	0.3	0.3	0.2	1.6
辽　宁	2.3	0.2	6.5	2.6	1.8	0.3	0.3	1.4
吉　林	0.4	0.4	3.8	1.3	0.1	0.2		2.2
黑龙江	0.2	0.6	2.7	1.4	0.3	0.2	0.1	0.8
上　海	4.7	1.9	16.8	10.7	0.3	2.0	0.3	3.6
江　苏	8.6	1.6	11.0	4.0	4.2	1.1	0.1	1.5
浙　江	13.4	1.3	12.6	7.1	2.1	2.0	0.1	1.4
安　徽	1.8	1.1	7.0	3.0	1.7	0.8	0.1	1.5
福　建	2.8	3.1	10.8	4.5	1.9	1.2	0.2	3.0
江　西	2.4	0.7	9.6	3.4	2.0	0.8	0.4	2.9
山　东	3.5	1.0	7.7	2.5	3.5	0.5	0.2	1.0
河　南	2.8	1.2	9.0	3.9	3.1	0.4	0.2	1.4
湖　北	3.5	0.7	7.7	3.7	2.3	0.4	0.2	1.1
湖　南	4.7	0.4	10.0	4.9	2.8	0.7	0.0	1.6
广　东	2.3	1.0	10.6	4.6	3.2	0.4	0.3	2.1
广　西	3.4	0.3	6.2	2.6	2.4	0.3	0.1	0.8
海　南	0.4	0.6	5.8	3.2	0.4	0.3	0.1	1.8
重　庆	1.8	0.8	11.2	6.7	1.0	0.7	0.1	2.6
四　川	2.7	0.3	6.7	3.9	1.3	0.4	0.2	0.9
贵　州	1.4	1.2	5.8	2.6	1.4	0.4	0.1	1.3
云　南	5.5	0.4	9.8	3.3	2.4	0.3	0.1	3.8
西　藏	1.3	0.0	28.2	21.6	0.7	0.3	0.0	5.6
陕　西	3.8	0.3	15.0	10.6	2.3	0.4	0.4	1.1
甘　肃	1.2	2.1	9.0	5.3	1.6	0.4	0.4	1.3
青　海	0.7	0.9	13.1	8.7	0.1	0.2	0.2	3.8
宁　夏	2.2	0.1	10.9	6.6	1.8	0.3	0.0	2.2
新　疆	0.3	0.2	3.1	1.3	0.4	0.3		1.2

4-101　2000年农村居民生活消费支出

单位：元/人

地　区	生活消费支出	一、食品支出	二、衣着支出	三、居住支出
全国合计	**1670.1**	**820.5**	**96.0**	**258.3**
北　京	3425.7	1304.7	245.9	539.6
天　津	1995.6	800.0	162.1	282.5
河　北	1365.2	539.3	104.8	322.0
山　西	1149.0	558.9	113.4	143.9
内蒙古	1614.9	723.4	110.9	249.4
辽　宁	1753.5	815.7	152.7	243.1
吉　林	1553.4	705.4	103.2	273.4
黑龙江	1540.3	682.8	105.3	304.2
上　海	4137.6	1822.5	201.2	723.6
江　苏	2337.5	1017.6	126.7	441.6
浙　江	3230.9	1406.4	167.4	580.5
安　徽	1321.5	693.1	71.2	196.9
福　建	2409.7	1172.3	117.0	350.7
江　西	1642.7	894.5	84.4	223.9
山　东	1770.8	781.9	117.5	299.8
河　南	1315.8	654.1	86.9	206.1
湖　北	1555.6	827.3	75.2	179.4
湖　南	1942.9	1053.4	89.8	251.9
广　东	2646.0	1317.5	104.2	378.9
广　西	1488.0	825.0	51.6	201.1
海　南	1483.9	844.3	59.1	180.3
重　庆	1395.5	747.5	62.0	199.1
四　川	1484.6	810.8	72.3	212.8
贵　州	1096.6	687.4	53.0	138.9
云　南	1270.8	749.2	55.3	177.1
西　藏	1116.6	885.6	87.1	47.2
陕　西	1251.2	543.8	82.3	199.9
甘　肃	1084.0	525.2	60.5	171.1
青　海	1218.2	705.2	93.4	126.2
宁　夏	1417.1	691.3	96.7	227.4
新　疆	1236.4	618.2	114.3	170.9

4-101 续表 单位：元/人

地 区	四、家庭设备用品及服务支出	五、交通和通讯支出	六、文化教育用品及服务支出	七、医疗保健支出	八、其他商品及服务支出
全国合计	**75.4**	**93.1**	**186.7**	**87.6**	**52.5**
北 京	235.3	236.0	484.9	249.0	130.3
天 津	95.0	87.4	235.2	270.9	62.5
河 北	65.4	84.6	130.7	78.3	40.1
山 西	48.8	48.8	135.4	60.3	39.5
内蒙古	61.0	93.4	232.6	104.5	39.9
辽 宁	70.6	112.8	195.3	109.5	53.9
吉 林	63.6	85.1	171.8	102.7	48.2
黑龙江	50.9	84.2	150.7	117.2	45.2
上 海	225.2	278.6	559.1	208.9	118.3
江 苏	115.0	155.5	269.0	129.5	82.7
浙 江	145.9	275.5	328.0	200.1	127.2
安 徽	57.6	58.4	145.5	58.0	40.8
福 建	110.2	206.1	254.3	87.4	111.6
江 西	55.5	95.6	184.2	63.5	41.0
山 东	114.9	101.6	207.9	118.7	28.5
河 南	69.4	56.4	133.1	63.5	46.3
湖 北	69.4	72.7	209.9	69.7	52.1
湖 南	78.1	99.4	222.5	82.2	65.7
广 东	125.7	205.5	313.5	100.3	100.5
广 西	62.9	64.8	186.8	52.4	43.4
海 南	63.6	61.3	174.4	44.1	56.8
重 庆	66.8	61.3	154.5	68.9	35.5
四 川	62.6	54.4	159.5	72.8	39.2
贵 州	38.2	26.9	97.3	27.7	27.3
云 南	47.5	32.0	106.1	64.3	39.2
西 藏	39.8	15.4	11.1	16.1	14.4
陕 西	57.8	58.5	181.8	91.4	35.6
甘 肃	42.2	43.8	143.9	70.6	26.7
青 海	44.8	53.1	79.4	78.2	37.9
宁 夏	62.1	79.8	145.0	88.5	26.4
新 疆	45.7	61.0	106.0	73.7	46.7

4-102 2000年农村居民生活消费支出构成

单位：%

地　区	生活消费支出	一、食品支出	二、衣着支出	三、居住支出
全国合计	**100.0**	**49.1**	**5.7**	**15.5**
北　京	100.0	38.1	7.2	15.8
天　津	100.0	40.1	8.1	14.2
河　北	100.0	39.5	7.7	23.6
山　西	100.0	48.6	9.9	12.5
内蒙古	100.0	44.8	6.9	15.4
辽　宁	100.0	46.5	8.7	13.9
吉　林	100.0	45.4	6.6	17.6
黑龙江	100.0	44.3	6.8	19.7
上　海	100.0	44.0	4.9	17.5
江　苏	100.0	43.5	5.4	18.9
浙　江	100.0	43.5	5.2	18.0
安　徽	100.0	52.5	5.4	14.9
福　建	100.0	48.7	4.9	14.6
江　西	100.0	54.5	5.1	13.6
山　东	100.0	44.2	6.6	16.9
河　南	100.0	49.7	6.6	15.7
湖　北	100.0	53.2	4.8	11.5
湖　南	100.0	54.2	4.6	13.0
广　东	100.0	49.8	3.9	14.3
广　西	100.0	55.4	3.5	13.5
海　南	100.0	56.9	4.0	12.2
重　庆	100.0	53.6	4.4	14.3
四　川	100.0	54.6	4.9	14.3
贵　州	100.0	62.7	4.8	12.7
云　南	100.0	59.0	4.4	13.9
西　藏	100.0	79.3	7.8	4.2
陕　西	100.0	43.5	6.6	16.0
甘　肃	100.0	48.4	5.6	15.8
青　海	100.0	57.9	7.7	10.4
宁　夏	100.0	48.8	6.8	16.0
新　疆	100.0	50.0	9.2	13.8

4-102 续表 单位：%

地 区	四、家庭设备用品及服务支出	五、交通和通讯支出	六、文化教育用品及服务支出	七、医疗保健支出	八、其他商品及服务支出
全国合计	**4.5**	**5.6**	**11.2**	**5.2**	**3.1**
北 京	6.9	6.9	14.2	7.3	3.8
天 津	4.8	4.4	11.8	13.6	3.1
河 北	4.8	6.2	9.6	5.7	2.9
山 西	4.2	4.2	11.8	5.3	3.4
内蒙古	3.8	5.8	14.4	6.5	2.5
辽 宁	4.0	6.4	11.1	6.2	3.1
吉 林	4.1	5.5	11.1	6.6	3.1
黑龙江	3.3	5.5	9.8	7.6	2.9
上 海	5.4	6.7	13.5	5.0	2.9
江 苏	4.9	6.7	11.5	5.5	3.5
浙 江	4.5	8.5	10.2	6.2	3.9
安 徽	4.4	4.4	11.0	4.4	3.1
福 建	4.6	8.6	10.6	3.6	4.6
江 西	3.4	5.8	11.2	3.9	2.5
山 东	6.5	5.7	11.7	6.7	1.6
河 南	5.3	4.3	10.1	4.8	3.5
湖 北	4.5	4.7	13.5	4.5	3.4
湖 南	4.0	5.1	11.5	4.2	3.4
广 东	4.7	7.8	11.8	3.8	3.8
广 西	4.2	4.4	12.6	3.5	2.9
海 南	4.3	4.1	11.8	3.0	3.8
重 庆	4.8	4.4	11.1	4.9	2.5
四 川	4.2	3.7	10.7	4.9	2.6
贵 州	3.5	2.5	8.9	2.5	2.5
云 南	3.7	2.5	8.4	5.1	3.1
西 藏	3.6	1.4	1.0	1.4	1.3
陕 西	4.6	4.7	14.5	7.3	2.8
甘 肃	3.9	4.0	13.3	6.5	2.5
青 海	3.7	4.4	6.5	6.4	3.1
宁 夏	4.4	5.6	10.2	6.2	1.9
新 疆	3.7	4.9	8.6	6.0	3.8

4-103 2000年农村居民现金支出

单位：元/人

地区	现金支出	一、家庭经营费用支出	二、购买生产性固定资产支出	三、税费支出	四、生活消费支出	五、财产性支出	六、转移性支出
全国合计	**2140.4**	**544.5**	**63.9**	**89.8**	**1284.7**	**9.8**	**147.6**
北京	4374.6	629.3	59.9	34.4	3336.5	35.3	279.2
天津	2940.3	775.0	33.8	67.5	1833.6	4.8	225.7
河北	1977.4	559.1	102.5	65.7	1156.2	9.8	84.2
山西	1425.9	319.9	50.0	43.4	901.6	7.0	103.9
内蒙古	2355.7	713.7	119.7	219.1	1171.0	10.2	122.0
辽宁	2783.1	823.9	107.7	136.5	1386.0	5.5	323.5
吉林	2495.4	747.9	101.3	201.2	1204.5	26.2	214.3
黑龙江	2821.1	941.9	103.5	315.5	1187.6	21.8	250.9
上海	5200.0	487.0	17.7	52.8	3763.5	26.7	852.3
江苏	2970.2	638.4	28.8	97.0	1922.1	13.2	270.8
浙江	4160.2	710.7	104.7	57.1	2911.8	16.9	358.9
安徽	1614.7	395.4	53.7	91.7	954.9	6.7	112.3
福建	3017.5	570.1	38.9	41.4	2074.6	26.6	265.9
江西	1861.3	412.0	47.4	75.5	1170.7	10.4	145.2
山东	2575.0	742.9	107.9	126.6	1482.4	9.4	105.8
河南	1578.1	440.4	66.1	90.3	889.7	5.1	86.5
湖北	1808.6	393.0	27.6	138.7	1058.3	10.0	180.9
湖南	2363.3	523.3	40.5	102.8	1467.9	10.4	218.4
广东	3090.9	710.1	30.6	29.4	2197.6	4.4	118.7
广西	1809.4	567.3	50.9	30.3	1087.2	6.4	67.2
海南	1643.6	451.6	27.2	15.7	1083.2	1.9	64.0
重庆	1516.8	367.4	34.2	54.1	927.2	6.9	126.9
四川	1709.6	457.8	24.7	89.7	1021.3	6.6	109.4
贵州	1063.3	272.3	45.1	31.3	622.5	3.6	88.5
云南	1360.6	401.3	50.5	22.1	808.3	6.9	71.4
西藏	719.6	134.2	94.2	4.9	476.6	2.3	7.4
陕西	1599.5	372.7	70.1	68.0	1007.6	11.0	70.1
甘肃	1226.3	329.0	46.4	46.5	747.6	4.1	52.7
青海	1327.2	285.2	136.4	46.9	765.5	8.0	85.3
宁夏	2032.2	694.4	118.9	65.8	1017.4	14.3	121.4
新疆	2353.4	1100.4	115.2	177.2	871.4	7.7	81.5

4-104 2000年农村居民现金支出构成

单位：%

地 区	现金支出	一、家庭经营费用支出	二、购买生产性固定资产支出	三、税费支出	四、生活消费支出	五、财产性支出	六、转移性支出
全国合计	**100.0**	**25.4**	**3.0**	**4.2**	**60.0**	**0.5**	**6.9**
北 京	100.0	14.4	1.4	0.8	76.3	0.8	6.4
天 津	100.0	26.4	1.1	2.3	62.4	0.2	7.7
河 北	100.0	28.3	5.2	3.3	58.5	0.5	4.3
山 西	100.0	22.4	3.5	3.0	63.2	0.5	7.3
内蒙古	100.0	30.3	5.1	9.3	49.7	0.4	5.2
辽 宁	100.0	29.6	3.9	4.9	49.8	0.2	11.6
吉 林	100.0	30.0	4.1	8.1	48.3	1.0	8.6
黑龙江	100.0	33.4	3.7	11.2	42.1	0.8	8.9
上 海	100.0	9.4	0.3	1.0	72.4	0.5	16.4
江 苏	100.0	21.5	1.0	3.3	64.7	0.4	9.1
浙 江	100.0	17.1	2.5	1.4	70.0	0.4	8.6
安 徽	100.0	24.5	3.3	5.7	59.1	0.4	7.0
福 建	100.0	18.9	1.3	1.4	68.8	0.9	8.8
江 西	100.0	22.1	2.5	4.1	62.9	0.6	7.8
山 东	100.0	28.9	4.2	4.9	57.6	0.4	4.1
河 南	100.0	27.9	4.2	5.7	56.4	0.3	5.5
湖 北	100.0	21.7	1.5	7.7	58.5	0.6	10.0
湖 南	100.0	22.1	1.7	4.3	62.1	0.4	9.2
广 东	100.0	23.0	1.0	1.0	71.1	0.1	3.8
广 西	100.0	31.4	2.8	1.7	60.1	0.4	3.7
海 南	100.0	27.5	1.7	1.0	65.9	0.1	3.9
重 庆	100.0	24.2	2.3	3.6	61.1	0.5	8.4
四 川	100.0	26.8	1.4	5.2	59.7	0.4	6.4
贵 州	100.0	25.6	4.2	2.9	58.5	0.3	8.3
云 南	100.0	29.5	3.7	1.6	59.4	0.5	5.2
西 藏	100.0	18.7	13.1	0.7	66.2	0.3	1.0
陕 西	100.0	23.3	4.4	4.3	63.0	0.7	4.4
甘 肃	100.0	26.8	3.8	3.8	61.0	0.3	4.3
青 海	100.0	21.5	10.3	3.5	57.7	0.6	6.4
宁 夏	100.0	34.2	5.8	3.2	50.1	0.7	6.0
新 疆	100.0	46.8	4.9	7.5	37.0	0.3	3.5

4-105　2000年农村居民家庭经营费用现金支出

单位：元/人

地　区	家庭经营费用支出	一、第一产业支出	1.农业支出	2.林业支出	3.牧业支出	4.渔业支出	二、第二产业支出
全国合计	**544.5**	**462.9**	**286.5**	**4.2**	**155.7**	**16.5**	**27.0**
北　京	629.3	333.6	172.9	31.1	79.5	50.0	121.4
天　津	775.0	702.8	275.8	4.9	392.9	29.1	8.4
河　北	559.1	468.5	336.6	2.4	124.7	4.9	31.0
山　西	319.9	239.4	172.8	1.5	65.1		14.3
内蒙古	713.7	668.7	429.8	3.3	235.6		12.3
辽　宁	823.9	736.8	451.6	3.8	242.2	39.2	25.2
吉　林	747.9	708.6	576.6	2.6	128.7	0.6	7.0
黑龙江	941.9	903.3	757.9	2.3	136.4	6.7	9.5
上　海	487.0	372.5	227.4	2.0	131.9	11.1	32.4
江　苏	638.4	496.5	264.7	5.0	187.0	39.8	67.6
浙　江	710.7	510.0	241.6	14.5	228.9	24.9	107.9
安　徽	395.4	350.8	245.8	2.9	94.9	7.1	13.2
福　建	570.1	470.8	232.4	5.0	190.2	43.2	35.3
江　西	412.0	347.3	205.5	2.4	129.5	9.9	16.3
山　东	742.9	634.1	422.8	8.1	201.5	1.7	39.3
河　南	440.4	371.5	251.0	1.2	113.2	6.0	21.1
湖　北	393.0	336.4	212.1	1.9	103.6	18.7	20.3
湖　南	523.3	426.7	194.0	2.0	217.8	12.8	32.4
广　东	710.1	606.6	231.1	8.7	233.4	133.3	24.7
广　西	567.3	501.9	232.1	3.1	255.3	11.4	24.3
海　南	451.6	418.0	289.8	8.2	83.5	36.5	5.6
重　庆	367.4	292.6	141.7	1.6	141.1	8.2	14.1
四　川	457.8	389.1	165.5	2.4	216.6	4.5	21.5
贵　州	272.3	235.1	137.1	3.6	93.7	0.6	11.3
云　南	401.3	311.7	201.7	2.7	106.5	0.8	36.6
西　藏	134.2	73.1	44.3	0.3	28.5		2.9
陕　西	372.7	290.8	209.1	3.4	76.8	1.5	17.5
甘　肃	329.0	279.8	224.5	2.6	52.7		13.1
青　海	285.2	234.0	134.8	1.7	96.1	1.4	5.5
宁　夏	694.4	583.8	307.7	7.9	248.9	19.3	19.0
新　疆	1100.4	1059.9	893.4	6.7	159.8		5.6

4-105 续表　　　　单位：元/人

地　区	1.工　业支　出	2.建筑业支　出	三、第三产业支出	1.交通运输业、邮电业支出	2.批发和零售贸易、餐饮业支出	3.社会服务业支出	4.文教卫生业支出	5.其他家庭经营支出
全国合计	**21.3**	**5.8**	**54.6**	**26.2**	**13.9**	**3.8**	**1.1**	**9.5**
北　京	39.6	81.8	174.4	45.0	99.8	9.4	9.2	11.0
天　津	2.3	6.0	63.8	35.1	17.0	2.3	0.3	9.2
河　北	29.7	1.3	59.6	33.0	16.4	4.6	0.9	4.6
山　西	6.3	8.0	66.2	43.6	7.1	7.3	0.7	7.5
内蒙古	10.2	2.2	32.6	8.9	2.8	2.8	2.1	16.0
辽　宁	23.6	1.6	61.9	26.6	18.5	3.1	2.9	10.7
吉　林	3.5	3.5	32.3	11.2	1.0	1.5	0.1	18.5
黑龙江	2.7	6.9	29.0	15.1	3.1	1.6	0.8	8.3
上　海	23.1	9.3	82.1	52.2	1.5	9.8	1.2	17.4
江　苏	58.1	9.4	74.4	27.2	28.6	7.7	0.9	10.0
浙　江	98.5	9.4	92.8	52.0	15.2	14.9	0.6	10.1
安　徽	8.0	5.2	31.5	13.5	7.5	3.4	0.6	6.4
福　建	16.6	18.8	64.0	27.1	11.2	6.9	1.4	17.4
江　西	12.5	3.8	48.4	17.8	10.4	4.3	1.9	14.0
山　东	30.4	8.9	69.5	22.8	31.9	4.4	1.4	8.9
河　南	14.8	6.3	47.8	20.7	16.7	2.1	1.0	7.2
湖　北	16.7	3.5	36.4	17.6	10.9	1.9	0.9	5.0
湖　南	29.7	2.7	64.2	31.7	17.9	4.2	0.3	10.2
广　东	17.2	7.5	78.9	34.4	22.9	3.3	2.6	15.8
广　西	22.4	2.0	41.1	17.5	16.0	1.9	0.7	5.0
海　南	2.4	3.2	28.0	17.2	2.0	1.6	0.4	6.8
重　庆	9.8	4.4	60.7	36.4	5.5	4.0	0.8	14.0
四　川	19.1	2.4	47.2	27.5	9.2	2.8	1.5	6.2
贵　州	6.1	5.3	25.9	11.8	6.2	1.9	0.4	5.7
云　南	34.4	2.2	53.0	20.6	14.6	1.5	0.6	15.7
西　藏	2.8	0.1	58.2	49.1	1.0	0.6	0.0	7.5
陕　西	16.2	1.3	64.3	46.0	10.1	1.8	1.9	4.7
甘　肃	4.7	8.4	36.1	21.2	6.3	1.8	1.8	5.0
青　海	2.5	3.0	45.8	30.4	0.5	0.8	0.7	13.3
宁　夏	18.6	0.5	91.6	55.4	15.2	2.8	0.0	18.3
新　疆	3.4	2.2	34.9	15.6	4.4	3.6	11.3	

4-106 2000年农村居民家庭经营费用现金支出构成

单位：%

地区	家庭经营费用支出	一、第一产业支出	1.农业支出	2.林业支出	3.牧业支出	4.渔业支出	二、第二产业支出
全国合计	**100.0**	**85.0**	**52.6**	**0.8**	**28.6**	**3.0**	**5.0**
北京	100.0	53.0	27.5	4.9	12.6	7.9	19.3
天津	100.0	90.7	35.6	0.6	50.7	3.8	1.1
河北	100.0	83.8	60.2	0.4	22.3	0.9	5.5
山西	100.0	74.8	54.0	0.5	20.4		4.5
内蒙古	100.0	93.7	60.2	0.5	33.0	0.0	1.7
辽宁	100.0	89.4	54.8	0.5	29.4	4.8	3.1
吉林	100.0	94.7	77.1	0.3	17.2	0.1	0.9
黑龙江	100.0	95.9	80.5	0.2	14.5	0.7	1.0
上海	100.0	76.5	46.7	0.4	27.1	2.3	6.7
江苏	100.0	77.8	41.5	0.8	29.3	6.2	10.6
浙江	100.0	71.8	34.0	2.0	32.2	3.5	15.2
安徽	100.0	88.7	62.2	0.7	24.0	1.8	3.3
福建	100.0	82.6	40.8	0.9	33.4	7.6	6.2
江西	100.0	84.3	49.9	0.6	31.4	2.4	4.0
山东	100.0	85.3	56.9	1.1	27.1	0.2	5.3
河南	100.0	84.4	57.0	0.3	25.7	1.4	4.8
湖北	100.0	85.6	54.0	0.5	26.4	4.8	5.2
湖南	100.0	81.5	37.1	0.4	41.6	2.5	6.2
广东	100.0	85.4	32.5	1.2	32.9	18.8	3.5
广西	100.0	88.5	40.9	0.6	45.0	2.0	4.3
海南	100.0	92.6	64.2	1.8	18.5	8.1	1.2
重庆	100.0	79.6	38.6	0.4	38.4	2.2	3.8
四川	100.0	85.0	36.2	0.5	47.3	1.0	4.7
贵州	100.0	86.3	50.4	1.3	34.4	0.2	4.2
云南	100.0	77.7	50.3	0.7	26.5	0.2	9.1
西藏	100.0	54.5	33.0	0.3	21.2		2.2
陕西	100.0	78.0	56.1	0.9	20.6	0.4	4.7
甘肃	100.0	85.0	68.2	0.8	16.0		4.0
青海	100.0	82.0	47.3	0.6	33.7	0.5	1.9
宁夏	100.0	84.1	44.3	1.1	35.8	2.8	2.7
新疆	100.0	96.3	81.2	0.6	14.5		0.5

4-106 续表 单位：%

地　　区	1.工　业支　出	2.建筑业支　出	三、第三产业支出	1.交通运输业、邮电业支出	2.批发和零售贸易、餐饮业支出	3.社会服务业支出	4.文教卫生业支出	5.其他家庭经营支出
全国合计	**3.9**	**1.1**	**10.0**	**4.8**	**2.6**	**0.7**	**0.2**	**1.7**
北　京	6.3	13.0	27.7	7.1	15.9	1.5	1.5	1.8
天　津	0.3	0.8	8.2	4.5	2.2	0.3		1.2
河　北	5.3	0.2	10.7	5.9	2.9	0.8	0.2	0.8
山　西	2.0	2.5	20.7	13.6	2.2	2.3	0.2	2.4
内蒙古	1.4	0.3	4.6	1.2	0.4	0.4	0.3	2.2
辽　宁	2.9	0.2	7.5	3.2	2.2	0.4	0.4	1.3
吉　林	0.5	0.5	4.3	1.5	0.1	0.2		2.5
黑龙江	0.3	0.7	3.1	1.6	0.3	0.2	0.1	0.9
上　海	4.7	1.9	16.9	10.7	0.3	2.0	0.3	3.6
江　苏	9.1	1.5	11.7	4.3	4.5	1.2	0.1	1.6
浙　江	13.9	1.3	13.1	7.3	2.1	2.1	0.1	1.4
安　徽	2.0	1.3	8.0	3.4	1.9	0.9	0.2	1.6
福　建	2.9	3.3	11.2	4.8	2.0	1.2	0.2	3.1
江　西	3.0	0.9	11.7	4.3	2.5	1.0	0.4	3.4
山　东	4.1	1.2	9.4	3.1	4.3	0.6	0.2	1.2
河　南	3.4	1.4	10.8	4.7	3.8	0.5	0.2	1.6
湖　北	4.3	0.9	9.3	4.5	2.8	0.5	0.2	1.3
湖　南	5.7	0.5	12.3	6.1	3.4	0.8	0.1	1.9
广　东	2.4	1.1	11.1	4.8	3.2	0.5	0.4	2.2
广　西	3.9	0.3	7.2	3.1	2.8	0.3	0.1	0.9
海　南	0.5	0.7	6.2	3.8	0.5	0.4	0.1	1.5
重　庆	2.7	1.2	16.5	9.9	1.5	1.1	0.2	3.8
四　川	4.2	0.5	10.3	6.0	2.0	0.6	0.3	1.3
贵　州	2.2	1.9	9.5	4.3	2.3	0.7	0.1	2.1
云　南	8.6	0.6	13.2	5.1	3.7	0.4	0.1	3.9
西　藏	2.1	0.0	43.4	36.6	0.7	0.5		5.6
陕　西	4.4	0.3	17.3	12.3	2.7	0.5	0.5	1.3
甘　肃	1.4	2.6	11.0	6.5	1.9	0.5	0.5	1.5
青　海	0.9	1.0	16.0	10.7	0.2	0.3	0.2	4.7
宁　夏	2.7	0.1	13.2	8.0	2.2	0.4		2.6
新　疆	0.3	0.2	3.2	1.4	0.4	0.3		1.0

4-107 2000年农村居民生活消费现金支出

单位：元/人

地　区	生活消费支出	一、食品支出	二、衣着支出	三、居住支出
全国合计	**1284.7**	**464.3**	**95.2**	**231.1**
北　京	3336.5	1216.7	245.8	538.6
天　津	1833.6	650.3	162.1	270.2
河　北	1156.2	330.9	104.2	322.0
山　西	901.6	313.6	113.3	141.8
内蒙古	1171.0	337.9	110.9	191.0
辽　宁	1386.0	483.8	152.7	208.2
吉　林	1204.5	446.3	103.2	183.6
黑龙江	1187.6	454.8	105.3	179.4
上　海	3763.5	1451.2	201.2	720.9
江　苏	1922.1	636.0	123.3	412.1
浙　江	2911.8	1098.3	167.4	569.8
安　徽	954.9	362.3	70.8	161.6
福　建	2074.6	854.5	117.0	336.9
江　西	1170.7	466.2	83.4	181.3
山　东	1482.4	506.7	116.2	288.1
河　南	889.7	286.5	85.6	161.4
湖　北	1058.3	358.3	72.2	154.9
湖　南	1467.9	590.2	89.6	240.3
广　东	2197.6	908.5	101.8	343.9
广　西	1087.2	437.0	51.6	188.4
海　南	1083.2	495.6	59.1	128.3
重　庆	927.2	299.8	62.0	178.5
四　川	1021.3	376.1	72.2	184.6
贵　州	622.5	224.9	53.0	127.2
云　南	808.3	305.8	55.3	158.1
西　藏	476.6	256.6	87.0	36.3
陕　西	1007.6	327.7	82.0	172.7
甘　肃	747.6	213.8	60.5	146.1
青　海	765.5	262.7	93.3	116.2
宁　夏	1017.4	302.7	96.7	216.2
新　疆	871.4	270.5	110.9	156.9

3-107 续表 单位：元/人

地 区	四、家庭设备用品及服务支出	五、交通和通讯支出	六、文化教育用品及服务支出	七、医疗保健支出	八、其他商品及服务支出
全国合计	**74.4**	**93.1**	**186.7**	**87.6**	**52.5**
北 京	235.3	236.0	484.9	249.0	130.3
天 津	95.0	87.4	235.2	270.9	62.5
河 北	65.4	84.6	130.7	78.3	40.1
山 西	48.7	48.8	135.4	60.3	39.5
内蒙古	61.0	93.4	232.6	104.5	39.9
辽 宁	69.9	112.8	195.3	109.5	53.9
吉 林	63.6	85.1	171.8	102.7	48.2
黑龙江	50.8	84.2	150.7	117.2	45.2
上 海	225.2	278.6	559.1	208.9	118.3
江 苏	114.1	155.5	269.0	129.5	82.7
浙 江	145.6	275.5	328.0	200.1	127.2
安 徽	57.6	58.4	145.5	58.0	40.8
福 建	106.8	206.1	254.3	87.4	111.6
江 西	55.4	95.6	184.2	63.5	41.0
山 东	114.8	101.6	207.9	118.7	28.5
河 南	56.8	56.4	133.1	63.5	46.3
湖 北	68.5	72.7	209.9	69.7	52.1
湖 南	78.0	99.4	222.5	82.2	65.7
广 东	123.7	205.5	313.5	100.3	100.5
广 西	62.9	64.8	186.8	52.4	43.4
海 南	63.6	61.3	174.4	44.1	56.8
重 庆	66.7	61.3	154.5	68.9	35.5
四 川	62.4	54.4	159.5	72.8	39.2
贵 州	38.2	26.9	97.3	27.7	27.3
云 南	47.5	32.0	106.1	64.3	39.2
西 藏	39.8	15.4	11.1	16.1	14.4
陕 西	57.8	58.5	181.8	91.4	35.6
甘 肃	42.2	43.8	143.9	70.6	26.7
青 海	44.7	53.1	79.4	78.2	37.9
宁 夏	62.1	79.8	145.0	88.5	26.4
新 疆	45.7	61.0	106.0	73.7	46.7

4-108　2000年农村居民生活消费现金支出构成

单位：%

地　区	生活消费现金支出	一、食品支出	二、衣着支出	三、居住支出
全国合计	**100.0**	**36.1**	**7.4**	**18.0**
北　京	100.0	36.5	7.4	16.1
天　津	100.0	35.5	8.8	14.7
河　北	100.0	28.6	9.0	27.9
山　西	100.0	34.8	12.6	15.7
内蒙古	100.0	28.9	9.5	16.3
辽　宁	100.0	34.9	11.0	15.0
吉　林	100.0	37.1	8.6	15.2
黑龙江	100.0	38.3	8.9	15.1
上　海	100.0	38.6	5.3	19.2
江　苏	100.0	33.1	6.4	21.4
浙　江	100.0	37.7	5.7	19.6
安　徽	100.0	37.9	7.4	16.9
福　建	100.0	41.2	5.6	16.2
江　西	100.0	39.8	7.1	15.5
山　东	100.0	34.2	7.8	19.4
河　南	100.0	32.2	9.6	18.1
湖　北	100.0	33.9	6.8	14.6
湖　南	100.0	40.2	6.1	16.4
广　东	100.0	41.3	4.6	15.6
广　西	100.0	40.2	4.7	17.3
海　南	100.0	45.8	5.5	11.8
重　庆	100.0	32.3	6.7	19.2
四　川	100.0	36.8	7.1	18.1
贵　州	100.0	36.1	8.5	20.4
云　南	100.0	37.8	6.8	19.6
西　藏	100.0	53.8	18.3	7.6
陕　西	100.0	32.5	8.1	17.1
甘　肃	100.0	28.6	8.1	19.5
青　海	100.0	34.3	12.2	15.2
宁　夏	100.0	29.8	9.5	21.2
新　疆	100.0	31.0	12.7	18.0

4-108 续表 单位：%

地区	四、家庭设备用品及服务支出	五、交通和通讯支出	六、文化教育用品及服务支出	七、医疗保健支出	八、其他商品及服务支出
全国合计	**5.8**	**7.2**	**14.5**	**6.8**	**4.1**
北京	7.1	7.1	14.5	7.5	3.9
天津	5.2	4.8	12.8	14.8	3.4
河北	5.7	7.3	11.3	6.8	3.5
山西	5.4	5.4	15.0	6.7	4.4
内蒙古	5.2	8.0	19.9	8.9	3.4
辽宁	5.0	8.1	14.1	7.9	3.9
吉林	5.3	7.1	14.3	8.5	4.0
黑龙江	4.3	7.1	12.7	9.9	3.8
上海	6.0	7.4	14.9	5.6	3.1
江苏	5.9	8.1	14.0	6.7	4.3
浙江	5.0	9.5	11.3	6.9	4.4
安徽	6.0	6.1	15.2	6.1	4.3
福建	5.1	9.9	12.3	4.2	5.4
江西	4.7	8.2	15.7	5.4	3.5
山东	7.7	6.9	14.0	8.0	1.9
河南	6.4	6.3	15.0	7.1	5.2
湖北	6.5	6.9	19.8	6.6	4.9
湖南	5.3	6.8	15.2	5.6	4.5
广东	5.6	9.4	14.3	4.6	4.6
广西	5.8	6.0	17.2	4.8	4.0
海南	5.9	5.7	16.1	4.1	5.2
重庆	7.2	6.6	16.7	7.4	3.8
四川	6.1	5.3	15.6	7.1	3.8
贵州	6.1	4.3	15.6	4.4	4.4
云南	5.9	4.0	13.1	8.0	4.8
西藏	8.4	3.2	2.3	3.4	3.0
陕西	5.7	5.8	18.0	9.1	3.5
甘肃	5.6	5.9	19.2	9.4	3.6
青海	5.8	6.9	10.4	10.2	5.0
宁夏	6.1	7.8	14.3	8.7	2.6
新疆	5.2	7.0	12.2	8.5	5.4

4-109 2005年农村居民总收入

单位：元/人

地 区	总收入	一、工资性收入	二、家庭经营收入	三、财产性收入	四、转移性收入
全国合计	**4631.2**	**1174.5**	**3164.4**	**88.5**	**203.8**
北 京	8855.6	4524.3	3203.0	588.0	540.3
天 津	7459.7	2720.9	4455.5	152.9	130.5
河 北	4986.0	1293.5	3415.4	93.7	183.3
山 西	3628.3	1177.9	2268.7	62.7	119.0
内蒙古	5345.9	504.5	4557.2	73.1	211.2
辽 宁	6028.3	1212.2	4379.6	113.2	323.2
吉 林	5154.2	511.0	4205.5	148.4	289.4
黑龙江	6042.9	464.3	5148.7	230.6	199.3
上 海	8960.4	6159.7	1351.7	457.5	991.5
江 苏	6682.3	2786.1	3470.6	150.4	275.2
浙 江	8805.1	3238.8	4792.8	278.9	494.5
安 徽	3669.0	1010.1	2471.3	44.9	142.8
福 建	5499.3	1650.7	3333.9	98.7	416.0
江 西	4211.8	1227.9	2805.0	25.8	153.1
山 东	5677.0	1437.6	3957.0	102.8	179.7
河 南	3945.7	854.0	2965.6	35.9	90.2
湖 北	4221.8	941.6	3167.3	16.8	96.1
湖 南	4489.4	1228.8	2908.5	42.1	310.1
广 东	5957.8	2562.4	2944.2	167.3	284.0
广 西	3717.5	907.4	2710.9	18.3	80.9
海 南	4129.6	473.1	3433.8	55.6	167.1
重 庆	3783.0	1088.8	2441.5	30.7	222.0
四 川	4158.2	954.9	2970.7	41.6	191.0
贵 州	2660.6	583.3	1894.4	35.5	147.4
云 南	3179.2	348.3	2652.6	75.5	102.8
西 藏	2869.9	565.2	1973.8	217.2	113.6
陕 西	3037.0	756.7	2071.1	56.9	152.2
甘 肃	2888.0	586.7	2159.4	20.6	121.3
青 海	2942.1	560.5	2129.2	62.0	190.4
宁 夏	4179.7	702.1	3200.8	48.6	228.2
新 疆	4604.9	195.5	4253.0	33.9	122.6

4-110 2005年农村居民总收入构成

单位：%

地区	总收入	一、工资性收入	二、家庭经营收入	三、财产性收入	四、转移性收入
全国合计	**100.0**	**25.4**	**68.3**	**1.9**	**4.4**
北京	100.0	51.1	36.2	6.6	6.1
天津	100.0	36.5	59.7	2.0	1.7
河北	100.0	25.9	68.5	1.9	3.7
山西	100.0	32.5	62.5	1.7	3.3
内蒙古	100.0	9.4	85.2	1.4	4.0
辽宁	100.0	20.1	72.7	1.9	5.4
吉林	100.0	9.9	81.6	2.9	5.6
黑龙江	100.0	7.7	85.2	3.8	3.3
上海	100.0	68.7	15.1	5.1	11.1
江苏	100.0	41.7	51.9	2.3	4.1
浙江	100.0	36.8	54.4	3.2	5.6
安徽	100.0	27.5	67.4	1.2	3.9
福建	100.0	30.0	60.6	1.8	7.6
江西	100.0	29.2	66.6	0.6	3.6
山东	100.0	25.3	69.7	1.8	3.2
河南	100.0	21.6	75.2	0.9	2.3
湖北	100.0	22.3	75.0	0.4	2.3
湖南	100.0	27.4	64.8	0.9	6.9
广东	100.0	43.0	49.4	2.8	4.8
广西	100.0	24.4	72.9	0.5	2.2
海南	100.0	11.5	83.2	1.3	4.0
重庆	100.0	28.8	64.5	0.8	5.9
四川	100.0	23.0	71.4	1.0	4.6
贵州	100.0	21.9	71.2	1.3	5.5
云南	100.0	11.0	83.4	2.4	3.2
西藏	100.0	19.7	68.8	7.6	4.0
陕西	100.0	24.9	68.2	1.9	5.0
甘肃	100.0	20.3	74.8	0.7	4.2
青海	100.0	19.1	72.4	2.1	6.5
宁夏	100.0	16.8	76.6	1.2	5.5
新疆	100.0	4.2	92.4	0.7	2.7

4-111 2005年农村居民家庭经营总收入

单位：元/人

地区	家庭经营总收入	一、第一产业收入	1.农业收入	2.林业收入	3.牧业收入	4.渔业收入	二、第二产业收入
全国合计	**3164.4**	**2621.3**	**1704.1**	**53.2**	**786.0**	**78.0**	**167.1**
北京	3203.0	1528.6	750.0	74.6	630.8	73.2	607.9
天津	4455.5	2800.2	1517.5	15.8	1116.5	150.4	666.8
河北	3415.4	2609.0	1849.3	14.7	744.9	0.1	273.4
山西	2268.7	1665.4	1283.0	18.7	363.8		70.8
内蒙古	4557.2	4408.8	2601.5	21.7	1785.6		34.4
辽宁	4379.6	3945.7	2372.7	23.0	1490.4	59.7	69.2
吉林	4205.5	4020.8	3157.8	15.8	844.2	3.0	28.1
黑龙江	5148.7	5011.2	4045.3	17.1	941.2	7.6	10.2
上海	1351.7	992.5	627.4	1.2	135.7	228.2	51.9
江苏	3470.6	2465.2	1490.5	51.1	699.3	224.3	339.9
浙江	4792.8	2494.8	1197.6	126.9	989.2	181.1	1150.8
安徽	2471.3	2152.5	1626.0	35.3	426.7	64.4	74.1
福建	3333.9	2379.1	1449.2	108.6	626.8	194.6	253.3
江西	2805.0	2410.3	1686.3	69.6	597.6	56.8	134.5
山东	3957.0	3177.4	2215.0	60.3	865.4	36.7	265.2
河南	2965.6	2532.2	1801.6	34.2	672.7	23.7	129.8
湖北	3167.3	2821.9	1933.9	47.8	678.0	162.3	111.6
湖南	2908.5	2276.9	1384.9	60.1	763.3	68.6	246.1
广东	2944.2	2426.4	1187.8	28.4	873.6	336.6	84.8
广西	2710.9	2480.6	1391.0	84.2	918.8	86.7	60.6
海南	3433.8	3017.0	1331.4	448.7	661.3	575.5	85.3
重庆	2441.5	2245.5	1204.0	21.6	974.3	45.6	28.7
四川	2970.7	2622.2	1341.9	30.8	1200.5	49.0	69.6
贵州	1894.4	1622.9	973.2	26.2	621.7	1.9	53.3
云南	2652.6	2426.5	1490.3	146.0	783.7	6.6	28.3
西藏	1973.8	1688.1	1049.2	64.2	574.6	0.1	32.0
陕西	2071.1	1728.0	1231.7	27.3	466.3	2.7	56.4
甘肃	2159.4	1856.4	1440.0	43.7	372.1	0.7	73.4
青海	2129.2	1762.2	994.2	11.5	752.5	4.0	54.3
宁夏	3200.8	2719.8	1747.6	6.8	915.9	49.4	99.5
新疆	4253.0	3899.0	3109.2	69.8	720.0		45.1

4-111　续表　　　　　　　　　　　　　　　　　　　　　　　　　单位：元/人

地　区	1.工　业收　入	2.建筑业收　入	三、第三产业收入	1.交通运输业、邮电业收入	2.批发和零售贸易、餐饮业收入	3.社会服务业收入	4.文教卫生业收入	5.其他家庭经营收入
全国合计	**111.2**	**55.8**	**376.1**	**139.0**	**145.1**	**40.0**	**13.2**	**38.8**
北　京	202.0	405.9	1066.6	606.9	256.1	146.3	5.7	51.5
天　津	549.7	117.1	988.5	513.4	284.1	125.9	0.8	64.4
河　北	253.8	19.5	533.1	194.7	234.3	45.2	30.2	28.7
山　西	22.2	48.6	532.4	245.8	136.8	69.3	7.7	72.8
内蒙古	23.8	10.6	114.0	44.4	29.6	15.0	7.8	17.1
辽　宁	37.8	31.4	364.8	140.7	134.7	27.0	21.0	41.4
吉　林	16.3	11.9	156.6	79.0	48.8	5.0	4.8	19.1
黑龙江	6.6	3.6	127.3	72.1	28.4	7.3	5.2	14.4
上　海	12.3	39.6	307.3	162.1	105.2	21.9	15.4	2.8
江　苏	221.0	118.9	665.5	298.5	247.3	70.7	5.4	43.6
浙　江	891.8	259.1	1147.1	407.4	447.6	148.5	26.8	116.9
安　徽	38.6	35.5	244.7	61.1	115.9	27.1	10.8	29.8
福　建	93.8	159.5	701.5	227.4	270.7	92.8	15.9	94.6
江　西	69.2	65.3	260.2	73.1	111.2	34.7	12.1	29.0
山　东	209.4	55.8	514.4	166.5	186.2	54.9	28.2	78.7
河　南	99.4	30.4	303.6	96.1	123.1	24.6	17.0	42.8
湖　北	53.9	57.7	233.7	80.6	99.0	25.9	6.9	21.3
湖　南	109.8	136.4	385.6	145.3	148.2	53.2	18.7	20.2
广　东	48.1	36.7	433.0	111.2	223.0	48.2	9.8	40.9
广　西	48.1	12.4	169.8	56.1	70.6	12.4	13.8	16.9
海　南	37.7	47.6	331.6	113.0	100.5	27.8	5.4	85.0
重　庆	18.7	10.0	167.4	37.0	76.4	11.2	20.1	22.6
四　川	36.7	32.9	279.0	112.3	98.1	37.3	10.1	21.1
贵　州	28.9	24.4	218.2	56.6	106.6	21.0	10.9	23.2
云　南	16.0	12.3	197.7	78.4	77.6	9.1	5.5	27.2
西　藏	3.7	28.3	253.8	177.1	45.8	13.8	0.1	17.0
陕　西	43.8	12.7	286.7	111.5	96.5	40.1	11.0	27.7
甘　肃	34.8	38.6	229.6	81.4	93.8	18.1	7.8	28.4
青　海	16.1	38.2	312.7	129.9	109.7	21.0	11.0	41.2
宁　夏	85.8	13.7	381.5	203.7	148.7	19.2		9.9
新　疆	26.6	18.5	308.9	78.1	152.3	11.4	2.8	64.3

4-112　2005年农村居民家庭经营总收入构成

单位：%

地　区	家庭经营总收入	一、第一产业收入	1.农业收入	2.林业收入	3.牧业收入	4.渔业收入	二、第二产业收入
全国合计	**100.0**	**82.8**	**53.9**	**1.7**	**24.8**	**2.5**	**5.3**
北　京	100.0	47.7	23.4	2.3	19.7	2.3	19.0
天　津	100.0	62.8	34.1	0.4	25.1	3.4	15.0
河　北	100.0	76.4	54.1	0.4	21.8		8.0
山　西	100.0	73.4	56.6	0.8	16.0		3.1
内蒙古	100.0	96.7	57.1	0.5	39.2		0.8
辽　宁	100.0	90.1	54.2	0.5	34.0	1.4	1.6
吉　林	100.0	95.6	75.1	0.4	20.1	0.1	0.7
黑龙江	100.0	97.3	78.6	0.3	18.3	0.1	0.2
上　海	100.0	73.4	46.4	0.1	10.0	16.9	3.8
江　苏	100.0	71.0	42.9	1.5	20.1	6.5	9.8
浙　江	100.0	52.1	25.0	2.6	20.6	3.8	24.0
安　徽	100.0	87.1	65.8	1.4	17.3	2.6	3.0
福　建	100.0	71.4	43.5	3.3	18.8	5.8	7.6
江　西	100.0	85.9	60.1	2.5	21.3	2.0	4.8
山　东	100.0	80.3	56.0	1.5	21.9	0.9	6.7
河　南	100.0	85.4	60.8	1.2	22.7	0.8	4.4
湖　北	100.0	89.1	61.1	1.5	21.4	5.1	3.5
湖　南	100.0	78.3	47.6	2.1	26.2	2.4	8.5
广　东	100.0	82.4	40.3	1.0	29.7	11.4	2.9
广　西	100.0	91.5	51.3	3.1	33.9	3.2	2.2
海　南	100.0	87.9	38.8	13.1	19.3	16.8	2.5
重　庆	100.0	92.0	49.3	0.9	39.9	1.9	1.2
四　川	100.0	88.3	45.2	1.0	40.4	1.6	2.3
贵　州	100.0	85.7	51.4	1.4	32.8	0.1	2.8
云　南	100.0	91.5	56.2	5.5	29.5	0.2	1.1
西　藏	100.0	85.5	53.2	3.3	29.1		1.6
陕　西	100.0	83.4	59.5	1.3	22.5	0.1	2.7
甘　肃	100.0	86.0	66.7	2.0	17.2		3.4
青　海	100.0	82.8	46.7	0.5	35.3	0.2	2.6
宁　夏	100.0	85.0	54.6	0.2	28.6	1.5	3.1
新　疆	100.0	91.7	73.1	1.6	16.9		1.1

4-112 续表

单位：%

地　区	1.工　业收　入	2.建筑业收　入	三、第三产业收入	1.交通运输业、邮电业收入	2.批发和零售贸易、餐饮业收入	3.社会服务业收入	4.文教卫生业收入	5.其他家庭经营收入
全国合计	**3.5**	**1.8**	**11.9**	**4.4**	**4.6**	**1.3**	**0.4**	**1.2**
北　京	6.3	12.7	33.3	18.9	8.0	4.6	0.2	1.6
天　津	12.3	2.6	22.2	11.5	6.4	2.8	0.0	1.4
河　北	7.4	0.6	15.6	5.7	6.9	1.3	0.9	0.8
山　西	1.0	2.1	23.5	10.8	6.0	3.1	0.3	3.2
内蒙古	0.5	0.2	2.5	1.0	0.6	0.3	0.2	0.4
辽　宁	0.9	0.7	8.3	3.2	3.1	0.6	0.5	0.9
吉　林	0.4	0.3	3.7	1.9	1.2	0.1	0.1	0.5
黑龙江	0.1	0.1	2.5	1.4	0.6	0.1	0.1	0.3
上　海	0.9	2.9	22.7	12.0	7.8	1.6	1.1	0.2
江　苏	6.4	3.4	19.2	8.6	7.1	2.0	0.2	1.3
浙　江	18.6	5.4	23.9	8.5	9.3	3.1	0.6	2.4
安　徽	1.6	1.4	9.9	2.5	4.7	1.1	0.4	1.2
福　建	2.8	4.8	21.0	6.8	8.1	2.8	0.5	2.8
江　西	2.5	2.3	9.3	2.6	4.0	1.2	0.4	1.0
山　东	5.3	1.4	13.0	4.2	4.7	1.4	0.7	2.0
河　南	3.4	1.0	10.2	3.2	4.2	0.8	0.6	1.4
湖　北	1.7	1.8	7.4	2.5	3.1	0.8	0.2	0.7
湖　南	3.8	4.7	13.3	5.0	5.1	1.8	0.6	0.7
广　东	1.6	1.2	14.7	3.8	7.6	1.6	0.3	1.4
广　西	1.8	0.5	6.3	2.1	2.6	0.5	0.5	0.6
海　南	1.1	1.4	9.7	3.3	2.9	0.8	0.2	2.5
重　庆	0.8	0.4	6.9	1.5	3.1	0.5	0.8	0.9
四　川	1.2	1.1	9.4	3.8	3.3	1.3	0.3	0.7
贵　州	1.5	1.3	11.5	3.0	5.6	1.1	0.6	1.2
云　南	0.6	0.5	7.5	3.0	2.9	0.3	0.2	1.0
西　藏	0.2	1.4	12.9	9.0	2.3	0.7	0.0	0.9
陕　西	2.1	0.6	13.8	5.4	4.7	1.9	0.5	1.3
甘　肃	1.6	1.8	10.6	3.8	4.3	0.8	0.4	1.3
青　海	0.8	1.8	14.7	6.1	5.2	1.0	0.5	1.9
宁　夏	2.7	0.4	11.9	6.4	4.6	0.6		0.3
新　疆	0.6	0.4	7.3	1.8	3.6	0.3	0.1	1.5

4-113 2005年农村居民现金收入

单位：元/人

地　区	现金收入	一、工资性收入	二、家庭经营收入	三、财产性收入	四、转移性收入
全国合计	**3915.5**	**1173.1**	**2472.3**	**71.8**	**198.3**
北　京	8724.2	4520.7	3128.0	570.1	505.4
天　津	7032.5	2715.7	4033.1	154.2	129.4
河　北	4317.7	1292.7	2768.3	75.6	181.1
山　西	3053.1	1177.5	1702.6	56.8	116.2
内蒙古	4235.1	504.4	3498.9	32.8	199.0
辽　宁	5491.4	1212.2	3922.7	36.0	320.5
吉　林	4451.5	511.0	3613.9	37.4	289.2
黑龙江	5321.2	464.2	4578.8	79.7	198.5
上　海	8723.5	6159.7	1126.8	457.5	979.5
江　苏	6035.3	2776.9	2852.3	143.0	263.0
浙　江	8445.3	3232.0	4484.9	271.8	456.6
安　徽	3043.2	1009.7	1872.5	25.9	135.1
福　建	4963.4	1650.5	2822.4	80.0	410.5
江　西	3460.2	1227.9	2057.8	24.9	149.6
山　东	5114.5	1434.6	3415.5	89.5	174.9
河　南	3015.7	850.9	2046.5	31.9	86.4
湖　北	3454.2	941.2	2402.7	15.6	94.8
湖　南	3692.5	1228.8	2116.2	38.0	309.5
广　东	5381.7	2562.3	2369.5	166.6	283.3
广　西	2994.1	907.4	1989.0	18.0	79.8
海　南	3604.1	473.0	2909.1	55.6	166.4
重　庆	2653.1	1087.6	1315.3	30.1	220.1
四　川	3086.5	954.4	1901.9	40.8	189.4
贵　州	1953.5	583.1	1190.1	34.4	145.9
云　南	2175.1	348.3	1660.2	70.1	96.5
西　藏	1925.3	550.0	1117.0	152.2	106.0
陕　西	2576.0	756.7	1625.1	43.1	151.1
甘　肃	2217.4	586.2	1496.6	14.8	119.8
青　海	2287.5	560.5	1503.4	55.8	167.9
宁　夏	3463.4	702.1	2546.4	28.1	186.8
新　疆	3921.2	195.5	3580.4	22.8	122.4

4-114　2005年农村居民现金收入构成

单位：%

地　区	现金收入	一、工资性收入	二、家庭经营收入	三、财产性收入	四、转移性收入
全国合计	**100.0**	**30.0**	**63.1**	**1.8**	**5.1**
北　京	100.0	51.8	35.9	6.5	5.8
天　津	100.0	38.6	57.4	2.2	1.8
河　北	100.0	29.9	64.1	1.8	4.2
山　西	100.0	38.6	55.8	1.9	3.8
内蒙古	100.0	11.9	82.6	0.8	4.7
辽　宁	100.0	22.1	71.4	0.7	5.8
吉　林	100.0	11.5	81.2	0.8	6.5
黑龙江	100.0	8.7	86.0	1.5	3.7
上　海	100.0	70.6	12.9	5.2	11.2
江　苏	100.0	46.0	47.3	2.4	4.4
浙　江	100.0	38.3	53.1	3.2	5.4
安　徽	100.0	33.2	61.5	0.9	4.4
福　建	100.0	33.3	56.9	1.6	8.3
江　西	100.0	35.5	59.5	0.7	4.3
山　东	100.0	28.1	66.8	1.7	3.4
河　南	100.0	28.2	67.9	1.1	2.9
湖　北	100.0	27.2	69.6	0.5	2.7
湖　南	100.0	33.3	57.3	1.0	8.4
广　东	100.0	47.6	44.0	3.1	5.3
广　西	100.0	30.3	66.4	0.6	2.7
海　南	100.0	13.1	80.7	1.5	4.6
重　庆	100.0	41.0	49.6	1.1	8.3
四　川	100.0	30.9	61.6	1.3	6.1
贵　州	100.0	29.8	60.9	1.8	7.5
云　南	100.0	16.0	76.3	3.2	4.4
西　藏	100.0	28.6	58.0	7.9	5.5
陕　西	100.0	29.4	63.1	1.7	5.9
甘　肃	100.0	26.4	67.5	0.7	5.4
青　海	100.0	24.5	65.7	2.4	7.3
宁　夏	100.0	20.3	73.5	0.8	5.4
新　疆	100.0	5.0	91.3	0.6	3.1

4-115　2005年农村居民家庭经营现金收入

单位：元/人

地　区	家庭经营现金收入	一、第一产业收　入	农业收入	牧业收入	二、第二产业收　入	1.工业收入
全国合计	**2472.3**	**1929.5**	**1104.9**	**700.3**	**166.9**	**111.2**
北　京	3128.0	1454.7	647.8	661.1	607.8	202.0
天　津	4033.1	2377.9	1115.5	1096.3	666.8	549.7
河　北	2768.3	1962.0	1228.9	717.4	273.2	253.7
山　西	1702.6	1099.3	729.8	354.8	70.8	22.2
内蒙古	3498.9	3350.6	1715.8	1613.1	34.4	23.8
辽　宁	3922.7	3489.2	1989.6	1418.8	69.2	37.8
吉　林	3613.9	3429.2	2641.9	768.9	28.1	16.3
黑龙江	4578.8	4441.3	3512.4	904.4	10.2	6.6
上　海	1126.8	767.6	433.3	110.7	51.9	12.3
江　苏	2852.3	1847.1	922.3	660.4	339.9	221.0
浙　江	4484.9	2187.1	920.6	969.2	1150.8	891.7
安　徽	1872.5	1553.7	1080.7	374.7	74.1	38.6
福　建	2822.4	1867.7	1061.8	538.5	253.3	93.8
江　西	2057.8	1663.2	997.6	552.3	134.5	69.2
山　东	3415.5	2636.0	1676.3	862.8	265.2	209.4
河　南	2046.5	1615.0	918.6	648.0	129.0	99.2
湖　北	2402.7	2058.8	1340.3	522.6	110.7	53.0
湖　南	2116.2	1484.6	709.4	662.0	246.1	109.8
广　东	2369.5	1851.7	702.8	793.1	84.7	48.1
广　西	1989.0	1758.7	758.2	842.4	60.6	48.1
海　南	2909.1	2492.2	909.6	581.5	85.3	37.7
重　庆	1315.3	1119.5	333.1	722.6	28.7	18.7
四　川	1901.9	1553.5	470.1	1008.8	69.6	36.7
贵　州	1190.1	918.6	417.4	477.4	53.3	28.9
云　南	1660.2	1434.2	789.0	500.1	28.3	16.0
西　藏	1117.0	831.4	413.1	359.9	32.0	3.7
陕　西	1625.1	1281.9	815.6	437.8	56.4	43.8
甘　肃	1496.6	1193.8	879.4	270.1	73.4	34.8
青　海	1503.4	1136.4	562.1	560.1	54.3	16.1
宁　夏	2546.4	2065.3	1170.6	839.4	99.5	85.8
新　疆	3580.4	3226.5	2504.6	657.6	45.1	26.6

4-115 续表 单位：元/人

地 区	2.建筑业收 入	三、第三产业收入	1.交通运输业、邮电业收入	2.批发和零售贸易、餐饮业收入	3.社会服务业收入	4.文教卫生业收入	5.其他家庭经营收入
全国合计	**55.8**	**375.9**	**139.0**	**145.1**	**40.0**	**13.2**	**38.7**
北 京	405.8	1065.5	606.9	256.1	146.3	5.7	50.4
天 津	117.1	988.5	513.4	284.1	125.9	0.8	64.4
河 北	19.5	533.1	194.7	234.3	45.2	30.2	28.7
山 西	48.6	532.4	245.8	136.8	69.3	7.7	72.8
内蒙古	10.6	114.0	44.4	29.6	15.0	7.8	17.1
辽 宁	31.4	364.4	140.7	134.7	27.0	21.0	41.0
吉 林	11.9	156.6	79.0	48.8	5.0	4.8	19.1
黑龙江	3.6	127.3	72.1	28.4	7.3	5.2	14.4
上 海	39.6	307.3	162.1	105.2	21.9	15.4	2.7
江 苏	118.8	665.4	298.5	247.3	70.7	5.4	43.5
浙 江	259.1	1147.0	407.4	447.6	148.5	26.8	116.7
安 徽	35.5	244.7	61.1	115.9	27.1	10.8	29.8
福 建	159.5	701.4	227.4	270.7	92.8	15.9	94.6
江 西	65.3	260.1	73.1	111.2	34.7	12.1	28.9
山 东	55.8	514.3	166.5	186.2	54.9	28.2	78.7
河 南	29.7	302.5	96.1	123.1	24.6	17.0	41.8
湖 北	57.7	233.3	80.6	99.0	25.9	6.9	20.9
湖 南	136.4	385.6	145.3	148.2	53.2	18.7	20.2
广 东	36.7	433.0	111.2	223.0	48.2	9.8	40.9
广 西	12.4	169.7	56.1	70.6	12.4	13.8	16.8
海 南	47.6	331.6	113.0	100.5	27.8	5.4	85.0
重 庆	10.0	167.1	37.0	76.4	11.2	20.1	22.3
四 川	32.9	278.9	112.3	98.1	37.3	10.1	21.0
贵 州	24.4	218.2	56.6	106.6	21.0	10.9	23.2
云 南	12.3	197.7	78.4	77.6	9.1	5.5	27.2
西 藏	28.3	253.6	177.1	45.8	13.8	0.1	16.9
陕 西	12.7	286.7	111.5	96.5	40.1	11.0	27.6
甘 肃	38.6	229.5	81.4	93.8	18.1	7.8	28.3
青 海	38.2	312.7	129.9	109.7	21.0	11.0	41.2
宁 夏	13.7	381.5	203.7	148.7	19.2		9.9
新 疆	18.5	308.9	78.1	152.3	11.4	2.8	64.3

4-116 2005年农村居民家庭经营现金收入构成

单位：%

地区	家庭经营现金收入	一、第一产业收入	农业收入	牧业收入	二、第二产业收入	1.工业收入
全国合计	**100.0**	**78.0**	**44.7**	**28.3**	**6.8**	**4.5**
北京	100.0	46.5	20.7	21.1	19.4	6.5
天津	100.0	59.0	27.7	27.2	16.5	13.6
河北	100.0	70.9	44.4	25.9	9.9	9.2
山西	100.0	64.6	42.9	20.8	4.2	1.3
内蒙古	100.0	95.8	49.0	46.1	1.0	0.7
辽宁	100.0	88.9	50.7	36.2	1.8	1.0
吉林	100.0	94.9	73.1	21.3	0.8	0.5
黑龙江	100.0	97.0	76.7	19.8	0.2	0.1
上海	100.0	68.1	38.5	9.8	4.6	1.1
江苏	100.0	64.8	32.3	23.2	11.9	7.7
浙江	100.0	48.8	20.5	21.6	25.7	19.9
安徽	100.0	83.0	57.7	20.0	4.0	2.1
福建	100.0	66.2	37.6	19.1	9.0	3.3
江西	100.0	80.8	48.5	26.8	6.5	3.4
山东	100.0	77.2	49.1	25.3	7.8	6.1
河南	100.0	78.9	44.9	31.7	6.3	4.8
湖北	100.0	85.7	55.8	21.8	4.6	2.2
湖南	100.0	70.2	33.5	31.3	11.6	5.2
广东	100.0	78.1	29.7	33.5	3.6	2.0
广西	100.0	88.4	38.1	42.4	3.0	2.4
海南	100.0	85.7	31.3	20.0	2.9	1.3
重庆	100.0	85.1	25.3	54.9	2.2	1.4
四川	100.0	81.7	24.7	53.0	3.7	1.9
贵州	100.0	77.2	35.1	40.1	4.5	2.4
云南	100.0	86.4	47.5	30.1	1.7	1.0
西藏	100.0	74.4	37.0	32.2	2.9	0.3
陕西	100.0	78.9	50.2	26.9	3.5	2.7
甘肃	100.0	79.8	58.8	18.0	4.9	2.3
青海	100.0	75.6	37.4	37.3	3.6	1.1
宁夏	100.0	81.1	46.0	33.0	3.9	3.4
新疆	100.0	90.1	70.0	18.4	1.3	0.7

4-116 续表 单位：%

地　区	2.建筑业收　入	三、第三产业收入	1.交通运输业、邮电业收入	2.批发和零售贸易、餐饮业收入	3.社会服务业收入	4.文教卫生业收入	5.其他家庭经营收入
全国合计	**2.3**	**15.2**	**5.6**	**5.9**	**1.6**	**0.5**	**1.6**
北　京	13.0	34.1	19.4	8.2	4.7	0.2	1.6
天　津	2.9	24.5	12.7	7.0	3.1	0.0	1.6
河　北	0.7	19.3	7.0	8.5	1.6	1.1	1.0
山　西	2.9	31.3	14.4	8.0	4.1	0.5	4.3
内蒙古	0.3	3.3	1.3	0.8	0.4	0.2	0.5
辽　宁	0.8	9.3	3.6	3.4	0.7	0.5	1.0
吉　林	0.3	4.3	2.2	1.4	0.1	0.1	0.5
黑龙江	0.1	2.8	1.6	0.6	0.2	0.1	0.3
上　海	3.5	27.3	14.4	9.3	1.9	1.4	0.2
江　苏	4.2	23.3	10.5	8.7	2.5	0.2	1.5
浙　江	5.8	25.6	9.1	10.0	3.3	0.6	2.6
安　徽	1.9	13.1	3.3	6.2	1.4	0.6	1.6
福　建	5.7	24.9	8.1	9.6	3.3	0.6	3.4
江　西	3.2	12.6	3.6	5.4	1.7	0.6	1.4
山　东	1.6	15.1	4.9	5.5	1.6	0.8	2.3
河　南	1.5	14.8	4.7	6.0	1.2	0.8	2.0
湖　北	2.4	9.7	3.4	4.1	1.1	0.3	0.9
湖　南	6.4	18.2	6.9	7.0	2.5	0.9	1.0
广　东	1.5	18.3	4.7	9.4	2.0	0.4	1.7
广　西	0.6	8.5	2.8	3.6	0.6	0.7	0.8
海　南	1.6	11.4	3.9	3.5	1.0	0.2	2.9
重　庆	0.8	12.7	2.8	5.8	0.9	1.5	1.7
四　川	1.7	14.7	5.9	5.2	2.0	0.5	1.1
贵　州	2.1	18.3	4.8	9.0	1.8	0.9	1.9
云　南	0.7	11.9	4.7	4.7	0.5	0.3	1.6
西　藏	2.5	22.7	15.9	4.1	1.2	0.0	1.5
陕　西	0.8	17.6	6.9	5.9	2.5	0.7	1.7
甘　肃	2.6	15.3	5.4	6.3	1.2	0.5	1.9
青　海	2.5	20.8	8.6	7.3	1.4	0.7	2.7
宁　夏	0.5	15.0	8.0	5.8	0.8		0.4
新　疆	0.5	8.6	2.2	4.3	0.3	0.1	1.8

4-117　2005年农村居民纯收入

单位：元/人

地　区	纯收入	一、工资性收入	二、家庭经营纯收入	三、财产性收入	四、转移性收入
全国合计	**3254.9**	**1174.5**	**1844.5**	**88.5**	**147.4**
北　京	7346.3	4524.3	1778.3	588.0	455.6
天　津	5579.9	2720.9	2626.5	152.9	79.7
河　北	3481.6	1293.5	1988.6	93.7	105.8
山　西	2890.7	1177.9	1563.5	62.7	86.5
内蒙古	2988.9	504.5	2223.3	73.1	188.1
辽　宁	3690.2	1212.2	2163.5	113.2	201.3
吉　林	3264.0	511.0	2395.5	148.4	209.2
黑龙江	3221.3	464.3	2363.9	230.6	162.4
上　海	8247.8	6159.7	774.6	457.5	856.0
江　苏	5276.3	2786.1	2125.0	150.4	214.8
浙　江	6660.0	3238.8	2789.4	278.9	352.9
安　徽	2641.0	1010.1	1499.3	44.9	86.8
福　建	4450.4	1650.7	2365.0	98.7	336.0
江　西	3128.9	1227.9	1786.4	25.8	88.8
山　东	3930.6	1437.6	2258.1	102.8	132.1
河　南	2870.6	854.0	1913.7	35.9	67.1
湖　北	3099.2	941.6	2049.0	16.8	91.7
湖　南	3117.7	1228.8	1713.4	42.1	133.6
广　东	4690.5	2562.4	1732.0	167.3	228.9
广　西	2494.7	907.4	1516.4	18.3	52.7
海　南	3004.0	473.1	2345.6	55.6	129.8
重　庆	2809.3	1088.8	1541.5	30.7	148.4
四　川	2802.8	954.9	1681.6	41.6	124.7
贵　州	1877.0	583.3	1153.4	35.5	104.8
云　南	2041.8	348.3	1530.1	75.5	87.8
西　藏	2077.9	565.2	1187.1	217.2	108.4
陕　西	2052.6	756.7	1118.9	56.9	120.1
甘　肃	1979.9	586.7	1263.4	20.6	109.2
青　海	2151.5	560.5	1359.6	62.0	169.4
宁　夏	2508.9	702.1	1561.9	48.6	196.2
新　疆	2482.2	195.5	2140.8	33.9	112.0

4-118 2005年农村居民纯收入构成

单位：%

地　区	纯收入	一、工资性收入	二、家庭经营纯收入	三、财产性收入	四、转移性收入
全国合计	**100.0**	**36.1**	**56.7**	**2.7**	**4.5**
北　京	100.0	61.6	24.2	8.0	6.2
天　津	100.0	48.8	47.1	2.7	1.4
河　北	100.0	37.2	57.1	2.7	3.0
山　西	100.0	40.7	54.1	2.2	3.0
内蒙古	100.0	16.9	74.4	2.4	6.3
辽　宁	100.0	32.8	58.6	3.1	5.5
吉　林	100.0	15.7	73.4	4.5	6.4
黑龙江	100.0	14.4	73.4	7.2	5.0
上　海	100.0	74.7	9.4	5.5	10.4
江　苏	100.0	52.8	40.3	2.9	4.1
浙　江	100.0	48.6	41.9	4.2	5.3
安　徽	100.0	38.2	56.8	1.7	3.3
福　建	100.0	37.1	53.1	2.2	7.5
江　西	100.0	39.2	57.1	0.8	2.8
山　东	100.0	36.6	57.4	2.6	3.4
河　南	100.0	29.7	66.7	1.2	2.3
湖　北	100.0	30.4	66.1	0.5	3.0
湖　南	100.0	39.4	55.0	1.3	4.3
广　东	100.0	54.6	36.9	3.6	4.9
广　西	100.0	36.4	60.8	0.7	2.1
海　南	100.0	15.7	78.1	1.9	4.3
重　庆	100.0	38.8	54.9	1.1	5.3
四　川	100.0	34.1	60.0	1.5	4.4
贵　州	100.0	31.1	61.4	1.9	5.6
云　南	100.0	17.1	74.9	3.7	4.3
西　藏	100.0	27.2	57.1	10.5	5.2
陕　西	100.0	36.9	54.5	2.8	5.9
甘　肃	100.0	29.6	63.8	1.0	5.5
青　海	100.0	26.1	63.2	2.9	7.9
宁　夏	100.0	28.0	62.3	1.9	7.8
新　疆	100.0	7.9	86.2	1.4	4.5

4-119 2005年农村居民总支出

单位：元/人

地区	总支出	一、家庭经营费用支出	二、购置生产性固定资产支出	三、税费支出	四、生活消费支出	五、财产性支出	六、转移性支出
全国合计	**4126.9**	**1189.7**	**131.1**	**13.1**	**2555.4**	**22.0**	**215.6**
北京	7119.0	1268.6	82.2	6.0	5315.7	9.4	437.0
天津	4943.0	1624.2	62.1	13.9	3036.0	7.5	199.3
河北	3711.0	1242.8	95.9	25.3	2165.7	13.3	168.0
山西	2719.4	626.8	46.2	7.5	1877.7	7.7	153.5
内蒙古	5091.9	2084.8	289.0	9.1	2446.2	46.8	216.1
辽宁	5672.5	2061.2	240.3	6.3	2805.9	37.1	521.8
吉林	4669.8	1591.8	353.7	13.0	2306.0	124.4	281.0
黑龙江	6151.3	2591.2	410.9	6.7	2544.7	157.3	440.6
上海	8717.2	533.6	95.7	4.4	7277.9	27.9	777.8
江苏	5281.3	1185.1	142.7	33.3	3567.1	6.1	346.9
浙江	8041.3	1750.3	196.5	21.1	5433.0	100.0	540.5
安徽	3360.4	861.6	108.9	14.6	2196.2	2.6	176.5
福建	4514.4	857.8	67.2	4.7	3292.6	12.2	279.9
江西	3776.5	931.7	112.8	16.0	2483.7	9.6	222.8
山东	4561.3	1496.0	118.5	34.3	2735.8	17.6	159.1
河南	3107.0	944.7	129.0	3.1	1891.6	5.0	133.7
湖北	3675.7	1038.1	79.0	11.6	2430.2	10.9	106.0
湖南	4289.5	1106.0	95.2	26.2	2756.4	8.8	296.8
广东	5081.0	1154.2	32.1	6.8	3707.7	10.6	169.7
广西	3696.7	1125.8	109.1	5.9	2349.6	6.3	100.2
海南	3127.2	984.9	57.1	4.6	1969.1	3.8	107.7
重庆	3273.4	839.0	71.5	5.3	2142.1	2.2	213.3
四川	3742.8	1188.2	68.2	12.8	2274.2	1.7	197.7
贵州	2490.7	675.7	86.0	2.2	1552.4	2.3	172.1
云南	3017.0	1015.4	102.0	5.4	1789.0	22.2	83.0
西藏	2389.2	447.6	175.1	4.4	1723.8	1.8	36.6
陕西	3111.3	858.5	141.4	7.2	1896.5	7.2	200.5
甘肃	2828.9	790.7	117.2	4.5	1819.6	3.9	93.1
青海	2966.2	643.2	145.7	4.4	1976.0	41.0	155.8
宁夏	4126.9	1418.4	322.3	2.6	2094.5	1.3	287.9
新疆	4302.3	1928.6	258.8	14.4	1924.4	60.7	115.4

4-120 2005年农村居民总支出构成

单位：%

地区	总支出	一、家庭经营费用支出	二、购置生产性固定资产支出	三、税费支出	四、生活消费支出	五、财产性支出	六、转移性支出
全国合计	**100.0**	**28.8**	**3.2**	**0.3**	**61.9**	**0.5**	**5.2**
北京	100.0	17.8	1.2	0.1	74.7	0.1	6.1
天津	100.0	32.9	1.3	0.3	61.4	0.2	4.0
河北	100.0	33.5	2.6	0.7	58.4	0.4	4.5
山西	100.0	23.0	1.7	0.3	69.0	0.3	5.6
内蒙古	100.0	40.9	5.7	0.2	48.0	0.9	4.2
辽宁	100.0	36.3	4.2	0.1	49.5	0.7	9.2
吉林	100.0	34.1	7.6	0.3	49.4	2.7	6.0
黑龙江	100.0	42.1	6.7	0.1	41.4	2.6	7.2
上海	100.0	6.1	1.1	0.1	83.5	0.3	8.9
江苏	100.0	22.4	2.7	0.6	67.5	0.1	6.6
浙江	100.0	21.8	2.4	0.3	67.6	1.2	6.7
安徽	100.0	25.6	3.2	0.4	65.4	0.1	5.3
福建	100.0	19.0	1.5	0.1	72.9	0.3	6.2
江西	100.0	24.7	3.0	0.4	65.8	0.3	5.9
山东	100.0	32.8	2.6	0.8	60.0	0.4	3.5
河南	100.0	30.4	4.2	0.1	60.9	0.2	4.3
湖北	100.0	28.2	2.1	0.3	66.1	0.3	2.9
湖南	100.0	25.8	2.2	0.6	64.3	0.2	6.9
广东	100.0	22.7	0.6	0.1	73.0	0.2	3.3
广西	100.0	30.5	2.9	0.2	63.6	0.2	2.7
海南	100.0	31.5	1.8	0.1	63.0	0.1	3.4
重庆	100.0	25.6	2.2	0.2	65.4	0.1	6.5
四川	100.0	31.7	1.8	0.3	60.8	0.0	5.3
贵州	100.0	27.1	3.5	0.1	62.3	0.1	6.9
云南	100.0	33.7	3.4	0.2	59.3	0.7	2.8
西藏	100.0	18.7	7.3	0.2	72.1	0.1	1.5
陕西	100.0	27.6	4.5	0.2	61.0	0.2	6.4
甘肃	100.0	28.0	4.1	0.2	64.3	0.1	3.3
青海	100.0	21.7	4.9	0.1	66.6	1.4	5.3
宁夏	100.0	34.4	7.8	0.1	50.8	0.0	7.0
新疆	100.0	44.8	6.0	0.3	44.7	1.4	2.7

4-121 2005年农村居民家庭经营费用支出

单位：元/人

地区	家庭经营费用支出	一、第一产业支出	1.农业支出	2.林业支出	3.牧业支出	4.渔业支出	二、第二产业支出
全国合计	**1189.7**	**1058.3**	**540.9**	**7.2**	**476.9**	**33.3**	**47.8**
北京	1268.6	723.7	204.7	12.0	448.8	58.3	194.1
天津	1624.2	1176.1	342.6	6.8	766.9	59.9	307.3
河北	1242.8	1036.3	578.2	3.5	454.6	0.0	94.4
山西	626.8	503.8	321.2	2.6	180.0		13.4
内蒙古	2084.8	2046.8	1030.8	7.0	1009.0	0.1	10.9
辽宁	2061.2	1943.3	936.3	5.1	985.6	16.3	17.6
吉林	1591.8	1553.5	1096.6	5.9	450.2	0.8	8.7
黑龙江	2591.2	2551.6	1848.2	3.5	697.5	2.4	1.3
上海	533.6	416.4	180.6	10.7	86.2	139.0	5.4
江苏	1185.1	1009.5	486.1	11.1	427.0	85.3	57.3
浙江	1750.3	1189.6	365.4	13.4	704.1	106.7	355.5
安徽	861.6	783.3	516.3	6.1	231.5	29.5	17.9
福建	857.8	748.6	353.1	18.1	330.1	47.3	18.6
江西	931.7	829.9	443.2	4.5	365.8	16.4	29.5
山东	1496.0	1315.0	731.3	11.3	557.8	14.6	92.6
河南	944.7	841.8	470.4	3.9	357.1	10.5	40.7
湖北	1038.1	926.5	490.5	6.9	362.1	67.0	41.7
湖南	1106.0	933.2	394.6	13.0	498.3	27.4	55.9
广东	1154.2	1077.9	295.3	3.1	613.1	166.4	12.6
广西	1125.8	1062.4	464.6	4.1	561.9	31.8	25.0
海南	984.9	920.4	373.3	24.6	296.2	226.3	17.2
重庆	839.0	788.4	228.5	6.7	535.8	17.5	7.8
四川	1188.2	1094.9	325.9	5.8	744.3	19.0	21.9
贵州	675.7	607.1	223.0	1.3	382.6	0.1	14.9
云南	1015.4	949.6	459.0	10.8	476.8	3.0	9.1
西藏	447.6	386.5	139.9	0.9	245.7	0.1	4.7
陕西	858.5	753.3	440.2	3.3	306.9	2.9	18.5
甘肃	790.7	687.2	490.0	13.1	184.0	0.1	33.8
青海	643.2	524.4	296.8	1.2	225.8	0.5	11.8
宁夏	1418.4	1277.7	637.0	0.7	607.3	32.7	46.7
新疆	1928.6	1806.5	1383.9	7.9	414.7		10.4

4-121 续表 单位：元/人

地　区	1.工业支出	2.建筑业支出	三、第三产业支出	1.交通运输业、邮电业支出	2.批发和零售贸易、餐饮业支出	3.社会服务业支出	4.文教卫生业支出	5.其他家庭经营支出
全国合计	**40.2**	**7.6**	**83.6**	**39.0**	**30.6**	**5.5**	**2.3**	**6.2**
北　京	77.0	117.1	350.8	206.2	118.2	23.9		2.4
天　津	291.4	15.9	140.8	99.7	21.2	8.1	0.1	11.7
河　北	91.0	3.4	112.1	53.3	39.4	8.0	6.5	4.9
山　西	6.0	7.5	109.5	61.6	31.9	7.5	0.5	8.1
内蒙古	8.6	2.3	27.1	12.7	5.7	2.9	2.2	3.7
辽　宁	9.3	8.2	100.3	39.9	40.3	2.5	2.6	15.0
吉　林	4.9	3.8	29.6	22.1	2.7	1.0		3.9
黑龙江	0.7	0.5	38.3	25.8	7.5	0.9	1.5	2.6
上　海	1.8	3.7	111.7	64.2	18.0	26.0		3.5
江　苏	47.3	10.0	118.4	73.9	33.9	6.5	0.2	3.8
浙　江	336.2	19.4	205.2	87.3	79.0	11.2	3.0	24.8
安　徽	16.2	1.7	60.4	20.5	35.8	1.7	1.0	1.3
福　建	7.4	11.2	90.6	39.2	33.4	4.0	0.4	13.6
江　西	21.3	8.2	72.3	23.7	33.7	5.4	2.3	7.3
山　东	87.8	4.8	88.5	27.4	38.7	8.4	4.4	9.8
河　南	30.3	10.4	62.2	26.6	25.8	3.3	3.0	3.4
湖　北	19.5	22.1	69.9	26.1	33.1	4.3	1.6	4.9
湖　南	49.3	6.6	117.0	51.6	47.2	7.7	6.2	4.3
广　东	8.8	3.8	63.7	23.8	21.4	11.6	0.6	6.4
广　西	24.6	0.4	38.4	21.1	9.1	2.6	1.0	4.7
海　南	14.3	2.8	47.4	32.8	1.4	9.8	0.1	3.3
重　庆	4.7	3.2	42.7	10.2	25.0	1.4	3.6	2.5
四　川	17.7	4.1	71.4	46.9	13.7	6.1	1.6	3.0
贵　州	12.2	2.7	53.7	18.5	27.5	1.5	3.6	2.6
云　南	7.1	2.0	56.8	29.9	15.3	2.1	2.4	7.1
西　藏	0.1	4.6	56.4	49.4	0.8		0.2	6.0
陕　西	16.9	1.5	86.8	41.1	21.8	9.4	2.1	12.3
甘　肃	18.7	15.1	69.8	28.0	33.6	4.1	0.9	3.2
青　海	6.6	5.2	107.0	54.1	43.5	0.8	3.4	5.3
宁　夏	44.9	1.8	94.1	46.8	41.4	1.5	0.4	4.0
新　疆	7.2	3.3	111.7	38.0	63.6	1.2	0.4	8.5

4-122 2005年农村居民家庭经营费用支出构成

单位：%

地区	家庭经营费用支出	一、第一产业支出	1.农业支出	2.林业支出	3.牧业支出	4.渔业支出	二、第二产业支出
全国合计	**100.0**	**89.0**	**45.5**	**0.6**	**40.1**	**2.8**	**4.0**
北京	100.0	57.0	16.1	0.9	35.4	4.6	15.3
天津	100.0	72.4	21.1	0.4	47.2	3.7	18.9
河北	100.0	83.4	46.5	0.3	36.6		7.6
山西	100.0	80.4	51.3	0.4	28.7		2.1
内蒙古	100.0	98.2	49.4	0.3	48.4		0.5
辽宁	100.0	94.3	45.4	0.2	47.8	0.8	0.9
吉林	100.0	97.6	68.9	0.4	28.3	0.1	0.5
黑龙江	100.0	98.5	71.3	0.1	26.9	0.1	
上海	100.0	78.0	33.8	2.0	16.2	26.1	1.0
江苏	100.0	85.2	41.0	0.9	36.0	7.2	4.8
浙江	100.0	68.0	20.9	0.8	40.2	6.1	20.3
安徽	100.0	90.9	59.9	0.7	26.9	3.4	2.1
福建	100.0	87.3	41.2	2.1	38.5	5.5	2.2
江西	100.0	89.1	47.6	0.5	39.3	1.8	3.2
山东	100.0	87.9	48.9	0.8	37.3	1.0	6.2
河南	100.0	89.1	49.8	0.4	37.8	1.1	4.3
湖北	100.0	89.2	47.2	0.7	34.9	6.5	4.0
湖南	100.0	84.4	35.7	1.2	45.1	2.5	5.1
广东	100.0	93.4	25.6	0.3	53.1	14.4	1.1
广西	100.0	94.4	41.3	0.4	49.9	2.8	2.2
海南	100.0	93.4	37.9	2.5	30.1	23.0	1.7
重庆	100.0	94.0	27.2	0.8	63.9	2.1	0.9
四川	100.0	92.2	27.4	0.5	62.6	1.6	1.8
贵州	100.0	89.8	33.0	0.2	56.6		2.2
云南	100.0	93.5	45.2	1.1	47.0	0.3	0.9
西藏	100.0	86.4	31.2	0.2	54.9		1.0
陕西	100.0	87.7	51.3	0.4	35.7	0.3	2.1
甘肃	100.0	86.9	62.0	1.7	23.3		4.3
青海	100.0	81.5	46.1	0.2	35.1	0.1	1.8
宁夏	100.0	90.1	44.9	0.1	42.8	2.3	3.3
新疆	100.0	93.7	71.8	0.4	21.5		0.5

4-122 续表 单位：%

地 区	1.工 业支 出	2.建筑业支 出	三、第三产业支出	1.交通运输业、邮电业支出	2.批发和零售贸易、餐饮业支出	3.社会服务业支出	4.文教卫生业支出	5.其他家庭经营支出
全国合计	**3.4**	**0.6**	**7.0**	**3.3**	**2.6**	**0.5**	**0.2**	**0.5**
北 京	6.1	9.2	27.7	16.3	9.3	1.9		0.2
天 津	17.9	1.0	8.7	6.1	1.3	0.5		0.7
河 北	7.3	0.3	9.0	4.3	3.2	0.6	0.5	0.4
山 西	1.0	1.2	17.5	9.8	5.1	1.2	0.1	1.3
内蒙古	0.4	0.1	1.3	0.6	0.3	0.1	0.1	0.2
辽 宁	0.5	0.4	4.9	1.9	2.0	0.1	0.1	0.7
吉 林	0.3	0.2	1.9	1.4	0.2	0.1	0.0	0.2
黑龙江			1.5	1.0	0.3		0.1	0.1
上 海	0.3	0.7	20.9	12.0	3.4	4.9		0.6
江 苏	4.0	0.8	10.0	6.2	2.9	0.6		0.3
浙 江	19.2	1.1	11.7	5.0	4.5	0.6	0.2	1.4
安 徽	1.9	0.2	7.0	2.4	4.2	0.2	0.1	0.2
福 建	0.9	1.3	10.6	4.6	3.9	0.5		1.6
江 西	2.3	0.9	7.8	2.5	3.6	0.6	0.2	0.8
山 东	5.9	0.3	5.9	1.8	2.6	0.6	0.3	0.7
河 南	3.2	1.1	6.6	2.8	2.7	0.3	0.3	0.4
湖 北	1.9	2.1	6.7	2.5	3.2	0.4	0.2	0.5
湖 南	4.5	0.6	10.6	4.7	4.3	0.7	0.6	0.4
广 东	0.8	0.3	5.5	2.1	1.9	1.0	0.1	0.6
广 西	2.2		3.4	1.9	0.8	0.2	0.1	0.4
海 南	1.5	0.3	4.8	3.3	0.1	1.0		0.3
重 庆	0.6	0.4	5.1	1.2	3.0	0.2	0.4	0.3
四 川	1.5	0.3	6.0	3.9	1.2	0.5	0.1	0.3
贵 州	1.8	0.4	8.0	2.7	4.1	0.2	0.5	0.4
云 南	0.7	0.2	5.6	2.9	1.5	0.2	0.2	0.7
西 藏		1.0	12.6	11.0	0.2			1.3
陕 西	2.0	0.2	10.1	4.8	2.5	1.1	0.2	1.4
甘 肃	2.4	1.9	8.8	3.5	4.2	0.5	0.1	0.4
青 海	1.0	0.8	16.6	8.4	6.8	0.1	0.5	0.8
宁 夏	3.2	0.1	6.6	3.3	2.9	0.1		0.3
新 疆	0.4	0.2	5.8	2.0	3.3	0.1		0.4

4-123 2005年农村居民生活消费支出

单位：元/人

地 区	生活消费支出	一、食品支出	二、衣着支出	三、居住支出
全国合计	**2555.4**	**1162.2**	**148.6**	**370.2**
北 京	5315.7	1736.0	378.7	854.4
天 津	3036.0	1171.4	257.3	614.3
河 北	2165.7	888.4	155.5	398.9
山 西	1877.7	830.5	202.4	200.6
内蒙古	2446.2	1054.3	150.0	334.7
辽 宁	2805.9	1127.2	221.0	378.2
吉 林	2306.0	1003.2	168.2	256.7
黑龙江	2544.7	923.6	184.1	527.0
上 海	7277.9	2683.9	366.4	1319.8
江 苏	3567.1	1569.3	191.2	512.5
浙 江	5433.0	2061.4	318.9	914.1
安 徽	2196.2	999.8	117.4	344.9
福 建	3292.6	1517.6	186.7	457.3
江 西	2483.7	1220.5	124.5	326.2
山 东	2735.8	1087.7	159.7	445.7
河 南	1891.6	859.0	132.4	318.0
湖 北	2430.2	1192.3	125.0	310.3
湖 南	2756.4	1433.0	127.9	307.3
广 东	3707.7	1789.4	143.5	530.3
广 西	2349.6	1186.7	79.5	379.7
海 南	1969.1	1134.8	66.4	146.0
重 庆	2142.1	1130.4	96.0	231.2
四 川	2274.2	1244.4	116.4	234.1
贵 州	1552.4	819.9	79.6	235.5
云 南	1789.0	975.7	80.3	225.8
西 藏	1723.8	1185.2	182.5	84.2
陕 西	1896.5	812.9	124.4	211.7
甘 肃	1819.6	858.9	92.3	240.7
青 海	1976.0	893.3	156.1	329.3
宁 夏	2094.5	922.5	143.1	345.9
新 疆	1924.4	803.8	171.4	333.2

4-123 续表 单位：元/人

地 区	四、家庭设备用品及服务支出	五、交通和通讯支出	六、文化教育用品及服务支出	七、医疗保健支出	八、其他商品及服务支出
全国合计	**111.4**	**245.0**	**295.5**	**168.1**	**54.5**
北 京	326.9	615.5	797.0	504.2	103.2
天 津	117.1	327.6	328.9	179.2	40.3
河 北	101.5	222.0	225.8	134.8	38.9
山 西	68.9	160.3	279.5	102.9	32.7
内 蒙 古	84.4	293.3	309.4	176.4	43.6
辽 宁	100.4	300.7	376.9	233.5	67.9
吉 林	81.9	284.9	261.1	193.6	56.4
黑 龙 江	73.8	256.6	277.0	253.5	49.1
上 海	458.1	747.5	936.5	561.7	204.0
江 苏	168.0	363.8	478.9	198.6	85.0
浙 江	260.5	618.3	723.0	415.6	121.3
安 徽	106.4	196.7	256.8	133.7	40.6
福 建	154.4	365.6	356.5	154.0	100.5
江 西	96.4	229.6	276.3	154.7	55.6
山 东	136.5	294.4	377.2	188.5	46.1
河 南	82.7	159.7	177.7	123.4	38.8
湖 北	110.0	223.2	271.9	135.4	62.2
湖 南	114.3	219.0	329.3	168.2	57.5
广 东	152.1	411.6	360.7	203.9	116.2
广 西	95.5	214.1	226.4	123.4	44.5
海 南	92.3	178.0	198.7	93.0	60.0
重 庆	95.8	163.1	249.7	142.7	33.5
四 川	102.1	171.5	225.2	144.5	36.2
贵 州	61.7	99.2	160.9	71.8	23.8
云 南	67.0	99.8	182.6	122.3	35.4
西 藏	81.2	79.3	28.2	44.4	38.7
陕 西	83.6	163.2	297.3	165.8	37.6
甘 肃	74.1	155.0	257.9	114.0	26.7
青 海	84.0	208.4	109.5	152.3	43.0
宁 夏	77.2	178.5	177.9	198.8	50.6
新 疆	68.0	183.0	159.3	169.3	36.4

4-124 20005年农村居民生活消费支出构成

单位：%

地 区	生活消费支出	一、食品支出	二、衣着支出	三、居住支出
全国合计	**100.0**	**45.5**	**5.8**	**14.5**
北 京	100.0	32.7	7.1	16.1
天 津	100.0	38.6	8.5	20.2
河 北	100.0	41.0	7.2	18.4
山 西	100.0	44.2	10.8	10.7
内蒙古	100.0	43.1	6.1	13.7
辽 宁	100.0	40.2	7.9	13.5
吉 林	100.0	43.5	7.3	11.1
黑龙江	100.0	36.3	7.2	20.7
上 海	100.0	36.9	5.0	18.1
江 苏	100.0	44.0	5.4	14.4
浙 江	100.0	37.9	5.9	16.8
安 徽	100.0	45.5	5.3	15.7
福 建	100.0	46.1	5.7	13.9
江 西	100.0	49.1	5.0	13.1
山 东	100.0	39.8	5.8	16.3
河 南	100.0	45.4	7.0	16.8
湖 北	100.0	49.1	5.1	12.8
湖 南	100.0	52.0	4.6	11.1
广 东	100.0	48.3	3.9	14.3
广 西	100.0	50.5	3.4	16.2
海 南	100.0	57.6	3.4	7.4
重 庆	100.0	52.8	4.5	10.8
四 川	100.0	54.7	5.1	10.3
贵 州	100.0	52.8	5.1	15.2
云 南	100.0	54.5	4.5	12.6
西 藏	100.0	68.8	10.6	4.9
陕 西	100.0	42.9	6.6	11.2
甘 肃	100.0	47.2	5.1	13.2
青 海	100.0	45.2	7.9	16.7
宁 夏	100.0	44.0	6.8	16.5
新 疆	100.0	41.8	8.9	17.3

4-124 续表 单位：%

地 区	四、家庭设备用品及服务支出	五、交通和通讯支出	六、文化教育用品及服务支出	七、医疗保健支出	八、其他商品及服务支出
全国合计	**4.4**	**9.6**	**11.6**	**6.6**	**2.1**
北 京	6.1	11.6	15.0	9.5	1.9
天 津	3.9	10.8	10.8	5.9	1.3
河 北	4.7	10.2	10.4	6.2	1.8
山 西	3.7	8.5	14.9	5.5	1.7
内蒙古	3.5	12.0	12.6	7.2	1.8
辽 宁	3.6	10.7	13.4	8.3	2.4
吉 林	3.6	12.4	11.3	8.4	2.4
黑龙江	2.9	10.1	10.9	10.0	1.9
上 海	6.3	10.3	12.9	7.7	2.8
江 苏	4.7	10.2	13.4	5.6	2.4
浙 江	4.8	11.4	13.3	7.7	2.2
安 徽	4.8	9.0	11.7	6.1	1.8
福 建	4.7	11.1	10.8	4.7	3.1
江 西	3.9	9.2	11.1	6.2	2.2
山 东	5.0	10.8	13.8	6.9	1.7
河 南	4.4	8.4	9.4	6.5	2.0
湖 北	4.5	9.2	11.2	5.6	2.6
湖 南	4.1	7.9	11.9	6.1	2.1
广 东	4.1	11.1	9.7	5.5	3.1
广 西	4.1	9.1	9.6	5.3	1.9
海 南	4.7	9.0	10.1	4.7	3.0
重 庆	4.5	7.6	11.7	6.7	1.6
四 川	4.5	7.5	9.9	6.4	1.6
贵 州	4.0	6.4	10.4	4.6	1.5
云 南	3.7	5.6	10.2	6.8	2.0
西 藏	4.7	4.6	1.6	2.6	2.2
陕 西	4.4	8.6	15.7	8.7	2.0
甘 肃	4.1	8.5	14.2	6.3	1.5
青 海	4.2	10.5	5.5	7.7	2.2
宁 夏	3.7	8.5	8.5	9.5	2.4
新 疆	3.5	9.5	8.3	8.8	1.9

4-125 2005年农村居民现金支出

单位：元/人

地 区	现金支出	一、家庭经营费用支出	二、购买生产性固定资产支出	三、税费支出	四、生活消费支出	五、财产性支出	六、转移性支出
全国合计	**3567.3**	**1052.5**	**131.1**	**12.9**	**2134.6**	**22.0**	**214.2**
北 京	7041.6	1255.7	82.2	6.0	5273.6	9.4	414.6
天 津	4811.7	1573.3	62.1	13.6	2956.1	7.5	199.1
河 北	3372.0	1152.9	95.9	25.3	1916.9	13.3	167.6
山 西	2432.0	580.9	46.2	6.9	1636.8	7.7	153.3
内蒙古	4174.0	1621.0	289.0	9.1	1992.1	46.8	216.1
辽 宁	5227.2	1930.3	240.3	6.3	2491.5	37.1	521.8
吉 林	4202.0	1440.2	353.7	12.6	1990.2	124.4	281.0
黑龙江	5692.0	2381.4	410.9	6.7	2295.2	157.3	440.6
上 海	8520.1	524.6	95.7	4.4	7091.5	27.9	776.0
江 苏	4776.1	1118.4	142.7	33.3	3137.9	6.1	337.8
浙 江	7753.7	1718.1	196.5	21.1	5178.6	100.0	539.5
安 徽	2887.9	788.6	108.9	14.5	1797.7	2.6	175.7
福 建	4127.9	836.4	67.2	4.6	2928.9	12.2	278.6
江 西	3169.1	862.5	112.8	15.9	1946.2	9.6	222.1
山 东	4197.1	1399.6	118.5	33.7	2470.4	17.6	157.4
河 南	2657.9	868.0	129.0	3.0	1520.2	5.0	132.6
湖 北	2974.5	954.0	79.0	11.6	1813.4	10.9	105.7
湖 南	3552.8	948.7	95.2	26.0	2178.5	8.8	295.6
广 东	4543.0	1101.4	32.1	6.8	3224.3	10.6	167.9
广 西	3078.5	997.2	109.1	5.9	1860.4	6.3	99.8
海 南	2609.9	913.0	57.1	4.6	1523.9	3.8	107.5
重 庆	2344.0	558.6	71.5	4.9	1494.2	2.2	212.6
四 川	2746.5	845.1	68.2	12.6	1623.0	1.7	195.9
贵 州	1823.1	465.6	86.0	2.2	1095.6	2.3	171.4
云 南	2146.8	681.1	102.0	3.9	1256.8	22.2	80.7
西 藏	1360.3	173.9	175.1	4.3	969.5	1.8	35.8
陕 西	2769.3	770.3	141.4	7.2	1642.8	7.2	200.4
甘 肃	2170.1	656.8	117.2	4.2	1295.7	3.9	92.4
青 海	2286.1	496.0	145.7	4.4	1445.4	41.0	153.7
宁 夏	3426.8	1166.8	322.3	2.6	1648.5	1.3	285.3
新 疆	3855.3	1824.0	258.8	14.4	1582.2	60.7	115.4

4-126 2005年农村居民现金支出构成

单位：%

地区	现金支出	一、家庭经营费用支出	二、购买生产性固定资产支出	三、税费支出	四、生活消费支出	五、财产性支出	六、转移性支出
全国合计	**100.0**	**29.5**	**3.7**	**0.4**	**59.8**	**0.6**	**6.0**
北京	100.0	17.8	1.2	0.1	74.9	0.1	5.9
天津	100.0	32.7	1.3	0.3	61.4	0.2	4.1
河北	100.0	34.2	2.8	0.8	56.8	0.4	5.0
山西	100.0	23.9	1.9	0.3	67.3	0.3	6.3
内蒙古	100.0	38.8	6.9	0.2	47.7	1.1	5.2
辽宁	100.0	36.9	4.6	0.1	47.7	0.7	10.0
吉林	100.0	34.3	8.4	0.3	47.4	3.0	6.7
黑龙江	100.0	41.8	7.2	0.1	40.3	2.8	7.7
上海	100.0	6.2	1.1	0.1	83.2	0.3	9.1
江苏	100.0	23.4	3.0	0.7	65.7	0.1	7.1
浙江	100.0	22.2	2.5	0.3	66.8	1.3	7.0
安徽	100.0	27.3	3.8	0.5	62.2	0.1	6.1
福建	100.0	20.3	1.6	0.1	71.0	0.3	6.7
江西	100.0	27.2	3.6	0.5	61.4	0.3	7.0
山东	100.0	33.3	2.8	0.8	58.9	0.4	3.7
河南	100.0	32.7	4.9	0.1	57.2	0.2	5.0
湖北	100.0	32.1	2.7	0.4	61.0	0.4	3.6
湖南	100.0	26.7	2.7	0.7	61.3	0.2	8.3
广东	100.0	24.2	0.7	0.1	71.0	0.2	3.7
广西	100.0	32.4	3.5	0.2	60.4	0.2	3.2
海南	100.0	35.0	2.2	0.2	58.4	0.1	4.1
重庆	100.0	23.8	3.1	0.2	63.7	0.1	9.1
四川	100.0	30.8	2.5	0.5	59.1	0.1	7.1
贵州	100.0	25.5	4.7	0.1	60.1	0.1	9.4
云南	100.0	31.7	4.8	0.2	58.5	1.0	3.8
西藏	100.0	12.8	12.9	0.3	71.3	0.1	2.6
陕西	100.0	27.8	5.1	0.3	59.3	0.3	7.2
甘肃	100.0	30.3	5.4	0.2	59.7	0.2	4.3
青海	100.0	21.7	6.4	0.2	63.2	1.8	6.7
宁夏	100.0	34.1	9.4	0.1	48.1	0.0	8.3
新疆	100.0	47.3	6.7	0.4	41.0	1.6	3.0

4-127 2005年农村居民家庭经营费用现金支出

单位：元/人

地 区	家庭经营费用现金支出	一、第一产业支出	1.农业支出	2.林业支出	3.牧业支出	4.渔业支出	二、第二产业支出
全国合计	**1052.5**	**921.5**	**510.5**	**6.5**	**371.8**	**32.6**	**47.6**
北 京	1255.7	710.8	204.3	11.9	437.1	57.4	194.1
天 津	1573.3	1125.7	317.3	6.8	741.7	59.9	307.3
河 北	1152.9	946.8	553.3	3.5	389.9		94.4
山 西	580.9	458.0	306.1	2.6	149.3		13.4
内蒙古	1621.0	1583.2	914.7	7.0	661.5	0.1	10.9
辽 宁	1930.3	1812.4	904.0	5.1	887.1	16.3	17.6
吉 林	1440.2	1402.7	1063.7	5.9	332.4	0.8	7.9
黑龙江	2381.4	2342.2	1768.5	2.1	569.6	2.0	1.3
上 海	524.6	407.5	180.5	10.7	79.2	137.1	5.4
江 苏	1118.4	942.7	481.4	11.1	371.6	78.7	57.3
浙 江	1718.1	1157.4	354.9	13.4	686.0	103.1	355.5
安 徽	788.6	710.4	499.9	6.1	174.9	29.5	17.9
福 建	836.4	727.3	352.4	18.0	309.7	47.3	18.6
江 西	862.5	760.7	435.1	4.5	305.0	16.1	29.5
山 东	1399.6	1218.8	696.6	10.9	496.8	14.6	92.6
河 南	868.0	765.6	451.9	3.9	299.4	10.5	40.6
湖 北	954.0	842.7	465.3	5.8	305.0	66.6	41.7
湖 南	948.7	777.6	376.7	5.3	368.6	26.9	54.9
广 东	1101.4	1025.8	286.6	2.9	570.8	165.5	12.5
广 西	997.2	933.8	454.8	4.1	443.1	31.8	25.0
海 南	913.0	848.5	371.9	24.6	226.1	225.9	17.2
重 庆	558.6	508.5	219.4	6.7	265.0	17.4	7.8
四 川	845.1	751.8	277.5	4.7	451.6	18.0	21.9
贵 州	465.6	397.0	198.5	1.3	197.0	0.1	14.9
云 南	681.1	616.9	350.0	8.2	255.7	3.0	8.2
西 藏	173.9	116.3	91.9	0.9	23.5		1.9
陕 西	770.3	665.1	413.0	3.3	245.9	2.9	18.5
甘 肃	656.8	553.3	432.8	13.1	107.5		33.8
青 海	496.0	377.1	232.1	1.2	143.3	0.5	11.8
宁 夏	1166.8	1026.1	555.0	0.6	438.2	32.3	46.7
新 疆	1824.0	1701.9	1348.9	7.9	345.0		10.4

4-127 续表　　　　　　　　　　　　　　　　　　　　单位：元/人

地　区	1.工　业支　出	2.建筑业支　出	三、第三产业支出	1.交通运输业、邮电业支出	2.批发和零售贸易、餐饮业支出	3.社会服务业支出	4.文教卫生业支出	5.其他家庭经营支出
全国合计	**40.1**	**7.5**	**83.4**	**39.0**	**30.5**	**5.5**	**2.3**	**6.2**
北　京	77.0	117.1	350.8	206.2	118.2	23.9		2.4
天　津	291.4	15.9	140.4	99.7	20.8	8.1	0.1	11.7
河　北	91.0	3.4	111.7	53.3	39.3	7.8	6.5	4.9
山　西	6.0	7.5	109.5	61.6	31.9	7.5	0.5	8.1
内蒙古	8.6	2.3	27.0	12.6	5.7	2.9	2.2	3.7
辽　宁	9.3	8.2	100.3	39.9	40.3	2.5	2.6	15.0
吉　林	4.0	3.8	29.6	22.1	2.7	1.0		3.9
黑龙江	0.7	0.5	38.0	25.7	7.3	0.9	1.5	2.6
上　海	1.8	3.7	111.7	64.2	18.0	26.0		3.5
江　苏	47.3	10.0	118.4	73.9	33.9	6.5	0.2	3.8
浙　江	336.2	19.3	205.2	87.3	79.0	11.2	3.0	24.8
安　徽	16.2	1.7	60.3	20.5	35.8	1.7	1.0	1.3
福　建	7.4	11.2	90.6	39.2	33.4	4.0	0.4	13.6
江　西	21.3	8.2	72.2	23.7	33.7	5.3	2.3	7.3
山　东	87.8	4.8	88.2	27.4	38.7	8.4	4.4	9.5
河　南	30.2	10.4	61.8	26.5	25.6	3.3	3.0	3.4
湖　北	19.5	22.1	69.6	26.0	32.8	4.3	1.6	4.8
湖　南	48.6	6.3	116.3	51.3	46.8	7.7	6.2	4.3
广　东	8.8	3.7	63.1	23.7	20.9	11.6	0.6	6.3
广　西	24.6	0.4	38.4	21.1	9.1	2.6	1.0	4.7
海　南	14.3	2.8	47.4	32.8	1.4	9.8	0.1	3.3
重　庆	4.7	3.2	42.3	10.2	24.6	1.4	3.6	2.5
四　川	17.7	4.1	71.4	46.9	13.7	6.1	1.6	3.0
贵　州	12.2	2.7	53.7	18.5	27.5	1.5	3.6	2.6
云　南	6.9	1.4	56.0	29.7	14.9	2.1	2.4	7.0
西　藏	0.1	1.9	55.7	48.9	0.6		0.2	5.9
陕　西	16.9	1.5	86.8	41.1	21.8	9.4	2.1	12.3
甘　肃	18.7	15.1	69.8	28.0	33.6	4.1	0.9	3.2
青　海	6.6	5.2	107.0	54.1	43.5	0.8	3.4	5.3
宁　夏	44.9	1.8	94.1	46.8	41.4	1.5	0.4	4.0
新　疆	7.2	3.3	111.7	38.0	63.6	1.2	0.4	8.5

4-128 2005年农村居民家庭经营费用现金支出构成

单位：%

地　区	家庭经营费用现金支出	一、第一产业支出	1.农业支出	2.林业支出	3.牧业支出	4.渔业支出	二、第二产业支出
全国合计	**100.0**	**87.5**	**48.5**	**0.6**	**35.3**	**3.1**	**4.5**
北　京	100.0	56.6	16.3	1.0	34.8	4.6	15.5
天　津	100.0	71.5	20.2	0.4	47.1	3.8	19.5
河　北	100.0	82.1	48.0	0.3	33.8		8.2
山　西	100.0	78.8	52.7	0.5	25.7		2.3
内蒙古	100.0	97.7	56.4	0.4	40.8		0.7
辽　宁	100.0	93.9	46.8	0.3	46.0	0.8	0.9
吉　林	100.0	97.4	73.9	0.4	23.1	0.1	0.5
黑龙江	100.0	98.4	74.3	0.1	23.9	0.1	0.1
上　海	100.0	77.7	34.4	2.0	15.1	26.1	1.0
江　苏	100.0	84.3	43.0	1.0	33.2	7.0	5.1
浙　江	100.0	67.4	20.7	0.8	39.9	6.0	20.7
安　徽	100.0	90.1	63.4	0.8	22.2	3.7	2.3
福　建	100.0	86.9	42.1	2.1	37.0	5.7	2.2
江　西	100.0	88.2	50.4	0.5	35.4	1.9	3.4
山　东	100.0	87.1	49.8	0.8	35.5	1.0	6.6
河　南	100.0	88.2	52.1	0.4	34.5	1.2	4.7
湖　北	100.0	88.3	48.8	0.6	32.0	7.0	4.4
湖　南	100.0	82.0	39.7	0.6	38.9	2.8	5.8
广　东	100.0	93.1	26.0	0.3	51.8	15.0	1.1
广　西	100.0	93.6	45.6	0.4	44.4	3.2	2.5
海　南	100.0	92.9	40.7	2.7	24.8	24.7	1.9
重　庆	100.0	91.0	39.3	1.2	47.4	3.1	1.4
四　川	100.0	89.0	32.8	0.6	53.4	2.1	2.6
贵　州	100.0	85.3	42.6	0.3	42.3	0.0	3.2
云　南	100.0	90.6	51.4	1.2	37.5	0.4	1.2
西　藏	100.0	66.9	52.8	0.5	13.5		1.1
陕　西	100.0	86.3	53.6	0.4	31.9	0.4	2.4
甘　肃	100.0	84.2	65.9	2.0	16.4		5.1
青　海	100.0	76.0	46.8	0.2	28.9	0.1	2.4
宁　夏	100.0	87.9	47.6	0.1	37.6	2.8	4.0
新　疆	100.0	93.3	74.0	0.4	18.9		0.6

4-128 续表　　　　单位：%

地　区	1.工　业支　出	2.建筑业支　出	三、第三产业支出	1.交通运输业、邮电业支出	2.批发和零售贸易、餐饮业支出	3.社会服务业支出	4.文教卫生业支出	5.其他家庭经营支出
全国合计	**3.8**	**0.7**	**7.9**	**3.7**	**2.9**	**0.5**	**0.2**	**0.6**
北　京	6.1	9.3	27.9	16.4	9.4	1.9		0.2
天　津	18.5	1.0	8.9	6.3	1.3	0.5		0.7
河　北	7.9	0.3	9.7	4.6	3.4	0.7	0.6	0.4
山　西	1.0	1.3	18.9	10.6	5.5	1.3	0.1	1.4
内蒙古	0.5	0.1	1.7	0.8	0.4	0.2	0.1	0.2
辽　宁	0.5	0.4	5.2	2.1	2.1	0.1	0.1	0.8
吉　林	0.3	0.3	2.1	1.5	0.2	0.1		0.3
黑龙江			1.6	1.1	0.3	0.0	0.1	0.1
上　海	0.3	0.7	21.3	12.2	3.4	5.0		0.7
江　苏	4.2	0.9	10.6	6.6	3.0	0.6		0.3
浙　江	19.6	1.1	11.9	5.1	4.6	0.7	0.2	1.4
安　徽	2.1	0.2	7.7	2.6	4.5	0.2	0.1	0.2
福　建	0.9	1.3	10.8	4.7	4.0	0.5		1.6
江　西	2.5	1.0	8.4	2.7	3.9	0.6	0.3	0.8
山　东	6.3	0.3	6.3	2.0	2.8	0.6	0.3	0.7
河　南	3.5	1.2	7.1	3.1	2.9	0.4	0.3	0.4
湖　北	2.0	2.3	7.3	2.7	3.4	0.4	0.2	0.5
湖　南	5.1	0.7	12.3	5.4	4.9	0.8	0.7	0.5
广　东	0.8	0.3	5.7	2.2	1.9	1.1	0.1	0.6
广　西	2.5		3.9	2.1	0.9	0.3	0.1	0.5
海　南	1.6	0.3	5.2	3.6	0.1	1.1	0.0	0.4
重　庆	0.8	0.6	7.6	1.8	4.4	0.3	0.6	0.5
四　川	2.1	0.5	8.4	5.6	1.6	0.7	0.2	0.4
贵　州	2.6	0.6	11.5	4.0	5.9	0.3	0.8	0.5
云　南	1.0	0.2	8.2	4.4	2.2	0.3	0.4	1.0
西　藏		1.1	32.0	28.1	0.4		0.1	3.4
陕　西	2.2	0.2	11.3	5.3	2.8	1.2	0.3	1.6
甘　肃	2.9	2.3	10.6	4.3	5.1	0.6	0.1	0.5
青　海	1.3	1.1	21.6	10.9	8.8	0.2	0.7	1.1
宁　夏	3.8	0.2	8.1	4.0	3.6	0.1		0.3
新　疆	0.4	0.2	6.1	2.1	3.5	0.1		0.5

4-129 2005年农村居民生活消费现金支出

单位：元/人

地　区	生活消费现金支出	一、食品支出	二、衣着支出	三、居住支出
全国合计	**2134.6**	**770.7**	**147.9**	**342.3**
北　京	5273.6	1697.3	378.5	853.2
天　津	2956.1	1092.2	256.6	614.3
河　北	1916.9	640.1	155.3	398.9
山　西	1636.8	596.8	202.3	193.6
内蒙古	1992.1	645.7	147.2	294.0
辽　宁	2491.5	837.5	220.2	354.4
吉　林	1990.2	736.9	168.1	207.5
黑龙江	2295.2	751.0	184.1	450.1
上　海	7091.5	2497.4	366.4	1319.8
江　苏	3137.9	1155.6	191.2	498.0
浙　江	5178.6	1835.3	318.5	886.4
安　徽	1797.7	638.9	117.2	310.2
福　建	2928.9	1211.7	186.7	402.9
江　西	1946.2	727.6	124.4	282.0
山　东	2470.4	826.9	158.7	442.8
河　南	1520.2	533.7	131.9	272.6
湖　北	1813.4	611.1	121.8	278.6
湖　南	2178.5	873.1	127.7	289.4
广　东	3224.3	1370.0	143.5	466.5
广　西	1860.4	750.5	79.5	326.7
海　南	1523.9	719.6	66.4	115.9
重　庆	1494.2	509.5	96.0	204.2
四　川	1623.0	623.6	116.0	208.1
贵　州	1095.6	375.4	79.6	224.2
云　南	1256.8	486.0	80.3	183.7
西　藏	969.5	447.0	177.3	75.0
陕　西	1642.8	562.3	124.2	208.9
甘　肃	1295.7	347.3	92.1	228.9
青　海	1445.4	406.5	154.6	294.9
宁　夏	1648.5	484.1	143.1	338.5
新　疆	1582.2	476.1	166.9	324.0

4-129　续表　　　　　　　　　　　　　　　　　　　　　单位：元/人

地　区	四、家庭设备用品及服务支出	五、交通和通讯支出	六、文化教育用品及服务支出	七、医疗保健支出	八、其他商品及服务支出
全国合计	**110.9**	**245.0**	**295.5**	**168.1**	**54.1**
北　京	326.3	615.5	797.0	504.2	101.6
天　津	117.1	327.6	328.9	179.2	40.3
河　北	101.5	222.0	225.8	134.8	38.7
山　西	68.9	160.3	279.5	102.9	32.5
内蒙古	84.4	293.3	309.4	176.4	41.7
辽　宁	100.4	300.7	376.9	233.5	67.9
吉　林	81.9	284.9	261.1	193.6	56.4
黑龙江	73.8	256.6	277.0	253.5	49.1
上　海	458.1	747.5	936.5	561.7	204.0
江　苏	166.9	363.8	478.9	198.6	85.0
浙　江	260.4	618.3	723.0	415.6	121.2
安　徽	103.6	196.7	256.8	133.7	40.5
福　建	154.4	365.6	356.5	154.0	97.0
江　西	96.3	229.6	276.3	154.7	55.4
山　东	136.5	294.4	377.2	188.5	45.5
河　南	82.6	159.7	177.7	123.4	38.6
湖　北	109.4	223.2	271.9	135.4	62.2
湖　南	114.3	219.0	329.3	168.2	57.5
广　东	152.0	411.6	360.7	203.9	116.2
广　西	95.5	214.1	226.4	123.4	44.4
海　南	92.3	178.0	198.7	93.0	60.0
重　庆	95.7	163.1	249.7	142.7	33.5
四　川	98.3	171.5	225.2	144.5	36.0
贵　州	61.7	99.2	160.9	71.8	22.8
云　南	67.0	99.8	182.6	122.3	35.2
西　藏	79.7	79.3	28.2	44.4	38.6
陕　西	83.6	163.2	297.3	165.8	37.6
甘　肃	73.8	155.0	257.9	114.0	26.6
青　海	82.6	208.4	109.5	152.3	36.5
宁　夏	77.2	178.5	177.9	198.8	50.6
新　疆	67.2	183.0	159.3	169.3	36.4

4-130 2005年农村居民生活消费现金支出构成

单位：%

地　区	生活消费现金支出	一、食品支出	二、衣着支出	三、居住支出
全国合计	**100.0**	**36.1**	**6.9**	**16.0**
北　京	100.0	32.2	7.2	16.2
天　津	100.0	36.9	8.7	20.8
河　北	100.0	33.4	8.1	20.8
山　西	100.0	36.5	12.4	11.8
内蒙古	100.0	32.4	7.4	14.8
辽　宁	100.0	33.6	8.8	14.2
吉　林	100.0	37.0	8.4	10.4
黑龙江	100.0	32.7	8.0	19.6
上　海	100.0	35.2	5.2	18.6
江　苏	100.0	36.8	6.1	15.9
浙　江	100.0	35.4	6.1	17.1
安　徽	100.0	35.5	6.5	17.3
福　建	100.0	41.4	6.4	13.8
江　西	100.0	37.4	6.4	14.5
山　东	100.0	33.5	6.4	17.9
河　南	100.0	35.1	8.7	17.9
湖　北	100.0	33.7	6.7	15.4
湖　南	100.0	40.1	5.9	13.3
广　东	100.0	42.5	4.5	14.5
广　西	100.0	40.3	4.3	17.6
海　南	100.0	47.2	4.4	7.6
重　庆	100.0	34.1	6.4	13.7
四　川	100.0	38.4	7.1	12.8
贵　州	100.0	34.3	7.3	20.5
云　南	100.0	38.7	6.4	14.6
西　藏	100.0	46.1	18.3	7.7
陕　西	100.0	34.2	7.6	12.7
甘　肃	100.0	26.8	7.1	17.7
青　海	100.0	28.1	10.7	20.4
宁　夏	100.0	29.4	8.7	20.5
新　疆	100.0	30.1	10.5	20.5

4-130 续表 单位：%

地区	四、家庭设备用品及服务支出	五、交通和通讯支出	六、文化教育用品及服务支出	七、医疗保健支出	八、其他商品及服务支出
全国合计	**5.2**	**11.5**	**13.8**	**7.9**	**2.5**
北京	6.2	11.7	15.1	9.6	1.9
天津	4.0	11.1	11.1	6.1	1.4
河北	5.3	11.6	11.8	7.0	2.0
山西	4.2	9.8	17.1	6.3	2.0
内蒙古	4.2	14.7	15.5	8.9	2.1
辽宁	4.0	12.1	15.1	9.4	2.7
吉林	4.1	14.3	13.1	9.7	2.8
黑龙江	3.2	11.2	12.1	11.0	2.1
上海	6.5	10.5	13.2	7.9	2.9
江苏	5.3	11.6	15.3	6.3	2.7
浙江	5.0	11.9	14.0	8.0	2.3
安徽	5.8	10.9	14.3	7.4	2.3
福建	5.3	12.5	12.2	5.3	3.3
江西	5.0	11.8	14.2	7.9	2.8
山东	5.5	11.9	15.3	7.6	1.8
河南	5.4	10.5	11.7	8.1	2.5
湖北	6.0	12.3	15.0	7.5	3.4
湖南	5.2	10.1	15.1	7.7	2.6
广东	4.7	12.8	11.2	6.3	3.6
广西	5.1	11.5	12.2	6.6	2.4
海南	6.1	11.7	13.0	6.1	3.9
重庆	6.4	10.9	16.7	9.5	2.2
四川	6.1	10.6	13.9	8.9	2.2
贵州	5.6	9.1	14.7	6.6	2.1
云南	5.3	7.9	14.5	9.7	2.8
西藏	8.2	8.2	2.9	4.6	4.0
陕西	5.1	9.9	18.1	10.1	2.3
甘肃	5.7	12.0	19.9	8.8	2.1
青海	5.7	14.4	7.6	10.5	2.5
宁夏	4.7	10.8	10.8	12.1	3.1
新疆	4.2	11.6	10.1	10.7	2.3

5

2009年各地区农村住户主要情况

5-1 各地区农村居民家庭基本情况

地　区	常住人口（人/户）	整半劳动力（人/户）	整半劳动力占常住人口比重(%)	劳动力负担人口（人/劳动力）	在校学生人数（人/户）	7-15岁在校学生人数（人/户）
全国合计	**4.0**	**2.9**	**71.6**	**1.4**	**0.7**	**0.4**
北　京	3.3	2.4	71.0	1.4	0.5	0.2
天　津	3.4	2.4	70.5	1.4	0.6	0.3
河　北	3.7	2.8	74.6	1.3	0.6	0.3
山　西	3.9	2.7	70.1	1.4	0.8	0.4
内蒙古	3.5	2.6	73.8	1.4	0.6	0.3
辽　宁	3.2	2.5	77.0	1.3	0.4	0.3
吉　林	3.5	2.7	75.8	1.3	0.4	0.3
黑龙江	3.5	2.6	73.2	1.4	0.5	0.3
上　海	3.1	2.1	66.9	1.5	0.3	0.1
江　苏	3.7	2.7	72.2	1.4	0.6	0.3
浙　江	3.5	2.6	72.9	1.4	0.6	0.3
安　徽	4.0	2.9	71.5	1.4	0.7	0.4
福　建	4.0	2.8	69.8	1.4	0.7	0.4
江　西	4.3	3.2	74.0	1.4	0.7	0.4
山　东	3.6	2.7	75.0	1.3	0.6	0.3
河　南	4.1	2.9	70.9	1.4	0.7	0.4
湖　北	4.0	3.1	78.3	1.3	0.5	0.3
湖　南	3.9	2.9	73.7	1.4	0.6	0.3
广　东	5.0	3.4	67.6	1.5	1.0	0.6
广　西	4.6	3.4	73.6	1.4	0.7	0.5
海　南	4.9	3.1	64.7	1.5	1.1	0.6
重　庆	3.6	2.8	76.4	1.3	0.6	0.4
四　川	3.9	2.9	74.1	1.4	0.6	0.4
贵　州	4.4	3.0	67.4	1.5	1.0	0.7
云　南	4.3	2.9	66.8	1.5	0.8	0.6
西　藏	6.2	3.9	62.4	1.6	1.3	0.9
陕　西	4.2	2.9	68.8	1.5	0.8	0.4
甘　肃	4.6	2.9	63.9	1.6	1.1	0.6
青　海	5.0	3.0	59.2	1.7	1.0	0.7
宁　夏	4.3	2.8	63.9	1.6	1.0	0.6
新　疆	4.6	3.1	66.8	1.5	0.9	0.7

5-2 各地区农村居民家庭劳动力文化状况

单位：%

地　区	不识字或识字很少	小学程度	初中程度	高中程度	中专程度	大专及大专以上
全国合计	**5.9**	**24.7**	**52.7**	**11.7**	**2.9**	**2.1**
北　京	0.7	4.7	54.4	18.8	8.5	12.8
天　津	2.1	17.1	60.4	12.5	5.1	2.8
河　北	1.7	17.5	59.3	17.3	2.5	1.8
山　西	2.2	19.6	60.4	13.5	2.3	1.9
内蒙古	5.3	28.8	49.2	12.5	2.3	2.0
辽　宁	0.8	19.2	65.4	7.4	3.3	3.9
吉　林	2.3	28.5	56.7	9.6	1.6	1.4
黑龙江	1.8	22.5	66.2	6.9	1.5	1.1
上　海	1.9	13.5	47.6	16.2	8.0	12.7
江　苏	5.5	19.3	54.0	14.1	3.0	4.2
浙　江	4.6	29.4	45.2	14.0	3.1	3.7
安　徽	10.6	21.2	54.9	9.3	2.3	1.7
福　建	6.4	28.2	46.4	12.4	3.8	2.8
江　西	4.9	29.8	50.4	10.4	2.7	1.7
山　东	4.5	15.9	56.8	15.5	4.6	2.7
河　南	5.0	16.2	61.7	12.5	2.7	1.8
湖　北	5.2	23.0	55.0	11.9	3.3	1.6
湖　南	2.9	27.7	50.6	14.7	2.5	1.5
广　东	3.2	21.7	54.1	13.5	4.7	2.8
广　西	1.4	23.6	55.3	13.9	4.1	1.8
海　南	4.9	18.2	56.7	16.2	2.7	1.4
重　庆	6.7	35.0	47.6	7.3	2.2	1.3
四　川	6.6	30.6	50.6	8.6	2.5	1.1
贵　州	12.9	35.9	42.6	6.0	1.8	0.8
云　南	12.3	37.5	41.6	5.8	1.9	0.8
西　藏	48.8	46.2	3.8	1.0		0.2
陕　西	5.8	20.2	56.4	13.4	2.7	1.5
甘　肃	14.3	28.3	40.6	12.9	2.3	1.7
青　海	21.7	38.5	30.2	7.6	1.1	1.0
宁　夏	18.0	30.0	42.1	8.3	0.7	1.0
新　疆	4.0	35.7	49.1	7.5	2.3	1.4

5-3 各地区农村居民家庭经营土地情况

单位：亩/人

地区	耕地面积	有效灌溉面积	山地面积	园地面积	牧草地面积	养殖水面面积
全国合计	**2.3**	**1.1**	**0.3**	**0.1**	**4.2**	**0.0**
北京	0.5	0.5	0.0	0.1		0.1
天津	1.5	1.4	0.0	0.0		0.0
河北	2.0	1.4	0.1	0.1		
山西	2.4	0.9	0.0	0.2	0.0	
内蒙古	9.8	3.1	0.2	0.0	126.6	
辽宁	3.5	0.9	0.2	0.1		0.0
吉林	7.6	1.9	0.1	0.0		
黑龙江	11.7	2.2	0.0	0.0	0.0	
上海	0.3	0.3		0.0		0.1
江苏	1.1	0.9	0.0	0.0		0.1
浙江	0.6	0.5	0.4	0.2		0.1
安徽	1.8	1.5	0.3	0.0		0.1
福建	0.9	0.7	1.2	0.3		0.1
江西	1.6	1.4	1.0	0.1		0.1
山东	1.5	1.3	0.0	0.1		0.0
河南	1.7	1.2	0.0	0.0		0.0
湖北	1.6	1.2	0.7	0.1		0.1
湖南	1.2	1.0	0.5	0.1	0.0	0.0
广东	0.7	0.5	0.3	0.1		0.1
广西	1.4	0.7	0.6	0.2	0.0	0.0
海南	1.2	0.6	0.9	0.5		0.0
重庆	1.1	0.4	0.3	0.1	0.0	0.0
四川	1.0	0.5	0.3	0.1		0.0
贵州	1.1	0.3	0.3	0.0	0.0	
云南	1.5	0.5	0.8	0.3	0.0	0.0
西藏	2.0	1.8			34.2	
陕西	1.9	0.6	0.3	0.3	0.1	
甘肃	2.6	0.8	0.7	0.1	0.2	
青海	2.2	0.8	0.2	0.0	23.3	
宁夏	4.4	1.4		0.1	0.6	0.0
新疆	4.6	4.5	0.0	0.2	7.2	

5-4 各地区农村居民家庭年末拥有主要生产性固定资产原值

单位：元/户

地 区	生产性固定资产原值	一、农业	二、林业	三、牧业	四、渔业
全国合计	**9970.6**	**4866.0**	**18.3**	**1979.6**	**127.9**
北 京	15705.0	1199.0	72.5	940.9	301.3
天 津	14696.6	4576.7		1641.0	106.0
河 北	11135.2	5531.6	10.4	1498.5	
山 西	6397.6	2651.8	8.9	961.7	
内蒙古	16914.8	9602.2	22.6	6339.4	
辽 宁	12077.2	5915.5	3.2	3354.2	126.5
吉 林	16180.8	11492.1	11.3	3043.9	7.2
黑龙江	16813.2	12297.1	8.0	2756.0	13.4
上 海	1129.8	671.3		103.2	153.4
江 苏	10298.1	3643.1	21.2	969.8	204.1
浙 江	17349.5	2585.7	15.2	3157.3	993.7
安 徽	8759.1	5984.0	10.4	796.8	46.7
福 建	9215.6	3423.8	68.7	1672.9	394.5
江 西	6112.8	3269.7	6.9	1157.6	29.5
山 东	12091.2	6141.5	2.6	1348.3	107.6
河 南	9178.6	5733.9	5.1	1165.1	13.5
湖 北	6368.8	3169.8	8.0	1350.3	111.8
湖 南	4751.6	1877.6	0.8	1495.7	31.5
广 东	4931.7	1817.5	1.3	657.1	309.5
广 西	6671.4	3742.8	4.6	1135.7	129.7
海 南	9017.2	4527.2	548.5	995.4	1343.9
重 庆	4614.3	2026.3	17.0	1753.8	66.1
四 川	7022.8	2938.4	19.9	2616.8	42.4
贵 州	5968.8	2723.0	0.3	1878.6	1.8
云 南	9358.1	5024.3	41.9	2643.3	10.2
西 藏	36237.1	19456.0	55.4	10973.7	
陕 西	8242.7	3136.7	2.1	1060.9	1.8
甘 肃	8915.3	6392.2	24.5	1086.2	7.2
青 海	13342.5	5285.7		5071.4	21.5
宁 夏	21310.1	10642.5		2399.7	581.8
新 疆	18849.4	9768.8		6776.9	

5-4 续表 1　　　　单位：元/户

地　区	五、采矿业	六、制造业	七、电力煤气与水的生产及供应	八、建筑业	九、交通运输仓储和邮电业	十、批发和零售贸易业
全国合计	**28.4**	**667.3**	**2.6**	**155.5**	**1214.2**	**364.3**
北　京		53.3		236.0	1757.3	619.9
天　津		2011.7		950.0	2907.8	1366.3
河　北	66.7	1412.2		105.3	1357.0	647.7
山　西	8.5	73.0		179.2	1289.2	276.6
内蒙古		30.4		184.9	408.4	131.8
辽　宁	3.2	329.8		86.9	1181.8	746.4
吉　林		86.6		0.6	1050.4	148.8
黑龙江		317.6		41.1	1117.7	121.7
上　海		99.7		6.7	80.6	
江　苏	2.7	1809.2	1.2	611.4	1822.6	714.1
浙　江	70.2	6744.1		906.9	1789.6	701.1
安　徽	8.1	170.5	3.5	75.1	842.9	359.9
福　建	128.7	300.2	23.4	276.1	1028.8	682.0
江　西	15.6	274.5	21.5	63.3	858.3	230.8
山　东	96.7	1182.8		148.2	1495.8	743.1
河　南	119.1	323.6		118.2	1068.7	193.2
湖　北	1.7	256.6	1.9	120.3	926.0	227.2
湖　南	18.4	181.2	8.7	81.0	695.7	225.0
广　东		244.0		81.7	984.5	652.4
广　西	39.3	228.4		95.5	1001.5	55.2
海　南		216.7		1.7	1125.3	72.6
重　庆	0.6	66.4		18.1	391.8	75.8
四　川		49.8	5.7	34.0	857.3	225.2
贵　州	7.2	27.0		55.8	1077.6	104.3
云　南	20.7	65.0		2.3	1412.3	88.3
西　藏		30.2			5481.1	95.5
陕　西	0.6	43.0		51.2	1425.7	363.3
甘　肃		54.9	2.9	90.3	769.9	207.5
青　海		173.2		158.3	2096.0	218.7
宁　夏		575.5		24.3	5253.3	758.8
新　疆		78.8		32.3	1824.9	105.3

5-4 续表 2

单位：元/户

地　区	十一、住宿和餐饮业	十二、居民服务与其他服务业	十三、教育	十四、卫生、社会保障和福利业	十五、文化、体育和娱乐业	十六、其他
全国合计	**126.3**	**287.7**	**6.8**	**37.0**	**11.7**	**76.9**
北　京	1144.0	9367.5			13.3	
天　津	16.7	1095.4		25.0		
河　北	133.5	176.8	2.4	94.5	5.2	93.5
山　西	572.3	305.6		11.1	1.9	57.9
内蒙古	31.6	75.0		32.2		56.4
辽　宁	52.5	78.9	17.5	158.4	2.1	20.5
吉　林	9.4	301.6		12.5		16.5
黑龙江	58.9	40.6		8.0		33.0
上　海	6.7	8.3				
江　苏	97.8	192.2		107.8	72.7	28.3
浙　江	26.1	191.5	11.7	28.4	33.0	95.2
安　徽	240.6	64.8	9.4	34.2	20.0	92.3
福　建	767.0	251.9	23.6	43.4	4.0	126.7
江　西	14.9	106.9	6.5	33.2	8.2	15.4
山　东	233.8	195.0	36.7	52.9	4.5	301.8
河　南	171.6	153.1	1.9	21.8	41.9	48.3
湖　北	100.3	36.9	1.5	23.3	2.6	30.5
湖　南	14.2	42.2	15.7	8.3	4.5	51.3
广　东	50.7	75.2		40.6		17.3
广　西		139.9	5.6	15.2	5.6	72.5
海　南	169.4	8.2		2.8	0.6	4.9
重　庆	23.7	29.8		39.5		105.3
四　川	74.2	38.9	6.3	26.7	22.6	64.6
贵　州	11.7	43.0		4.4		34.1
云　南	3.5	14.9	0.2	15.5		15.7
西　藏	50.0	54.6			4.4	36.2
陕　西	21.5	2043.2	10.6	20.0	1.4	60.8
甘　肃	25.0	90.3		41.7		122.7
青　海	199.2	18.0		28.5	2.2	69.8
宁　夏	227.2	286.0		2.5		558.6
新　疆		43.9	8.4	32.9		177.5

5-5 各地区农村居民家庭年末拥有主要生产性固定资产数量

地　区	房屋及建筑物（平方米/户）	汽车（辆/百户）	大中型拖拉机（台/百户）	小型和手扶拖拉机（台/百户）	机动脱粒机（台/百户）	收割机（台/百户）
全国合计	**29.2**	**2.3**	**3.4**	**19.4**	**10.5**	**1.4**
北　京	27.0	4.5	1.3	5.3	0.1	
天　津	26.2	7.3	2.8	16.7	1.3	0.8
河　北	22.8	3.8	2.5	32.8	2.4	1.7
山　西	15.1	3.6	2.1	14.8	1.1	0.2
内蒙古	56.8	1.9	4.6	50.1	4.0	4.7
辽　宁	45.7	2.7	4.1	11.2	3.0	0.3
吉　林	41.2	2.6	9.4	42.9	6.2	0.8
黑龙江	30.1	1.5	17.9	53.1	3.8	3.2
上　海	4.5	0.2	0.2	0.5	1.2	
江　苏	22.7	2.3	1.2	17.1	10.3	1.1
浙　江	35.2	2.3	1.3	2.4	17.2	1.1
安　徽	18.6	1.3	4.9	39.7	15.5	3.6
福　建	36.4	2.7	0.8	4.5	9.1	3.5
江　西	31.0	1.7	0.7	4.3	27.0	0.5
山　东	27.8	3.6	3.7	24.1	2.5	1.9
河　南	14.5	2.4	11.7	34.7	4.7	1.7
湖　北	26.0	1.3	1.8	16.1	2.6	0.7
湖　南	27.2	1.4	0.4	2.2	22.2	1.2
广　东	14.4	1.8	0.7	6.1	19.4	0.6
广　西	25.6	1.2	1.3	19.3	22.4	1.2
海　南	8.2	1.3		0.8	14.4	0.8
重　庆	33.1	0.5		0.1	23.2	0.9
四　川	43.5	1.7	0.7	2.5	28.3	0.2
贵　州	29.3	1.8	0.3	1.3	7.0	0.3
云　南	38.5	2.8	1.4	9.1	8.0	0.6
西　藏	71.4	8.3	3.3	45.8	6.7	4.4
陕　西	15.5	1.9	4.1	11.2	4.6	0.8
甘　肃	33.6	0.9	3.7	32.2	5.8	1.3
青　海	45.0	4.3	3.2	56.3	6.8	2.0
宁　夏	61.9	5.0	1.3	57.5	3.8	2.7
新　疆	39.9	2.6	6.6	28.4	2.1	0.8

5-5 续表

地 区	农用动力机械(台/百户)	胶轮大车(辆/百户)	水泵(台/百户)	役畜(头/百户)	产品畜(头/百户)
全国合计	**15.5**	**8.6**	**25.1**	**25.4**	**63.3**
北 京	4.8	0.1	2.5	0.3	35.3
天 津	14.5	2.2	21.7	6.8	54.5
河 北	26.6	6.3	27.1	8.9	36.3
山 西	10.0	4.9	6.2	16.1	77.0
内蒙古	19.6	30.6	37.4	62.2	245.8
辽 宁	7.8	15.9	40.6	27.4	59.9
吉 林	18.1	15.3	29.6	35.2	96.6
黑龙江	9.8	3.8	26.9	11.7	45.1
上 海	1.0		8.0		5.7
江 苏	9.4	13.4	19.1	1.6	21.5
浙 江	11.5	2.7	23.6	7.5	104.6
安 徽	9.7	5.2	54.2	5.6	19.6
福 建	20.8	1.3	14.3	7.4	78.8
江 西	18.4	9.9	22.6	32.3	12.9
山 东	19.7	13.4	44.9	6.6	34.1
河 南	13.1	8.1	36.0	7.5	33.0
湖 北	7.0	9.7	25.7	25.2	18.0
湖 南	33.9	4.1	27.9	17.4	21.2
广 东	12.9	3.0	20.1	24.8	22.1
广 西	25.7	3.7	20.8	47.0	37.5
海 南	19.7	2.1	24.2	56.0	80.0
重 庆	10.3	0.2	16.0	17.3	35.3
四 川	15.3	1.7	34.3	22.1	42.6
贵 州	14.2	1.2	7.3	61.0	34.3
云 南	21.1	4.0	11.3	63.6	67.3
西 藏	11.9	11.5		261.7	725.6
陕 西	9.1	18.1	15.9	15.9	47.2
甘 肃	13.6	16.8	10.4	64.8	42.9
青 海	6.0	3.7	0.5	61.5	121.8
宁 夏	20.5	4.8	22.3	34.3	37.3
新 疆	7.0	47.7	3.5	61.0	487.4

5-6 各地区农村居民家庭年内新建(购)住房情况

地　区	新建(购)住房面积(平方米/人)	钢筋混凝土结构面积	砖木结构面积	楼房面积	砖瓦平房面积	新建(购)住房价值(元/平方米)
全国合计	**1.2**	**0.8**	**0.3**	**0.8**	**0.3**	**620.4**
北　京	0.8	0.3	0.6	0.2	0.6	1353.1
天　津	0.1		0.1		0.1	933.3
河　北	0.6	0.3	0.3	0.1	0.4	708.3
山　西	0.8	0.5	0.2	0.4	0.4	514.6
内蒙古	0.4	0.1	0.3	0.1	0.3	483.3
辽　宁	0.5	0.2	0.3	0.1	0.3	875.5
吉　林	0.6		0.6		0.6	688.9
黑龙江	0.5	0.1	0.4	0.0	0.5	829.4
上　海	0.5	0.5	0.0	0.4	0.0	6297.3
江　苏	1.0	0.9	0.2	0.9	0.2	1093.7
浙　江	1.2	1.1	0.1	1.1	0.0	968.4
安　徽	1.6	1.3	0.2	1.4	0.2	603.6
福　建	1.4	1.3	0.1	1.4	0.0	599.4
江　西	2.0	2.0	0.1	2.0	0.0	473.3
山　东	1.4	0.8	0.6	0.4	0.9	579.3
河　南	2.2	1.6	0.6	1.6	0.6	474.9
湖　北	1.1	0.8	0.3	1.0	0.1	465.1
湖　南	1.2	0.8	0.3	1.0	0.1	510.7
广　东	0.7	0.7	0.0	0.7	0.0	639.5
广　西	1.2	1.1	0.1	1.0	0.1	437.0
海　南	1.1	0.8	0.2	0.8	0.2	645.4
重　庆	0.5	0.3	0.3	0.5	0.0	428.8
四　川	2.4	1.9	0.5	1.5	0.7	670.0
贵　州	1.3	0.7	0.6	0.9	0.4	476.8
云　南	1.3	1.1	0.1	1.2	0.1	829.2
西　藏	2.1		0.3	1.1		294.5
陕　西	1.0	0.7	0.2	0.6	0.4	525.1
甘　肃	1.2	0.9	0.3	0.1	0.8	720.8
青　海	1.2	0.3	0.9	0.2	0.7	607.5
宁　夏	0.9	0.1	0.8	0.0	0.8	550.9
新　疆	1.1	0.1	0.8	0.0	0.9	390.3

5-6 续表

地 区	年内施工房屋面积（平方米/人）	住宅面积	年内竣工房屋面积（平方米/人）	住宅面积
全国合计	**1.0**	**1.0**	**1.0**	**1.0**
北 京	2.1	0.8	2.1	0.8
天 津			0.1	0.1
河 北	0.5	0.5	0.5	0.5
山 西	0.5	0.5	0.6	0.6
内 蒙 古	0.6	0.5	0.4	0.3
辽 宁	0.4	0.4	0.4	0.4
吉 林	0.6	0.6	0.6	0.6
黑 龙 江	0.4	0.4	0.4	0.4
上 海	0.0	0.0	0.0	0.0
江 苏	0.8	0.7	0.6	0.5
浙 江	0.6	0.6	0.9	0.9
安 徽	1.2	1.2	1.3	1.2
福 建	1.0	0.9	0.9	0.8
江 西	1.7	1.6	1.6	1.6
山 东	1.2	1.1	1.2	1.1
河 南	2.0	1.9	2.1	2.0
湖 北	0.8	0.7	0.7	0.7
湖 南	1.1	1.0	1.1	1.0
广 东	0.6	0.6	0.6	0.5
广 西	1.3	1.2	1.1	1.1
海 南	0.6	0.6	0.8	0.8
重 庆	0.5	0.4	0.5	0.4
四 川	2.5	2.2	2.5	2.1
贵 州	1.3	1.1	1.1	1.0
云 南	1.0	0.9	0.8	0.8
西 藏	1.5	1.3	1.5	1.3
陕 西	1.0	0.9	0.9	0.8
甘 肃	0.6	0.6	1.2	1.1
青 海	1.2	1.1	1.2	1.2
宁 夏	0.8	0.7	0.9	0.8
新 疆	0.6	0.6	0.9	0.8

5-7 各地区农村居民家庭年末住房情况

地　区	住房面积（平方米/人）	租用住房面积	钢筋混凝土结构面积	砖木结构面积	楼房面积	砖瓦平房面积	住房价值（元/平方米）
全国合计	**33.6**	**0.1**	**14.5**	**15.1**	**15.9**	**13.8**	**359.3**
北　京	38.4	0.1	7.8	30.5	5.0	32.8	1202.1
天　津	28.6	0.0	4.6	23.9	3.8	24.8	1037.0
河　北	31.9		7.5	23.2	3.0	27.5	330.1
山　西	28.0	0.1	7.0	18.1	4.3	19.3	302.9
内蒙古	22.2	0.0	0.5	14.3	0.4	14.4	231.3
辽　宁	27.0	0.0	4.9	21.8	1.4	24.4	455.2
吉　林	22.8	0.0	0.7	19.4	0.3	19.9	364.4
黑龙江	22.5	0.1	1.4	16.8	0.5	17.6	466.4
上　海	60.2	1.0	39.1	21.0	52.6	7.3	1695.0
江　苏	45.2	0.1	26.3	18.8	31.0	13.9	507.3
浙　江	61.5	0.2	42.2	18.1	56.8	4.2	527.8
安　徽	31.0	0.1	18.0	12.4	17.7	12.6	340.0
福　建	46.8	0.2	30.2	11.7	37.0	7.0	455.5
江　西	39.5	0.1	26.9	10.7	28.9	8.5	253.4
山　东	34.2	0.0	9.8	23.3	5.3	27.5	369.7
河　南	33.5	0.0	16.4	16.1	12.2	20.1	293.7
湖　北	40.1	0.0	22.9	14.6	26.2	11.5	259.6
湖　南	41.7	0.0	16.8	22.5	28.7	10.5	215.0
广　东	28.7	0.1	22.6	4.8	21.7	5.1	437.8
广　西	33.1		22.8	6.7	20.4	8.7	250.5
海　南	24.0	0.0	7.4	16.3	7.1	16.5	388.0
重　庆	35.7	0.2	13.0	15.9	22.3	7.4	226.2
四　川	36.7	0.1	13.6	16.1	19.2	10.6	254.5
贵　州	26.4	0.0	9.6	12.2	8.5	12.8	214.2
云　南	28.7	0.1	7.6	6.0	13.9	4.3	271.9
西　藏	24.6	0.0	0.3	5.5	12.8		271.1
陕　西	30.4	0.1	12.7	12.1	9.8	15.0	274.3
甘　肃	20.5	0.0	2.5	6.9	0.9	8.1	239.3
青　海	20.3	0.0	1.7	7.5	1.1	6.7	211.0
宁　夏	24.5	0.2	1.3	14.9	1.0	14.7	233.8
新　疆	23.4	0.0	1.5	10.3	0.0	10.7	226.5

5-8 各地区农村居民家庭主要农牧产品出售量

单位：公斤/人

地区	谷物	1.小麦	2.稻谷	3.玉米	薯类	豆类
全国合计	**453.9**	**80.0**	**125.6**	**238.7**	**4.8**	**28.4**
北京	146.6	44.1		102.1	0.9	1.7
天津	310.2	70.6		237.0		1.2
河北	466.8	133.6	0.8	328.4	8.0	2.5
山西	346.0	27.4		303.8	4.8	11.6
内蒙古	1088.6	34.9	11.2	930.2	19.3	83.2
辽宁	1097.8	0.6	244.0	828.4	7.0	7.4
吉林	2787.0		257.7	2471.1	0.2	95.3
黑龙江	2219.2	1.3	521.6	1691.1	10.7	557.4
上海	49.7	16.5	30.6	2.2		2.4
江苏	499.9	225.0	231.1	32.9	0.4	13.7
浙江	77.0	3.6	70.5	2.2	0.6	4.4
安徽	578.6	296.4	230.1	52.0	4.9	37.9
福建	111.6		99.7	11.2	2.5	3.2
江西	539.6	0.1	538.4	0.7	0.6	4.0
山东	559.5	229.3	6.2	323.5	5.5	4.1
河南	532.5	255.8	47.4	228.3	0.9	14.0
湖北	405.7	62.0	320.3	21.8	0.7	16.3
湖南	279.4	0.9	263.3	15.2	0.6	3.9
广东	79.0		70.6	8.0	3.8	0.7
广西	166.0		128.1	37.9	0.5	1.4
海南	77.9		62.5	14.0	3.8	11.7
重庆	103.0	0.4	75.6	26.2	2.3	3.5
四川	108.9	12.7	69.5	24.8	2.7	4.2
贵州	74.0	1.4	41.0	30.4	1.4	2.3
云南	94.5	4.6	36.8	51.6	6.2	7.3
西藏	67.7	15.4		0.2	15.9	0.0
陕西	254.5	73.0	4.2	175.6	19.9	8.0
甘肃	201.8	48.5		118.4	15.0	19.7
青海	82.8	45.5		5.9	16.9	23.0
宁夏	404.3	68.7	99.9	234.0	20.2	7.5
新疆	564.8	264.7	3.5	259.9		13.2

5-8 续表 1 单位：公斤/人

地　区	棉花	油料		麻类	糖料	
			油菜籽			甘蔗
全国合计	**22.6**	**22.6**	**9.0**	**0.2**	**110.0**	**92.7**
北　京		1.0				
天　津	82.2	0.6				
河　北	53.2	9.0	0.0		0.0	
山　西	10.8	4.0		0.1	2.3	
内蒙古		101.1	5.1	1.0	108.7	
辽　宁		51.6	0.0		5.9	
吉　林		31.0			1.8	
黑龙江		2.8			43.0	
上　海	0.2	4.6	4.6			
江　苏	7.1	17.4	12.1		0.1	0.1
浙　江	2.5	4.3	3.0		8.4	8.4
安　徽	40.6	41.8	29.6	0.1	1.7	1.5
福　建		2.5	0.0		61.3	61.3
江　西	12.2	20.9	2.8	0.0	4.9	4.9
山　东	64.4	27.8	0.0	0.1		
河　南	12.9	23.6	1.1	0.1	0.0	0.0
湖　北	76.4	77.0	66.0	0.1	4.5	4.5
湖　南	30.0	11.4	8.3	0.6	0.9	0.9
广　东		4.1	0.0	0.0	239.1	239.1
广　西	0.0	4.4	0.2	0.6	1422.8	1422.8
海　南		11.4		0.1	452.9	452.9
重　庆		4.9	3.0	0.3	0.1	0.1
四　川	0.0	21.8	18.8	0.2	1.3	1.3
贵　州	0.0	6.8	5.6	0.1	0.4	0.4
云　南		11.2	10.1	1.2	455.8	455.8
西　藏		7.7	4.4			
陕　西	5.8	3.3	0.8			
甘　肃	22.9	20.4	0.9		1.1	
青　海		75.4	75.1			
宁　夏		22.2				
新　疆	196.3	68.2	11.5		485.7	

5-8 续表 2 单位：公斤/人

地 区	蔬菜	瓜类	水果	茶叶	烟草	木材（立方米/人）
全国合计	**170.8**	**31.0**	**72.8**	**1.1**	**4.5**	**0.1**
北 京	98.3	49.7	95.3			0.0
天 津	261.3	87.0	46.5			0.0
河 北	284.4	19.1	101.4			0.0
山 西	281.5	17.3	187.9		0.7	0.0
内蒙古	105.6	54.1	0.6		0.6	0.0
辽 宁	413.7	19.2	130.2		3.4	0.1
吉 林	146.0	56.0	7.5		1.6	0.0
黑龙江	223.5	78.5	2.9		6.0	0.0
上 海	37.8	6.0	59.2			
江 苏	133.4	8.0	4.0	0.1		0.1
浙 江	222.3	29.8	134.9	1.7		0.0
安 徽	44.3	18.7	4.0	1.4	0.2	0.0
福 建	169.1	27.4	131.0	19.0	16.5	0.1
江 西	72.4	32.7	85.1	0.0	2.8	0.1
山 东	382.1	79.4	99.0		1.6	0.1
河 南	153.1	51.4	42.3	0.0	5.2	0.1
湖 北	133.1	19.1	99.7	1.3	2.9	0.1
湖 南	53.4	18.9	66.3	0.1	8.6	0.0
广 东	212.4	8.8	56.5	0.0	2.1	0.0
广 西	147.1	69.6	54.6	0.3	1.4	0.1
海 南	345.0	37.5	118.3			0.4
重 庆	148.1	7.3	45.2	0.8	9.9	0.0
四 川	111.8	3.0	45.6	0.7	5.0	0.0
贵 州	70.7	19.6	6.3	0.1	16.6	0.0
云 南	167.4	3.6	27.8	7.8	31.8	0.0
西 藏	9.4		1.1			0.2
陕 西	109.9	40.4	240.6	0.1	1.7	0.0
甘 肃	189.9	35.3	74.2		0.1	0.0
青 海	38.8		9.2			0.0
宁 夏	185.2	59.4	83.4			
新 疆	263.1	45.4	205.8		0.3	0.1

5-8 续表 3

单位：公斤/人

地 区	猪肉	羊肉	牛肉	家禽	蛋类
全国合计	**31.7**	**2.8**	**2.7**	**11.3**	**12.9**
北 京	19.7	1.5	0.1	36.8	42.0
天 津	43.7	0.4	4.7	84.7	69.6
河 北	20.4	2.0	2.7	10.0	51.8
山 西	11.7	2.8	1.6	10.9	15.0
内蒙古	16.7	44.5	12.6	2.0	9.8
辽 宁	56.9	2.3	9.8	80.4	65.7
吉 林	44.4	3.3	10.3	27.1	24.7
黑龙江	44.3	1.3	6.6	9.5	6.1
上 海	4.7	0.2		0.1	0.1
江 苏	15.8	0.9	0.1	7.2	19.8
浙 江	117.6	0.4	0.3	17.6	1.4
安 徽	15.9	0.6	1.1	10.3	1.5
福 建	35.7	0.1	0.3	1.5	0.5
江 西	24.1	0.0	0.3	2.6	5.9
山 东	32.8	1.1	2.7	39.4	26.3
河 南	44.7	0.9	3.2	6.3	21.7
湖 北	28.7	0.2	0.4	7.3	10.9
湖 南	34.8	0.2	0.3	2.5	1.4
广 东	22.6	0.0	0.1	20.7	0.1
广 西	33.4	0.2	0.8	4.0	0.2
海 南	30.3	0.4	2.4	4.4	0.1
重 庆	48.9	0.1	0.6	4.5	7.9
四 川	55.4	0.5	0.9	6.6	2.1
贵 州	25.2	0.3	1.2	1.8	0.5
云 南	34.4	0.3	1.3	2.6	6.3
西 藏	1.8	4.1	7.4	0.1	0.2
陕 西	16.7	2.7	1.0	2.2	13.2
甘 肃	8.0	3.3	5.8	1.0	1.1
青 海	4.1	16.9	6.9	0.1	0.0
宁 夏	14.1	7.4	11.9	10.3	0.1
新 疆	1.9	17.4	11.9	4.1	13.8

5-8 续表 4 单位：公斤/人

地 区	羊毛	奶类	蚕茧	鱼类	虾类	贝类	藻类
全国合计	**0.2**	**12.7**	**0.8**	**8.0**	**0.7**	**1.4**	**0.4**
北 京	0.0	31.4		10.7			
天 津		16.7		29.3			
河 北	0.0	18.6					
山 西	0.1	26.9	0.0				
内蒙古	5.0	184.1					
辽 宁	0.1	5.0	1.1	4.2	1.4	11.8	
吉 林	0.2	2.4		0.2			
黑龙江	0.0	55.0	0.1	2.1			
上 海				1.5	2.4		
江 苏			1.4	19.2	2.6	0.2	1.3
浙 江	0.0	1.1	3.1	8.5	1.8	4.0	0.0
安 徽			0.6	3.4	0.2	0.1	
福 建		0.1		8.4	0.2	20.6	9.8
江 西			0.2	9.3	0.1	0.0	
山 东	0.0	3.7	0.8	0.9	0.0	7.8	
河 南		2.1		3.6	0.1		
湖 北			0.1	40.9	1.2		
湖 南				11.0	0.1	0.0	
广 东		0.1	0.4	25.2	7.1	0.5	
广 西			7.9	2.6	0.4	0.2	
海 南			0.1	56.9	2.7	0.1	2.5
重 庆			2.0	6.0	0.1	0.0	
四 川	0.0	3.0	1.6	7.0	0.0		
贵 州				0.5			
云 南		13.5	1.2	0.8			
西 藏	2.5	0.8					
陕 西	0.0	31.6	0.4	0.1			
甘 肃	0.1	7.1		0.2			
青 海	2.0	7.1		0.3			
宁 夏	0.3	59.6		10.9			
新 疆	0.7	25.7					

5-9 各地区农村居民家庭主要食品消费量

单位：公斤/人

地　区	谷物				薯类	豆类	
		小麦	稻谷	玉米			大豆
全国合计	**185.1**	**59.6**	**105.7**	**12.0**	**2.5**	**3.2**	**1.7**
北　京	98.4	43.2	38.4	2.7	0.5	1.6	0.4
天　津	138.5	78.2	49.9	7.2	0.7	2.9	1.7
河　北	177.6	123.7	19.3	21.4	1.3	2.1	1.3
山　西	169.9	118.5	11.2	12.9	5.6	4.4	2.2
内蒙古	180.8	76.7	49.9	22.6	5.5	2.2	0.7
辽　宁	174.0	35.9	92.4	31.3	2.2	3.9	3.2
吉　林	149.0	25.5	103.7	17.4	1.3	3.8	3.0
黑龙江	149.7	41.3	75.4	28.6	0.9	6.4	5.6
上　海	138.4	1.7	133.5	0.4	0.1	0.4	0.1
江　苏	198.1	43.9	145.0	6.5	0.6	2.0	1.4
浙　江	168.2	3.6	154.2	1.5	1.1	1.7	1.0
安　徽	177.8	55.2	117.0	2.4	1.0	2.8	1.5
福　建	175.9	2.1	166.3	0.6	1.7	3.7	0.7
江　西	214.6	2.6	210.5	0.5	1.5	2.9	2.1
山　东	176.8	137.6	6.8	23.1	1.2	3.8	2.1
河　南	191.6	150.7	20.8	16.4	1.0	1.9	0.9
湖　北	186.5	19.9	155.2	9.5	2.4	3.3	2.5
湖　南	222.3	1.5	216.6	1.5	1.0	2.2	1.6
广　东	191.8	0.5	187.8	1.2	1.0	1.6	0.3
广　西	185.6	0.4	171.7	10.8	0.6	1.5	0.8
海　南	189.4	0.3	188.1	0.4	1.5	1.2	0.2
重　庆	179.9	11.2	158.3	7.3	3.8	13.2	3.1
四　川	184.2	19.2	154.7	7.1	5.4	4.5	3.0
贵　州	165.0	7.1	136.3	18.7	2.7	5.4	3.0
云　南	182.9	9.9	148.6	20.5	3.0	4.9	1.6
西　藏	286.5	99.2	58.5	0.0	3.9	3.1	0.0
陕　西	162.5	110.8	23.7	18.7	4.8	2.4	1.7
甘　肃	215.6	176.4	7.1	25.2	13.5	4.8	1.7
青　海	173.0	155.7	4.6	0.4	11.0	2.7	0.0
宁　夏	197.9	140.0	50.0	0.6	4.2	0.3	0.0
新　疆	232.2	184.8	25.7	21.0		0.1	0.0

5-9 续表 1 单位：公斤/人

地 区	蔬菜及制品	瓜类	食用油			猪肉	牛肉	羊肉
				植物油	动物油			
全国合计	**98.4**	**7.0**	**6.3**	**5.4**	**0.8**	**14.0**	**0.6**	**0.8**
北 京	96.3	11.3	10.3	10.2	0.0	14.1	1.5	2.6
天 津	62.9	9.3	11.5	11.3	0.2	10.3	0.8	1.6
河 北	53.7	6.7	7.8	7.5	0.3	6.5	0.3	0.4
山 西	70.6	8.8	6.8	6.7	0.1	5.3	0.1	0.3
内蒙古	70.9	7.0	4.2	3.4	0.8	22.0	1.1	4.8
辽 宁	167.9	3.2	7.6	6.9	0.7	17.8	0.4	0.3
吉 林	99.3	6.4	7.9	7.6	0.3	10.7	0.4	0.2
黑龙江	83.7	7.7	10.4	10.3	0.1	9.3	0.5	0.3
上 海	64.8	14.3	8.1	7.9	0.1	17.4	0.9	0.8
江 苏	140.4	8.4	6.2	5.9	0.2	11.4	0.7	0.5
浙 江	76.9	8.4	5.9	5.2	0.8	14.3	0.6	0.6
安 徽	76.9	8.9	6.3	5.4	0.9	9.0	0.4	0.2
福 建	91.2	2.3	6.4	5.0	1.4	16.1	0.4	0.3
江 西	136.2	17.5	6.9	6.0	1.0	13.0	0.3	0.0
山 东	74.3	12.3	10.3	10.2	0.1	7.3	0.2	0.3
河 南	93.6	10.2	4.8	4.8	0.1	5.6	0.4	0.2
湖 北	137.0	5.9	3.9	3.4	0.5	18.1	0.3	0.1
湖 南	139.2	8.5	7.7	4.1	3.6	17.5	0.3	0.2
广 东	111.5	1.3	5.7	4.8	0.9	21.6	0.4	0.1
广 西	99.8	2.9	4.8	3.1	1.8	13.3	0.2	0.1
海 南	82.2	3.5	4.1	2.1	2.1	14.8	1.5	1.4
重 庆	122.7	1.5	5.2	3.4	1.8	27.7	0.1	0.1
四 川	121.9	0.9	3.9	2.6	1.3	26.5	0.3	0.1
贵 州	126.1	0.8	3.2	1.7	1.5	25.9	0.1	0.1
云 南	105.7	1.9	2.8	1.5	1.3	27.3	0.4	0.2
西 藏	16.4	0.0	7.2	5.8	1.4	2.3	6.5	6.5
陕 西	107.6	5.5	6.5	6.3	0.2	6.9	0.1	0.3
甘 肃	39.1	7.1	4.1	4.1	0.0	11.2	0.2	0.9
青 海	41.8	2.5	2.5	2.3	0.3	8.9	3.8	6.2
宁 夏	75.9	23.3	9.6	9.5	0.1	7.9	2.8	3.5
新 疆	71.5	18.6	11.1	11.1	0.0	0.9	2.3	8.8

5-9 续表 2

单位：公斤/人

地　　区	家禽	其他肉禽及制品	蛋及蛋制品	奶及奶制品	水产品	
						鱼类
全国合计	**4.2**	**2.0**	**5.3**	**3.6**	**5.3**	**4.3**
北　京	3.3	4.0	10.9	10.5	5.7	4.8
天　津	1.2	1.5	11.6	5.7	9.6	8.1
河　北	0.9	2.1	7.2	3.2	2.6	2.3
山　西	0.7	1.1	6.1	5.4	0.8	0.7
内蒙古	2.8	1.3	5.4	6.5	2.1	1.9
辽　宁	2.4	1.7	10.2	3.2	5.2	3.8
吉　林	3.6	1.5	8.6	2.5	4.0	3.8
黑龙江	3.4	1.6	6.2	2.9	4.3	4.1
上　海	9.3	7.1	8.5	7.0	18.5	11.7
江　苏	6.6	3.3	7.2	5.9	10.8	8.8
浙　江	6.3	6.2	4.9	5.6	17.5	10.0
安　徽	4.7	1.7	5.8	1.4	5.4	5.1
福　建	7.2	3.6	4.0	4.4	15.8	8.6
江　西	4.0	1.8	3.5	6.6	5.6	5.1
山　东	2.8	3.2	11.1	6.1	5.0	3.6
河　南	2.4	1.3	10.6	2.2	1.5	1.4
湖　北	3.2	1.1	4.9	1.1	8.3	8.0
湖　南	5.5	1.6	3.7	0.8	6.2	5.8
广　东	11.8	4.1	2.8	0.5	14.0	11.8
广　西	10.0	3.2	1.3	0.3	3.6	3.2
海　南	12.6	1.7	1.9	0.2	15.7	14.1
重　庆	4.1	1.6	6.3	1.2	3.4	3.2
四　川	5.5	1.6	4.6	2.7	2.7	2.5
贵　州	2.0	0.2	1.7	0.4	0.4	0.4
云　南	4.4	0.6	2.3	0.4	1.6	1.5
西　藏	0.1	0.1	0.7	30.7	0.0	0.0
陕　西	0.6	0.5	2.5	3.9	0.5	0.4
甘　肃	1.0	0.3	2.5	2.2	0.4	0.4
青　海	1.2	0.5	0.9	19.0	0.6	0.6
宁　夏	4.5	0.5	2.5	5.0	0.8	0.7
新　疆	2.2	0.2	1.5	6.1	0.4	0.4

5-9 续表 3

单位：公斤/人

地 区	食糖	酒类			水果
			白酒	啤酒	
全国合计	**1.1**	**10.1**	**3.2**	**6.4**	**13.6**
北 京	1.1	19.8	5.5	14.1	27.5
天 津	0.7	13.8	3.8	10.0	21.7
河 北	0.7	8.9	2.7	6.1	12.6
山 西	1.0	3.7	1.8	1.9	13.1
内蒙古	1.0	14.5	6.3	8.1	11.7
辽 宁	0.8	14.0	3.8	10.1	24.5
吉 林	0.7	17.5	5.6	11.7	19.6
黑龙江	1.0	19.7	5.3	14.3	19.7
上 海	1.7	16.1	1.0	6.2	15.2
江 苏	1.3	11.6	3.3	6.4	9.8
浙 江	1.5	25.2	1.9	18.7	17.6
安 徽	1.0	12.9	3.2	9.7	7.6
福 建	1.8	21.4	2.7	17.5	13.8
江 西	0.9	11.4	1.6	9.6	15.6
山 东	1.0	12.6	5.6	6.9	17.7
河 南	1.0	6.5	1.5	4.9	11.2
湖 北	0.9	11.4	3.9	7.4	10.0
湖 南	1.1	5.8	1.9	3.2	16.0
广 东	1.3	3.6	1.7	1.4	13.2
广 西	1.1	8.4	5.2	2.9	10.3
海 南	1.2	4.3	2.0	1.6	10.8
重 庆	2.1	13.2	5.2	7.8	10.9
四 川	1.2	9.2	4.3	4.9	12.8
贵 州	0.9	6.7	4.7	2.0	8.3
云 南	1.0	7.5	4.4	3.0	10.0
西 藏	3.0	3.6	0.1	3.0	1.4
陕 西	0.7	4.5	1.0	3.1	11.6
甘 肃	1.0	7.3	1.6	5.4	9.5
青 海	1.4	3.4	2.0	1.4	6.1
宁 夏	1.5	3.1	0.6	2.5	30.0
新 疆	0.4	1.1	0.4	0.6	29.9

5-10 各地区农村居民家庭主要耐用消费品年末拥有量

地 区	洗衣机(台/百户)	电冰箱(台/百户)	空调机(台/百户)	抽油烟机(台/百户)	吸尘器(台/百户)	微波炉(台/百户)
全国合计	**53.1**	**37.1**	**12.2**	**9.7**	**1.2**	**7.5**
北 京	100.8	104.7	86.5	58.9	5.9	40.9
天 津	99.5	85.3	55.5	27.7	7.3	15.3
河 北	84.2	41.5	8.5	7.1	0.6	2.5
山 西	78.6	25.5	3.9	4.6	0.2	2.7
内 蒙 古	54.9	37.0	0.6	2.7	0.4	2.0
辽 宁	74.2	54.0	1.0	9.8	1.4	6.8
吉 林	76.4	40.5	0.1	2.6	0.5	2.4
黑 龙 江	80.8	45.8	0.6	7.4	0.6	4.6
上 海	93.0	101.0	134.8	71.0	27.7	81.7
江 苏	88.4	53.4	39.6	22.1	4.4	26.1
浙 江	64.3	88.9	76.5	52.9	5.0	20.8
安 徽	51.8	51.4	19.3	5.8	0.3	4.6
福 建	59.8	62.7	27.0	18.7	1.8	21.9
江 西	11.6	34.7	6.2	2.7	0.2	1.4
山 东	71.9	55.0	12.6	14.9	1.4	8.5
河 南	79.5	34.4	15.0	2.3	0.1	3.4
湖 北	41.7	41.4	12.5	7.7	0.3	4.7
湖 南	37.6	32.0	7.3	2.2	0.2	1.5
广 东	40.5	41.3	31.0	22.6	0.8	12.4
广 西	12.6	21.0	2.8	1.4	0.1	3.1
海 南	6.4	11.3	1.3	0.6	0.1	12.5
重 庆	42.1	43.6	10.1	1.5	0.5	5.5
四 川	61.3	40.5	5.2	2.0	0.2	4.3
贵 州	48.7	19.3	1.0	1.3	0.1	1.2
云 南	37.2	12.3	0.3	2.9	0.3	3.8
西 藏	9.2	12.3				
陕 西	69.0	19.2	4.4	2.0	0.1	2.6
甘 肃	56.8	14.4	0.3	2.1	0.2	2.4
青 海	68.2	37.0	0.3	1.7	0.2	1.3
宁 夏	70.3	27.7	0.2	2.3	0.2	2.8
新 疆	42.7	36.3	0.6	1.5	0.3	1.7

5-10 续表 1

地　区	热水器(台/百户)	自行车(辆/百户)	摩托车(辆/百户)	汽车(生活用)(辆/百户)	固定电话(部/百户)	移动电话(部/百户)
全国合计	**23.7**	**96.5**	**56.6**	**2.1**	**62.7**	**115.2**
北　京	84.3	180.3	29.9	13.3	112.1	208.5
天　津	66.2	184.3	51.3	5.3	88.7	129.7
河　北	14.1	185.4	62.7	3.3	66.1	91.2
山　西	10.6	113.8	57.1	1.5	76.0	94.3
内蒙古	2.0	61.1	66.2	3.6	35.1	115.6
辽　宁	8.7	103.1	57.8	1.1	92.4	107.4
吉　林	2.9	61.8	61.0	0.4	53.1	151.8
黑龙江	4.6	73.3	50.3	1.8	60.8	127.1
上　海	93.8	173.3	49.3	4.0	97.2	173.8
江　苏	57.2	159.6	63.4	2.3	91.9	143.7
浙　江	66.0	128.3	55.2	8.0	90.8	179.9
安　徽	35.8	104.1	53.4	1.0	69.9	110.6
福　建	59.8	55.4	89.5	2.4	81.6	182.6
江　西	11.1	83.5	58.3	1.0	53.8	127.3
山　东	38.5	175.2	70.3	3.9	70.7	141.3
河　南	10.0	132.3	52.0	1.3	35.5	126.2
湖　北	22.7	68.5	59.8	0.7	55.6	134.2
湖　南	5.8	47.4	41.9	0.6	57.8	106.3
广　东	51.6	99.9	101.6	2.7	82.1	184.4
广　西	16.1	87.4	72.6	0.4	60.8	125.2
海　南	22.4	39.3	96.8	0.4	45.1	111.0
重　庆	14.9	12.0	22.3	1.3	56.9	107.8
四　川	21.7	40.9	36.5	1.4	59.2	118.2
贵　州	4.3	6.3	26.8	0.4	38.1	82.5
云　南	29.5	27.3	38.8	1.7	29.5	115.3
西　藏	0.8	36.9	38.1	2.7	40.6	36.3
陕　西	9.5	112.3	47.3	1.8	57.5	140.8
甘　肃	5.5	100.4	53.9	0.4	60.6	95.1
青　海	0.5	37.0	73.3	1.8	63.2	123.5
宁　夏	10.3	118.7	83.7	0.7	63.8	151.8
新　疆	2.7	80.4	56.3	1.5	41.3	73.4

5-10 续表 2

地　区	彩色电视机（台/百户）	黑白电视机（台/百户）	摄像机（台/百户）	影碟机（台/百户）	照相机（台/百户）	家用计算机（台/百户）	中高档乐器（件/百户）
全国合计	**108.9**	**7.6**	**0.9**	**42.4**	**4.8**	**7.5**	**0.3**
北　京	137.6	0.4	5.3	46.7	34.1	52.3	0.8
天　津	123.0	1.0	1.7	49.8	11.8	12.5	0.2
河　北	115.5	5.5	0.6	35.6	3.9	6.0	0.4
山　西	107.1	7.8	0.0	28.1	4.6	6.2	0.7
内蒙古	97.5	4.9	0.4	22.7	2.5	1.9	
辽　宁	110.9	2.3	1.3	42.3	7.3	5.9	0.7
吉　林	111.1	2.7	0.5	43.2	2.6	4.6	0.1
黑龙江	107.1	2.1	0.9	48.8	2.4	7.9	0.3
上　海	190.2	10.5	4.8	26.3	24.0	54.3	1.0
江　苏	134.7	10.7	1.1	41.6	11.2	8.2	0.9
浙　江	162.3	7.8	1.6	45.1	12.0	31.1	0.6
安　徽	106.1	7.8	0.8	42.4	3.5	4.3	0.9
福　建	122.5	2.4	1.0	54.9	5.7	17.9	1.4
江　西	103.8	15.1	0.5	29.5	2.4	3.3	0.1
山　东	110.7	6.6	0.8	60.8	7.8	10.8	0.4
河　南	103.8	6.5	0.9	28.3	2.3	4.0	0.0
湖　北	105.4	7.5	0.5	50.6	2.6	5.2	
湖　南	93.5	16.1	0.8	31.5	1.9	3.0	0.1
广　东	116.6	1.8	1.9	60.7	8.0	16.2	0.5
广　西	97.9	14.3	0.1	51.1	2.2	3.0	0.1
海　南	99.0	0.6	0.3	26.8	1.5	1.8	1.4
重　庆	95.3	8.0	0.4	42.6	1.6	1.8	0.2
四　川	101.2	12.0	0.6	51.9	2.7	3.7	0.2
贵　州	88.1	2.3	0.3	49.1	0.7	1.0	
云　南	92.3	4.2	0.0	53.9	2.4	1.2	0.2
西　藏	68.1	1.7	0.2	42.9	1.9	0.2	
陕　西	104.4	9.8	1.9	32.9	2.3	4.6	0.1
甘　肃	103.7	7.4	1.6	35.4	2.4	2.7	
青　海	97.2	6.2	1.2	46.3	2.3	1.2	
宁　夏	120.3	11.0		48.3	2.7	4.0	
新　疆	83.6	17.9	2.1	27.1	3.9	1.7	

5-11　各地区农村居民家庭购买主要食品

单位：公斤/人

地　区	谷物	食用植物油	食用动物油	蔬菜	干菜	猪肉
全国合计	**49.4**	**4.6**	**0.7**	**32.0**	**0.3**	**8.8**
北　京	80.7	9.9	0.0	85.4	0.2	14.1
天　津	97.1	11.3	0.2	54.5	0.5	10.3
河　北	50.2	6.0	0.3	36.9	0.2	6.3
山　西	80.5	5.6	0.1	42.3	0.3	5.2
内蒙古	107.7	2.2	0.3	47.8	0.1	4.8
辽　宁	96.4	6.8	0.5	32.5	0.1	8.7
吉　林	88.3	7.3	0.3	33.9	0.0	7.6
黑龙江	115.0	10.3	0.1	37.5	0.2	7.6
上　海	86.9	7.9	0.1	48.3	1.1	17.2
江　苏	40.1	5.2	0.2	56.7	0.2	10.9
浙　江	65.9	5.1	0.8	35.8	0.5	13.6
安　徽	40.6	3.6	0.8	18.1	0.2	7.6
福　建	63.3	4.7	1.4	27.5	0.4	15.6
江　西	20.3	5.3	0.9	13.0	0.3	11.5
山　东	35.5	9.2	0.1	47.8	0.6	7.3
河　南	29.1	4.8	0.1	41.3	1.0	5.4
湖　北	26.6	3.4	0.4	16.2	0.3	7.0
湖　南	26.1	2.3	3.2	8.2	0.2	11.9
广　东	79.3	3.4	0.8	52.6	0.3	21.5
广　西	16.1	1.4	1.8	8.6	0.2	12.1
海　南	21.5	2.1	2.1	29.1	0.4	13.0
重　庆	26.8	3.1	0.9	10.8	0.2	10.6
四　川	22.9	1.7	0.6	15.6	0.2	11.8
贵　州	39.7	1.7	1.4	7.6	0.3	6.0
云　南	47.0	1.5	1.1	16.0	0.4	5.9
西　藏	102.4	2.8	0.2	8.3	0.2	1.1
陕　西	58.9	6.0	0.1	86.0	0.7	4.2
甘　肃	28.1	3.0	0.0	26.1	0.1	3.3
青　海	45.7	2.3	0.2	24.6	0.1	2.2
宁　夏	48.8	5.4	0.1	48.8	0.1	2.8
新　疆	77.0	10.1	0.0	42.3	0.6	0.7

5-11 续表 1　　　　单位：公斤/人

地　区	牛肉	羊肉	鸡鸭鹅肉	鸡鸭鲜蛋	鱼类	虾、贝蟹类
全国合计	**0.4**	**0.4**	**2.2**	**3.1**	**4.0**	**0.5**
北　京	1.5	2.6	3.3	10.4	4.8	0.5
天　津	0.8	1.6	1.2	11.4	8.1	1.1
河　北	0.3	0.4	0.8	6.5	2.3	0.2
山　西	0.1	0.3	0.7	5.0	0.7	0.0
内蒙古	0.6	0.9	1.5	1.5	1.9	0.0
辽　宁	0.4	0.3	0.7	5.5	3.7	0.9
吉　林	0.4	0.1	1.0	2.2	3.8	0.1
黑龙江	0.5	0.3	0.9	3.5	4.1	0.1
上　海	0.9	0.8	8.2	5.7	11.7	4.8
江　苏	0.7	0.3	4.2	3.8	8.1	1.2
浙　江	0.6	0.4	5.3	3.5	9.7	4.4
安　徽	0.4	0.2	2.9	2.8	4.9	0.1
福　建	0.4	0.2	3.6	3.1	8.4	4.7
江　西	0.3	0.0	1.9	1.6	4.4	0.0
山　东	0.2	0.3	2.6	9.7	3.6	0.9
河　南	0.4	0.2	1.9	6.1	1.4	
湖　北	0.3	0.1	1.2	1.6	7.0	0.0
湖　南	0.3	0.2	2.2	1.2	4.8	0.1
广　东	0.4	0.1	6.7	1.8	11.3	1.0
广　西	0.2	0.0	3.5	0.9	3.0	0.1
海　南	1.4	1.3	6.8	1.1	12.0	0.4
重　庆	0.1	0.0	1.3	1.3	2.8	0.0
四　川	0.2	0.1	1.5	1.0	2.1	0.0
贵　州	0.1	0.0	0.6	0.6	0.3	
云　南	0.3	0.2	1.0	1.0	1.4	0.0
西　藏	1.7	0.8	0.0	0.2		
陕　西	0.1	0.3	0.5	2.1	0.4	0.0
甘　肃	0.2	0.2	0.5	1.6	0.3	
青　海	1.7	2.8	0.8	0.6	0.6	0.1
宁　夏	1.8	1.9	2.1	1.5	0.5	0.0
新　疆	1.9	4.0	0.7	0.8	0.4	

5-11 续表 2 单位：公斤/人

地区	食糖	水果	西瓜	卷烟(盒/人)	鲜奶	酒	
							啤酒
全国合计	**1.1**	**10.5**	**5.0**	**24.3**	**1.4**	**9.6**	**6.4**
北京	1.1	24.3	9.8	47.3	7.4	19.7	14.1
天津	0.7	21.5	8.8	34.1	4.8	13.8	10.0
河北	0.7	12.0	5.9	18.0	2.1	8.8	6.1
山西	1.0	10.5	7.0	31.2	3.5	3.7	1.9
内蒙古	1.0	11.4	5.7	27.3	2.7	14.5	8.1
辽宁	0.8	17.6	2.5	21.4	2.2	14.0	10.1
吉林	0.7	19.1	4.4	23.4	1.5	17.5	11.7
黑龙江	1.0	19.4	6.4	23.0	1.7	19.7	14.3
上海	1.7	13.9	12.1	45.5	5.4	7.5	6.2
江苏	1.3	9.4	7.1	25.9	3.4	9.8	6.4
浙江	1.5	14.9	5.9	34.9	2.1	20.8	18.7
安徽	1.0	6.9	6.7	26.2	0.3	12.9	9.7
福建	1.8	12.2	1.9	31.6	1.2	20.4	17.5
江西	0.9	9.8	9.2	22.8	0.7	11.2	9.6
山东	1.0	16.7	9.6	24.3	4.0	12.6	6.9
河南	1.0	10.3	8.5	21.0	0.5	6.4	4.9
湖北	0.9	6.7	3.8	27.5	0.1	11.4	7.4
湖南	1.1	12.0	5.6	28.1	0.1	5.1	3.2
广东	1.3	11.6	1.0	22.7	0.1	3.2	1.4
广西	1.1	8.1	1.0	15.2	0.0	8.1	2.9
海南	1.2	3.2	0.2	19.0	0.0	3.6	1.6
重庆	2.1	8.3	1.1	32.1	0.5	13.1	7.8
四川	1.2	9.0	0.7	22.9	1.3	9.2	4.9
贵州	0.9	6.6	0.3	23.7	0.1	6.7	2.0
云南	1.0	7.4	0.2	24.8	0.2	7.5	3.0
西藏	3.0	0.8		15.2	0.0	3.1	3.0
陕西	0.7	5.7	4.4	28.9	1.2	4.4	3.1
甘肃	1.0	5.2	5.4	26.3	1.3	7.2	5.4
青海	1.4	4.6	2.4	15.6	1.6	3.3	1.4
宁夏	1.5	14.3	12.7	14.5	1.2	3.1	2.5
新疆	0.4	4.2	9.6	3.2	1.8	1.1	0.6

5-12 各地区农村居民家庭主要生活燃料和水电购买情况

地　区	生活用燃料(元/户)	柴(公担/户)	草(公担 /户)	煤(公斤/户)	液化气(元/户)	生活用水(吨/户)	生活用电(度/户)
全国合计	**316.5**	**1.0**	**0.4**	**386.8**	**82.0**	**19.8**	**620.2**
北　京	1556.9	0.1	0.3	1654.5	346.2	18.3	1976.8
天　津	1021.9	0.1		915.9	260.9	26.3	1045.8
河　北	766.9	0.3	0.0	973.6	88.8	8.9	687.0
山　西	490.1	0.1	0.3	962.1	19.5	9.7	557.1
内蒙古	431.5	0.6	2.3	851.4	15.2	8.9	397.4
辽　宁	319.1	2.8	1.3	357.7	51.8	9.9	662.1
吉　林	87.0	0.4	0.2	99.7	23.7	12.3	442.7
黑龙江	395.6	0.6	0.3	621.8	19.1	9.3	526.5
上　海	403.4			1.8	402.5	151.7	1652.8
江　苏	188.9	0.2		40.3	162.1	55.9	907.1
浙　江	291.4	0.3	0.0	26.5	264.6	54.6	1175.8
安　徽	125.9	0.3	0.4	89.0	63.8	9.2	481.3
福　建	325.1	1.1	0.7	88.3	261.7	43.2	1275.1
江　西	148.4	1.8	0.2	157.8	37.7	4.5	454.8
山　东	409.2	0.2	0.4	396.4	80.2	11.8	613.6
河　南	210.4	0.6		281.9	48.9	9.0	507.1
湖　北	105.7	0.7	0.1	80.6	49.0	10.1	508.4
湖　南	305.5	0.8	0.3	460.6	36.0	6.3	472.5
广　东	394.7	0.1		23.8	372.6	62.7	985.3
广　西	54.6	0.2		0.1	43.1	22.0	511.3
海　南	74.2	0.3	0.8	0.4	64.2	27.3	415.2
重　庆	140.4	0.1	0.1	157.1	31.4	6.9	513.2
四　川	96.6	0.1		108.8	34.5	6.6	556.8
贵　州	339.4	0.1	0.1	629.4	2.9	16.6	503.2
云　南	162.4	1.6	0.1	326.4	6.2	10.5	352.8
西　藏	52.7	0.5	0.0		37.4	2.2	216.0
陕　西	284.5	0.2	3.2	396.1	30.5	13.5	451.3
甘　肃	513.1	19.3	0.1	770.2	8.4	23.6	346.1
青　海	369.9	0.0	3.3	827.2	5.3	11.0	366.4
宁　夏	510.2	0.0	0.0	917.2	13.0	8.7	448.5
新　疆	545.2	0.1	0.3	1520.9	8.3	50.6	332.7

5-13 各地区农村居民家庭主要建筑材料购买情况

地 区	水泥（公斤/户）	木材（立方米/户）	钢材（公斤/户）	水泥预制件（件/户）	玻璃（平方米/户）	砖（块/户）	瓦（块/户）	沙石（立方米/户）
全国合计	**532.5**	**0.3**	**52.2**	**2.9**	**0.3**	**946.8**	**37.6**	**3.4**
北 京	586.6	0.2	16.1	1.1	0.1	935.1	15.4	5.0
天 津	73.7	0.0	7.2	0.0	0.0	72.8	6.4	3.6
河 北	222.5	0.1	17.8	0.7	0.3	919.6	16.0	1.1
山 西	423.0	0.0	19.8	0.2	0.1	755.5	7.5	0.9
内蒙古	128.3	0.3	8.6	1.7	0.7	713.6	29.8	7.5
辽 宁	308.1	0.3	23.2	0.2	0.0	481.1	15.5	1.7
吉 林	300.4	0.1	13.3	0.3	0.0	710.1	39.5	0.8
黑龙江	219.4	0.1	16.9	0.3	0.1	717.1	11.9	1.4
上 海	33.5	0.0	2.8	0.1	0.0	128.8	0.8	0.2
江 苏	301.3	0.4	24.7	2.9	0.0	474.7	31.9	2.4
浙 江	499.8	0.1	74.3	3.4	1.7	507.9	71.7	5.2
安 徽	797.8	0.1	80.5	9.2	0.0	1210.7	54.0	4.5
福 建	656.2	0.3	71.7	1.2	0.1	381.5	13.4	2.8
江 西	843.1	0.1	127.7	0.8	0.3	1678.8	24.6	5.6
山 东	646.0	0.1	35.2	12.8	0.2	1059.1	31.9	4.4
河 南	1040.2	0.0	71.3	2.0	0.2	2128.8	41.7	4.0
湖 北	547.0	2.1	40.3	2.5	0.1	994.6	30.6	2.8
湖 南	438.7	0.2	44.8	1.8	1.2	683.5	37.5	1.8
广 东	446.9	0.4	87.4	2.4	0.0	793.2	7.1	2.5
广 西	724.6	0.0	126.1	0.2	0.1	995.8	24.6	3.8
海 南	314.9	0.1	51.5	0.8	0.1	416.2	51.0	3.6
重 庆	155.7	0.1	7.6	6.0	0.3	247.5	66.6	11.1
四 川	1033.9	0.1	103.4	1.0	0.5	1591.0	140.0	4.1
贵 州	687.6	0.1	47.1	5.8	0.2	589.6	13.8	3.1
云 南	412.4	0.4	44.0	6.2	0.1	467.8	38.3	5.8
西 藏	109.3	3.3	0.0		1.2			
陕 西	591.2	0.8	42.9	1.1	0.1	1084.8	55.2	2.5
甘 肃	738.7	0.5	141.7	3.9	0.2	1281.6	44.2	2.4
青 海	531.7	1.4	17.8	1.3	0.2	1945.2	60.6	2.4
宁 夏	304.0	0.1	8.2	0.3	0.1	766.5	44.5	2.6
新 疆	231.5	0.2	13.9	0.1	0.1	1418.0		1.3

5-14 各地区农村居民家庭主要农业用生产资料购买情况

单位：公斤/户

地　区	农业用种子	化肥	饼肥	农药(元/户)	农用薄膜	农业用电(度/户)
全国合计	**61.3**	**661.7**	**5.8**	**240.8**	**5.0**	**55.4**
北　京	21.6	130.2	0.2	50.5	3.1	47.1
天　津	73.5	266.4	0.0	86.3	7.0	11.0
河　北	68.2	511.4	1.2	185.7	7.3	220.4
山　西	52.1	534.8	0.4	119.6	5.2	37.3
内蒙古	86.2	983.1	8.1	164.8	9.7	103.0
辽　宁	163.6	732.3	0.2	284.5	4.9	72.3
吉　林	82.9	1237.5	0.4	318.3	3.3	27.4
黑龙江	152.6	1313.6	2.3	534.3	5.6	71.7
上　海	2.2	142.1	0.5	70.0	0.9	0.1
江　苏	71.6	634.9	4.1	293.9	1.9	9.7
浙　江	9.4	225.0	11.2	220.6	1.0	10.0
安　徽	78.5	742.0	13.5	286.7	1.7	9.1
福　建	73.0	407.1	0.9	276.7	2.0	95.5
江　西	26.2	606.7	7.5	508.0	1.7	17.2
山　东	63.7	710.4	4.1	270.3	19.5	49.7
河　南	71.4	726.8	3.0	150.0	2.0	39.5
湖　北	42.7	860.5	3.5	349.0	1.4	20.5
湖　南	14.1	543.0	2.2	332.9	0.9	4.6
广　东	5.3	383.0	23.3	282.8	1.1	3.0
广　西	44.4	881.8	4.9	398.6	2.5	4.8
海　南	177.2	539.1	4.1	446.6	1.4	0.6
重　庆	21.9	367.4	0.9	71.6	1.8	1.9
四　川	23.7	533.3	3.2	155.8	1.9	4.4
贵　州	12.2	361.3	1.0	40.8	1.0	4.9
云　南	114.8	706.5	0.6	180.1	5.4	17.0
西　藏	23.4	144.0		7.9	0.2	3.5
陕　西	48.3	892.7	9.2	159.1	3.0	46.4
甘　肃	49.3	954.3	13.1	110.5	13.7	168.6
青　海	78.4	284.4	0.9	63.5	0.5	6.9
宁　夏	92.2	822.2		109.0	2.6	89.3
新　疆	193.1	1198.6	48.1	252.5	37.6	554.4

5-15 各地区农村居民家庭粮食支出

单位：公斤/人

地区	粮食支出	1. 主食用粮		2. 其他生活用粮	3. 出售粮食	
			谷物			谷物
全国合计	**829.9**	**190.8**	**185.1**	**0.4**	**487.1**	**453.9**
北京	291.2	100.6	98.4	0.1	149.2	146.6
天津	590.5	142.1	138.5		311.5	310.2
河北	761.0	180.9	177.6	0.0	477.3	466.8
山西	696.2	179.8	169.9	0.4	362.3	346.0
内蒙古	1856.0	188.5	180.8	0.9	1191.1	1088.6
辽宁	1669.7	180.0	174.0		1112.2	1097.8
吉林	3303.0	154.1	149.0		2882.4	2787.0
黑龙江	3257.4	157.1	149.7		2787.3	2219.2
上海	200.5	138.8	138.4	0.0	52.1	49.7
江苏	865.9	200.7	198.1		514.1	499.9
浙江	406.9	170.9	168.2	0.1	82.0	77.0
安徽	870.4	181.6	177.8	0.5	621.5	578.6
福建	324.4	181.3	175.9	0.3	117.3	111.6
江西	828.5	219.0	214.6	0.7	544.1	539.6
山东	871.8	181.8	176.8		569.1	559.5
河南	849.7	194.4	191.6	0.0	547.3	532.5
湖北	700.0	192.2	186.5	0.2	422.7	405.7
湖南	693.4	225.4	222.3	4.0	283.9	279.4
广东	329.4	194.4	191.8	0.2	83.4	79.0
广西	438.5	187.6	185.6		167.8	166.0
海南	347.9	192.2	189.4		93.4	77.9
重庆	585.0	196.9	179.9	0.3	108.9	103.0
四川	519.5	194.1	184.2	0.1	115.7	108.9
贵州	434.9	173.2	165.0	0.4	77.7	74.0
云南	520.7	190.8	182.9		107.9	94.5
西藏	466.2	293.5	286.5	6.2	83.7	67.7
陕西	592.0	169.6	162.5		282.3	254.5
甘肃	591.7	233.9	215.6		236.5	201.8
青海	405.6	186.7	173.0		122.8	82.8
宁夏	921.5	202.3	197.9		432.1	404.3
新疆	985.1	232.3	232.2		578.0	564.8

5-15 续表 单位：公斤/人

地区	4. 种籽用粮	5. 饲料用粮	6. 借出粮食	7. 归还借粮	8. 其他粮食支出
全国合计	**14.0**	**127.8**	**6.0**	**1.8**	**2.1**
北京	3.3	36.9			1.0
天津	13.1	123.7			0.1
河北	15.9	86.7	0.1		0.1
山西	16.4	78.5	44.3	10.2	4.2
内蒙古	42.3	430.5	2.8		
辽宁	12.6	359.7			5.2
吉林	19.6	246.9			
黑龙江	47.8	253.6			11.5
上海	0.7	6.8			2.0
江苏	14.6	127.2			9.2
浙江	1.1	152.4		0.1	0.3
安徽	22.3	44.5	0.0	0.0	0.1
福建	3.9	21.6			0.1
江西	4.0	49.1	10.9	0.6	0.1
山东	12.6	99.5	7.5	1.0	0.4
河南	16.3	91.6			0.1
湖北	10.5	74.2	0.0		0.2
湖南	3.9	90.4	55.9	22.9	7.0
广东	0.7	44.3	2.6	0.5	3.4
广西	3.5	78.1	0.2	0.1	1.2
海南	1.2	60.3	0.6	0.3	0.1
重庆	3.8	274.8	0.2		0.2
四川	7.3	196.1	3.6	1.7	0.9
贵州	4.6	170.5	4.6	0.2	3.9
云南	9.1	211.6		0.2	1.1
西藏	22.8	59.3			0.7
陕西	14.6	121.9	2.8	0.3	0.6
甘肃	23.3	91.5	5.8	0.6	0.1
青海	43.7	51.0			1.5
宁夏	51.1	233.1	0.0		2.8
新疆	43.5	127.6			3.7

5-16 各地区农村居民总收入

单位：元/人

地 区	总收入	一、工资性收入	二、家庭经营收入	三、财产性收入	四、转移性收入
全国合计	**7115.6**	**2061.3**	**4404.0**	**167.2**	**483.1**
北 京	13844.9	7326.2	3508.0	1268.6	1742.1
天 津	11688.6	4408.3	6510.9	267.5	501.9
河 北	7228.5	2251.0	4489.7	123.9	363.9
山 西	5496.8	1789.9	3114.0	205.1	387.7
内蒙古	8403.4	900.4	6702.5	137.3	663.1
辽 宁	9912.6	2239.8	6830.1	205.5	637.2
吉 林	8644.0	869.0	6722.8	290.9	761.3
黑龙江	9385.2	1019.6	7406.0	241.0	718.5
上 海	13186.5	8671.0	1203.1	932.8	2379.6
江 苏	9747.0	4238.5	4572.5	325.6	610.3
浙 江	13421.9	5090.2	7084.6	487.9	759.3
安 徽	6000.6	1882.4	3640.7	117.0	360.5
福 建	8204.9	2678.4	4769.5	199.9	557.2
江 西	6552.7	2019.0	4092.9	80.4	360.4
山 东	8683.8	2496.6	5534.4	196.1	456.7
河 南	6414.4	1621.8	4462.0	56.0	274.7
湖 北	6663.1	1900.5	4435.7	58.4	268.5
湖 南	6628.3	2234.0	3697.8	81.2	615.3
广 东	8264.5	4089.7	3294.9	357.7	522.2
广 西	5535.2	1465.2	3739.9	41.5	288.5
海 南	6195.8	972.7	4831.0	56.1	336.0
重 庆	5798.8	1919.7	3298.3	67.8	513.1
四 川	6238.5	1821.4	3763.0	94.8	559.4
贵 州	4050.4	1074.3	2502.6	81.9	391.6
云 南	5105.3	685.0	3975.2	127.5	317.7
西 藏	4497.4	914.1	2913.5	148.3	521.6
陕 西	4830.7	1428.5	2921.6	92.6	388.0
甘 肃	4291.0	994.9	2878.6	34.1	383.5
青 海	4430.6	1081.6	2725.5	117.0	506.5
宁 夏	6627.3	1518.9	4656.2	63.1	389.1
新 疆	7269.5	461.5	6444.1	121.3	242.7

5-17　各地区农村居民总收入构成

单位：%

地　区	总收入	一、工资性收入	二、家庭经营收入	三、财产性收入	四、转移性收入
全国合计	**100.0**	**29.0**	**61.9**	**2.3**	**6.8**
北　京	100.0	52.9	25.3	9.2	12.6
天　津	100.0	37.7	55.7	2.3	4.3
河　北	100.0	31.1	62.1	1.7	5.0
山　西	100.0	32.6	56.7	3.7	7.1
内蒙古	100.0	10.7	79.8	1.6	7.9
辽　宁	100.0	22.6	68.9	2.1	6.4
吉　林	100.0	10.1	77.8	3.4	8.8
黑龙江	100.0	10.9	78.9	2.6	7.7
上　海	100.0	65.8	9.1	7.1	18.0
江　苏	100.0	43.5	46.9	3.3	6.3
浙　江	100.0	37.9	52.8	3.6	5.7
安　徽	100.0	31.4	60.7	1.9	6.0
福　建	100.0	32.6	58.1	2.4	6.8
江　西	100.0	30.8	62.5	1.2	5.5
山　东	100.0	28.7	63.7	2.3	5.3
河　南	100.0	25.3	69.6	0.9	4.3
湖　北	100.0	28.5	66.6	0.9	4.0
湖　南	100.0	33.7	55.8	1.2	9.3
广　东	100.0	49.5	39.9	4.3	6.3
广　西	100.0	26.5	67.6	0.7	5.2
海　南	100.0	15.7	78.0	0.9	5.4
重　庆	100.0	33.1	56.9	1.2	8.8
四　川	100.0	29.2	60.3	1.5	9.0
贵　州	100.0	26.5	61.8	2.0	9.7
云　南	100.0	13.4	77.9	2.5	6.2
西　藏	100.0	20.3	64.8	3.3	11.6
陕　西	100.0	29.6	60.5	1.9	8.0
甘　肃	100.0	23.2	67.1	0.8	8.9
青　海	100.0	24.4	61.5	2.6	11.4
宁　夏	100.0	22.9	70.3	1.0	5.9
新　疆	100.0	6.3	88.6	1.7	3.3

5-18 各地区农村居民纯收入

单位：元/人

地　区	纯收入	一、工资性收入	二、家庭经营纯收入	三、财产性收入	四、转移性收入
全国合计	**5153.2**	**2061.3**	**2526.8**	**167.2**	**397.9**
北　京	11668.6	7326.2	1540.0	1268.6	1533.8
天　津	8687.6	4408.3	3551.6	267.5	460.1
河　北	5149.7	2251.0	2440.4	123.9	334.3
山　西	4244.1	1789.9	1919.8	205.1	329.3
内蒙古	4937.8	900.4	3277.5	137.3	622.6
辽　宁	5958.0	2239.8	3017.3	205.5	495.4
吉　林	5265.9	869.0	3436.8	290.9	669.3
黑龙江	5206.8	1019.6	3326.7	241.0	619.4
上　海	12482.9	8671.0	590.2	932.8	2289.0
江　苏	8003.5	4238.5	2938.7	325.6	500.7
浙　江	10007.3	5090.2	3869.6	487.9	559.7
安　徽	4504.3	1882.4	2238.6	117.0	266.3
福　建	6680.2	2678.4	3330.2	199.9	471.7
江　西	5075.0	2019.0	2685.3	80.4	290.3
山　东	6118.8	2496.6	3129.3	196.1	296.8
河　南	4807.0	1621.8	2890.6	56.0	238.6
湖　北	5035.3	1900.5	2828.5	58.4	247.8
湖　南	4909.0	2234.0	2257.3	81.2	336.5
广　东	6906.9	4089.7	2017.4	357.7	442.2
广　西	3980.4	1465.2	2228.2	41.5	245.5
海　南	4744.4	972.7	3426.3	56.1	289.3
重　庆	4478.4	1919.7	2111.7	67.8	379.2
四　川	4462.1	1821.4	2072.9	94.8	473.1
贵　州	3005.4	1074.3	1537.6	81.9	311.6
云　南	3369.3	685.0	2279.0	127.5	277.9
西　藏	3531.7	914.1	1956.5	148.3	512.9
陕　西	3437.6	1428.5	1570.2	92.6	346.3
甘　肃	2980.1	994.9	1583.2	34.1	367.9
青　海	3346.2	1081.6	1666.2	117.0	481.3
宁　夏	4048.3	1518.9	2111.6	63.1	354.7
新　疆	3883.1	461.5	3069.6	121.3	230.8

5-19 各地区农村居民纯收入构成

单位：%

地区	纯收入	一、工资性收入	二、家庭经营纯收入	三、财产性收入	四、转移性收入
全国合计	**100.0**	**40.0**	**49.0**	**3.2**	**7.7**
北京	100.0	62.8	13.2	10.9	13.1
天津	100.0	50.7	40.9	3.1	5.3
河北	100.0	43.7	47.4	2.4	6.5
山西	100.0	42.2	45.2	4.8	7.8
内蒙古	100.0	18.2	66.4	2.8	12.6
辽宁	100.0	37.6	50.6	3.4	8.3
吉林	100.0	16.5	65.3	5.5	12.7
黑龙江	100.0	19.6	63.9	4.6	11.9
上海	100.0	69.5	4.7	7.5	18.3
江苏	100.0	53.0	36.7	4.1	6.3
浙江	100.0	50.9	38.7	4.9	5.6
安徽	100.0	41.8	49.7	2.6	5.9
福建	100.0	40.1	49.9	3.0	7.1
江西	100.0	39.8	52.9	1.6	5.7
山东	100.0	40.8	51.1	3.2	4.9
河南	100.0	33.7	60.1	1.2	5.0
湖北	100.0	37.7	56.2	1.2	4.9
湖南	100.0	45.5	46.0	1.7	6.9
广东	100.0	59.2	29.2	5.2	6.4
广西	100.0	36.8	56.0	1.0	6.2
海南	100.0	20.5	72.2	1.2	6.1
重庆	100.0	42.9	47.2	1.5	8.5
四川	100.0	40.8	46.5	2.1	10.6
贵州	100.0	35.7	51.2	2.7	10.4
云南	100.0	20.3	67.6	3.8	8.2
西藏	100.0	25.9	55.4	4.2	14.5
陕西	100.0	41.6	45.7	2.7	10.1
甘肃	100.0	33.4	53.1	1.1	12.3
青海	100.0	32.3	49.8	3.5	14.4
宁夏	100.0	37.5	52.2	1.6	8.8
新疆	100.0	11.9	79.0	3.1	5.9

5-20 各地区农村居民工资性收入

单位：元/人

地　区	工资性收入	一、在非企业组织中劳动得到收入	二、在本乡地域内劳动得到收入	三、外出从业得到收入
全国合计	**2061.3**	**211.9**	**999.1**	**850.3**
北　京	7326.2	897.7	4606.2	1822.3
天　津	4408.3	449.3	3405.8	553.2
河　北	2251.0	191.4	1212.5	847.1
山　西	1789.9	201.9	1255.4	332.6
内蒙古	900.4	187.4	381.9	331.1
辽　宁	2239.8	518.9	1038.0	682.8
吉　林	869.0	149.8	396.4	322.9
黑龙江	1019.6	201.4	493.1	325.2
上　海	8671.0	1441.5	5510.6	1718.9
江　苏	4238.5	498.9	2411.5	1328.2
浙　江	5090.2	375.5	4092.2	622.5
安　徽	1882.4	196.4	542.3	1143.7
福　建	2678.4	318.0	1606.0	754.4
江　西	2019.0	191.0	606.7	1221.2
山　东	2496.6	283.5	1418.5	794.6
河　南	1621.8	173.0	639.8	808.9
湖　北	1900.5	102.6	616.1	1181.9
湖　南	2234.0	85.6	752.2	1396.2
广　东	4089.7	353.2	1397.2	2339.3
广　西	1465.2	161.4	535.6	768.2
海　南	972.7	164.9	462.2	345.5
重　庆	1919.7	117.5	578.8	1223.4
四　川	1821.4	143.5	532.2	1145.7
贵　州	1074.3	171.5	477.6	425.2
云　南	685.0	92.5	452.7	139.8
西　藏	914.1	123.7	241.9	548.5
陕　西	1428.5	101.7	627.1	699.6
甘　肃	994.9	160.5	296.4	538.1
青　海	1081.6	140.7	227.2	713.7
宁　夏	1518.9	59.5	406.0	1053.5
新　疆	461.5	99.8	207.4	154.2

5-21　各地区农村居民工资性收入构成

单位：%

地　区	工资性收入	一、在非企业组织中劳动得到收入	二、在本乡地域内劳动得到收入	三、外出从业得到收入
全国合计	**100.0**	**10.3**	**48.5**	**41.3**
北　京	100.0	12.3	62.9	24.9
天　津	100.0	10.2	77.3	12.5
河　北	100.0	8.5	53.9	37.6
山　西	100.0	11.3	70.1	18.6
内蒙古	100.0	20.8	42.4	36.8
辽　宁	100.0	23.2	46.3	30.5
吉　林	100.0	17.2	45.6	37.2
黑龙江	100.0	19.7	48.4	31.9
上　海	100.0	16.6	63.6	19.8
江　苏	100.0	11.8	56.9	31.3
浙　江	100.0	7.4	80.4	12.2
安　徽	100.0	10.4	28.8	60.8
福　建	100.0	11.9	60.0	28.2
江　西	100.0	9.5	30.1	60.5
山　东	100.0	11.4	56.8	31.8
河　南	100.0	10.7	39.5	49.9
湖　北	100.0	5.4	32.4	62.2
湖　南	100.0	3.8	33.7	62.5
广　东	100.0	8.6	34.2	57.2
广　西	100.0	11.0	36.6	52.4
海　南	100.0	17.0	47.5	35.5
重　庆	100.0	6.1	30.2	63.7
四　川	100.0	7.9	29.2	62.9
贵　州	100.0	16.0	44.5	39.6
云　南	100.0	13.5	66.1	20.4
西　藏	100.0	13.5	26.5	60.0
陕　西	100.0	7.1	43.9	49.0
甘　肃	100.0	16.1	29.8	54.1
青　海	100.0	13.0	21.0	66.0
宁　夏	100.0	3.9	26.7	69.4
新　疆	100.0	21.6	45.0	33.4

5-22 各地区农村居民家庭经营总收入

单位：元/人

地　区	家庭经营总收入	一、第一产业收入	1. 农业收入	2. 林业收入	3. 牧业收入	4. 渔业收入
全国合计	**4404.0**	**3622.9**	**2372.3**	**80.5**	**1059.5**	**110.7**
北　京	3508.0	2177.2	889.3	103.1	1065.3	119.6
天　津	6510.9	4262.1	2096.7	20.1	1914.6	230.7
河　北	4489.7	3377.1	2366.0	23.3	987.8	
山　西	3114.0	2353.2	1812.3	18.6	522.3	
内蒙古	6702.5	6429.5	3714.7	23.8	2691.1	
辽　宁	6830.1	6075.7	3442.6	30.7	2521.8	80.6
吉　林	6722.8	6427.1	4904.2	22.4	1495.2	5.3
黑龙江	7406.0	7138.0	5943.1	34.8	1146.9	13.2
上　海	1203.1	741.8	483.6	1.6	125.6	131.1
江　苏	4572.5	2967.6	1893.4	75.2	586.2	412.8
浙　江	7084.6	4233.3	1424.6	169.7	2364.0	275.1
安　徽	3640.7	3104.4	2480.3	54.3	481.2	88.6
福　建	4769.5	3467.7	2117.2	227.2	863.7	259.7
江　西	4092.9	3296.0	2466.0	118.2	628.1	83.7
山　东	5534.4	4435.2	3169.8	93.6	1126.1	45.8
河　南	4462.0	3711.2	2639.9	45.8	999.6	25.9
湖　北	4435.7	3872.3	2638.0	59.3	863.1	311.8
湖　南	3697.8	2788.9	1794.8	65.4	825.4	103.3
广　东	3294.9	2675.4	1425.1	38.0	800.0	412.3
广　西	3739.9	3360.3	2176.3	79.0	1045.8	59.2
海　南	4831.0	4267.7	2226.4	583.5	870.1	587.7
重　庆	3298.3	2948.7	1529.8	54.4	1317.2	47.3
四　川	3763.0	3273.5	1689.4	44.8	1454.9	84.4
贵　州	2502.6	2105.5	1239.3	36.8	822.7	6.6
云　南	3975.2	3610.5	2276.2	267.3	1056.7	10.2
西　藏	2913.5	2335.2	1322.5	123.9	888.5	0.4
陕　西	2921.6	2376.6	1731.7	50.2	592.4	2.4
甘　肃	2878.6	2533.0	1958.3	84.9	486.9	2.8
青　海	2725.5	2196.8	1197.2	24.1	973.7	1.8
宁　夏	4656.2	4025.0	2428.6	9.2	1489.9	97.4
新　疆	6444.1	5980.3	4522.8	148.3	1309.3	

5-22 续表 1

单位：元/人

地 区	二、第二产业收入	1. 工业收入	2. 建筑业收入	三、第三产业收入	1. 交通运输、邮电业收入
全国合计	**248.9**	**148.8**	**100.1**	**532.2**	**185.9**
北 京	355.2	50.4	304.8	975.6	493.9
天 津	946.4	458.1	488.3	1302.4	645.6
河 北	444.7	413.9	30.8	667.8	211.7
山 西	49.4	25.7	23.6	711.5	246.5
内蒙古	50.5	27.0	23.5	222.5	76.7
辽 宁	189.3	122.1	67.2	565.1	182.3
吉 林	50.1	31.4	18.6	245.7	125.2
黑龙江	37.3	5.4	32.0	230.6	137.2
上 海	42.2	10.4	31.9	419.1	156.1
江 苏	617.1	452.1	165.0	987.8	373.0
浙 江	1504.9	1002.9	502.1	1346.4	476.7
安 徽	150.9	46.8	104.1	385.5	113.1
福 建	358.2	106.4	251.9	943.5	298.8
江 西	314.1	149.7	164.4	482.8	128.4
山 东	368.8	284.0	84.8	730.5	198.6
河 南	211.0	150.1	60.9	539.8	163.6
湖 北	192.0	58.7	133.3	371.5	128.0
湖 南	352.5	137.3	215.2	556.5	154.9
广 东	94.6	28.0	66.6	524.9	133.2
广 西	91.8	57.9	33.9	287.8	111.9
海 南	179.0	55.3	123.7	384.3	135.6
重 庆	57.1	22.1	35.1	292.5	94.5
四 川	80.1	31.6	48.6	409.5	155.2
贵 州	77.8	28.2	49.6	319.3	116.5
云 南	75.2	35.8	39.4	289.5	137.0
西 藏	109.6	29.1	80.5	468.7	261.2
陕 西	78.8	39.4	39.5	466.2	192.9
甘 肃	74.6	22.3	52.3	271.1	111.0
青 海	76.8	27.1	49.7	451.8	172.3
宁 夏	123.7	123.5	0.2	507.5	314.0
新 疆	57.7	32.3	25.4	406.1	173.2

5-22 续表 2 单位：元/人

地　区	2.批发和零售贸易、餐饮业收入	3.社会服务业收入	4.文教卫生业收入	5.其他收入
全国合计	**217.7**	**60.8**	**24.6**	**43.2**
北　京	331.1	88.8	27.2	34.7
天　津	468.5	163.8	17.8	6.7
河　北	331.6	58.9	45.6	20.1
山　西	261.4	151.2	26.4	26.0
内蒙古	85.7	23.6	21.8	14.7
辽　宁	247.2	63.9	25.4	46.3
吉　林	69.2	7.2	6.2	37.9
黑龙江	50.5	6.4	12.1	24.4
上　海	250.7	4.7	6.2	1.4
江　苏	426.8	100.5	21.1	66.5
浙　江	521.4	186.7	37.2	124.5
安　徽	182.0	44.5	23.0	22.8
福　建	419.5	114.3	25.3	85.7
江　西	208.5	65.7	27.7	52.5
山　东	302.6	92.5	48.7	88.1
河　南	231.4	50.4	42.1	52.3
湖　北	165.0	47.7	15.8	15.0
湖　南	215.2	97.3	42.5	46.6
广　东	278.0	50.0	7.4	56.4
广　西	102.3	26.1	19.3	28.3
海　南	148.6	22.5	6.7	70.9
重　庆	125.8	13.9	33.3	24.9
四　川	150.0	52.0	12.6	39.6
贵　州	113.7	34.6	17.6	37.0
云　南	102.0	9.5	12.9	28.2
西　藏	126.7	42.9	0.1	37.7
陕　西	144.0	79.0	19.7	30.7
甘　肃	91.7	29.2	12.5	26.7
青　海	218.9	14.4	31.6	14.7
宁　夏	141.3	46.7	2.5	3.0
新　疆	143.5	20.9	16.5	52.0

5-23　各地区农村居民家庭经营总收入构成

单位：%

地　区	家庭经营总收入	一、第一产业收入	1. 农业收入	2. 林业收入	3. 牧业收入	4. 渔业收入
全国合计	**100.0**	**82.3**	**53.9**	**1.8**	**24.1**	**2.5**
北　京	100.0	62.1	25.3	2.9	30.4	3.4
天　津	100.0	65.5	32.2	0.3	29.4	3.5
河　北	100.0	75.2	52.7	0.5	22.0	
山　西	100.0	75.6	58.2	0.6	16.8	
内蒙古	100.0	95.9	55.4	0.4	40.1	
辽　宁	100.0	89.0	50.4	0.4	36.9	1.2
吉　林	100.0	95.6	72.9	0.3	22.2	0.1
黑龙江	100.0	96.4	80.2	0.5	15.5	0.2
上　海	100.0	61.7	40.2	0.1	10.4	10.9
江　苏	100.0	64.9	41.4	1.6	12.8	9.0
浙　江	100.0	59.8	20.1	2.4	33.4	3.9
安　徽	100.0	85.3	68.1	1.5	13.2	2.4
福　建	100.0	72.7	44.4	4.8	18.1	5.4
江　西	100.0	80.5	60.3	2.9	15.3	2.0
山　东	100.0	80.1	57.3	1.7	20.3	0.8
河　南	100.0	83.2	59.2	1.0	22.4	0.6
湖　北	100.0	87.3	59.5	1.3	19.5	7.0
湖　南	100.0	75.4	48.5	1.8	22.3	2.8
广　东	100.0	81.2	43.3	1.2	24.3	12.5
广　西	100.0	89.9	58.2	2.1	28.0	1.6
海　南	100.0	88.3	46.1	12.1	18.0	12.2
重　庆	100.0	89.4	46.4	1.6	39.9	1.4
四　川	100.0	87.0	44.9	1.2	38.7	2.2
贵　州	100.0	84.1	49.5	1.5	32.9	0.3
云　南	100.0	90.8	57.3	6.7	26.6	0.3
西　藏	100.0	80.2	45.4	4.3	30.5	0.0
陕　西	100.0	81.3	59.3	1.7	20.3	0.1
甘　肃	100.0	88.0	68.0	3.0	16.9	0.1
青　海	100.0	80.6	43.9	0.9	35.7	0.1
宁　夏	100.0	86.4	52.2	0.2	32.0	2.1
新　疆	100.0	92.8	70.2	2.3	20.3	

5-23 续表 1 单位：%

地　区	二、第二产业收入	1. 工业收入	2. 建筑业收入	三、第三产业收入	1. 交通运输、邮电业收入
全国合计	**5.7**	**3.4**	**2.3**	**12.1**	**4.2**
北　京	10.1	1.4	8.7	27.8	14.1
天　津	14.5	7.0	7.5	20.0	9.9
河　北	9.9	9.2	0.7	14.9	4.7
山　西	1.6	0.8	0.8	22.8	7.9
内蒙古	0.8	0.4	0.4	3.3	1.1
辽　宁	2.8	1.8	1.0	8.3	2.7
吉　林	0.7	0.5	0.3	3.7	1.9
黑龙江	0.5	0.1	0.4	3.1	1.9
上　海	3.5	0.9	2.6	34.8	13.0
江　苏	13.5	9.9	3.6	21.6	8.2
浙　江	21.2	14.2	7.1	19.0	6.7
安　徽	4.1	1.3	2.9	10.6	3.1
福　建	7.5	2.2	5.3	19.8	6.3
江　西	7.7	3.7	4.0	11.8	3.1
山　东	6.7	5.1	1.5	13.2	3.6
河　南	4.7	3.4	1.4	12.1	3.7
湖　北	4.3	1.3	3.0	8.4	2.9
湖　南	9.5	3.7	5.8	15.0	4.2
广　东	2.9	0.8	2.0	15.9	4.0
广　西	2.5	1.5	0.9	7.7	3.0
海　南	3.7	1.1	2.6	8.0	2.8
重　庆	1.7	0.7	1.1	8.9	2.9
四　川	2.1	0.8	1.3	10.9	4.1
贵　州	3.1	1.1	2.0	12.8	4.7
云　南	1.9	0.9	1.0	7.3	3.4
西　藏	3.8	1.0	2.8	16.1	9.0
陕　西	2.7	1.3	1.4	16.0	6.6
甘　肃	2.6	0.8	1.8	9.4	3.9
青　海	2.8	1.0	1.8	16.6	6.3
宁　夏	2.7	2.7	0.0	10.9	6.7
新　疆	0.9	0.5	0.4	6.3	2.7

5-23　续表 2　　　　单位：%

地　区	2.批发和零售贸易、餐饮业收入	3.社会服务业收入	4.文教卫生业收入	5.其他家庭经营收入
全国合计	**4.9**	**1.4**	**0.6**	**1.0**
北　京	9.4	2.5	0.8	1.0
天　津	7.2	2.5	0.3	0.1
河　北	7.4	1.3	1.0	0.4
山　西	8.4	4.9	0.8	0.8
内蒙古	1.3	0.4	0.3	0.2
辽　宁	3.6	0.9	0.4	0.7
吉　林	1.0	0.1	0.1	0.6
黑龙江	0.7	0.1	0.2	0.3
上　海	20.8	0.4	0.5	0.1
江　苏	9.3	2.2	0.5	1.5
浙　江	7.4	2.6	0.5	1.8
安　徽	5.0	1.2	0.6	0.6
福　建	8.8	2.4	0.5	1.8
江　西	5.1	1.6	0.7	1.3
山　东	5.5	1.7	0.9	1.6
河　南	5.2	1.1	0.9	1.2
湖　北	3.7	1.1	0.4	0.3
湖　南	5.8	2.6	1.1	1.3
广　东	8.4	1.5	0.2	1.7
广　西	2.7	0.7	0.5	0.8
海　南	3.1	0.5	0.1	1.5
重　庆	3.8	0.4	1.0	0.8
四　川	4.0	1.4	0.3	1.1
贵　州	4.5	1.4	0.7	1.5
云　南	2.6	0.2	0.3	0.7
西　藏	4.3	1.5	0.0	1.3
陕　西	4.9	2.7	0.7	1.0
甘　肃	3.2	1.0	0.4	0.9
青　海	8.0	0.5	1.2	0.5
宁　夏	3.0	1.0	0.1	0.1
新　疆	2.2	0.3	0.3	0.8

5-24 各地区农村居民现金收入

单位：元/人

地 区	现金收入	一、工资性收入	二、家庭经营收入	三、财产性收入	四、转移性收入
全国合计	**6270.2**	**2057.8**	**3590.8**	**148.4**	**473.2**
北 京	13496.9	7319.9	3335.8	1265.8	1575.4
天 津	11070.6	4399.0	5930.9	260.5	480.2
河 北	6526.5	2250.5	3813.8	101.4	360.9
山 西	4939.9	1789.1	2607.2	193.9	349.7
内蒙古	7155.3	898.3	5461.7	134.3	661.1
辽 宁	9219.6	2239.5	6255.6	90.8	633.8
吉 林	7977.9	868.9	6242.3	106.5	760.2
黑龙江	8779.9	1012.7	6903.6	146.6	717.0
上 海	13022.8	8670.7	1040.7	932.8	2378.6
江 苏	9019.7	4200.8	3921.5	308.8	588.7
浙 江	13133.7	5086.0	6831.7	485.4	730.6
安 徽	5224.7	1881.7	2882.0	106.3	354.7
福 建	7459.0	2676.2	4032.7	201.6	548.5
江 西	5627.6	2017.9	3183.2	71.3	355.2
山 东	8057.9	2492.7	4977.8	154.3	433.1
河 南	5232.5	1621.1	3291.2	49.7	270.6
湖 北	5718.4	1898.9	3509.2	45.5	264.7
湖 南	5763.2	2234.0	2842.4	75.2	611.6
广 东	7543.1	4088.9	2577.4	357.1	519.7
广 西	4537.1	1464.8	2744.9	41.4	286.0
海 南	5411.7	972.7	4048.9	56.1	334.1
重 庆	4624.9	1917.2	2135.4	61.7	510.5
四 川	4978.6	1814.7	2518.7	92.0	553.2
贵 州	3188.3	1072.5	1652.3	79.3	384.2
云 南	3876.1	684.0	2754.2	128.4	309.5
西 藏	3395.8	914.0	1883.0	79.8	519.1
陕 西	4270.4	1428.4	2369.7	84.9	387.4
甘 肃	3517.2	992.5	2105.0	38.6	381.1
青 海	3752.6	1081.6	2056.1	114.4	500.6
宁 夏	5379.9	1518.9	3496.9	41.4	322.7
新 疆	6231.8	461.3	5445.8	82.7	242.0

5-25 各地区农村居民现金收入构成

单位：%

地区	现金收入	一、工资性收入	二、家庭经营收入	三、财产性收入	四、转移性收入
全国合计	**100.0**	**32.8**	**57.3**	**2.4**	**7.5**
北京	100.0	54.2	24.7	9.4	11.7
天津	100.0	39.7	53.6	2.4	4.3
河北	100.0	34.5	58.4	1.6	5.5
山西	100.0	36.2	52.8	3.9	7.1
内蒙古	100.0	12.6	76.3	1.9	9.2
辽宁	100.0	24.3	67.9	1.0	6.9
吉林	100.0	10.9	78.2	1.3	9.5
黑龙江	100.0	11.5	78.6	1.7	8.2
上海	100.0	66.6	8.0	7.2	18.3
江苏	100.0	46.6	43.5	3.4	6.5
浙江	100.0	38.7	52.0	3.7	5.6
安徽	100.0	36.0	55.2	2.0	6.8
福建	100.0	35.9	54.1	2.7	7.4
江西	100.0	35.9	56.6	1.3	6.3
山东	100.0	30.9	61.8	1.9	5.4
河南	100.0	31.0	62.9	0.9	5.2
湖北	100.0	33.2	61.4	0.8	4.6
湖南	100.0	38.8	49.3	1.3	10.6
广东	100.0	54.2	34.2	4.7	6.9
广西	100.0	32.3	60.5	0.9	6.3
海南	100.0	18.0	74.8	1.0	6.2
重庆	100.0	41.5	46.2	1.3	11.0
四川	100.0	36.4	50.6	1.8	11.1
贵州	100.0	33.6	51.8	2.5	12.1
云南	100.0	17.6	71.1	3.3	8.0
西藏	100.0	26.9	55.4	2.3	15.3
陕西	100.0	33.4	55.5	2.0	9.1
甘肃	100.0	28.2	59.9	1.1	10.8
青海	100.0	28.8	54.8	3.0	13.3
宁夏	100.0	28.2	65.0	0.8	6.0
新疆	100.0	7.4	87.4	1.3	3.9

5-26 各地区农村居民工资性现金收入

单位：元/人

地　区	工资性现金收入	一、在非企业组织中得到的收入	二、在本乡地域内劳动得到的收入	三、外出从业得到的收入
全国合计	**2057.8**	**210.7**	**997.2**	**849.9**
北　京	7319.9	897.0	4600.7	1822.2
天　津	4399.0	449.2	3396.7	553.1
河　北	2250.5	191.3	1212.3	847.0
山　西	1789.1	201.9	1254.8	332.5
内蒙古	898.3	186.5	381.2	330.6
辽　宁	2239.5	518.6	1038.0	682.8
吉　林	868.9	149.8	396.4	322.8
黑龙江	1012.7	196.4	491.2	325.2
上　海	8670.7	1441.3	5510.6	1718.9
江　苏	4200.8	485.1	2388.6	1327.1
浙　江	5086.0	374.1	4089.4	622.5
安　徽	1881.7	196.1	542.2	1143.4
福　建	2676.2	318.0	1604.1	754.2
江　西	2017.9	190.9	606.0	1220.9
山　东	2492.7	283.3	1415.6	793.8
河　南	1621.1	172.5	639.7	808.8
湖　北	1898.9	102.3	616.1	1180.6
湖　南	2234.0	85.6	752.2	1396.2
广　东	4088.9	352.8	1396.8	2339.3
广　西	1464.8	161.1	535.5	768.2
海　南	972.7	164.9	462.2	345.5
重　庆	1917.2	115.6	578.8	1222.9
四　川	1814.7	141.8	528.1	1144.7
贵　州	1072.5	171.3	477.1	424.2
云　南	684.0	92.0	452.6	139.5
西　藏	914.0	123.7	241.8	548.5
陕　西	1428.4	101.7	627.1	699.6
甘　肃	992.5	159.9	294.8	537.9
青　海	1081.6	140.7	227.2	713.7
宁　夏	1518.9	59.5	406.0	1053.5
新　疆	461.3	99.8	207.3	154.2

5-27 各地区农村居民工资性现金收入构成

单位：%

地　区	工资性现金收入	一、在非企业组织中得到的收入	二、在本乡地域内劳动得到的收入	三、外出从业得到的收入
全国合计	**100.0**	**10.2**	**48.5**	**41.3**
北　京	100.0	12.3	62.9	24.9
天　津	100.0	10.2	77.2	12.6
河　北	100.0	8.5	53.9	37.6
山　西	100.0	11.3	70.1	18.6
内蒙古	100.0	20.8	42.4	36.8
辽　宁	100.0	23.2	46.3	30.5
吉　林	100.0	17.2	45.6	37.1
黑龙江	100.0	19.4	48.5	32.1
上　海	100.0	16.6	63.6	19.8
江　苏	100.0	11.5	56.9	31.6
浙　江	100.0	7.4	80.4	12.2
安　徽	100.0	10.4	28.8	60.8
福　建	100.0	11.9	59.9	28.2
江　西	100.0	9.5	30.0	60.5
山　东	100.0	11.4	56.8	31.8
河　南	100.0	10.6	39.5	49.9
湖　北	100.0	5.4	32.4	62.2
湖　南	100.0	3.8	33.7	62.5
广　东	100.0	8.6	34.2	57.2
广　西	100.0	11.0	36.6	52.4
海　南	100.0	17.0	47.5	35.5
重　庆	100.0	6.0	30.2	63.8
四　川	100.0	7.8	29.1	63.1
贵　州	100.0	16.0	44.5	39.5
云　南	100.0	13.4	66.2	20.4
西　藏	100.0	13.5	26.5	60.0
陕　西	100.0	7.1	43.9	49.0
甘　肃	100.0	16.1	29.7	54.2
青　海	100.0	13.0	21.0	66.0
宁　夏	100.0	3.9	26.7	69.4
新　疆	100.0	21.6	44.9	33.4

5-28 各地区农村居民家庭经营现金收入

单位：元/人

地 区	家庭经营现金收入	一、第一产业收入	1.农业收入	2.林业收入	3.牧业收入
全国合计	**3590.8**	**2810.1**	**1678.1**	**75.5**	**950.7**
北 京	3335.8	2009.6	743.5	81.9	1064.6
天 津	5930.9	3682.1	1586.9	13.4	1851.3
河 北	3813.8	2701.4	1713.3	22.5	965.6
山 西	2607.2	1846.4	1312.2	18.5	515.7
内蒙古	5461.7	5188.6	2761.7	24.8	2402.1
辽 宁	6255.6	5501.1	2968.4	30.3	2422.2
吉 林	6242.3	5946.5	4496.9	20.8	1423.5
黑龙江	6903.6	6635.7	5489.6	34.8	1098.0
上 海	1040.7	579.4	354.9	1.6	92.9
江 苏	3921.5	2317.0	1327.4	78.2	531.5
浙 江	6831.7	3980.8	1193.2	166.8	2347.8
安 徽	2882.0	2345.7	1787.6	55.0	436.2
福 建	4032.7	2732.0	1545.7	205.1	755.9
江 西	3183.2	2386.3	1621.5	103.6	579.1
山 东	4977.8	3880.5	2616.6	90.5	1127.0
河 南	3291.2	2540.4	1509.0	38.4	967.8
湖 北	3509.2	2945.8	1924.8	55.5	658.2
湖 南	2842.4	1933.5	1085.3	57.8	693.4
广 东	2577.4	1957.9	833.6	37.9	678.8
广 西	2744.9	2365.4	1296.9	75.9	935.2
海 南	4048.9	3491.7	1594.1	568.5	754.5
重 庆	2135.4	1785.9	637.4	49.6	1051.5
四 川	2518.7	2030.3	713.4	38.3	1197.8
贵 州	1652.3	1255.3	577.1	35.6	636.5
云 南	2754.2	2389.5	1338.7	256.4	785.5
西 藏	1883.0	1306.0	650.4	104.9	550.2
陕 西	2369.7	1824.7	1223.5	47.6	551.2
甘 肃	2105.0	1759.4	1271.0	80.0	405.5
青 海	2056.1	1527.4	764.6	18.6	742.5
宁 夏	3496.9	2865.7	1427.0	9.2	1334.0
新 疆	5445.8	4982.1	3683.8	126.8	1171.6

5-28 续表 1

单位：元/人

地 区	4.渔业收入	二、第二产业收入	1.工业收入	2.建筑业收入	三、第三产业收入
全国合计	**105.8**	**248.9**	**148.8**	**100.1**	**531.8**
北 京	119.6	355.2	50.4	304.8	971.0
天 津	230.6	946.4	458.1	488.3	1302.4
河 北		444.6	413.8	30.8	667.8
山 西		49.4	25.7	23.6	711.5
内蒙古		50.5	27.0	23.5	222.5
辽 宁	80.3	189.3	122.1	67.2	565.1
吉 林	5.3	50.1	31.4	18.6	245.7
黑龙江	13.2	37.3	5.4	32.0	230.6
上 海	129.9	42.2	10.4	31.9	419.1
江 苏	380.1	617.0	452.1	165.0	987.4
浙 江	273.0	1504.9	1002.9	502.1	1346.0
安 徽	66.9	150.9	46.8	104.1	385.4
福 建	225.5	358.2	106.4	251.9	942.4
江 西	82.1	314.1	149.7	164.4	482.8
山 东	46.4	368.6	284.0	84.6	728.7
河 南	25.2	211.0	150.1	60.9	539.8
湖 北	307.3	192.0	58.7	133.3	371.5
湖 南	97.1	352.4	137.3	215.2	556.5
广 东	407.5	94.6	28.0	66.6	524.9
广 西	57.3	91.8	57.9	33.9	287.8
海 南	574.5	179.0	55.3	123.7	378.3
重 庆	47.4	57.1	22.1	35.1	292.4
四 川	80.8	80.0	31.6	48.5	408.4
贵 州	6.0	77.7	28.2	49.4	319.3
云 南	8.9	75.1	35.8	39.3	289.5
西 藏	0.4	109.6	29.1	80.5	467.4
陕 西	2.4	78.8	39.4	39.5	466.2
甘 肃	2.8	74.6	22.3	52.3	271.1
青 海	1.8	76.8	27.1	49.7	451.8
宁 夏	95.5	123.7	123.5	0.2	507.5
新 疆		57.7	32.3	25.4	406.0

5-28 续表 2

单位：元/人

地　区	1.交通、运输邮电业收入	2.批发和零售贸易、餐饮业收入	3.社会服务业收入	4.文教卫生业收入	5.其他行业收入
全国合计	**185.9**	**217.7**	**60.8**	**24.6**	**42.8**
北　京	493.9	331.1	88.8	27.2	30.1
天　津	645.6	468.5	163.8	17.8	6.7
河　北	211.7	331.6	58.9	45.6	20.1
山　西	246.5	261.4	151.2	26.4	26.0
内蒙古	76.7	85.7	23.6	21.8	14.7
辽　宁	182.3	247.2	63.9	25.4	46.3
吉　林	125.2	69.2	7.2	6.2	37.9
黑龙江	137.2	50.5	6.4	12.1	24.3
上　海	156.1	250.7	4.7	6.2	1.4
江　苏	373.0	426.8	100.5	21.1	66.1
浙　江	476.7	521.4	186.7	37.2	124.1
安　徽	113.1	182.0	44.5	23.0	22.8
福　建	298.8	419.5	114.3	25.3	84.6
江　西	128.4	208.5	65.7	27.7	52.5
山　东	198.6	302.6	92.5	48.7	86.3
河　南	163.6	231.4	50.4	42.1	52.3
湖　北	128.0	165.0	47.7	15.8	15.0
湖　南	154.9	215.2	97.3	42.5	46.6
广　东	133.2	278.0	50.0	7.4	56.4
广　西	111.9	102.3	26.1	19.3	28.3
海　南	135.6	148.6	22.5	6.7	64.9
重　庆	94.5	125.8	13.9	33.3	24.9
四　川	155.2	150.0	52.0	12.6	38.5
贵　州	116.5	113.7	34.6	17.6	36.9
云　南	137.0	102.0	9.5	12.9	28.2
西　藏	261.2	126.7	42.9	0.1	36.5
陕　西	192.9	144.0	79.0	19.7	30.7
甘　肃	111.0	91.7	29.2	12.5	26.7
青　海	172.3	218.9	14.4	31.6	14.7
宁　夏	314.0	141.3	46.7	2.5	3.0
新　疆	173.2	143.5	20.9	16.5	51.9

5-29 各地区农村居民家庭经营现金收入构成

单位：%

地 区	家庭经营现金收入	一、第一产业收入	1.农业收入	2.林业收入	3.牧业收入
全国合计	**100.0**	**78.3**	**46.7**	**2.1**	**26.5**
北 京	100.0	60.2	22.3	2.5	31.9
天 津	100.0	62.1	26.8	0.2	31.2
河 北	100.0	70.8	44.9	0.6	25.3
山 西	100.0	70.8	50.3	0.7	19.8
内蒙古	100.0	95.0	50.6	0.5	44.0
辽 宁	100.0	87.9	47.5	0.5	38.7
吉 林	100.0	95.3	72.0	0.3	22.8
黑龙江	100.0	96.1	79.5	0.5	15.9
上 海	100.0	55.7	34.1	0.2	8.9
江 苏	100.0	59.1	33.8	2.0	13.6
浙 江	100.0	58.3	17.5	2.4	34.4
安 徽	100.0	81.4	62.0	1.9	15.1
福 建	100.0	67.7	38.3	5.1	18.7
江 西	100.0	75.0	50.9	3.3	18.2
山 东	100.0	78.0	52.6	1.8	22.6
河 南	100.0	77.2	45.9	1.2	29.4
湖 北	100.0	83.9	54.9	1.6	18.8
湖 南	100.0	68.0	38.2	2.0	24.4
广 东	100.0	76.0	32.3	1.5	26.3
广 西	100.0	86.2	47.2	2.8	34.1
海 南	100.0	86.2	39.4	14.0	18.6
重 庆	100.0	83.6	29.8	2.3	49.2
四 川	100.0	80.6	28.3	1.5	47.6
贵 州	100.0	76.0	34.9	2.2	38.5
云 南	100.0	86.8	48.6	9.3	28.5
西 藏	100.0	69.4	34.5	5.6	29.2
陕 西	100.0	77.0	51.6	2.0	23.3
甘 肃	100.0	83.6	60.4	3.8	19.3
青 海	100.0	74.3	37.2	0.9	36.1
宁 夏	100.0	81.9	40.8	0.3	38.1
新 疆	100.0	91.5	67.6	2.3	21.5

5-29 续表 1

单位：%

地　区	4.渔业收入	二、第二产业收入	1.工业收入	2.建筑业收入	三、第三产业收入
全国合计	**2.9**	**6.9**	**4.1**	**2.8**	**14.8**
北　京	3.6	10.6	1.5	9.1	29.1
天　津	3.9	16.0	7.7	8.2	22.0
河　北		11.7	10.9	0.8	17.5
山　西		1.9	1.0	0.9	27.3
内蒙古		0.9	0.5	0.4	4.1
辽　宁	1.3	3.0	2.0	1.1	9.0
吉　林	0.1	0.8	0.5	0.3	3.9
黑龙江	0.2	0.5	0.1	0.5	3.3
上　海	12.5	4.1	1.0	3.1	40.3
江　苏	9.7	15.7	11.5	4.2	25.2
浙　江	4.0	22.0	14.7	7.3	19.7
安　徽	2.3	5.2	1.6	3.6	13.4
福　建	5.6	8.9	2.6	6.2	23.4
江　西	2.6	9.9	4.7	5.2	15.2
山　东	0.9	7.4	5.7	1.7	14.6
河　南	0.8	6.4	4.6	1.8	16.4
湖　北	8.8	5.5	1.7	3.8	10.6
湖　南	3.4	12.4	4.8	7.6	19.6
广　东	15.8	3.7	1.1	2.6	20.4
广　西	2.1	3.3	2.1	1.2	10.5
海　南	14.2	4.4	1.4	3.1	9.3
重　庆	2.2	2.7	1.0	1.6	13.7
四　川	3.2	3.2	1.3	1.9	16.2
贵　州	0.4	4.7	1.7	3.0	19.3
云　南	0.3	2.7	1.3	1.4	10.5
西　藏	0.0	5.8	1.5	4.3	24.8
陕　西	0.1	3.3	1.7	1.7	19.7
甘　肃	0.1	3.5	1.1	2.5	12.9
青　海	0.1	3.7	1.3	2.4	22.0
宁　夏	2.7	3.5	3.5	0.0	14.5
新　疆		1.1	0.6	0.5	7.5

5-29 续表 2

单位：%

地　区	1.交通、运输邮电业收入	2.批发和零售贸易、餐饮业收入	3.社会服务业收入	4.文教卫生业收入	5.其他行业收入
全国合计	**5.2**	**6.1**	**1.7**	**0.7**	**1.2**
北　京	14.8	9.9	2.7	0.8	0.9
天　津	10.9	7.9	2.8	0.3	0.1
河　北	5.6	8.7	1.5	1.2	0.5
山　西	9.5	10.0	5.8	1.0	1.0
内蒙古	1.4	1.6	0.4	0.4	0.3
辽　宁	2.9	4.0	1.0	0.4	0.7
吉　林	2.0	1.1	0.1	0.1	0.6
黑龙江	2.0	0.7	0.1	0.2	0.4
上　海	15.0	24.1	0.5	0.6	0.1
江　苏	9.5	10.9	2.6	0.5	1.7
浙　江	7.0	7.6	2.7	0.5	1.8
安　徽	3.9	6.3	1.5	0.8	0.8
福　建	7.4	10.4	2.8	0.6	2.1
江　西	4.0	6.5	2.1	0.9	1.6
山　东	4.0	6.1	1.9	1.0	1.7
河　南	5.0	7.0	1.5	1.3	1.6
湖　北	3.6	4.7	1.4	0.4	0.4
湖　南	5.4	7.6	3.4	1.5	1.6
广　东	5.2	10.8	1.9	0.3	2.2
广　西	4.1	3.7	1.0	0.7	1.0
海　南	3.3	3.7	0.6	0.2	1.6
重　庆	4.4	5.9	0.7	1.6	1.2
四　川	6.2	6.0	2.1	0.5	1.5
贵　州	7.0	6.9	2.1	1.1	2.2
云　南	5.0	3.7	0.3	0.5	1.0
西　藏	13.9	6.7	2.3	0.0	1.9
陕　西	8.1	6.1	3.3	0.8	1.3
甘　肃	5.3	4.4	1.4	0.6	1.3
青　海	8.4	10.6	0.7	1.5	0.7
宁　夏	9.0	4.0	1.3	0.1	0.1
新　疆	3.2	2.6	0.4	0.3	1.0

5-30 各地区农村居民总支出

单位：元/人

地 区	总支出	一、家庭经营费用支出	二、购置生产性固定资产支出	三、建造生产性固定资产雇工支出	四、税费支出	五、生活消费支出	六、财产性支出	七、转移性支出
全国合计	**6333.9**	**1700.1**	**195.7**	**5.4**	**10.1**	**3993.5**	**38.9**	**390.3**
北 京	11607.4	1650.9	136.3	14.9	3.6	8897.6	26.0	878.2
天 津	7462.2	2662.3	133.0		10.4	4273.2	21.8	361.7
河 北	5619.0	1827.5	131.7	3.1	23.7	3349.7	20.6	262.6
山 西	4875.8	1081.6	160.4	25.2	2.3	3304.8	8.7	292.8
内 蒙 古	8146.5	3097.7	385.5	6.9	6.5	3968.4	96.9	584.5
辽 宁	9146.2	3551.9	316.4	3.7	9.7	4254.0	61.4	949.2
吉 林	8689.5	2966.8	522.4	3.5	10.9	3902.9	314.3	968.7
黑 龙 江	9729.2	3756.1	613.6	2.6	4.8	4241.3	453.1	657.8
上 海	11435.8	588.8	11.5		0.3	9804.4	1.3	1029.6
江 苏	8027.6	1411.9	149.5	1.0	35.7	5804.5	12.3	612.8
浙 江	11730.1	2876.0	203.7	3.6	10.0	7731.7	40.7	864.5
安 徽	5378.0	1240.5	148.3	2.4	17.4	3655.0	10.1	304.4
福 建	6850.5	1283.2	96.7	7.9	1.5	5015.7	18.8	426.7
江 西	5306.2	1297.2	148.5	2.7	15.4	3532.7	21.1	288.6
山 东	7258.2	2165.9	233.8	12.2	13.8	4417.2	27.8	387.6
河 南	5220.1	1418.7	131.6	1.0	2.8	3388.5	4.3	273.2
湖 北	5537.6	1489.4	147.7	1.0	11.2	3725.2	8.3	154.7
湖 南	6024.2	1344.3	133.5	2.5	14.8	4020.9	4.9	503.4
广 东	6556.2	1207.0	46.5	4.1	4.5	5019.8	13.4	260.9
广 西	4957.8	1406.3	160.1	0.7	8.8	3231.1	2.3	148.4
海 南	4569.1	1279.9	60.0	4.6	1.0	3088.6	3.5	131.4
重 庆	4753.3	1097.2	79.3	9.4	5.0	3142.1	2.3	418.1
四 川	6330.5	1555.1	168.8	17.4	13.8	4141.4	21.1	413.0
贵 州	3862.8	872.5	166.6	0.6	1.6	2422.0	5.6	393.8
云 南	4855.5	1547.4	183.1	2.8	3.6	2924.9	17.3	176.6
西 藏	3304.9	567.4	278.3	5.0	0.4	2399.5		54.4
陕 西	5245.8	1210.7	300.1	10.2	8.8	3349.2	7.8	359.0
甘 肃	4255.0	1164.5	158.6	1.1	1.4	2766.5	5.7	157.2
青 海	4626.6	880.0	232.2	2.8	2.0	3209.4	16.9	283.3
宁 夏	6411.0	2214.2	376.7	7.0	0.9	3347.9	28.5	435.8
新 疆	6847.5	3100.9	462.4	7.7	2.5	2950.6	129.6	193.8

5-31 各地区农村居民总支出构成

单位：%

地区	总支出	一、家庭经营费用支出	二、购置生产性固定资产支出	三、建造生产性固定资产雇工支出	四、税费支出	五、生活消费支出	六、财产性支出	七、转移性支出
全国合计	**100.0**	**26.8**	**3.1**	**0.1**	**0.2**	**63.0**	**0.6**	**6.2**
北京	100.0	14.2	1.2	0.1	0.0	76.7	0.2	7.6
天津	100.0	35.7	1.8		0.1	57.3	0.3	4.8
河北	100.0	32.5	2.3	0.1	0.4	59.6	0.4	4.7
山西	100.0	22.2	3.3	0.5	0.0	67.8	0.2	6.0
内蒙古	100.0	38.0	4.7	0.1	0.1	48.7	1.2	7.2
辽宁	100.0	38.8	3.5	0.0	0.1	46.5	0.7	10.4
吉林	100.0	34.1	6.0	0.0	0.1	44.9	3.6	11.1
黑龙江	100.0	38.6	6.3	0.0	0.0	43.6	4.7	6.8
上海	100.0	5.1	0.1		0.0	85.7	0.0	9.0
江苏	100.0	17.6	1.9	0.0	0.4	72.3	0.2	7.6
浙江	100.0	24.5	1.7	0.0	0.1	65.9	0.3	7.4
安徽	100.0	23.1	2.8	0.0	0.3	68.0	0.2	5.7
福建	100.0	18.7	1.4	0.1	0.0	73.2	0.3	6.2
江西	100.0	24.4	2.8	0.1	0.3	66.6	0.4	5.4
山东	100.0	29.8	3.2	0.2	0.2	60.9	0.4	5.3
河南	100.0	27.2	2.5	0.0	0.1	64.9	0.1	5.2
湖北	100.0	26.9	2.7	0.0	0.2	67.3	0.2	2.8
湖南	100.0	22.3	2.2	0.0	0.2	66.7	0.1	8.4
广东	100.0	18.4	0.7	0.1	0.1	76.6	0.2	4.0
广西	100.0	28.4	3.2	0.0	0.2	65.2	0.0	3.0
海南	100.0	28.0	1.3	0.1	0.0	67.6	0.1	2.9
重庆	100.0	23.1	1.7	0.2	0.1	66.1	0.0	8.8
四川	100.0	24.6	2.7	0.3	0.2	65.4	0.3	6.5
贵州	100.0	22.6	4.3	0.0	0.0	62.7	0.1	10.2
云南	100.0	31.9	3.8	0.1	0.1	60.2	0.4	3.6
西藏	100.0	17.2	8.4	0.2	0.0	72.6		1.6
陕西	100.0	23.1	5.7	0.2	0.2	63.8	0.1	6.8
甘肃	100.0	27.4	3.7	0.0	0.0	65.0	0.1	3.7
青海	100.0	19.0	5.0	0.1	0.0	69.4	0.4	6.1
宁夏	100.0	34.5	5.9	0.1	0.0	52.2	0.4	6.8
新疆	100.0	45.3	6.8	0.1	0.0	43.1	1.9	2.8

5-32 各地区农村居民家庭经营费用支出

单位：元/人

地　区	家庭经营费用支出	一、第一产业生产费用支出	1.农业支出	2.林业支出	3.牧业支出
全国合计	**1700.1**	**1511.9**	**788.6**	**10.5**	**664.7**
北　京	1650.9	1145.3	238.5	10.7	787.0
天　津	2662.3	2042.3	476.8	7.1	1476.2
河　北	1827.5	1414.9	738.2	8.2	668.5
山　西	1081.6	918.8	550.5	3.1	365.3
内蒙古	3097.7	3001.9	1598.0	4.2	1398.3
辽　宁	3551.9	3359.6	1493.3	13.8	1821.3
吉　林	2966.8	2897.7	2020.2	4.3	872.9
黑龙江	3756.1	3680.1	2810.5	13.2	849.4
上　海	588.8	299.2	153.2	0.4	79.5
江　苏	1411.9	1146.6	632.8	19.1	330.0
浙　江	2876.0	2462.2	410.9	12.5	1898.5
安　徽	1240.5	1118.7	763.3	4.5	311.3
福　建	1283.2	1123.4	541.3	34.1	492.7
江　西	1297.2	1053.5	646.8	12.3	363.6
山　东	2165.9	1913.0	1091.7	16.5	787.9
河　南	1418.7	1216.9	659.6	3.9	546.7
湖　北	1489.4	1321.5	746.7	6.7	463.8
湖　南	1344.3	1116.6	509.4	8.9	554.8
广　东	1207.0	1122.1	355.5	3.9	513.9
广　西	1406.3	1293.8	691.4	11.2	569.4
海　南	1279.9	1226.1	554.8	31.9	396.5
重　庆	1097.2	1038.5	322.4	11.5	682.7
四　川	1555.1	1411.5	450.1	4.8	919.3
贵　州	872.5	801.1	298.3	2.1	497.3
云　南	1547.4	1403.0	682.6	17.2	697.2
西　藏	567.4	450.5	217.6	1.3	231.6
陕　西	1210.7	1038.8	627.1	13.4	397.9
甘　肃	1164.5	1075.4	764.1	24.1	286.6
青　海	880.0	664.0	332.3	2.9	328.7
宁　夏	2214.2	2049.4	887.1	2.8	1092.5
新　疆	3100.9	2949.1	2239.4	16.3	693.4

5-32 续表 1

单位：元/人

地　区	4.渔业支出	二、第二产业生产费用支出	1.工业支出	2.建筑业支出	三、第三产业生产费用支出
全国合计	**48.1**	**68.5**	**48.6**	**19.9**	**119.8**
北　京	109.2	211.0	20.1	191.0	294.6
天　津	82.2	391.3	64.8	326.6	228.7
河　北		209.3	201.9	7.4	203.3
山　西		5.9	4.4	1.5	157.0
内蒙古	1.3	15.8	12.5	3.3	80.1
辽　宁	31.3	52.0	42.4	9.6	140.3
吉　林	0.3	14.3	13.4	1.0	54.8
黑龙江	6.9	6.8	3.7	3.1	69.2
上　海	66.0	2.6	2.6	0.0	287.0
江　苏	164.8	127.5	98.1	29.4	137.7
浙　江	140.3	256.4	221.3	35.1	157.3
安　徽	39.6	28.1	19.7	8.4	93.7
福　建	55.4	50.2	26.5	23.7	109.7
江　西	30.8	82.9	43.3	39.7	160.8
山　东	16.8	137.1	124.5	12.7	115.8
河　南	6.7	81.2	58.4	22.8	120.6
湖　北	104.4	61.5	16.4	45.2	106.4
湖　南	43.5	71.8	48.3	23.5	156.0
广　东	248.9	12.9	10.2	2.7	72.1
广　西	21.9	28.3	20.4	7.9	84.2
海　南	242.9	8.6	4.6	3.9	45.3
重　庆	22.1	20.3	4.1	16.2	38.4
四　川	37.3	28.7	14.2	14.5	114.9
贵　州	3.3	16.3	6.2	10.1	55.2
云　南	6.1	38.4	21.7	16.7	106.0
西　藏		36.3	0.8	35.5	80.6
陕　西	0.5	20.5	15.5	5.1	151.4
甘　肃	0.5	18.1	5.0	13.2	71.0
青　海	0.1	29.5	12.3	17.2	186.5
宁　夏	67.0	60.1	60.0	0.1	104.8
新　疆		15.6	8.7	6.8	136.2

5-32 续表 2

单位：元/人

地　　区	1.交通运输邮电业支出	2.批发和零售贸易、餐饮业支出	3.社会服务业支出	4.文教卫生业支出	5.其他行业支　　出
全国合计	**53.2**	**46.7**	**9.9**	**4.7**	**5.4**
北　　京	182.9	97.3	14.0	0.3	0.0
天　　津	167.1	38.1	22.7	0.6	0.3
河　　北	72.9	98.9	11.1	14.7	5.7
山　　西	53.3	69.8	22.2	6.6	5.2
内 蒙 古	28.5	29.0	14.4	3.0	5.3
辽　　宁	80.0	40.5	15.9	0.7	3.2
吉　　林	44.8	5.8	1.0	0.4	2.9
黑 龙 江	46.5	16.5	3.1	1.7	1.4
上　　海	62.2	222.8	0.4	1.6	
江　　苏	84.0	39.3	10.4	0.8	3.2
浙　　江	77.0	40.3	26.1	2.9	11.0
安　　徽	32.2	46.6	5.4	7.8	1.7
福　　建	54.0	39.1	13.5	0.7	2.4
江　　西	38.5	89.9	12.9	4.7	14.8
山　　东	24.3	60.7	10.9	6.4	13.5
河　　南	54.6	48.3	6.3	6.9	4.5
湖　　北	38.1	52.0	11.7	2.0	2.5
湖　　南	48.4	72.7	13.4	12.4	9.1
广　　东	34.7	28.8	5.9	0.4	2.3
广　　西	38.3	21.9	13.8	5.5	4.8
海　　南	36.8	4.4	2.1	0.1	1.8
重　　庆	11.3	18.7	3.6	0.9	4.1
四　　川	68.5	34.6	6.9	1.3	3.7
贵　　州	26.5	18.7	1.4	4.8	3.8
云　　南	60.5	30.3	1.1	7.0	7.1
西　　藏	63.9	11.2	0.7	0.0	4.7
陕　　西	82.9	38.3	21.1	3.7	5.5
甘　　肃	24.7	30.5	10.7	0.4	4.7
青　　海	73.8	96.2	0.6	11.1	4.8
宁　　夏	80.5	12.3	11.3	0.2	0.5
新　　疆	77.5	40.8	3.0	5.7	9.2

5-33 各地区农村居民家庭经营费用支出构成

单位：%

地　区	家庭经营费用支出	一、第一产业生产费用支出	1.农业支出	2.林业支出	3.牧业支出
全国合计	**100.0**	**88.9**	**46.4**	**0.6**	**39.1**
北　京	100.0	69.4	14.4	0.6	47.7
天　津	100.0	76.7	17.9	0.3	55.4
河　北	100.0	77.4	40.4	0.4	36.6
山　西	100.0	84.9	50.9	0.3	33.8
内蒙古	100.0	96.9	51.6	0.1	45.1
辽　宁	100.0	94.6	42.0	0.4	51.3
吉　林	100.0	97.7	68.1	0.1	29.4
黑龙江	100.0	98.0	74.8	0.4	22.6
上　海	100.0	50.8	26.0	0.1	13.5
江　苏	100.0	81.2	44.8	1.4	23.4
浙　江	100.0	85.6	14.3	0.4	66.0
安　徽	100.0	90.2	61.5	0.4	25.1
福　建	100.0	87.5	42.2	2.7	38.4
江　西	100.0	81.2	49.9	0.9	28.0
山　东	100.0	88.3	50.4	0.8	36.4
河　南	100.0	85.8	46.5	0.3	38.5
湖　北	100.0	88.7	50.1	0.4	31.1
湖　南	100.0	83.1	37.9	0.7	41.3
广　东	100.0	93.0	29.5	0.3	42.6
广　西	100.0	92.0	49.2	0.8	40.5
海　南	100.0	95.8	43.3	2.5	31.0
重　庆	100.0	94.7	29.4	1.0	62.2
四　川	100.0	90.8	28.9	0.3	59.1
贵　州	100.0	91.8	34.2	0.2	57.0
云　南	100.0	90.7	44.1	1.1	45.1
西　藏	100.0	79.4	38.4	0.2	40.8
陕　西	100.0	85.8	51.8	1.1	32.9
甘　肃	100.0	92.3	65.6	2.1	24.6
青　海	100.0	75.5	37.8	0.3	37.4
宁　夏	100.0	92.6	40.1	0.1	49.3
新　疆	100.0	95.1	72.2	0.5	22.4

5-33 续表 1

单位：%

地　区	4.渔业支出	二、第二产业生产费用支出	1.工业支出	2.建筑业支出	三、第三产业生产费用支出
全国合计	**2.8**	**4.0**	**2.9**	**1.2**	**7.0**
北　京	6.6	12.8	1.2	11.6	17.8
天　津	3.1	14.7	2.4	12.3	8.6
河　北		11.5	11.0	0.4	11.1
山　西		0.5	0.4	0.1	14.5
内蒙古	0.0	0.5	0.4	0.1	2.6
辽　宁	0.9	1.5	1.2	0.3	3.9
吉　林	0.0	0.5	0.5	0.0	1.8
黑龙江	0.2	0.2	0.1	0.1	1.8
上　海	11.2	0.4	0.4	0.0	48.7
江　苏	11.7	9.0	6.9	2.1	9.8
浙　江	4.9	8.9	7.7	1.2	5.5
安　徽	3.2	2.3	1.6	0.7	7.6
福　建	4.3	3.9	2.1	1.8	8.5
江　西	2.4	6.4	3.3	3.1	12.4
山　东	0.8	6.3	5.7	0.6	5.3
河　南	0.5	5.7	4.1	1.6	8.5
湖　北	7.0	4.1	1.1	3.0	7.1
湖　南	3.2	5.3	3.6	1.7	11.6
广　东	20.6	1.1	0.8	0.2	6.0
广　西	1.6	2.0	1.4	0.6	6.0
海　南	19.0	0.7	0.4	0.3	3.5
重　庆	2.0	1.8	0.4	1.5	3.5
四　川	2.4	1.8	0.9	0.9	7.4
贵　州	0.4	1.9	0.7	1.2	6.3
云　南	0.4	2.5	1.4	1.1	6.9
西　藏		6.4	0.1	6.3	14.2
陕　西	0.0	1.7	1.3	0.4	12.5
甘　肃	0.0	1.6	0.4	1.1	6.1
青　海	0.0	3.4	1.4	2.0	21.2
宁　夏	3.0	2.7	2.7	0.0	4.7
新　疆		0.5	0.3	0.2	4.4

5-33 续表 2

单位：%

地　区	1.交通运输邮电业支出	2.批发和零售贸易、餐饮业支出	3.社会服务业支出	4.文教卫生业支出	5.其他行业支出
全国合计	**3.1**	**2.7**	**0.6**	**0.3**	**0.3**
北　京	11.1	5.9	0.8	0.0	0.0
天　津	6.3	1.4	0.9	0.0	0.0
河　北	4.0	5.4	0.6	0.8	0.3
山　西	4.9	6.5	2.0	0.6	0.5
内蒙古	0.9	0.9	0.5	0.1	0.2
辽　宁	2.3	1.1	0.4	0.0	0.1
吉　林	1.5	0.2	0.0	0.0	0.1
黑龙江	1.2	0.4	0.1	0.0	0.0
上　海	10.6	37.8	0.1	0.3	
江　苏	6.0	2.8	0.7	0.1	0.2
浙　江	2.7	1.4	0.9	0.1	0.4
安　徽	2.6	3.8	0.4	0.6	0.1
福　建	4.2	3.0	1.0	0.1	0.2
江　西	3.0	6.9	1.0	0.4	1.1
山　东	1.1	2.8	0.5	0.3	0.6
河　南	3.9	3.4	0.4	0.5	0.3
湖　北	2.6	3.5	0.8	0.1	0.2
湖　南	3.6	5.4	1.0	0.9	0.7
广　东	2.9	2.4	0.5	0.0	0.2
广　西	2.7	1.6	1.0	0.4	0.3
海　南	2.9	0.3	0.2	0.0	0.1
重　庆	1.0	1.7	0.3	0.1	0.4
四　川	4.4	2.2	0.4	0.1	0.2
贵　州	3.0	2.1	0.2	0.6	0.4
云　南	3.9	2.0	0.1	0.5	0.5
西　藏	11.3	2.0	0.1	0.0	0.8
陕　西	6.8	3.2	1.7	0.3	0.5
甘　肃	2.1	2.6	0.9	0.0	0.4
青　海	8.4	10.9	0.1	1.3	0.5
宁　夏	3.6	0.6	0.5	0.0	0.0
新　疆	2.5	1.3	0.1	0.2	0.3

5-34 各地区农村居民生活消费支出

单位：元/人

地　区	生活消费支出	服务性支出	一、食品支出	二、衣着支出	三、居住支出
全国合计	**3993.5**	**1155.9**	**1636.0**	**232.5**	**805.0**
北　京	8897.6	3016.3	2808.9	654.4	1798.9
天　津	4273.2	1351.6	1848.1	324.6	674.7
河　北	3349.7	907.4	1195.7	217.8	796.6
山　西	3304.8	1032.0	1224.6	283.2	584.1
内蒙古	3968.4	1213.3	1578.6	271.9	609.3
辽　宁	4254.0	1264.9	1563.3	335.9	793.9
吉　林	3902.9	1090.1	1371.1	287.0	737.1
黑龙江	4241.3	1187.9	1331.1	345.7	946.8
上　海	9804.4	2895.9	3639.1	496.1	2103.0
江　苏	5804.5	2012.4	2275.3	306.6	969.8
浙　江	7731.7	2429.8	2812.4	473.1	1489.0
安　徽	3655.0	1040.5	1494.2	203.4	813.1
福　建	5015.7	1438.3	2304.1	291.7	821.2
江　西	3532.7	1011.3	1609.2	162.6	725.1
山　东	4417.2	1245.3	1618.7	265.6	945.8
河　南	3388.5	915.5	1220.4	225.6	875.8
湖　北	3725.2	1081.8	1668.4	195.5	702.6
湖　南	4020.9	1260.0	1967.5	182.5	691.6
广　东	5019.8	1477.0	2425.6	192.7	946.1
广　西	3231.1	872.5	1572.8	91.8	677.9
海　南	3088.6	752.3	1639.3	108.0	348.5
重　庆	3142.1	896.3	1542.1	198.6	406.4
四　川	4141.4	1089.5	1740.6	197.1	1138.7
贵　州	2422.0	573.7	1093.9	125.4	588.4
云　南	2924.9	685.0	1410.0	137.2	496.7
西　藏	2399.5	296.9	1190.0	266.7	383.2
陕　西	3349.2	1187.8	1175.3	208.0	697.4
甘　肃	2766.5	722.3	1142.1	157.3	648.6
青　海	3209.4	764.0	1164.1	224.7	820.8
宁　夏	3347.9	857.2	1395.4	256.3	501.8
新　疆	2950.6	793.7	1225.9	261.3	514.7

5-34　续表　　单位：元/人

地　区	四、家庭设备用品支出	五、交通和通讯支出	六、文教娱乐支出	七、医疗保健支出	八、其他商品和服务支出
全国合计	**204.8**	**402.9**	**340.6**	**287.5**	**84.1**
北　京	528.0	1132.1	960.4	867.9	147.1
天　津	187.8	481.3	371.9	299.8	85.0
河　北	170.4	350.9	263.5	289.3	65.6
山　西	156.3	324.9	416.9	240.9	73.9
内蒙古	148.0	466.3	390.9	416.9	86.6
辽　宁	185.5	416.4	437.8	409.6	111.5
吉　林	168.4	356.0	376.8	511.5	95.1
黑龙江	161.0	427.4	496.4	434.3	98.6
上　海	480.6	1212.4	942.8	738.9	191.4
江　苏	286.4	691.6	818.5	323.0	133.4
浙　江	374.3	968.2	843.3	609.1	162.4
安　徽	229.7	302.2	312.1	227.1	73.3
福　建	260.7	570.2	421.7	219.0	127.0
江　西	181.9	295.8	254.8	232.8	70.5
山　东	273.8	533.6	400.0	301.6	78.3
河　南	203.8	310.1	234.0	242.9	75.9
湖　北	229.3	307.2	281.7	236.3	104.3
湖　南	203.7	341.3	291.0	258.1	85.3
广　东	206.4	558.8	296.7	232.0	161.6
广　西	157.9	275.6	192.5	205.2	57.4
海　南	132.2	357.3	287.9	129.3	86.1
重　庆	209.4	260.3	237.4	242.6	45.4
四　川	219.6	324.1	206.7	258.1	56.6
贵　州	115.4	175.1	151.6	133.2	39.0
云　南	147.8	313.3	177.7	197.6	44.7
西　藏	148.6	224.8	61.1	71.5	53.5
陕　西	195.9	300.3	380.4	329.3	62.6
甘　肃	142.7	237.9	217.4	180.1	40.4
青　海	132.5	341.1	173.8	291.3	61.0
宁　夏	169.0	365.6	217.2	356.4	86.3
新　疆	107.3	319.4	158.1	316.6	47.4

5-35 各地区农村居民生活消费支出构成

单位：%

地　区	生活消费支出	服务性支出	一、食品支出	二、衣着支出	三、居住支出
全国合计	**100.0**	**28.9**	**41.0**	**5.8**	**20.2**
北　京	100.0	33.9	31.6	7.4	20.2
天　津	100.0	31.6	43.2	7.6	15.8
河　北	100.0	27.1	35.7	6.5	23.8
山　西	100.0	31.2	37.1	8.6	17.7
内蒙古	100.0	30.6	39.8	6.9	15.4
辽　宁	100.0	29.7	36.7	7.9	18.7
吉　林	100.0	27.9	35.1	7.4	18.9
黑龙江	100.0	28.0	31.4	8.2	22.3
上　海	100.0	29.5	37.1	5.1	21.4
江　苏	100.0	34.7	39.2	5.3	16.7
浙　江	100.0	31.4	36.4	6.1	19.3
安　徽	100.0	28.5	40.9	5.6	22.2
福　建	100.0	28.7	45.9	5.8	16.4
江　西	100.0	28.6	45.6	4.6	20.5
山　东	100.0	28.2	36.6	6.0	21.4
河　南	100.0	27.0	36.0	6.7	25.8
湖　北	100.0	29.0	44.8	5.2	18.9
湖　南	100.0	31.3	48.9	4.5	17.2
广　东	100.0	29.4	48.3	3.8	18.8
广　西	100.0	27.0	48.7	2.8	21.0
海　南	100.0	24.4	53.1	3.5	11.3
重　庆	100.0	28.5	49.1	6.3	12.9
四　川	100.0	26.3	42.0	4.8	27.5
贵　州	100.0	23.7	45.2	5.2	24.3
云　南	100.0	23.4	48.2	4.7	17.0
西　藏	100.0	12.4	49.6	11.1	16.0
陕　西	100.0	35.5	35.1	6.2	20.8
甘　肃	100.0	26.1	41.3	5.7	23.4
青　海	100.0	23.8	36.3	7.0	25.6
宁　夏	100.0	25.6	41.7	7.7	15.0
新　疆	100.0	26.9	41.5	8.9	17.4

5-35 续表

单位：%

地　　区	四、家庭设备用品支出	五、交通和通讯支出	六、文教娱乐支出	七、医疗保健支出	八、其他商品和服务支出
全国合计	**5.1**	**10.1**	**8.5**	**7.2**	**2.1**
北　　京	5.9	12.7	10.8	9.8	1.7
天　　津	4.4	11.3	8.7	7.0	2.0
河　　北	5.1	10.5	7.9	8.6	2.0
山　　西	4.7	9.8	12.6	7.3	2.2
内 蒙 古	3.7	11.8	9.8	10.5	2.2
辽　　宁	4.4	9.8	10.3	9.6	2.6
吉　　林	4.3	9.1	9.7	13.1	2.4
黑 龙 江	3.8	10.1	11.7	10.2	2.3
上　　海	4.9	12.4	9.6	7.5	2.0
江　　苏	4.9	11.9	14.1	5.6	2.3
浙　　江	4.8	12.5	10.9	7.9	2.1
安　　徽	6.3	8.3	8.5	6.2	2.0
福　　建	5.2	11.4	8.4	4.4	2.5
江　　西	5.1	8.4	7.2	6.6	2.0
山　　东	6.2	12.1	9.1	6.8	1.8
河　　南	6.0	9.2	6.9	7.2	2.2
湖　　北	6.2	8.2	7.6	6.3	2.8
湖　　南	5.1	8.5	7.2	6.4	2.1
广　　东	4.1	11.1	5.9	4.6	3.2
广　　西	4.9	8.5	6.0	6.3	1.8
海　　南	4.3	11.6	9.3	4.2	2.8
重　　庆	6.7	8.3	7.6	7.7	1.4
四　　川	5.3	7.8	5.0	6.2	1.4
贵　　州	4.8	7.2	6.3	5.5	1.6
云　　南	5.1	10.7	6.1	6.8	1.5
西　　藏	6.2	9.4	2.5	3.0	2.2
陕　　西	5.8	9.0	11.4	9.8	1.9
甘　　肃	5.2	8.6	7.9	6.5	1.5
青　　海	4.1	10.6	5.4	9.1	1.9
宁　　夏	5.0	10.9	6.5	10.6	2.6
新　　疆	3.6	10.8	5.4	10.7	1.6

5-36 各地区农村居民现金支出

单位：元/人

地　区	现金支出	一、家庭经营费用支出	二、购置生产性固定资产支出	三、建造生产性固定资产雇工支出	四、税费支出	五、生活消费支出	六、财产性支出	七、转移性支出
全国合计	**5694.8**	**1554.6**	**195.7**	**5.4**	**10.1**	**3504.8**	**38.9**	**385.3**
北　京	11522.4	1649.1	136.3	14.9	3.6	8847.8	26.0	844.8
天　津	7338.1	2620.1	133.0		10.4	4192.6	21.8	360.2
河　北	5265.6	1756.6	131.7	3.1	23.7	3067.9	20.6	262.1
山　西	4532.8	997.9	160.4	25.2	2.3	3057.1	8.7	281.2
内蒙古	7072.2	2596.2	385.5	6.9	6.5	3396.1	96.9	583.9
辽　宁	8508.9	3316.4	316.4	3.7	9.7	3861.4	61.4	940.1
吉　林	8129.7	2799.6	522.4	3.5	10.9	3510.3	314.3	968.7
黑龙江	9265.5	3558.0	613.6	2.6	4.8	3992.8	453.1	640.5
上　海	11261.7	579.8	11.5		0.3	9643.0	1.3	1026.0
江　苏	7467.9	1351.7	149.5	1.0	35.4	5332.2	12.3	585.8
浙　江	11472.6	2861.3	203.7	3.6	10.0	7493.9	40.7	859.5
安　徽	4899.2	1183.5	148.3	2.4	17.4	3233.6	10.1	303.9
福　建	6310.0	1249.1	96.7	7.9	1.5	4512.9	18.8	423.1
江　西	4675.1	1267.0	148.5	2.7	15.1	2934.1	21.1	286.5
山　东	6886.8	2113.7	233.8	12.2	13.6	4100.4	27.8	385.4
河　南	4773.4	1364.6	131.6	1.0	2.8	2996.2	4.3	273.0
湖　北	4723.5	1368.0	147.7	1.0	11.2	3033.4	8.3	153.9
湖　南	5130.9	1178.9	133.5	2.5	14.8	3303.9	4.9	492.5
广　东	5934.0	1170.6	46.5	4.1	4.5	4441.4	13.4	253.5
广　西	4146.3	1280.2	160.1	0.7	8.8	2548.2	2.3	145.9
海　南	3879.0	1222.4	60.0	4.6	1.0	2456.2	3.5	131.3
重　庆	3750.9	779.4	79.3	9.4	5.0	2458.5	2.3	417.2
四　川	5217.9	1202.1	168.8	17.4	13.3	3384.6	21.1	410.6
贵　州	3039.2	589.2	166.6	0.6	1.6	1888.1	5.6	387.3
云　南	3781.3	1183.4	183.1	2.8	3.6	2217.6	17.3	173.6
西　藏	2489.9	292.4	278.3	5.0	0.4	1860.8		52.9
陕　西	4847.6	1074.2	300.1	10.2	8.8	3088.4	7.8	358.2
甘　肃	3540.8	985.9	158.6	1.1	1.3	2231.9	5.7	156.4
青　海	3934.9	724.0	232.2	2.8	2.0	2675.3	16.9	281.7
宁　夏	5423.5	1797.1	376.7	7.0	0.9	2782.2	28.5	431.1
新　疆	6218.9	2964.9	462.4	7.7	2.5	2459.1	129.6	192.8

5-37 各地区农村居民现金支出构成

单位：%

地 区	现金支出	一、家庭经营费用支出	二、购置生产性固定资产支出	三、建造生产性固定资产雇工支出	四、税费支出	五、生活消费支出	六、财产性支出	七、转移性支出
全国合计	**100.0**	**27.3**	**3.4**	**0.1**	**0.2**	**61.5**	**0.7**	**6.8**
北 京	100.0	14.3	1.2	0.1	0.0	76.8	0.2	7.3
天 津	100.0	35.7	1.8		0.1	57.1	0.3	4.9
河 北	100.0	33.4	2.5	0.1	0.5	58.3	0.4	5.0
山 西	100.0	22.0	3.5	0.6	0.0	67.4	0.2	6.2
内蒙古	100.0	36.7	5.5	0.1	0.1	48.0	1.4	8.3
辽 宁	100.0	39.0	3.7	0.0	0.1	45.4	0.7	11.0
吉 林	100.0	34.4	6.4	0.0	0.1	43.2	3.9	11.9
黑龙江	100.0	38.4	6.6	0.0	0.1	43.1	4.9	6.9
上 海	100.0	5.1	0.1		0.0	85.6	0.0	9.1
江 苏	100.0	18.1	2.0	0.0	0.5	71.4	0.2	7.8
浙 江	100.0	24.9	1.8	0.0	0.1	65.3	0.4	7.5
安 徽	100.0	24.2	3.0	0.0	0.4	66.0	0.2	6.2
福 建	100.0	19.8	1.5	0.1	0.0	71.5	0.3	6.7
江 西	100.0	27.1	3.2	0.1	0.3	62.8	0.5	6.1
山 东	100.0	30.7	3.4	0.2	0.2	59.5	0.4	5.6
河 南	100.0	28.6	2.8	0.0	0.1	62.8	0.1	5.7
湖 北	100.0	29.0	3.1	0.0	0.2	64.2	0.2	3.3
湖 南	100.0	23.0	2.6	0.0	0.3	64.4	0.1	9.6
广 东	100.0	19.7	0.8	0.1	0.1	74.8	0.2	4.3
广 西	100.0	30.9	3.9	0.0	0.2	61.5	0.1	3.5
海 南	100.0	31.5	1.5	0.1	0.0	63.3	0.1	3.4
重 庆	100.0	20.8	2.1	0.2	0.1	65.5	0.1	11.1
四 川	100.0	23.0	3.2	0.3	0.3	64.9	0.4	7.9
贵 州	100.0	19.4	5.5	0.0	0.1	62.1	0.2	12.7
云 南	100.0	31.3	4.8	0.1	0.1	58.6	0.5	4.6
西 藏	100.0	11.7	11.2	0.2	0.0	74.7		2.1
陕 西	100.0	22.2	6.2	0.2	0.2	63.7	0.2	7.4
甘 肃	100.0	27.8	4.5	0.0	0.0	63.0	0.2	4.4
青 海	100.0	18.4	5.9	0.1	0.1	68.0	0.4	7.2
宁 夏	100.0	33.1	6.9	0.1	0.0	51.3	0.5	7.9
新 疆	100.0	47.7	7.4	0.1	0.0	39.5	2.1	3.1

5-38 各地区农村居民家庭经营费用现金支出

单位：元/人

地　区	家庭经营现金支出	一、第一产业生产费用支出	1.农业支出	2.林业支出	3.牧业支出
全国合计	**1554.6**	**1366.8**	**759.5**	**10.1**	**549.8**
北　京	1649.1	1143.5	237.7	10.7	786.0
天　津	2620.1	2000.2	474.1	7.1	1437.0
河　北	1756.6	1344.0	717.9	8.2	617.9
山　西	997.9	835.2	525.2	3.1	307.0
内蒙古	2596.2	2500.4	1492.8	4.2	1002.1
辽　宁	3316.4	3124.1	1420.9	7.2	1664.8
吉　林	2799.6	2730.5	1991.7	4.3	734.1
黑龙江	3558.0	3482.4	2758.0	13.2	704.3
上　海	579.8	290.2	152.5	0.4	71.2
江　苏	1351.7	1086.5	627.2	19.1	279.2
浙　江	2861.3	2447.6	408.9	12.5	1887.3
安　徽	1183.5	1061.7	748.3	4.5	269.5
福　建	1249.1	1089.3	539.7	34.0	460.2
江　西	1267.0	1023.3	640.7	12.1	342.9
山　东	2113.7	1860.8	1079.7	16.5	747.8
河　南	1364.6	1162.8	651.2	3.9	500.9
湖　北	1368.0	1200.6	707.9	5.6	387.2
湖　南	1178.9	951.2	500.8	8.8	398.1
广　东	1170.6	1086.0	348.3	3.7	485.9
广　西	1280.2	1167.7	688.7	11.2	446.0
海　南	1222.4	1168.6	552.0	31.9	341.9
重　庆	779.4	720.7	304.3	11.2	383.2
四　川	1202.1	1064.1	404.3	4.0	619.1
贵　州	589.2	517.8	253.6	2.1	258.7
云　南	1183.4	1039.7	612.0	14.4	407.2
西　藏	292.4	175.6	138.2	1.3	36.1
陕　西	1074.2	902.3	585.2	13.3	303.3
甘　肃	985.9	896.7	678.9	24.1	193.4
青　海	724.0	508.0	274.7	2.9	230.3
宁　夏	1797.1	1632.4	772.6	2.8	791.1
新　疆	2964.9	2813.1	2189.4	16.3	607.4

5-38 续表 1 单位：元/人

地区	4.渔业支出	二、第二产业生产费用支出	1.工业支出	2.建筑业支出	三、第三产业生产费用支出
全国合计	**47.5**	**68.2**	**48.6**	**19.6**	**119.6**
北京	109.2	211.0	20.1	191.0	294.6
天津	82.2	391.3	64.8	326.6	228.6
河北		209.3	201.9	7.4	203.3
山西		5.9	4.4	1.5	156.8
内蒙古	1.3	15.8	12.5	3.3	80.0
辽宁	31.3	52.0	42.4	9.6	140.3
吉林	0.3	14.3	13.4	1.0	54.8
黑龙江	6.9	6.8	3.7	3.1	68.8
上海	66.0	2.6	2.6	0.0	287.0
江苏	161.1	127.5	98.1	29.4	137.7
浙江	138.9	256.4	221.3	35.1	157.3
安徽	39.5	28.1	19.7	8.4	93.7
福建	55.3	50.2	26.5	23.7	109.7
江西	27.7	82.9	43.3	39.7	160.8
山东	16.8	137.1	124.5	12.7	115.7
河南	6.7	81.2	58.4	22.8	120.6
湖北	99.9	61.1	16.1	45.0	106.3
湖南	43.4	71.7	48.3	23.5	156.0
广东	248.2	12.8	10.2	2.6	71.8
广西	21.9	28.3	20.4	7.9	84.2
海南	242.8	8.6	4.6	3.9	45.2
重庆	22.0	20.3	4.1	16.2	38.4
四川	36.7	24.4	14.2	10.2	113.6
贵州	3.3	16.3	6.2	10.1	55.2
云南	6.0	38.4	21.7	16.7	105.4
西藏		36.3	0.8	35.5	80.6
陕西	0.5	20.5	15.5	5.1	151.4
甘肃	0.4	18.1	5.0	13.2	71.0
青海	0.1	29.5	12.3	17.2	186.5
宁夏	66.0	60.1	60.0	0.1	104.7
新疆		15.6	8.7	6.8	136.2

5-38 续表 2 单位：元/人

地　区	1.交通运输邮电业支出	2.批发和零售贸易、餐饮业支出	3.社会服务业支出	4.文教卫生业支出	5.其他行业支　出
全国合计	**53.2**	**46.5**	**9.9**	**4.7**	**5.4**
北　京	182.9	97.3	14.0	0.3	0.0
天　津	167.1	38.0	22.7	0.6	0.3
河　北	72.9	98.9	11.1	14.7	5.7
山　西	53.3	69.6	22.2	6.6	5.2
内蒙古	28.5	28.9	14.4	3.0	5.3
辽　宁	80.0	40.5	15.9	0.7	3.2
吉　林	44.8	5.8	1.0	0.4	2.9
黑龙江	46.1	16.5	3.1	1.7	1.4
上　海	62.2	222.8	0.4	1.6	
江　苏	84.0	39.3	10.4	0.8	3.2
浙　江	77.0	40.3	26.1	2.9	11.0
安　徽	32.2	46.6	5.4	7.8	1.7
福　建	54.0	39.1	13.5	0.7	2.4
江　西	38.5	89.9	12.8	4.7	14.8
山　东	24.3	60.6	10.9	6.4	13.5
河　南	54.6	48.3	6.3	6.9	4.5
湖　北	38.1	52.0	11.6	2.0	2.5
湖　南	48.4	72.7	13.4	12.4	9.1
广　东	34.7	28.5	5.9	0.4	2.3
广　西	38.3	21.9	13.8	5.5	4.8
海　南	36.8	4.4	2.1	0.1	1.7
重　庆	11.3	18.6	3.6	0.9	4.1
四　川	68.4	33.3	6.9	1.3	3.7
贵　州	26.5	18.7	1.4	4.8	3.8
云　南	60.5	29.7	1.1	7.0	7.1
西　藏	63.9	11.2	0.7	0.0	4.7
陕　西	82.9	38.3	21.1	3.7	5.5
甘　肃	24.7	30.5	10.7	0.4	4.7
青　海	73.8	96.2	0.6	11.1	4.8
宁　夏	80.5	12.2	11.3	0.2	0.5
新　疆	77.5	40.8	3.0	5.7	9.2

5-39 各地区农村居民家庭经营费用现金支出构成

单位：%

地区	家庭经营现金支出	一、第一产业生产费用支出	1.农业支出	2.林业支出	3.牧业支出
全国合计	**100.0**	**87.9**	**48.9**	**0.6**	**35.4**
北京	100.0	69.3	14.4	0.6	47.7
天津	100.0	76.3	18.1	0.3	54.8
河北	100.0	76.5	40.9	0.5	35.2
山西	100.0	83.7	52.6	0.3	30.8
内蒙古	100.0	96.3	57.5	0.2	38.6
辽宁	100.0	94.2	42.8	0.2	50.2
吉林	100.0	97.5	71.1	0.2	26.2
黑龙江	100.0	97.9	77.5	0.4	19.8
上海	100.0	50.1	26.3	0.1	12.3
江苏	100.0	80.4	46.4	1.4	20.7
浙江	100.0	85.5	14.3	0.4	66.0
安徽	100.0	89.7	63.2	0.4	22.8
福建	100.0	87.2	43.2	2.7	36.8
江西	100.0	80.8	50.6	1.0	27.1
山东	100.0	88.0	51.1	0.8	35.4
河南	100.0	85.2	47.7	0.3	36.7
湖北	100.0	87.8	51.7	0.4	28.3
湖南	100.0	80.7	42.5	0.7	33.8
广东	100.0	92.8	29.8	0.3	41.5
广西	100.0	91.2	53.8	0.9	34.8
海南	100.0	95.6	45.2	2.6	28.0
重庆	100.0	92.5	39.0	1.4	49.2
四川	100.0	88.5	33.6	0.3	51.5
贵州	100.0	87.9	43.0	0.4	43.9
云南	100.0	87.9	51.7	1.2	34.4
西藏	100.0	60.0	47.2	0.4	12.4
陕西	100.0	84.0	54.5	1.2	28.2
甘肃	100.0	91.0	68.9	2.4	19.6
青海	100.0	70.2	37.9	0.4	31.8
宁夏	100.0	90.8	43.0	0.2	44.0
新疆	100.0	94.9	73.8	0.5	20.5

5-39 续表 1 单位：%

地区	4.渔业支出	二、第二产业生产费用支出	1.工业支出	2.建筑业支出	三、第三产业生产费用支出
全国合计	**3.1**	**4.4**	**3.1**	**1.3**	**7.7**
北　京	6.6	12.8	1.2	11.6	17.9
天　津	3.1	14.9	2.5	12.5	8.7
河　北		11.9	11.5	0.4	11.6
山　西		0.6	0.4	0.1	15.7
内蒙古	0.1	0.6	0.5	0.1	3.1
辽　宁	0.9	1.6	1.3	0.3	4.2
吉　林	0.0	0.5	0.5	0.0	2.0
黑龙江	0.2	0.2	0.1	0.1	1.9
上　海	11.4	0.5	0.5	0.0	49.5
江　苏	11.9	9.4	7.3	2.2	10.2
浙　江	4.9	9.0	7.7	1.2	5.5
安　徽	3.3	2.4	1.7	0.7	7.9
福　建	4.4	4.0	2.1	1.9	8.8
江　西	2.2	6.5	3.4	3.1	12.7
山　东	0.8	6.5	5.9	0.6	5.5
河　南	0.5	6.0	4.3	1.7	8.8
湖　北	7.3	4.5	1.2	3.3	7.8
湖　南	3.7	6.1	4.1	2.0	13.2
广　东	21.2	1.1	0.9	0.2	6.1
广　西	1.7	2.2	1.6	0.6	6.6
海　南	19.9	0.7	0.4	0.3	3.7
重　庆	2.8	2.6	0.5	2.1	4.9
四　川	3.1	2.0	1.2	0.9	9.5
贵　州	0.6	2.8	1.0	1.7	9.4
云　南	0.5	3.2	1.8	1.4	8.9
西　藏		12.4	0.3	12.2	27.5
陕　西	0.0	1.9	1.4	0.5	14.1
甘　肃	0.0	1.8	0.5	1.3	7.2
青　海	0.0	4.1	1.7	2.4	25.8
宁　夏	3.7	3.3	3.3	0.0	5.8
新　疆		0.5	0.3	0.2	4.6

5-39 续表 2

单位：%

地　区	1.交通运输邮电业支出	2.批发和零售贸易、餐饮业支出	3.社会服务业支出	4.文教卫生业支出	5.其他行业支出
全国合计	**3.4**	**3.0**	**0.6**	**0.3**	**0.3**
北　京	11.1	5.9	0.8	0.0	0.0
天　津	6.4	1.4	0.9	0.0	0.0
河　北	4.2	5.6	0.6	0.8	0.3
山　西	5.3	7.0	2.2	0.7	0.5
内蒙古	1.1	1.1	0.6	0.1	0.2
辽　宁	2.4	1.2	0.5	0.0	0.1
吉　林	1.6	0.2	0.0	0.0	0.1
黑龙江	1.3	0.5	0.1	0.0	0.0
上　海	10.7	38.4	0.1	0.3	
江　苏	6.2	2.9	0.8	0.1	0.2
浙　江	2.7	1.4	0.9	0.1	0.4
安　徽	2.7	3.9	0.5	0.7	0.1
福　建	4.3	3.1	1.1	0.1	0.2
江　西	3.0	7.1	1.0	0.4	1.2
山　东	1.1	2.9	0.5	0.3	0.6
河　南	4.0	3.5	0.5	0.5	0.3
湖　北	2.8	3.8	0.9	0.1	0.2
湖　南	4.1	6.2	1.1	1.1	0.8
广　东	3.0	2.4	0.5	0.0	0.2
广　西	3.0	1.7	1.1	0.4	0.4
海　南	3.0	0.4	0.2	0.0	0.1
重　庆	1.4	2.4	0.5	0.1	0.5
四　川	5.7	2.8	0.6	0.1	0.3
贵　州	4.5	3.2	0.2	0.8	0.6
云　南	5.1	2.5	0.1	0.6	0.6
西　藏	21.9	3.8	0.2	0.0	1.6
陕　西	7.7	3.6	2.0	0.3	0.5
甘　肃	2.5	3.1	1.1	0.0	0.5
青　海	10.2	13.3	0.1	1.5	0.7
宁　夏	4.5	0.7	0.6	0.0	0.0
新　疆	2.6	1.4	0.1	0.2	0.3

5-40 各地区农村居民生活消费现金支出

单位：元/人

地 区	生活消费现金支出	服务性支出	一、食品支出	二、衣着支出	三、居住支出
全国合计	**3504.8**	**1155.9**	**1180.7**	**231.9**	**772.6**
北 京	8847.8	3016.3	2759.3	654.4	1798.7
天 津	4192.6	1351.6	1767.6	324.6	674.7
河 北	3067.9	907.4	937.8	217.7	772.8
山 西	3057.1	1032.0	988.4	283.2	573.2
内蒙古	3396.1	1213.3	1046.9	271.7	568.9
辽 宁	3861.4	1264.9	1202.2	335.2	763.1
吉 林	3510.3	1090.1	1086.0	287.0	629.6
黑龙江	3992.8	1187.9	1169.4	345.7	860.0
上 海	9643.0	2895.9	3478.5	496.1	2102.2
江 苏	5332.2	2012.4	1831.4	306.6	941.6
浙 江	7493.9	2429.8	2597.3	472.4	1467.1
安 徽	3233.6	1040.5	1093.9	202.7	792.7
福 建	4512.9	1438.3	1905.0	291.7	717.6
江 西	2934.1	1011.3	1039.0	162.2	697.4
山 东	4100.4	1245.3	1303.7	264.5	945.4
河 南	2996.2	915.5	879.4	225.6	824.6
湖 北	3033.4	1081.8	991.7	194.1	689.8
湖 南	3303.9	1260.0	1270.1	182.4	672.7
广 东	4441.4	1477.0	1952.0	192.7	841.7
广 西	2548.2	872.5	952.2	91.8	615.7
海 南	2456.2	752.3	1044.1	108.0	311.4
重 庆	2458.5	896.3	895.6	198.6	369.7
四 川	3384.6	1089.5	997.9	197.0	1126.0
贵 州	1888.1	573.7	569.1	125.4	579.5
云 南	2217.6	685.0	741.1	137.2	458.4
西 藏	1860.8	296.9	676.3	246.9	378.2
陕 西	3088.4	1187.8	920.8	208.0	691.2
甘 肃	2231.9	722.3	615.9	157.3	640.3
青 海	2675.3	764.0	645.0	222.9	808.5
宁 夏	2782.2	857.2	834.2	256.3	497.3
新 疆	2459.1	793.7	759.9	257.3	495.8

5-40 续表 单位：元/人

地　区	四、家庭设备用品支出	五、交通和通讯支出	六、文教娱乐用品及服务支出	七、医疗保健支出	八、其他商品和服务支出
全国合计	**204.5**	**402.9**	**340.6**	**287.5**	**84.1**
北　京	528.0	1132.1	960.4	867.9	147.1
天　津	187.8	481.3	371.9	299.8	85.0
河　北	170.4	350.9	263.5	289.3	65.6
山　西	155.8	324.9	416.9	240.9	73.9
内蒙古	148.0	466.3	390.9	416.9	86.6
辽　宁	185.5	416.4	437.8	409.6	111.5
吉　林	168.4	356.0	376.8	511.5	95.1
黑龙江	161.0	427.4	496.4	434.3	98.6
上　海	480.6	1212.4	942.8	738.9	191.4
江　苏	286.2	691.6	818.5	323.0	133.4
浙　江	374.3	968.2	843.3	609.1	162.4
安　徽	229.6	302.2	312.1	227.1	73.3
福　建	260.7	570.2	421.7	219.0	127.0
江　西	181.7	295.8	254.8	232.8	70.5
山　东	273.5	533.6	400.0	301.6	78.3
河　南	203.8	310.1	234.0	242.9	75.9
湖　北	228.3	307.2	281.7	236.3	104.3
湖　南	203.1	341.3	291.0	258.1	85.3
广　东	206.0	558.8	296.7	232.0	161.6
广　西	157.9	275.6	192.5	205.2	57.4
海　南	132.2	357.3	287.9	129.3	86.1
重　庆	209.0	260.3	237.4	242.6	45.4
四　川	218.3	324.1	206.7	258.1	56.6
贵　州	115.4	175.1	151.6	133.2	39.0
云　南	147.8	313.3	177.7	197.6	44.7
西　藏	148.4	224.8	61.1	71.5	53.5
陕　西	195.9	300.3	380.4	329.3	62.6
甘　肃	142.7	237.9	217.4	180.1	40.4
青　海	131.7	341.1	173.8	291.3	61.0
宁　夏	169.0	365.6	217.2	356.4	86.3
新　疆	104.7	319.4	158.1	316.6	47.4

5-41 各地区农村居民生活消费现金支出构成

单位：%

地　区	生活消费现金支出	服务性支出	一、食品支出	二、衣着支出	三、居住支出
全国合计	**100.0**	**33.0**	**33.7**	**6.6**	**22.0**
北　京	100.0	34.1	31.2	7.4	20.3
天　津	100.0	32.2	42.2	7.7	16.1
河　北	100.0	29.6	30.6	7.1	25.2
山　西	100.0	33.8	32.3	9.3	18.7
内蒙古	100.0	35.7	30.8	8.0	16.8
辽　宁	100.0	32.8	31.1	8.7	19.8
吉　林	100.0	31.1	30.9	8.2	17.9
黑龙江	100.0	29.8	29.3	8.7	21.5
上　海	100.0	30.0	36.1	5.1	21.8
江　苏	100.0	37.7	34.3	5.8	17.7
浙　江	100.0	32.4	34.7	6.3	19.6
安　徽	100.0	32.2	33.8	6.3	24.5
福　建	100.0	31.9	42.2	6.5	15.9
江　西	100.0	34.5	35.4	5.5	23.8
山　东	100.0	30.4	31.8	6.5	23.1
河　南	100.0	30.6	29.3	7.5	27.5
湖　北	100.0	35.7	32.7	6.4	22.7
湖　南	100.0	38.1	38.4	5.5	20.4
广　东	100.0	33.3	44.0	4.3	18.9
广　西	100.0	34.2	37.4	3.6	24.2
海　南	100.0	30.6	42.5	4.4	12.7
重　庆	100.0	36.5	36.4	8.1	15.0
四　川	100.0	32.2	29.5	5.8	33.3
贵　州	100.0	30.4	30.1	6.6	30.7
云　南	100.0	30.9	33.4	6.2	20.7
西　藏	100.0	16.0	36.3	13.3	20.3
陕　西	100.0	38.5	29.8	6.7	22.4
甘　肃	100.0	32.4	27.6	7.0	28.7
青　海	100.0	28.6	24.1	8.3	30.2
宁　夏	100.0	30.8	30.0	9.2	17.9
新　疆	100.0	32.3	30.9	10.5	20.2

5-41 续表

单位：%

地 区	四、家庭设备用品支出	五、交通和通讯支出	六、文教娱乐用品及服务支出	七、医疗保健支出	八、其他商品和服务支出
全国合计	**5.8**	**11.5**	**9.7**	**8.2**	**2.4**
北 京	6.0	12.8	10.9	9.8	1.7
天 津	4.5	11.5	8.9	7.2	2.0
河 北	5.6	11.4	8.6	9.4	2.1
山 西	5.1	10.6	13.6	7.9	2.4
内蒙古	4.4	13.7	11.5	12.3	2.5
辽 宁	4.8	10.8	11.3	10.6	2.9
吉 林	4.8	10.1	10.7	14.6	2.7
黑龙江	4.0	10.7	12.4	10.9	2.5
上 海	5.0	12.6	9.8	7.7	2.0
江 苏	5.4	13.0	15.3	6.1	2.5
浙 江	5.0	12.9	11.3	8.1	2.2
安 徽	7.1	9.3	9.7	7.0	2.3
福 建	5.8	12.6	9.3	4.9	2.8
江 西	6.2	10.1	8.7	7.9	2.4
山 东	6.7	13.0	9.8	7.4	1.9
河 南	6.8	10.4	7.8	8.1	2.5
湖 北	7.5	10.1	9.3	7.8	3.4
湖 南	6.1	10.3	8.8	7.8	2.6
广 东	4.6	12.6	6.7	5.2	3.6
广 西	6.2	10.8	7.6	8.1	2.3
海 南	5.4	14.5	11.7	5.3	3.5
重 庆	8.5	10.6	9.7	9.9	1.8
四 川	6.5	9.6	6.1	7.6	1.7
贵 州	6.1	9.3	8.0	7.1	2.1
云 南	6.7	14.1	8.0	8.9	2.0
西 藏	8.0	12.1	3.3	3.8	2.9
陕 西	6.3	9.7	12.3	10.7	2.0
甘 肃	6.4	10.7	9.7	8.1	1.8
青 海	4.9	12.8	6.5	10.9	2.3
宁 夏	6.1	13.1	7.8	12.8	3.1
新 疆	4.3	13.0	6.4	12.9	1.9

6

中国农村住户调查简介

中国农村住户调查简介

“农村住户调查”是国家的重要统计调查项目之一，是通过对农村居民家庭的经济和社会活动调查，反映农村居民的生产、收入、消费、积累和社会活动情况的统计调查项目。开展农村住户调查的目的是监测农村居民收入和生活质量的变化，监测农村居民建设小康生活和摆脱贫困的进程，为各级人民政府和国家宏观决策部门研究制定农村经济政策和决策提供依据。同时，为国民经济核算和价格调查提供基础数据，以及满足社会各界的信息需求。

一、我国农村住户调查发展的历史沿革

我国开展农村住户调查始于1954年，农村经济体制改革以前，调查内容主要是农民家庭收支情况，因此，该调查曾被称为“农民家庭收支调查”，或“农民家计调查”。1954~1977年期间该调查曾两次中断，第一次是在1958~1961年，由于“人民公社化”运动而中止；第二次是在1966~1976年，由于“文化大革命”运动而被迫中断。1977年，在党和政府的关怀下该调查再次恢复。1979年开始，随着我国的对外开放和国际交往的增加，该调查开始吸收国际上通行的抽样调查方案，改革原来的调查方案和方法，调查名称也由“农民家庭收支调查”改为“农村住户调查”。

1984年国家统计局农村社会经济调查总队（现为农村社会经济调查司）成立以后，农村住户调查获得了长足发展，调查方法、调查内容逐渐与国际接轨，走上了科学化、规范化和现代化的道路。经过多年的实践，“农村住户调查”已形成一套完整、科学的方法体系和严格的管理制度。

二、现行农村住户调查基本情况

（一）调查组织

农村住户调查是农村社会经济调查的重要调查项目之一，由国家统计局农村社会经济调查司负责组织实施。为保证国家农村住户调查项目的顺利开展，全国约有8000名专职调查员和10000名辅助调查员参与这项调查工作。

（二）调查内容

调查的主要内容包括：农村居民所在社区发展情况、家庭基本情况、居住情况、人口与劳动力就业基本情况、农业生产结构调整与技术应用情况和农村居民收入、支出情况等。

（三）数据采集

数据采集采取农户记账和访问调查相结合的方法。根据调查内容的特点，不同的调查内容采取不同的方法，反映农户现金收入与支出、实物收入与支出数据通过农户记账获得，家庭基本情况、居住情况、人口与劳动力就业基本情况等采取访问调查的方式获得。调查户记账按照国家统计局统一编制的账本和要求记账，现金收支账每日一记，实物收支发生一笔记一笔。县级调查队每月收取调查户的账本，将账页数据录入到计算机中，按季度上报国家。访问调查由县级调查队的调查员完成，按季度采集和上报数据。

调查报告期分为年报和季报，农村居民现金收入与支出、农村居民实物账、农村住户劳动力就业情况为季报，其余调查内容为年报。

（四）数据审核

为确保调查数据的质量，对调查数据的审核有一套严格的制度规定。在现场调查结束后，要求采取三种方法对调查资料进行审核：一是人工审核。在调查数据录入计算机之前，辅助调查员和县调查队必须对农户所记的账和一次性调查表进行核查。二是计算机审核。在人工审核完成后，由县调查队将数据录入计算机中，应用统一的程序对数据进行审核。三是数据评估。县调查队将调查数据录入审核完成后将调查数据上报省调查总队，省调查总队再次对数据进行审核，并重点地对调查数据评

估。

（五）数据汇总

对调查资料的汇总实行国家级超级汇总。全国统一使用由农村司专门开发的计算机数据处理程序，各地将审核后调查原始数据上报农村司，由农村司负责对各地上报的调查数据进行汇总，并将汇总结果反馈给各省，同时各地也对本地区的调查数据进行汇总，以便相互监督。

（六）调查结果发布

目前，农村住户调查已建立起规范的信息发布制度，季度、年度调查信息定时发布。对调查结果发布的管理实行国家统一管理，国家级统计结果由国家统计局发布，各省统计结果由国家统计局各调查总队发布。但是，各省发布统计结果之前，必须经国家统计局审批认定后才能发布，以确保各省发布的统计结果与超级汇总的结果一致。

三、网点抽选

“农村住户调查”在全国共抽取了6.8万个样本农户，分布在全国31个省（区、市）的857个县中。目前所使用的样本是利用农业普查资料，在2004年更新后的样本，对全国和分省的农民收入水平具有很高的代表性。

样本抽选实行国家统一管理。网点抽选方案和实施细则由国家统计局统一制发，农村司负责组织实施，各级调查队必须严格按照统一方案的要求进行样本抽选，抽选的样本必须经国家统计局审批，样本的变动和更新也必须经国家统计局审批。

（一）样本抽选原则

1. 以全省（区、市）农村抽样调查县所辖村（居委会）为总体，抽选满足多主题调查需要的调查村，对调查村（居委会）、调查户、调查地块实行轮换，提高抽样效率，更好地反映农村社会经济中出现的新情况、新问题，增强样本对全国、省一级的代表性。

2. 采取首先抽选大样本网点，然后在大样本网点中抽选小样本网点的原则，以便满足多主题调查和样本轮换的需要。

（二）样本容量的确定

搜集与调查主题相关的资料，如农民人均纯收入，农村人口和从业人员；小麦、玉米、稻谷等粮食每亩产量及其播种面积；棉花每亩产量及其播种面积；平均每户猪的存栏数及农村住户户数等资料，按照逼近法的原理，根据多变量与规模成比例概率抽样的样本容量计算办法，用MPPS抽样程序计算出所需的大样本容量和各单项调查所需要的样本容量。在确定样本容量时，一是要将农民人均纯收入和从业人员两调查主题结合在一起考虑，二是分别要求粮食亩产、棉花亩产等与其相应的播种面积两调查主题结合在一起考虑。具体操作方法见MPPS抽样程序使用说明。

（三）抽样方法

1. 大样本村的抽选方法：搜集整理全省（区、市）国家调查县所辖行政村（居委会）的农业普查地址码资料，将搜集整理的行政村（居委会）的农业普查地址码顺序排队，并编写顺序号，从1开始到N（N表示国家调查县所辖行政村的总数），建立大样本抽样框。利用随机起点、等距抽样方法抽选大样本。

2. 农民收入调查村的抽选，将大样本的所有村按人均收入排队，相对应的农村人口作为辅助资料累计编制成抽样框，根据确定的样本量，采用对称等距抽样方法抽选出满足收入调查的小样本。

3. 调查户的抽选：村抽选调查户，可采用农业普查农户地址码排队，计算抽样距离，采用随机起点，等距抽样方法，按每村10户抽选确定调查户。也可以按农户构成分类排队等办法，计算抽样距离，采用随机起点，等距抽样方法，按每村10户抽选确定调查户。如行政村较大，为方便调查工作，可先选择一个中间水平的村民小组或自然村，然后在村民小组或自然村中根据上述抽户办法抽选调查户。

抽选出的样本必须充分满足代表性要求，在95%的概率把握程度下要求抽样误差系数不得超过3%。

（四）县级样本的确定

为了在完成国家任务的同时，为地方政府服务，在抽出满足国家、省（区、市）一级需要的样本后，可采用以下三种办法解决县一级的代表性问

题:

1. 扩充法: 根据中心对称的原则进行扩点。即根据省抽村抽中点的位置，找出对称点的办法进行。如某县在省抽村时抽中了 4 个村，要满足县一级的代表性，需要 8 个村，如图所示，可根据中心对称原理，在 4 个村基础上扩大为 8 村。图中 A1、A2、A3、A4 为原抽中村，B1、B2、B3、B4 为对应扩充的村。

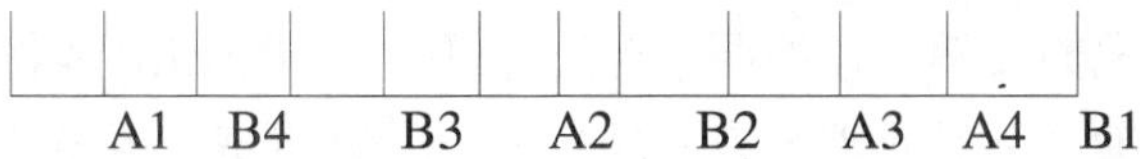

2. 拟合法: 即在抽出满足国家、省一级需要的样本后，以县为总体编制抽样框，抽选出多套满足县一级的样本，选出一套和国家点重复较多的样本作为县级样本。

3. 包容法: 即首先以每个调查县所辖村为总体，测算符合多主题需要的大样本容量，抽选出一个大样本，然后又以每个调查县抽中的村作为一个总体，采用二相抽样的方法，抽取满足国家、省一级需要的样本。根据抽样原理，这种办法原则上只适用于全省总县数超 100 个的省份。

（五）样本轮换

为了解决调查户的厌烦情绪及样本老化问题，增强抽样调查网点的代表性，更加准确、及时地反映农村社会经济情况，国家统计局农村社会经济调查司对农村住户调查网点实行样本轮换制度，五年为一个周期。

四、主要指标解释

（一）农村住户基本情况

农村住户: 是指长期(一年以上)居住在乡镇(不包括城关镇)行政管理区域内的住户，还包括长期居住在城关镇所辖行政村范围内的农村住户。户口不在本地而在本地居住一年及以上的住户也包括在本地农村常住户范围内; 有本地户口，但举家外出谋生一年以上的住户，无论是否保留承包耕地都不包括在本地农村住户范围内。

常住人口: 是指全年经常在家或在家居住 6 个月以上，而且经济和生活与本户连成一体的人口。外出从业人员在外居住时间虽然在 6 个月以上，但收入主要带回家中，经济与本户连为一体，仍视为家庭常住人口; 在家居住，生活和本户连成一体的国家职工、退休人员也为家庭常住人口。但是现役军人、中专及以上（走读生除外）的在校学生、以及常年在外（不包括探亲、看病等）且已有稳定的职业与居住场所的外出从业人员，不应当作家庭常住人口。家庭常住人口主要作为计算农村住户平均每人收入、消费和积累水平及分析家庭人口状况的依据。

劳动力: 整劳动力是指男子 1 8 周岁到 5 0 周岁，女子 1 8 周岁到 4 5 周岁; 半劳动力是指男子 1 6 周岁到 1 7 周岁，5 1 周岁到 6 0 周岁; 女子 1 6 周岁到 1 7 周岁，4 6 周岁到 5 5 周岁，同时具有劳动能力的人。虽然在劳动年龄之内，但已丧失劳动能力的人，不应算为劳动力; 超过劳动年龄，但能经常参加劳动，计入半劳动力数内。常住人口中的职工，若这些职工为劳动力，就包括在本户的整半劳动力中。

在校学生人数: 指年内常住人口中所有正在学校就读的学生。不包括利用业余时间学习的夜校、电大、函授学校的学生。

劳动力文化程度: 是指家庭成员接受国内外教育所取得的最高学历或现有文化水平所相当的学历，不包括正在读书的在校学生。

不识字或识字很少: 指不识字或识字不足 1500 个，不能阅读通俗书报，不能写便条的人。

小学: 指接受最高一级教育为小学程度的毕业、肄业及在校学生，也包括未上过小学但识字在 1500 个以上，能阅读通俗书报、能写便条、达到扫盲标准的人员。

初中: 指接受最高一级教育为初中程度的毕业、肄业及在校学生。也包括相当于初中学历的技工学校的毕业、肄业及在校学生。

高中: 指接受最高一级教育为高中毕业、肄业或相当于高中文化程度。包括在校的高中生。

中专: 是指接受最高一级教育为中等专业学校

毕业、肄业和农业中学毕业、肄业或相当于中专、农中文化程度。包括在校的中专、农中学生。

大专及大专以上：是指接受最高一级教育为大专及大专以上的毕业生、肄业生及在校学生。或相当于大专以上文化程度，包括在校的学生。电视大学、函授大学等形式的大学，凡按照大专院校的教育计划和教育大纲（全科）进行教育的毕业生应包括在内，但只学完单科课程的，则不应计算在内。

耕地：耕地是指能够种植农作物、经常进行耕锄的田地。包括熟地、当年新开荒地、连续撂荒未满三年的耕地和当年的休闲地(轮歇地)。以种植农作物为主并附带种植桑树、茶树、果树和其它林木的土地及沿海、沿湖地区已围垦利用的"海涂"、"湖田"等也包括在内。但不包括专业性的桑园、茶园、果木苗圃、林地、芦苇地、天然草原等。南方小于一米、北方小于两米宽的渠、路、田埂，包括在耕地中。

耕地面积：指农村住户实际经营的全部耕地面积。包括承包集体的耕地、家庭自营地(自留地、饲料地和零星开荒地)和转包他人耕地的面积，但不包括代他人临时耕种的耕地面积。包括因各种原因休闲和抛荒的耕地面积。

山地面积：指农村住户实际经营的全部山地面积。包括承包集体的山地、家庭自留山和转包他人山地的面积，但不包括代他人临时经营的山地面积。

园地面积：指农村住户实际经营的全部园地面积。

牧草地面积：指农村住户实际经营的全部牧草地面积。包括承包集体的牧草地、家庭自留牧草地和转包他人牧草地的面积，但不包括代他人临时经营的牧草地面积。

养殖水面面积：指农村住户实际经营的全部水产品养殖的水面面积。包括海水养殖面积(利用滩涂、浅海、港湾，放养各种水产品的人工养殖水面面积)和内陆水面养殖面积(已放养鱼苗、鱼种等水产品苗种并进行人工饲养和管理的池塘、湖泊、水库、河沟及其他养殖水面面积)。

生产性固定资产：指生产过程中使用年限较长、单位价值较高，并在使用过程中保持原有物质形态的资产，包括厂房、机器设备等。农民家庭使用的固定资产，需同时具备两个条件，即使用年限在两年以上，单位价值在 50 元以上。在乡村企业及其他部门中，规定单位价值在 200 元以上，使用年限在一年以上。如果企业的主要设备虽低于 200 元，但使用年限在一年以上，也划为固定资产。

固定资产原值：指固定资产当初的购进价、新建价或开始转为固定资产的价值。自繁自养的幼畜成龄转作役畜、产品畜、种畜，按市场同类牲畜的平均价格计价。国家奖励和外单位赠送的固定资产按购置同类固定资产的价格参照其新旧程度酌情计价。

房屋及建筑物：指直接用于生产的房屋及建筑物，如车库、仓库、沼气室、温室、牲畜用房等。

役畜及产品畜：役畜指以使役为主要用途的大牲畜。产品畜指生产各种畜产品为主要目的的牲畜，如母猪、种公猪等种畜，乳牛、羊等取乳品的牲畜，产毛、鬃等畜产品的牲畜等。

大中型铁木农具：指大中型铁木制作的农具，如犁、耙、耧、耖、水车、拌桶等铁木农具。

农林牧渔业机械：指用于农、林、牧、渔业的机械，如大中型和小型拖拉机(包括手扶拖拉机)、机引农具(犁、把等)、机动船、机动插秧机、机动收割机、机动拖拉机、机动扬场机、挖坑机、植树机、饲料粉碎机、机动剪毛机、机动挤奶器、渔用机动船、抽水机、农用泵等。

生产设备：指生产中的各种机械和技术设备，包括机械和非机械设备。

新建房屋：是指全年从无到有"平地起家"的新建筑房屋。包括新址上新建和旧址上新建的房屋。在原来的房屋基础上按原有规模对房屋进行翻修或一般维修的不包括在内。新建房屋仅包括年内建成的新建房屋，未完工的在建房屋不要统计在内。新建（购）住房的类型、结构、占地面积、住房价值等解释同于"年末住房情况"。

新购住房：指当年新购置的商品房屋。

年末住房面积：指农村住户自有或租用的住房面积。房屋中的起居室、厨房或放置灶具的地方包括在内。但不包括仓库等作为生产用途房屋面积。

住房价值：指房屋当初购买或新建时的价值。新建房屋的价值可按实际消耗的建筑材料和人工的报酬计算，有的地方，人工不要报酬，只管吃喝，可将吃喝的费用，当作报酬，计入房价内。原有房屋，按房屋质量和新旧程度，根据当地实际情况进行估价。对原有房屋进行大翻修的，也应考虑在内。

楼房面积：指二层和二层以上的多层建筑的房屋面积，楼房面积按各层面积总合计算。

砖瓦平房：是以砖(石)、瓦为主要原材料建造的只有一层的房子。砖(石)砌窑洞也包括在内。

住房结构：按住房的承重结构(如梁、柱、承重墙等)所用建筑材料划分。

钢筋混凝土结构：指梁、柱、承重墙等是用钢筋混凝土建造的住房。

砖(石)木结构：指梁、柱、承重墙等是用砖、石、木料建造的住房。以砖、石作墙基的土坯房不包括在内。

（二）农村居民食物消费

粮食：是指农村住户年内消费的小麦、玉米、稻谷、薯类、大豆、其他各种杂粮和粮食制品的消费量折价。粮食制品是指利用原粮加工而成的食品，如挂面、年糕等，不包括用粮食加工成豆油、豆腐、粉条、酒。粮食消费量按原粮计算。

蔬菜及蔬菜制品：包括鲜菜和干菜及其制品。鲜菜包括根茎块花类、菜瓜类、茄果类、白菜类、绿叶菜类和其他鲜菜类。干菜包括黄花菜、黑木耳、蘑菇、腌干菜、萝卜干、笋干、白木耳等。菜制品包括蔬菜罐头等。

食用油：指各种食用油脂，包括植物油和动物油。植物油包括花生油、芝麻油、菜籽油、豆油、茶油、棉籽油等。动物油包括猪油、牛油、羊油等。

肉、禽及其制品：是指家畜、野畜、家禽、野禽等各种肉食品，包括活的、鲜的、冻的以及各类再制品、熟食品等，包括罐头。其中：猪肉、牛肉、羊肉、及肉制品消费量：按鲜肉重量计算。如消费咸肉、腊肉、肉干等，均应折成鲜肉重量计算。用肥肉炼油，不应计算肉的消费量。家禽消费量：按屠宰去毛和内脏重量计算。

蛋类及蛋制品：是指各种禽蛋、禽蛋制品及罐头。

奶和奶制品：是指鲜乳品、奶粉、酸奶以及其他奶制品。包括炼乳、活性乳、可可奶、麦乳精等。

水产品：是指鱼、虾、蟹、贝、藻等各类海水和淡水产品及其制品，包括水产品罐头。

食糖：包括白糖、红糖、冰糖、方糖及糖果等，不包括糖精。

酒：包括各种白酒、黄酒、啤酒、果酒等。

水果及水果制品：是指各类干鲜水果及其制品，包括各种水果、果用瓜、干果、蜜饯及水果罐头等。

坚果及果仁制品：是指各类坚果、果仁及其制品的消费量，包括核桃、板栗、开心果等。

（三）农村居民年末拥有耐用消费品

洗衣机：指各种规格、型号的自动、半自动、单缸、双缸家用洗衣机。

电风扇：指各种规格、型号的台扇、壁扇、落地扇以及吊扇，不包括排风扇。

电冰箱：指单门、双门、三门电冰箱，包括冰柜。

空调机：指具有空气的加热、冷却、增湿、减湿等功能的家用空气调节器，不包括冷暖风机。

抽油烟机：指家庭炊事用抽油烟机，不包括排风扇。

吸尘器：指家庭除尘用的电动吸尘器，也包括多用途吸尘器，不包括使用电池的微型电刷吸尘器。

微波炉：指各种牌号、型号、尺寸的微波炉。

热水器：指利用电能、燃气、太阳能来加热生活用水的设备。

自行车：也称单车、脚踏车。指各种牌号、型号、尺寸的男女自行车。包括普通标定车、加重车、轻便车、小轮车（包括折叠式）、赛车以及电动自行车，不包括儿童玩具车、手推车、小三轮车等。

摩托车：包括各种型号的摩托车、轻骑摩托车。

汽　车：指主要用于农村住户生活的各种类型的汽车。

电话机：指各种类型的台式电话机。

移动电话：也称手机，包括模拟和数字移动电话，不包括对讲机。

彩色电视机：也称彩色电视接收机。包括各种牌号、尺寸的彩色电视机。

黑白电视机：也称黑白电视接收机。包括各种牌号、尺寸的黑白电视机。

录放像机：指各种牌号、规格的录放像机，包括单放像机和录放像机。

摄像机：指各种牌号、规格的摄像机。

影碟机：利用各种影碟（光盘），并通过电视放映图像的设备（不包括对媒体计算机）。

照相机：指各种牌号、型号的照像机。包括折合式、双镜头反光式和单镜头反光式。

家用计算机：也称电脑，指家庭购买的各种型号电子计算机。包括台式和便携式。

中高档乐器：指价格在500元以上的各种中高档乐器。包括钢琴、手风琴、提琴以及各种电子乐器。

（四）农村居民总收入与总支出

总收入：指调查期内农村住户和住户成员从各种来源渠道得到的收入总和。按收入的性质划分为工资性收入、家庭经营收入、财产性收入和转移性收入。

工资性收入：指农村住户成员受雇于单位或个人，靠出卖劳动而获得的收入。

在非企业组织中劳动得到的收入：指农村住户成员在不具备企业性质的行政事业单位和各种组织中劳动得到的收入。包括村干部和民办教师的工资(奖金、补贴)，乡及以上行政、事业单位工作人员的工资(奖金、补贴)等。

在本地劳动得到的收入：指农村住户成员在住户所属乡(镇)地域范围内受雇于单位或个人，靠出卖劳动而获得的收入。

常住人口外出从业得到的收入：指农村住户成员到住户所属乡(镇)地域范围以外从业得到的收入。

家庭经营收入：指农村住户以家庭为生产经营单位进行生产筹划和管理而获得的收入。农村住户家庭经营活动按行业划分为农业、林业、牧业、渔业、工业、建筑业、交通运输业邮电业、批发和零贸易餐饮业、社会服务业、文教卫生业和其他家庭经营。

农业收入：指包括谷物种植业，豆类和薯类作物种植业，棉、麻等植物性纺织原料种植业，油料、糖料作物种植业，烟草种植业，药材种植业，蔬菜、瓜类作物种植业，饲料作物种植业，茶、桑、果树种植业。

种植业收入：是指农村住户当年从承包地和自营地上收获的粮食、经济作物、蔬菜、茶叶、水果、水生植物（如菱、藕等）等的主产品和副产品的全部收入。但生产用的绿肥和青饲料不作为收入，用来沤肥的副产品以及野生植物的采集和家庭兼营商品性手工业不作为种植业收入。

林业收入：是指农村住户当年采伐竹木收入、出售树苗和从人工栽培的竹林上不经砍伐而取得的各种林产品收入，如生漆、棕片、五倍籽、松脂、紫胶、竹笋、油桐籽、油茶籽、乌桕籽、核桃、各种林木子实，以及修剪竹木枝叶（荆条、柳条、蒲葵叶）等等；包括野生林木的采集产品收入；但不包括桑叶、茶叶、水果、花卉，它们算在种植业收入中。

畜牧业收入：是指农村住户当年出售、屠宰的畜禽、小动物和畜禽产品收入。包括家畜（仔畜、架子猪也包括在内）、家禽（包括幼禽）及其他小动物收入；也包括出售鹌鹑、鸽子等收入，按出售和屠宰的产品计算。畜禽的繁殖和增重，不计算收入；活的家畜、家禽及其他小动物的产品（如蛋类、羊毛、蜂蜜、蜂蜡等）收入，按全部产品计算；动物屠宰和死后的畜产品（如猪鬃、羊皮、蚕茧等）收入，按全部产品计算。牧区和半牧区农民出卖大牲畜的收入，应作为畜牧业收入；农户出售肉牛的收入和专门饲养大牲畜出售的收入应作为畜牧业收入，但变卖属于固定资产的役畜的现金收入，不能作为牧业收入，而应计算在出售财物收入中；包括野生动物的狩猎及其产品的采集收入。

渔业收入：是指农村住户当年捕捞天然水生的和人工养殖的鱼、虾、蟹、贝、藻类等淡水水产品和海水水产品的全部收入。包括养殖观赏鱼类的收入。

工业收入：是指农村住户的个体企业（有固定场所和生产设备、有专业生产劳动力，年内生产三个月以上）利用手工和机械进行自然资源开采，农副产品,工业品加工和修理以及从事手工业(手工业指依靠手工劳动，使用简单工具从事的工业性生产活动，包括各种制作、刺绣、编织、雕刻、加工等手工业。)所得全部产品收入，来料加工的产品，按加工费计算收入。自制自用的产品不计收入。

建筑业收入：是指农村住户成员当年从事房屋或建筑物的新建和维修以及设备安装所得到的劳动报酬，参加国家举办的基本建设工程所得到的收入。

交通运输业、邮电业收入：是指农村住户成员当年从事对本户以外的单位或个人进行货物运送、旅客运送及从事邮电行业活动的收入。

批零和零售贸易、餐饮业收入：是指从事批发贸易、零售商业和餐饮业活动的收入。

社会服务业：是指从事于日常生活及社会公共服务等服务活动的收入。包括从事社会服务业、金融保险业、房地产管理、旅馆、车店、理发、照相、洗染、缝纫、修理、导游等收入。

文教卫生业：指在文教卫生等单位从事有关活动的收入。如在教育、文化艺术事业、广播电视业从事有关活动的收入；在体育事业单位、体育设施管理单位、体育队、体育训练机构等从事体育活动的收入；在医疗、防治、检疫及其他卫生事业的收入等。

财产性收入：指金融资产或有形非生产性资产的所有者向其他机构单位提供资金或将有形非生产性资产供其支配，作为回报而从中获得的收入。

转移性收入：指农村住户和住户成员无需付出任何对应物而获得的货物、服务、资金或资产所有权等，不包括无偿提供的用于固定资本形成的资金。一般情况下，是指农村住户在二次分配中的所有收入。包括在外人口寄回和带回、农村外部亲友赠送、救济金、保险赔偿收入、退休金、土地征用补偿收入等。

总支出：是指农村住户全年用于生产、生活和再分配等方面的全部实际支出。包括家庭经营费用支出、购置生产性固定资产支出、税费支出、生活消费支出、转移性支出和财产性支出。

家庭经营费用支出：指农村住户以家庭为基本生产经营单位从事生产经营活动而消费的商品和服务、自产自用产品。所消费的未计算为住户收入的自产自用产品，不计算为费用支出；库存的化肥、农药也不计算为本期费用支出。

农业生产支出：指用于农业生产活动费用。如种籽、肥料、农药、小农具购置和修理、油料费、耕畜的饲料、饲草费、机耕费、排灌费、电费等，此外还包括家庭兼营商品性手工业等所支付的有关费用。

种植业生产支出：是指种植各种农作物所支付的生产费用。如种籽、肥料、农药、小农具购置和修理、油料费、耕畜的饲料、饲草费、机耕费、排灌费、电费等。

林业生产支出：是指经营林业生产而支付的费用。如树种、树苗、肥料、农药、电费及小型工具的购置维修等开支，但不包括林业的基本建设投资。

牧业生产支出：是指经营牧业生产所支付的费用。如购买仔畜（包括架子猪）、幼禽支出；肉用牛、羊的饲料、饲草支出；生猪、家禽等的饲料、燃料、防疫医疗费；电费和小型用具购置、维修等支出。但耕畜的饲料费应列为“种植业生产费用支出”。

渔业生产支出：是指养殖水生动物、培养海藻和捕捞生产过程中的开支。包括鱼苗、饵料、电费以及小型渔具和用具的购置、维修及油料费等支出。但不包括添置的固定资产支出。

工业生产支出：是指进行工业生产所支付的生产费用。包括工业生产耗用的原料、燃料、电费及小型工具的购置、维修等开支，还包括来料加工产品所耗用的燃料、电费，但不包括自产自用和来料加工产品所耗用的原材料。

建筑业生产支出：是指为了从事本户以外的房屋或建筑物的新建与维修以及设备安装而耗用的建筑材料、电器设备、燃料、电费以及小型工具的购置、维修等开支。

交通运输业生产支出：是指为从事对本户以外单位或个人进行货物运送和旅客运送所耗用燃料和小型工具的购置、维修等开支。

批零和零售贸易、餐饮业生产支出：是指从事批发贸易、零售商业、和餐饮业活动时所购买的生产用具支出、租用铺面支出、帮工工资支出、燃料支出、电费支出及其他费用开支。

社会服务业生产支出：指用于包括金融保险业、房地产管理、旅馆、车店、理发、照相、洗染、缝纫、修理、导游等日常生活及社会公共服务等服务活动的费用支出。

文教卫生业生产支出：指在文教卫生等单位从事有关活动的支出。如在教育、文化艺术事业、广播电视业从事有关活动的支出；在体育事业单位、体育设施管理单位、体育队、体育训练机构等从事体育活动的支出；在医疗、防治、检疫及其他卫生事业的支出等。

其他家庭生产经营支出：是指上述各项家庭经营费用支出以外的其他支出，包括各项劳务所支出的费用。

购置生产性固定资产支出：指农村住户用于建造和购置生产性固定资产所支出的费用。

税费支出：是指农村住户从事生产经营活动以现金和实物形式缴纳的各种税费。

生活消费支出：指农村住户用于物质生活和精神生活方面的消费支出。生活消费支出分为食品消费支出、衣着消费支出、居住消费支出、家庭设备用品及服务消费支出、医疗保健消费支出、交通和通讯消费支出、文化教育娱乐用品及服务消费支出、其他商品和服务消费支出。

食品消费支出：指农村居民年内消费各类食品支出。包括主食、副食、其他食品、在外饮食和食品加工费支出。

衣着消费支出：指农村住户用于各种穿着用品及加工穿着用品的材料支出。包括棉花、丝棉、化纤棉、驼毛、棉布、各种化纤布、绸、缎、呢绒、各类成衣、棉、毛、丝、麻纺织品，背心、汗衫、棉毛衫裤、卫生衫裤、袜子等针织品，毛线、毛线织品、各种鞋、帽等消费品及衣着的加工修理费(指农村住户为加工或修补服装、鞋帽等衣着所支付的服务费)。但不包括用各种布料做的床上用品，室内装饰品。

居住消费支出：指与农村住户居住有关的所有支出。包括新建(购)房屋、房屋维修、居住服务、租赁住房所付的租金、生活用水、生活用电、用于生活的燃料等支出。

家庭设备、用品及服务支出：指农村住户消费的各种耐用消费品、其他家庭用品及用品的加工修理费用。

医疗保健消费支出：指农村住户用于医疗和保健的药品、医疗器械和服务费用。包括医药卫生保健用品、医疗保健服务费和医疗卫生设备、用品加工修理费等。

交通通讯消费支出：指农村住户用于交通和通讯的工具、各种服务费、维修费用支出。

文教娱乐用品及服务消费支出：指农村住户用于文化、教育、娱乐方面的支出。包括文化教育娱乐用品支出和文化教育娱乐服务支出。

其他商品和服务消费支出：指上述各类支出以外的商品和服务支出。

财产性支出：为获得其他住户财产(包括无形资产)的使用权而支付的各种费用。

转移性支出：指农村住户和住户成员没有获得任何对应物而支出的货物、服务、资金或资产所有权等，不包括无偿提供的用于固定资本形成的资金。一般情况下，指农村住户在二次分配中的所有支出。

（五）农村居民现金收入与支出

现金收入：指农村住户和住户成员在调查期内得到以现金形态表现的收入。按来源分成工资性收入、家庭经营现金收入、财产性收入、转移性收入。

现金支出：指农村住户在调查期内用于生产、生活和再分配所支付的现金。包括家庭经营费用支出、缴纳的税费、购买生产性固定资产、生活消费、财产性和转移性支出。

（六）农村居民纯收入

纯收入：指农村住户当年从各个来源得到的总收入相应地扣除所发生的费用后的收入总和。纯收入主要用于再生产投入和当年生活消费支出，也可用于储蓄和各种非义务性支出。“农民人均纯收入”按人口平均的纯收入水平，反映的是一个地区或一个农户农村居民的平均收入水平。计算方法：

纯收入＝总收入-家庭经营费用支出-税费支出-生产性固定资产折旧-农村内部亲友赠送

（七）三个经济地带

东部地区：包括北京、天津、河北、辽宁、上海、江苏、浙江、福建、山东、广东、广西、海南12个省（区、市）。

中部地区：包括山西、内蒙古、吉林、黑龙江、安徽、江西、河南、湖北、湖南9个省（区、市）。

西部地区：包括重庆、四川、贵州、云南、西藏、陕西、甘肃、青海、宁夏、新疆10个省（区、市）。

（八）四大经济区域

东部地区：包括北京、天津、河北、上海、江苏、浙江、福建、山东、广东、海南10个省（市）。

中部地区：包括山西、安徽、江西、河南、湖北、湖南6个省。

西部地区：包括内蒙、广西、重庆、四川、贵州、云南、西藏、陕西、甘肃、青海、宁夏、新疆12个省（区、市）。

东北地区：包括辽宁、吉林、黑龙江3个省。